Blindheit und Hellsichtigkeit

Herausgegeben von Cornelia Klinger

WIENER REIHE

Themen der Philosophie

Band 16

Herausgegeben von Cornelia Klinger, Herta Nagl-Docekal, Ludwig Nagl und Alexander Somek

Blindheit und Hellsichtigkeit

Künstlerkritik an Politik und Gesellschaft der Gegenwart

Herausgegeben von Cornelia Klinger

DE GRUYTER

ISBN 978-3-05-005230-4
eISBN 978-3-05-006366-9

Bibliografische Information der Deutschen Nationalbibliothek
Die Deutsche Nationalbibliothek verzeichnet diese Publikation in der Deutschen Nationalbibliografie; detaillierte bibliografische Daten sind im Internet über http://dnb.dnb.de abrufbar.

Coverabbildung: Zeichnung von KAFRI
Druck & Bindung: Beltz Bad Langensalza GmbH, Bad Langensalza

♾ Gedruckt auf säurefreiem Papier
Printed in Germany

www.degruyter.com

Inhalt

Cornelia Klinger

Kunst – Gesellschaft – Politik

Zur Einführung

Vor einiger Zeit veranstaltete das IWM eine Reihe von Vorträgen unter dem denkbar einfallslosen Titel *Kunst – Gesellschaft – Politik*. Drei unvermittelt aneinander gereihte Allerwelts-Hauptwörter, noch dazu im verpönten Singular – wo wir doch längst wissen, dass es die/eine Kunst, die/eine Gesellschaft, ganz zu schweigen von der/einen Politik nicht mehr gibt, nie gegeben hat und überhaupt nicht geben kann, sondern nur die unübersichtliche Fülle, die bunte Vielfalt, die irreduzible Pluralität von Künsten, Gesellschaften, Politiken usw. – oder vielleicht auch gar nichts von alledem. In einer Zeit, in der für alles und nichts geworben werden muss, in der das Ringen um Aufmerksamkeit zum Imperativ für jede Art von öffentlicher Veranstaltung wird, scheint ein so nichtssagender Titel jedenfalls eine fatale Marketingstrategie.

Die Wahl der Worte weist nicht unabsichtlich zurück auf die „Sattelzeit" der westlichen Moderne. In den Jahrzehnten vom späten 18. Jahrhundert bis ins erste Viertel des 19. Jahrhunderts haben sich die Grundbegriffe der politisch-sozialen Sprache der Moderne entwickelt; sei es, indem klassische Topoi einen tiefgreifenden Bedeutungswandel erfuhren, sei es, dass neue Begriffe gebildet wurden.[1] Während sich im Verlauf der Neuzeit die überkommene Einheit der *scientiae et artes* allmählich auflöste und sich die Wege von Wissenschaften und Künsten trennten, verbanden sich die bis dahin disparaten Künste der Malerei und Bildhauerei, der Musik und Literatur sowie Architektur zu einem einheitlichen System der Kunst. Damit integrierten sich die Künste auf ähnliche Weise zum Singular wie *die* Geschichte und *die* Gesellschaft, während *die* Politik unter dem Vorzeichen von Demokratisierung ganz neue Bedeutung annahm. Mit anderen Worten, die Prozesse der Ausdifferenzierung eigengesetzlicher Wertsphären bzw. Subsysteme der modernen Gesellschaft und der Agglomeration neuer „Kollektivsingulare" verlaufen parallel zueinander.

1 Vgl. Reinhart Koselleck, Einleitung zu: *Geschichtliche Grundbegriffe. Historisches Lexikon zur politisch-sozialen Sprache in Deutschland*, hg. von Otto Brunner, Werner Conze und Reinhart Koselleck, Bd. 1, Stuttgart 1979; Raymond Williams, *Culture and Society 1780–1950*, New York 1983.

In diesem Kontext ist es die mit moderner Technologie und Industrie assoziierte Wissenschaft, welche die Stellung des leitenden gesellschaftlichen Wissensdiskurses übernimmt und bis heute – da sich die Gesellschaft explizit als „Wissensgesellschaft" bezeichnet – behält. Dagegen rückt die vergleichsweise lange handwerklich organisierte Kunst so weit an den Rand der gesellschaftlichen Funktionszusammenhänge, dass sie von diesen überhaupt befreit zu sein scheint. Positiv gewendet bedeutet das: Im Verhältnis zu den anderen, sich in funktional unterschiedene Subsysteme ausdifferenzierenden Gebieten der modernen Gesellschaft entwickelt die Sphäre der Kunst einen höheren Grad an Autonomie und in weiterer Folge Alterität, das heißt Andersartigkeit, Fremdheit gegenüber der Gesellschaft. In der Alterität des Ästhetischen lässt sich die Idee des autonomen modernen Subjekts in höherem Maße realisieren als in allen anderen Bereichen – wenn auch nur in der Ausnahmegestalt des Künstlers: Vom Dienst an Thron und Altar, von der Aufgabe der Repräsentation sakraler oder der Verherrlichung weltlicher Macht ebenso entbunden wie von der Verpflichtung auf die Wirklichkeit, sei es als Nachahmung der Natur, sei es als Beitrag zur Verschönerung des Lebens oder zur Unterhaltung des Publikums, hat der moderne Künstler keine andere Aufgabe, als dem Ausdruck zu verleihen, was er in sich selbst findet. Auf die Frage, was der Künstler in seinem Inneren (das auf diese Weise erst konstituiert wird) findet, gibt es zwei Antworten: Entweder sind es die reinen, objektiven Gesetze der Formen, der Farben, der Töne, der Sprache, kurzum des „ästhetischen Materials", oder es sind die subjektiven Visionen und Imaginationen seiner Fantasie, seines authentischen Erlebens, die in Worte, Klänge und Bilder zu übersetzen die eigene und einzige Aufgabe des Künstlers ist. Damit eröffnen sich zwei – auf denselben Grundlagen basierende, aber doch entgegengesetzte – Positionen, die für die weitere Entwicklung der modernen Kunst prägend sind: die Ausbildung einer eigengesetzlichen, zweckfreien und selbstreferentiellen Formenwelt auf der Objekt- bzw. Werkseite und die Positionierung des authentischen, exzentrischen, exaltierten Ich des Künstlers auf der Subjekt- bzw. Akteurseite.

Insofern die Entwicklung der modernen Gesellschaft grundsätzlich in Richtung Ausdifferenzierung relativ autonomer Teilsysteme verläuft, ist die Alterität von Kunst und Künstler gegenüber der Gesellschaft ein *Reflex der gesellschaftlichen Entwicklung*. Insofern als die relative Autonomie im Fall der Kunst besonders ausgeprägt ist, eröffnet sich die Möglichkeit der *Reflexion der gesellschaftlichen Verhältnisse* durch Kunst und Künstler. Diese aus der Distanz gegenüber der Gesellschaft resultierende Option zu ihrer Reflexion enthält zugleich ein Potential zur Negation bzw. zur Kritik der Gesellschaft, was – vereinfachend zusammengefasst – in drei Richtungen führen kann: Am leisesten ist die Kritik in der Ausformung einer (wie auch immer ausgestalteten) ästhetischen Anders-Welt, die, ihren eigenen Regeln und Gesetzen gehorchend, einen Rückzugsort von der Gesellschaft bieten soll. Reaktionäre Perspektiven entstehen, wenn im Medium des Ästhetischen gesucht wird, was die moderne Gesellschaft verloren, hinter sich gelassen oder vernichtet hat. Wenn umgekehrt in der Alterität der Kunst ein Weg zur Entfaltung der Erwartungen und Hoffnungen gesehen wird, welche die moderne Gesellschaft geweckt, aber doch nicht, noch nicht eingelöst hat, dann kann die Kunst den *Vorschein* eines besseren Morgen zeigen, zur *Vorhut* einer neuen Gesellschaft werden, zu einer *Avantgarde* auf dem Marsch in eine schönere Zukunft.

Nicht im Dienst an den bestehenden Verhältnissen, nicht in der affirmierenden, grundsätzlich affirmativen Repräsentation gesellschaftlicher Macht und politischer Herrschaft, vielmehr in der nostalgischen Sehnsucht nach oder im entschlossenen Engagement für eine radikal *andere* Gesellschaft entwickelt Kunst in der Moderne politische Züge, die von einem ‚realpolitischen' Standpunkt aus allemal fragwürdig erscheinen: dilettantisch illusionär, utopisch, lächerlich – und unter Umständen sogar gefährlich. Dass das alteritäre Potential der Kunst gleichwohl durch reale gesellschaftliche Interessen und politische Parteien gebraucht und missbraucht werden kann, hat sich im Verlauf des 20. Jahrhundert ebenso gezeigt wie die unumstößliche Tatsache, dass Kunst trotz der ihr eigenen Distanz zur modernen Gesellschaft nicht aufhört, deren Züge zu tragen, so dass der Anspruch von Kunst auf das ‚richtige' Leben immer auch am ‚falschen' teilhat.

***

Der Geschichte und der Transformation des Verhältnisses zwischen Kunst und Gesellschaft im Allgemeinen und namentlich dem Schicksal der engagierten Kunst, der Relation von Kunst und Politik gilt das Interesse des vorliegenden Projekts.

Gewiss ist das hier skizzierte idealtypische Konstrukt der ästhetischen Ideologie der Moderne im Verlauf des 20. Jahrhunderts aus den verschiedensten Gründen und in den unterschiedlichsten Hinsichten in Frage gestellt, in Zweifel gezogen, attackiert und unterminiert, ja fast bis zur Unkenntlichkeit zerrieben, zerrissen worden; es hat sich so gut wie restlos verschlissen und scheint beinahe erledigt. Aber doch nicht ganz. Wenn dieser Band der Wiener Reihe den Versuch unternimmt, den Weg der durch die Leitbilder von Autonomie, Authentizität und Alterität geprägten Kunst auf ihrer Gratwanderung zwischen andersweltlicher Distanz und politischem Engagement für eine andere Welt durch das 20. Jahrhundert hindurch und bis in die Gegenwart hinein zu verfolgen, dann vor allem deswegen, weil sich die Grundzüge dieser Konzeption unter gänzlich veränderten Bedingungen durchhalten bzw. unerwartet wieder auftauchen. Dies gilt nicht ausschließlich, aber in auffallender Weise für die im Verlauf des 20. Jahrhunderts besonders exponierte und entsprechend besonders desavouierte engagierte bzw. politische Kunst. Vielfach beargwöhnt und oft totgesagt, erregen in der Kunst der Gegenwart Phänomene, Werke, Ereignisse und Kommentare Aufmerksamkeit, die sich dieser Traditionslinie der modernen Kunst zuordnen lassen – oder vielleicht auch nicht? Ist das Potential der „Künstlerkritik" tatsächlich erschöpft?

So wenig wie es die/eine Kunst, Gesellschaft oder Politik gab, gibt oder jemals geben kann, so wenig kann es die/eine Theorie der gesellschaftlich engagierten, politischen Kunst geben, und entsprechend heterogen sind die im projektierten Band versammelten Texte. Unser Ziel ist es, einen möglichst weiten Blick auf das äußerst breite Spektrum von Ansätzen zu werfen, die es heute zu diesem Themenkomplex gibt. Es geht darum, der Unterschiedenheit der Künste Rechnung zu tragen, von den traditionellen ästhetischen Ausdrucksformen bis zu den durch neue Technologien eröffneten Gestaltungsmöglichkeiten. Das Interesse einiger Aufsätze gilt der problematischen Geschichte der politischen Ästhetik in den ersten Jahrzehnten des 20. Jahrhunderts. Sie versuchen, die Zusammenhänge und Brüche zwischen Avantgarde, Neo-Avantgarde und Post-Avantgarde zu beleuchten, aber auch die dunklen Punkte der ästhetischen Politik der totalitären Regime (namentlich des Nationalsozialismus) vor den Blick zu bringen. Andere Beiträge befassen sich mit der gesellschaftlichen Verfasstheit von Kunst in den ihrer Vermittlung dienenden Institutionen (z. B. Museum). Es stellen sich die ‚alten' Fragen, die gerade im Kontext gesellschaftlich und politisch engagierter Kunst immer wieder gestellt wurden: nach dem Realismus und der Breitenwirksamkeit, nach dem Verhältnis zwischen Hoch- und Populärkultur, Kunst und Kitsch. Und schließlich treten unter den Stichworten Feminismus und Postkolonialismus neue Themenfelder engagierter Kunst und Kunsttheorie ins Zentrum.

Beim Renner Institut Wien möchten wir uns nochmals herzlich für die Unterstützung der Vortragsreihe bedanken; dem Kulturamt der Stadt danken wir für die Unterstützung des Drucks. Unserer sehr geschätzten Kollegin Viktoria Schmidt-Linsenhoff danke ich für unvergessliche Gespräche. Ich möchte meinem tiefen Bedauern Ausdruck geben, dass sie das Erscheinen ihres Beitrags nicht mehr erlebt.

Walter Fähnders

Merzer & Co.
Künstler und Künstlerfunktion in der Avantgarde

„Die heiligen Märtyrer, wie sie, laut ihren Erlöser bekennend,
mit aufgehobenen Armen in die Todesflammen sprangen –
das sind des Dichters echte Brüder, und er soll ebenso fürstlich denken von sich;
denn so wie sie den ewigen Geist Gottes auf Erden
durch Taten ausdrückten, so soll er ihn aufrichtig
in einer verwilderten, feindseligen Zeit durch rechte Worte
und göttliche Erfindungen verkünden und verherrlichen."
Joseph von Eichendorff, *Ahnung und Gegenwart* (1815),
I. Buch, 3. Kapitel

„Die Titulierung ‚Künstler' ist eine Beleidigung. [...]
Die Vergottung des Künstlers ist
gleichbedeutend mit Selbstvergottung."
George Grosz und John Heartfield,
Der Kunstlump (1920)

Initiation

Am Anfang war die profane Erleuchtung. Auf „weichen Orientteppichen" lagernd, bis zu den „äußersten Grenzen der Logik" diskutierend und „viel Papier mit irren Schreibereien" füllend, findet sich des Nachts eine kleine Männerrunde zusammen – „meine Freunde und ich" –, und man meint, „die einzigen Wachen und Aufrechten" zu sein, die sich wie „stolze Leuchttürme oder vorgeschobene Wachposten vor dem Heer der feindlichen Sterne" befinden. Schließlich bricht man in drei Automobilen auf, bald findet sich einer der Wagen im Straßengraben, dem Abflusskanal einer Fabrik, wieder. Es ist ein „mütterlicher Graben, fast bis zum Rand mit schmutzigem Wasser gefüllt". Der Erzähler weiter: „Ich schlürfte gierig seinen stärkenden Schlamm, der mich an die heilige schwarze Brust meiner sudanesischen Amme erinnerte". Wie „ein schmutziger, stinkender Lappen" kriecht der Erzähler dann unter dem Auto hervor: Nun „fühlte ich die Freude wie ein glühendes Eisen erquickend mein Herz durchdringen!" Den Vorfall endet: „Da, das Antlitz vom guten Fabrikschlamm bedeckt [...] zerbeult und mit verbundenen Armen, aber unerschrocken, diktierten wir unseren ersten Willen allen *lebendigen* Menschen dieser Erde."[1]

Was folgt, sind die elf Programmpunkte eines der berühmtesten und folgenreichsten Texte der europäischen Avantgarde – gemeint ist das erste futuristische Manifest von Filippo Tommaso Marinetti, das dieser am 20. Februar 1909 auf der Titelseite des Pariser *Figaro* unter dem Titel *Le Futurisme* veröffentlicht hat und das als Geburtsurkunde des Futurismus und bisweilen auch der historischen Avantgarde überhaupt gilt. Die narrative Manifest-Einleitung markiert ein wohlinszeniertes Moment der Erleuchtung, das ohne Umschweife eine Avantgardefunktion – Avantgarde im raumzeitlichen Wortsinne als Vorhut – für sich reklamiert. Die Topographie der „Leuchttürme" und „vorgeschobenen Wachposten" bereitet das räumlich vor, die Fahrt in den Straßengraben[2] vollendet dies zeitlich durch die Inszenierung einer regelrechten Initiation, einer „Taufe"[3] – einer säkularisierten Taufe nicht mit reinem und geweihtem Wasser, sondern mit den Abwässern der industriellen, der ‚modernen' Welt. Dies wiederum dient als Vorlauf, um das unerhört Neue, das Innovative der dann folgenden elf Punkte des futuristischen Manifestes verkünden zu können. Zu Recht hat man von einer „Initiationserzählung"[4] gesprochen: Erst wenn eine Art profaner Erleuchtung stattgefunden hat, ist der Künstler, der Avantgardist befähigt, sein Programm zu verkünden. Dies tut er dann auch, und zwar in einer literarischen Gattung, die wie keine andere eine Herrschaftsattitüde für sich reklamiert – dem Manifest.

---

1 Filippo Tommaso Marinetti, „Gründung und Manifest des Futurismus", in: Wolfgang Asholt und Walter Fähnders (Hg.), *Manifeste der europäischen Avantgarde (1909–1938)*, Stuttgart/Weimar ²2005, S. 3 u. S. 4; Hervorhebung im Original.

2 Vgl. Walter Fähnders, „Die Fahrt in den Straßengraben. Narrative Strukturen in Manifesten der europäischen Avantgarde", in: Winfried Menninghaus und Klaus Scherpe (Hg.), *Literaturwissenschaft und politische Kultur. Eberhard Lämmert zum 75. Geburtstag*, Stuttgart/Weimar 1999, S. 74–82.

3 So Manfred Hinz, „Die Manifeste des Primo Futurismo Italiano", in: Wolfgang Asholt und Walter Fähnders (Hg.), *„Die ganze Welt ist eine Manifestation". Die europäische Avantgarde und ihre Manifeste*, Darmstadt 1997, S. 115.

4 Ebd., S. 112.

Das Manifest und der Künstler

Das Manifest ist die Top-Gattung der Avantgarde.[5] Diese erklärt und definiert sich per Manifest, und durch das Manifest formuliert der Avantgarde-Künstler seine Forderungen, wodurch diese Textsorte selbst zu einem ganz neuen, eigenständigen ästhetischen ‚Produkt' avanciert. – Ein Wort zur Terminologie: ‚Künstler' steht hier als Oberbegriff für die Vertreter aller Sparten der Kunst, zudem ist tatsächlich allein *der* Künstler gemeint. Die Funktion der Künstlerinnen müsste eigens untersucht werden, sie ist jedenfalls nicht umstandslos unter die Positionen der Künstler der männlich dominierten Avantgarde zu subsumieren.[6]

Gegenstand und Begriff *Manifest* entstammen bekanntermaßen der politischen Geschichte, ein Manifest, so einschlägige französische, italienische und deutsche Enzyklopädien, ist seit der Frühen Neuzeit eine „Staatserklärung", wobei die historischen Lexika übereinstimmend auf die Typen des Kriegs- oder Wahlmanifestes verweisen, und dies bis ins 20. Jahrhundert. Der ersten Avantgardisten-Generation war vermutlich das *Manifest Kaiser Franz Josephs* vom 28. Juli 1914 bekannt, mit dem dieser die österreichische Kriegserklärung an Serbien verkündete. Dagegen ist für den künstlerisch-literarischen Bereich der Terminus Manifest in den europäischen Sprachen bis zum ausgehenden 19. Jahrhundert kaum geläufig, am ehesten noch in der Romania. Eine Sonderrolle markiert das *Manifest der Kommunistischen Partei* – mit ihm zeichnet sich eine neue Manifest-Semantik ab, bei der der Programmcharakter einer sozialen Gruppierung in den Vordergrund tritt – und dies mit einer dezidiert oppositionell-subversiven Tendenz, die den Herrschenden ihren Anspruch auf das Manifestieren – eben als Ausdruck ihrer und nur ihrer Herrschaft – ultimativ streitig macht.

Ist also die auffällige Konjunktur der Gattung wie der Gattungsbezeichnung in der Avantgarde ein Novum – und Marinettis erstes Manifest war ein

5 So zahlreiche Arbeiten der jüngeren Zeit, u. a.: Asholt und Fähnders (Hg.), *Manifeste und Proklamationen der europäischen Avantgarde,* a. a. O.; dies. (Hg.), *„Die ganze Welt ist eine Manifestation"*, a. a. O.; Hubert van den Berg und Ralf Grüttemeier (Hg.), *Manifeste: Intentionalität*, Amsterdam/Atlanta 1998; Hanno Ehrlicher, *Die Kunst der Zerstörung: Gewaltphantasien und Manifestationspraktiken europäischer Avantgarden*, Berlin 2001; Cristina Jarillot Rodal, *Manifiesto y vangardia. Los manifiestos del futurismo italiano, dada y el surrealismo*, Bilbao 2010; Benedikt Hjartarson, *Visionen des Neuen. Eine diskurshistorische Analyse des frühen avantgardistischen Manifests*, Heidelberg 2013.

6 Vgl. Birgit Wagner, „Gender", in: Hubert van den Berg und Walter Fähnders (Hg.), *Metzler Lexikon Avantgarde*, Stuttgart/Weimar 2009, S. 121–123; Gudrun Ankele, *Versuchsweise extrem. Radikale feministische Manifeste als Provokation des Politischen*, Wien 2008.

ebenso durchkalkulierter wie erfolgreicher „Probelauf"[7] in puncto Gattung und Gattungsbezeichnung –, so heißt dies für den manifestierenden Künstler der Avantgarde: Er begibt sich mit der Adaption der jahrhundertealten Form des Manifestes virtuell in eine Herrscherrolle, die mit imperialem Gestus den Krieg erklärt oder auf andere Weise Macht auszuüben sucht. Zugleich aber stellt sich der Avantgarde-Künstler in die subversive Manifest-Tradition der sozialen Bewegung, mit der er den Gattungsraub teilt: Doppelte Selbstnobilitierung des Künstler-Manifestanten beim Anspruch, ‚Avantgarde' zu sein.

Künstlerkult und Avantgarde

Mit dem Manifestantismus ist eine avantgardistische Antwort auf jene vorhergegangenen Auflösungstendenzen und „Erschütterungsdiskurse"[8] des Fin de Siècle gegeben, die durch den Zerfall der traditionellen Wertordnung bestimmt waren. Sie betrafen alle Felder der Gesellschaft, alle Wissensbestände und Kulturbereiche und somit auch das Ich und seine Handlungsfähigkeit, seine Autonomie. Sei es die zeitgenössische Sprachkritik von Hofmannsthal bis Mauthner und Landauer, sei es die gerade sich konstituierende Psychoanalyse – Identität und Stabilität des Subjekts sahen sich radikal in Frage gestellt, bekanntermaßen wurde vom „unrettbaren Ich" gesprochen.[9] Wenn Nietzsche Gott für tot erklärte, so war dies ja eine Aussage nicht allein über das Metaphysische, sondern eine Kampfansage an das Prinzip ‚Gewissheit', an Ideologie, an die Konstruktion von Entität.

Es ist nun der avantgardistische Manifestantismus, der sich diesen Auflösungsprozessen entgegenstemmt und eine neue Totalität proklamiert, die eine Neukonstituierung des Subjekts in der und durch die Avantgarde ermöglichen soll: Der Künstler reklamiert ungebrochene Identität – „die Autonomie des Subjekts im Hinblick auf den Künstler ist zur Authentizität erhöht", notiert Cornelia Klinger.[10] Eine derartige Autonomie des Subjekts konstruiert der Avantgardist als die einer Vorhut, sein Selbst-Bewusstsein realisiert sich,

7 Walter Fähnders, „‚Vielleicht ein Manifest'. Zur Entwicklung des avantgardistischen Manifestes", in: Asholt und Fähnders (Hg.), *„Die ganze Welt ist eine Manifestation"*, a.a.O., S. 22 ff.

8 Ulrike Brunotte und Rainer Herrn (Hg.), *Männlichkeiten und Moderne. Geschlecht in den Wissenskulturen um 1900*, Bielefeld 2007, S. 17.

9 Vgl. Walter Fähnders, „Subjektkonstitution und avantgardistischer Manifestantismus", in: Simona Bartoli Kucher, Dorothea Böhme und Tatiana Floreancig (Hg.), *Das Subjekt in Literatur und Kunst. Festschrift für Peter V. Zima*, Tübingen 2011, S. 237–252.

10 Cornelia Klinger, „Das Jahrhundert der Avantgarden", in: *Transit* 23, 2002, S. 4.

wie aufgezeigt, im Herrschaftsgestus des Manifestierens. In einer für die internationale Avantgarde charakteristischen Topographie ist es ein sozusagen ‚intaktes' avantgardistisches Subjekt, das mit signifikanten Raummetaphern die Welt vom Berggipfel oder vom „Gipfel der Welt",[11] wie im ersten Futuristischen Manifest, vom Wolkenkratzer oder von einem Kap aus überblickt und dergestalt behauptet, über die entsprechende Kraft zu verfügen, die Welt per Manifest und Kunst praktisch zu verändern.[12] Dabei gesellt sich zur Raum- die Zeitmetapher: Der avantgardistische Künstler definiert sich, so ein Beleg aus dem russischen Futurismus, als „Weichensteller an den Scheidewegen von Vergangenheit und Zukunft".[13] Und um den genuin raumzeitlichen und somit universellen Anspruch der Avantgarde zu forcieren, heißt es im zitierten Manifest von Marinetti: „Wir stehen auf dem äußersten Vorgebirge der Jahrhunderte!"[14]

Der vom Manifest ausgehende Künstlerkult scheint damit zumindest im Selbstbild des Avantgardisten einen nicht mehr zu überbietenden Höhepunkt erreicht zu haben. Und wenn sich die Avantgardisten sogar selbst dementsprechend titulieren, so ist dies – wie spielerisch bisweilen auch immer – Ausdruck dieser Entwicklung. In Berlin fungiert zur Zeit der Novemberrevolution der „Oberdada" Johannes Baader als „Präsident des Erdballs", in Russland sind es gleich zwei „Vorsitzende des Erdballs", Velimir Chlebnikov und Grigorij Petnikov, die 1917 einen diesbezüglichen *Aufruf* erlassen.[15] Dada ruft dann gleich mehrere Dutzend „Präsidenten" aus. Trotz allem *épater le bourgeois* und aller Selbstironie – Präsidenten müssen es schon sein.

Der Bruch: Selbstliquidation des Künstlers

Nun ließe sich diese ebenso selbstherrliche wie herrische Proklamation des avantgardistischen Künstlers als autonomes Subjekt seit Beginn des 20. Jahrhunderts nicht nur als Gegenentwurf zur Ich-Krise des Fin de Siècle sehen, sondern geistesgeschichtlich auch auf die traditionsreichen *vates*-Vorstellun-

---

11 Marinetti, „Gründung und Manifest des Futurismus", a. a. O., S. 7.

12 Vgl. die Belegreihen bei Walter Fähnders, „‚Hier wird, auf einem Kap, Extremes geformt.' Zur Topographie der europäischen Avantgarde", in: Dietmar Lieser und Antje Johanning (Hg.), *StadtLandFluß. Urbanität und Regionalität in der Moderne. Festschrift für Gertrude Cepl-Kaufmann*, Neuss 2002, S. 73–88.

13 In: Asholt und Fähnders (Hg.), *Manifeste und Proklamationen der europäischen Avantgarde*, a. a. O., S. 127.

14 Marinetti, „Gründung und Manifest des Futurismus", a. a. O., S. 5.

15 In: Asholt und Fähnders (Hg.), *Manifeste und Proklamationen der europäischen Avantgarde*, a. a. O., S. 163 bzw. S. 127.

gen vom Dichter-Seher zurückführen, mit sicher unterschiedlichen nationalliterarischen Wurzeln und Vorbildern, aber doch einem europaweiten Konsens bei Teilen der Intelligenz um 1900.[16] Auffassungen vom Dichterfürsten in der deutschen Tradition schreiben sich fort im Zarathustra-Kult und der Feier des stirnerianischen Einzigen – und hinsichtlich des Künstlertums gipfeln sie im Künstler-Führerkult eines Stefan George. In Italien hatte der Décadence-Autor Gabriele d'Annunzio bereits vorexerziert, wie man sich als exklusiver Künstler inszeniert, und in Frankreich war es beispielsweise Maurice Barrès, der seine Romantrilogie des sog. Egotismus programmatisch mit *Le culte du moi* überschrieb. Wenn also Ich-Kult und Künstler-Führerschaft längst vor dem avantgardistischen Aufbruch geläufig waren, so markiert die Selbst-Bestimmung des Avantgarde-Künstlers zugleich einen Bruch: Im Gegensatz zum Künstler der Jahrhundertwende, der sich in seiner sozialen Außenseiterrolle und Isolation ebenso einrichtet wie er seine Autonomie und die seiner Kunst zu perpetuieren sucht, postuliert der Avantgardekünstler beider Überwindung und Aufhebung. Die Formel von der „Überführung der Kunst in Leben", die Peter Bürgers *Theorie der Avantgarde* auszeichnet, meint ja genau diesen Prozess: Das Verlassen der Kunst zugunsten sozialer Praxis.[17]

Diesbezüglich einschlägige Parolen bereits des Expressionismus lauten *Der Dichter greift in die Politik* oder *Maler bauen Barrikaden* (Ludwig Rubiner), der Surrealismus spricht später programmatisch von „pratiquer la poésie" (André Breton). Das Erbe der deutschen Romantik, die den Künstler mit dem Märtyrer gleichsetzt, ist liquidiert. Ludwig Rubiner lässt 1919 ins Autorenverzeichnis der epochalen Lyrik-Anthologie des Expressionismus, *Menschheitsdämmerung,* eintragen:

> [Er] wünscht keine Biographie von sich. Er glaubt, daß nicht nur die Aufzählung von Taten, sondern auch die von Werken und von Daten aus einem hochmütigen Vergangenheits-Irrtum des individualistischen Schlafrock-Künstlertums stammt. Er ist der Überzeugung, daß von Belang für die Gegenwart und die Zukunft nur die anonyme, schöpferische Zugehörigkeit zur Gemeinschaft ist.[18]

Zugehörigkeit zur Gemeinschaft, anonym und schöpferisch zugleich – der Künstler-Avantgardist hat sich mit dieser Forderung ein letztes Mal aufs Kap

16 Vgl. Walter Fähnders, *Avantgarde und Moderne 1890–1933*, Stuttgart, Weimar ^{2}2010, S. 64 ff. und S. 142 ff.

17 Vgl. dazu jetzt resümierend: Peter Bürger, „Avant-Garde and Neo- Avant-Garde: An Attempt to Answer Certain Critics of *Theory of the Avant-Garde*", in: *New Literary History* 41, 2010, S. 695–715.

18 In: Kurt Pinthus (Hg.), *Menschheitsdämmerung. Ein Dokument des Expressionismus*, Reinbek 1989, S. 357.

der Erkenntnis begeben, um seine genuine Forderung einzulösen, zumindest einzufordern: Veränderung der Welt. Und so, wie der Künstler nun seinen maßlosen Führungsanspruch sozusagen im letzten Aufbäumen aufgibt, gibt er auch die Autonomie seines künstlerischen Werkes auf. Und indem Kunstwerk und Künstler der Avantgarde sich aus der Autonomie entlassen, hat der Künstler das Ziel seines Führungsanspruchs gleichermaßen erreicht wie erledigt wie bewahrt – aufgehoben. Das „Projekt Avantgarde"[19] wäre virtuell realisiert als ein Vorhaben, in dem die Avantgarde sich selbst überflüssig gemacht hat: Die Schlacht bzw. die Vorhutgefechte sind gewonnen, etwa in dem Sinne, wie ein Vertreter des polnischen Futurismus sein *Manifest in Sachen der sofortigen Futurisierung des Lebens,* gerichtet *An das polnische Volk,* erlässt.[20] Die Welt ist avantgardistisch geworden, der Avantgardist hat seinen Weg als Künstler ausgeschritten und ist am Ziel, dementsprechend ist sein Werk als autonomes Kunstwerk aufgehoben. Dass sich die Avantgarde hier und jetzt im avantgardistischen „Präsentismus"[21] realisiert, ist demnach Ergebnis jenes „Projektes", das die Aufgabe und Leistung des avantgardistischen Künstlers darin sieht, sich und sein Werk vom archimedischen Punkt des Manifestantismus aus zu bestimmen und – zu liquidieren. Letzteres auch materiell: „Die echten Werke DADAs dürfen höchstens sechs Stunden leben", heißt es am 5. Februar 1920 im Pariser Salon des Indépendants bei einer Dada-Veranstaltung,[22] und Bruno Jasieński, Exponent des bereits zitierten polnischen Futurismus, dekretiert im selben Jahr: „Der absolute Wert eines Kunstwerks schwankt zwischen 24 Stunden und einem Monat."[23]

Selbstaufhebung von Kunst und Künstler lassen sich erneut an der weiteren Entwicklung des avantgardistischen Manifestantismus zeigen. Wenn sich der Avantgardist des Manifestes bedient, hat er wie gezeigt Teil am Herrschaftsdiskurs – er partizipiert aber auch an der subversiven Manifest-Tradition, nämlich der sozialrevolutionären Attacke auf das staatliche Herrschafts-

---

19 Zu dieser Kategorie siehe Wolfgang Asholt und Walter Fähnders, „‚Projekt Avantgarde'. Vorwort", in: dies. (Hg.), *Der Blick vom Wolkenkratzer. Avantgarde – Avantgardekritik – Avantgardeforschung,* Amsterdam/Atlanta 2000, S. 1–17; Wolfgang Asholt, „Projekt Avantgarde und avantgardistische Selbstkritik", in: ebd., S. 97–120; Walter Fähnders, „Projekt Avantgarde und avantgardistischer Manifestantismus", ebd., S. 69–95.

20 In: Asholt und Fähnders (Hg.), *Manifeste und Proklamationen der europäischen Avantgarde,* a. a. O., S. 240 ff.

21 Walter Fähnders, „‚Zeit und Raum sind gestern gestorben.' Über ‚Präsentismus' in der europäischen Avantgarde", in: Festschrift für Joachim Paech. www.uni-konstanz.de/paech2002/zdm/beitrag/Faehnders.htm.

22 In: Asholt und Fähnders (Hg.), *Manifeste und Proklamationen der europäischen Avantgarde,* a. a. O., S. 187.

23 Ebd., S. 239.

manifest wie im *Kommunistischen Manifest,* aber auch in Manifesten des Anarchismus oder anderer revolutionärer Bewegungen. Dabei erlaubt es die subversive Manifesttradition, das Manifestieren auch gegen die eigene Usurpation des Herrschaftsmanifestes zu richten: Das manifestierende Subjekt vermag über die Herrschaftsattitüde hinaus sich selbst zu beobachten und eigene Verfahrensweisen zu kritisieren. *Vielleicht ein Manifest*[24] überschreibt Vicente Huidobro Anfang der 20er Jahre einen Text, *In der Art eines Manifests* verfasst Joaquín Torres-García seine „Evolutions-Kunst“[25] – beides Titel, die bewusst offen halten möchten, ob sie jener Gattung zugerechnet werden sollen, die wie keine andere in der europäischen Avantgarde Furore gemacht hat. Francis Picabia schreibt ein *Von Hinten durchbohrtes Manifest,* Theo van Doesburg ein *Manifest 0,96013,* Sándor Barta das *Manifest einer aktiven Leiche,*[26] Kurt Schwitters ein *Manifest KOE,* von dem noch zu sprechen sein wird, Johannes Baader 1925 ein *Letztes Manifest.* Dieses präsentiert zerschnittene und kreuz und quer auf- und übereinander geklebte Typoskriptschnipsel, die zwar einzelne Wörter und Satzfragmente erkennbar machen, aber demonstrativ keinen Sinnzusammenhang bieten möchten und mit einer derartigen De-Semantisierung des Manifestes also das Gegenteil von dem praktizieren, was ein Manifest, als das sich dieser Text immerhin selbst geriert, erwarten lässt: Bedeutung, Handlungsanweisung.[27] Aber offenkundig hat sich das manifestierende Subjekt bei diesem selbstreferentiellen Spiel zu einer avantgardistischen Selbstkritik[28] erhoben, die sie von der herrschaftlichen Umklammerung des Manifestes in die Subversion des Manifestierens führt und damit schlussendlich in die proklamierte avantgardistische Selbstaufhebung des Werkes wie seines Produzenten führt.

Wie nun dieses Verschwinden des avantgardistischen Künstlers und seines Werkes funktionieren soll, soll im Folgenden für die Zeit um 1920 anhand der Praxen zweier Avantgardisten genauer verfolgt werden, die unterschiedlicher nicht sein könnten: Kurt Schwitters und Heinrich Vogeler. Beide, der „Merzer“ Schwitters und der „expressionistische Sozialist“ Vogeler, die sich u. a. per Manifest zu Wort gemeldet haben, suchen in Theorie und Praxis mar-

24 In: Richard Huelsenbeck (Hg.), *Dada. Eine literarische Dokumentation,* Reinbek 1964, S. 124–126 („Manifeste peut-être“).

25 In: Asholt und Fähnders (Hg.), *Manifeste und Proklamationen der europäischen Avantgarde,* a. a. O., S. 135 f.

26 Alle ebd., S. 216 f.; S. 288; S. 233 ff.

27 Johannes Baader, „Letztes Manifest“, Faksimile in: Fähnders, „Projekt Avantgarde und avantgardistischer Manifestantismus“, a. a. O., S. 79.

28 Zu dieser Kategorie vgl. Asholt, „Projekt Avantgarde und avantgardistische Selbstkritik“, a. a. O.

kante avantgardistische Neubestimmungen der Funktion von Künstler und Kunstwerk.

Der „Merzer" Kurt Schwitters

Kurt Schwitters hat 1922/23 drei Manifeste verfasst, die ihn in einer Doppelrolle zeigen: Das zusammen mit Hans Arp, Theo van Doesburg, Tristan Tzara u. a. unterzeichnete *Manifest Proletkunst*[29] polemisiert mit großer Heftigkeit gegen jedwede proletarisch-revolutionäre und damit klassengebundene Kunst und postuliert ein überparteilich konzipiertes Gesamtkunstwerk. Der Text erfüllt jene gattungskonformen Manifestkriterien, die aus seiner herrscherlichen Tradition resultieren. Schwitters' Text *i (Ein Manifest)*[30] und erst recht das bereits erwähnte *Manifest KOE* dagegen gehören in die subversive Manifesttradition, die sich per Manifest gegen das eindimensionale Manifestieren wendet. Während *i (Ein Manifest)* neben den sich selbst ridikülisierenden Partien noch eine erkennbare, eben „manifestierte" Ästhetik von Schwitters' sog. i-Kunst bietet, ist das *Manifest KOE* ein Beispiel für die bereits angesprochene Tendenz zur Selbstaufhebung des Manifestes im Sinne avantgardistischer Kritik und Selbstkritik des Manifestantismus: In immer neuen Wendungen geht es ihm darum, wie es möglich gemacht werden könnte, dass Kühe hygienisch einwandfrei gemolken werden. Dass nämlich „Milch von verschiedenen Kühen in einen einzigen Eimer gemolken" wird, findet das manifestantische Ich „im höchsten Grade unnatürlich".[31]

Schwitters' Praxis des Manifestierens, die er auch in anderen Texten übt, die er nicht ausdrücklich als Manifest bezeichnet, zeigt ihn als Avantgardisten, der beides praktiziert: das herrscherliche und das subversive Manifestieren.[32] Für die Künstlerfunktion heißt dies: Er praktiziert die avantgardistische Anmaßung des Blicks vom Wolkenkratzer, unterminiert sie aber zugleich.

Darin lässt sich jenes Konzept erkennen, das Kurt Schwitters unter dem Signum „Merz" entworfen hat. „Merz" dient ihm seit 1919 als Selbstbezeichnung für sein gattungsübergreifendes Œuvre, ein Neologismus aus der Mittelsilbe des Wortes „Commerzbank", den Schwitters auf die einzelnen

29 In: Asholt und Fähnders (Hg.), *Manifeste und Proklamationen der europäischen Avantgarde*, a. a. O., S. 298 f.

30 Ebd., S. 278 f.

31 In: Kurt Schwitters, *Das literarische Werk*, Hg. Friedhelm Lach, Bd 2: *Prosa 1918–1930*, Köln 1974, S. 94.

32 Vgl. Walter Fähnders und Helga Karrenbrock, „‚Ich sage nämlich das Gegenteil, aber nicht immer'. Die Avantgarde-Manifeste von Kurt Schwitters", in: *Manifeste: Intentionalität*, a. a. O., S. 57–90.

Kunstgattungen bezog. Merzdichtung, Merzbild oder der Merzbau zeichnen sich dadurch aus, dass Farben und Formen, Buchstaben und Silben aus ihren ursprünglichen Zusammenhängen herausgelöst und neu „gewertet", in neue Zusammenhänge gebracht werden. So sollten „die Grenzen zwischen den Künsten und der Welt aufgehoben werden. Merz war laut Schwitters ‚das allgemeine Kunstwerk', wobei es ‚die Aufgabe von Merz in der Welt' sei, ‚Gegensätze auszugleichen und Schwerpunkte zu verteilen.'"[33] So heißt es auf das Theater, genauer die Merzbühne bezogen:

> Wenn aus der Gesamtheit der schöpferisch tätigen Materialien ein neues Kunstwerk entstehen soll, so ist die Bindung an ein vorhergeschriebenes Dichterwort unmöglich – an die Stelle des Dichters tritt der Merzer, der Schöpfer des Merzbühnenwerkes.[34]

Dieses konstituiert sich in einem *Dialog mit Einwürfen aus dem Publikum,* in dem eine Figur namens Schwitters weiter ausführt: „[...] aus dem verwendeten Material wie Künstler, Kulissen, Raum, Licht, Schallwirkung und Publikum soll das Gesamtkunstwerk zwingend hervorgehen."[35]

Diese Multimaterialität führt Schwitters zu einem intensiv reflektierten und postulierten Publikumsbezug, der in der tendenziellen, bei Schwitters sicher nicht immer durchgehaltenen Aufhebung der traditionellen Künstlerfunktion liegt – es ist der „Merzer", der „gleichzeitig Leiter, also Schöpfer des Gesamtkunstwerkes, und Geleiteter, also Teil des Publikums" ist.[36] So soll das Publikum auch bei den Proben mitwirken, um „als Kunstfaktor beim Ganzen mitarbeiten" zu können.[37]

Bereits das *Manifest KOE* verweist auf Schwitters' Aktivitäten in den Niederlanden, auf den sog. „DADA-Feldzug nach Holland", den Kurt Schwitters zusammen mit Theo van Doesburg 1922/23 durchführte und der weitere Rückschlüsse über die Umfunktionierung des Künstlers zum Merzer ermöglicht. Aus zeitgenössischen Berichten wie aus Kurt Schwitters' eigener Darstellung lässt sich erkennen, wie durch die tendenzielle Selbstaufhebung des Künstlers im Sinne einer künstlerischen Ermächtigung der Rezipienten das avantgardistische Projekt realisiert werden sollte. Gerade auf dem performativen Feld der unmittelbaren Begegnung zwischen Künstler und Publi-

33 Hubert van den Berg, „Merz", in: van den Berg und Fähnders (Hg.), *Metzler Lexikon Avantgarde,* a. a. O., S. 204.

34 Kurt Schwitters, „Aus der Welt: ‚Merz'", in: Kurt Schwitters, *Das literarische Werk,* Bd. 5: *Manifeste und kritische Prosa,* Hg. Friedhelm Lach, Köln 1981, S. 153–166, hier S. 155.

35 Ebd.

36 Ebd., S. 156.

37 Ebd., S. 165

kum, Produzent und Rezipient scheint eine derartige Umfunktionierung am eklatantesten, weshalb ja die Performance gerade bei Futurismus und Dada in hohem Kurs stand. Im DADA-Feldzug wurde dies vielfältig inszeniert. Schwitters berichtet über seine Veranstaltung in Utrecht: Während er eigene Texte rezitierte, erschienen

> mehrere unbekannte und vermummte Männer auf der Bühne, um mir ein eigenartiges Blumenstück zu präsentieren, und darauf den Vortrag weiter zu übernehmen. Das Blumenstück war etwa drei Meter hoch und montiert auf ein riesiges Holzgerippe. Es bestand aus morschen Blumen und Knochen und war überragt von einer leider enttopften Kalla. Außerdem wurde mir ein sehr großer verfaulter Lorbeerkranz vom Utrechter Friedhof der Bürgerlichkeit zu Füßen gelegt und eine verblichene Schleife ausgebreitet, und einer der Herren setzte sich an meinen Tisch und las aus einer großen mitgebrachten Bibel etwas vor. Da ich ihn als Deutscher nicht recht verstand, hielt ich es für meine Pflicht, Doesburg zu benachrichtigen, damit er mit dem Herrn ein paar freundliche Worte wechsele.[38]

Weiter heißt es in Schwitters' Bericht:

> Aber es kam anders. Als Doesburg kam, sah und siegte er. Das heißt, als er den Mann sah, zögerte er nicht lange, sondern, ohne sich vorher vorzustellen und ohne jegliche Zeremonie, kippte er ihn samt seiner Bibel und samt seinem riesigen Blumenstück in die Versenkung für die Musik hinunter. Der Erfolg war beispiellos. Zwar war der eine Mann nun fort, aber wie ein Mann stand das ganze Publikum nun auf. Die Polizei weinte, und das Publikum prügelte sich, um nur ein kleines Teilchen von dem Blumenstück zu erhalten; überall wurden blutige Knochen herumgereicht, mit denen man sich und uns beglückwünschte.[39]

Derartige Aktionen sind bereits aus dem italienischen Vorkriegs-Futurismus geläufig, Schwitters nennt seinen Holland-Feldzug deshalb einen „beispiellosen dadaistischen Triumph"[40], weil ihm hier die Rolle des Publikums in der Praxis als tatsächlich avantgardistisch verändert begegnete. Die Zuschauer-Akteure dieser Performance (wie sich später herausstellte, waren es Mitglieder der Utrechter Burschenschaft) demonstrierten, so Schwitters 1923 in einem Grundsatzartikel über *Dadaismus in Holland*, die Möglichkeit, dass

---

38 Kurt Schwitters, „[Van Doesburg]", in: Kurt Schwitters, *Das literarische Werk*, Hg. Friedhelm Lach, Bd 5: *Manifeste und kritische Prosa*, Köln 1981, S. 350 f.

39 Ebd.

40 Ebd., S. 351.

> plötzlich das Publikum aufhörte, Publikum zu sein. Eine Bewegung wie Würmer durchwogte den Leichnam des verschiedenen Publikums. Auf die Bühne (het toneel) kamen Würmer gekrochen. Ein Mann mit Zylinderhut und Gehrock verlas ein Manifest. Ein gewaltiger alter Lorbeerkranz vom Friedhofe, verrostet und verwittert, wurde für dada gespendet. Eine ganze Groentenhandlung etablierte sich op het toneel. Wir konnten uns eine Zigarette anzünden und zusehen, wie unser Publikum statt unserer arbeitete.[41]

Damit hat sich der Künstler in einem Akt des ‚Präsentismus' für den Augenblick selbst abgeschafft. Bei Schwitters bleibt freilich der Merzer ein beständiger avantgardistischer Funktionsträger – der die Zügel gern vorübergehend, aber nicht letztendlich aus der Hand gibt – so, wie Kurt Schwitters zwar den Manifestantismus der Avantgarde unterminiert (*Manifest KOE*), aber nicht aufgibt (*Manifest Proletkult*). Des Künstlers Funktion bleibt diejenige des Arrangeurs des Gesamtkunstwerkes. In ihm aber ist das Publikum, ist das Kunstobjekt der Rezipienten zum avantgardistischen Subjekt avanciert. Das Publikum ist „Faktor des Merzbühnenwerkes",[42] ist „Kunstfaktor",[43] der Merzer aber bleibt „Schöpfer des Gesamtkunstwerkes"[44].

Der „expressionistische Sozialist" Heinrich Vogeler

Der 1872 geborene Heinrich Vogeler gehört insofern nicht zur Generation der Avantgardisten, als er beim Aufbruch der historischen Avantgarde Anfang des 20. Jahrhunderts bereits eine im Übrigen ungemein erfolgreiche Karriere als Jugendstil-Künstler und als einer der Wortführer in der Künstlerkolonie Worpswede hinter sich hatte. Aber wie der nur vier Jahre jüngere Marinetti löst er sich von dieser ästhetischen Herkunft aus dem Fin de Siècle – und dies im Gefolge von Krieg und Novemberrevolution. Seine Opposition gegen den Ersten Weltkrieg, zu dem er sich 1914 freiwillig gemeldet hatte, mündete in einem Brief an den Kaiser, der ihm 1918 eine Internierung in einer Irrenanstalt einbrachte. Dergestalt politisiert, nahm er aktiv an der Novemberrevolution teil, wurde 1918 Mitglied in einem Arbeiter- und Soldatenrat und engagierte 1919 sich für die kurzlebige Bremer Räterepublik. Nach deren Zerschlagung gründete er 1919 in Worpswede die „Arbeitskommune" Barkenhoff, die auf

41 Kurt Schwitters, „Dadaismus in Holland", in: *Merz* 1, 1923, Nr. 1, S. 7 f.

42 Schwitters, „Aus der Welt: ‚Merz', a. a. O., S. 164.

43 Ebd., S. 165.

44 Ebd., S. 166.

der Basis antiautoritärer, syndikalistischer, rätekommunistischer und anarchistischer Gedanken den Versuch startete, bereits in der kapitalistischen Gesellschaft als eine Art Keimzelle eine neue Gesellschaft, den neuen Menschen zu schaffen. Im Zentrum stand nicht zufällig das Konzept der Arbeitsschule, über das sich Vogeler mehrfach theoretisch äußerte.[45] Dieses mehrjährige Experiment endete 1923 mit der Übergabe des Barkenhoff als Kinderheim an die kommunistische Rote Hilfe.

Das Barkenhoff-Experiment wird durch einen Künstler gestartet, der durch und durch von einer künstlerischen Moderne der Jahrhundertwende geprägt ist und dabei auf den Gebrauchswert von Kunst, wie im Konzept des Jugendstil und der Arts and Crafts-Bewegung angelegt, achtet, also neben der traditionellen bildkünstlerischen Arbeit sich auch um Alltagsgegenstände wie Möbel oder Essbesteck, Buchillustrationen, Buchschmuck u. a. m. kümmert und diese in seine künstlerische Praxis einbezieht. Ihm geht es also um das, was heutzutage unter Produktdesign figuriert; zudem arbeitet Vogeler als Architekt. Darin mag man bereits einen Vorschein avantgardistischer Vorstellungen vom Gesamtkunstwerk oder allgemeiner noch von einer avantgardistischen Imprägnierung des gesamten Lebens sehen – allerdings nur einen Vorschein; denn bekanntermaßen verschönert diese Art des Produktdesign zwar das Leben, verändert es aber nicht in dem Sinne, wie es die ästhetische Avantgarde fordert. Entsprechend hart formuliert Vogeler seinen Bruch mit Jugendstil und Impressionismus, als er nach 1918 seine Position neu formuliert. Diese nun steht im Zeichen des Expressionismus, den Vogeler theoretisch expliziert und dem er auch in seiner eher schmalen bildkünstlerischen Produktion dieser Jahre verpflichtet ist.

Bei Vogeler lässt sich studieren, wie die Identifikation mit der expressionistischen Avantgarde (oder der Avantgarde des Expressionismus) einerseits zur vehementen Ablehnung der eigenen Vergangenheit als Künstler des Jugendstils führt – und andererseits zu einer völligen Neubestimmung der Rolle des Künstlers, wie es vergleichbar auch bei Kurt Schwitters der Fall war. Während sich Schwitters, so in dem bereits erwähnten, von ihm mit unterzeichneten *Manifest Proletkunst*, gegen alle explizit politischen Bestrebungen in der Kunst wendet, positioniert sich Heinrich Vogeler genau an der Nahtstelle zwischen ästhetischer und politischer Avantgarde. Er geht von einem avantgardistischen Politik- und Revolutionskonzept aus – Kurt Schwitters von

45 Vgl. Ilse Rohde, *Heinrich Vogeler und die Arbeitsschule Barkenhoff. Ein Beitrag zur Historiographie der Reformpädagogik*, Frankfurt a. M. 1997; zu Vogelers Schriften gerade aus diesem Jahre vgl. Bernd Stenzig, *Heinrich Vogeler. Eine Bibliographie der Schriften*, Lilienthal 1994; Heinrich Vogeler, *Das neue Leben. Ausgewählte Schriften zur proletarischen Revolution und Kunst*, Hg. Dietger Pforte, Darmstadt, Neuwied 1972.

einem avantgardistischen Kunst- und Kunstrevolutionskonzept. Beider Ziel ist die Änderung der Welt durch den Nicht-Mehr-Künstler, sei es durch einen „Merzer" oder einen „expressionistischen Sozialisten", so die Formulierung von Vogeler in seiner „Zeitstudie" mit dem Titel *Expressionismus* von 1921.[46]

Auch Heinrich Vogeler hat ein Manifest publiziert, das ganz im Zeichen des avantgardistischen Manifestantismus steht: *Das Neue Leben*, mit dem Untertitel „Ein kommunistisches Manifest". Es handelt sich um eine gut ein Dutzend Seiten umfassende Schrift, die 1919 in dem Hannoveraner Paul Steegemann Verlag erschienen ist, und zwar in dessen Reihe „Die Silbergäule". Diese Reihe war ein Sammelbecken der aktuellen Avantgarde, dort erschienen u. a. *Die Wolkenpumpe* von Hans Arp (1920), *Sekunde durch Hirn* von Melchior Vischer (1920), *En avant dada* von Richard Huelsenbeck (1920), *Letzte Lockerung. manifest dada* von Walter Serner (1920) sowie einer der bekanntesten Texte von Kurt Schwitters, *Anna Blume* (1919). Das Autorenspektrum der „Silbergäule" liest sich wie ein Gotha der Avantgarde und ist für unseren Zusammenhang besonders wichtig, weil es anzeigt, dass eine avantgardistische Buchreihe wie selbstverständlich auch dezidiert politische Thematiken präsentiert. Sie realisiert – oder vorsichtiger: Sie reflektiert damit den universellen Anspruch der Avantgarde und der Avantgardisten, über das allein literarisch-künstlerische hinauszugreifen.[47]

Führt der Publikationsort sozusagen eher künstlerische und eher politische Thematiken in einer einzigen Reihe zusammen, so gilt dies auch für den Manifestantismus in den „Silbergäulen": Walter Serners *Letzte Lockerung. manifest dada* gilt zu Recht als einer der bedeutendsten Dadatexte und als Extremfall avantgardistischen und dadaistischen Manifestierens. Heinrich Vogelers Manifest dagegen nennt sich selbst „kommunistisch" und stellt sich damit in jene subversive, sozialrevolutionäre Tradition, die vor allem mit dem *Manifest der Kommunistischen Partei* von 1847/48, das frühzeitig als *Kommunistisches Manifest* figurierte, dem herrscherlichen Manifestieren und damit der Herrschaft selbst den Kampf ansagte. Allerdings ist hier die Titelei verwickelt.

Streng genommen gibt es nur ein einziges „kommunistisches Manifest", eben das in der marxistischen und später marxistisch-leninistischen Arbeiterbewegung festgeschriebene und quasi sakrosankte Manifest von Marx und Engels – auch wenn aus der proletarischen und sozialrevolutionären Bewegung weitere Manifeste bekannt sind, die den Alleinvertretungsanspruch des *Kommunistischen Manifestes* in Frage stellen, etwa das anonyme *Sozialdemokra-*

---

46 Heinrich Vogeler, *Expressionismus. Eine Zeitstudie*, Hamburg 1921, S. 14.

47 Es erschienen von Vogeler bei den „Silbergäulen" noch drei weitere Hefte: *Siedlungswesen und Arbeitsschule* (1919), *Über den Expressionismus der Liebe* (1919), *Proletkult* (1920).

tische Manifest (Stuttgart 1884) oder *Das Anarchistische Manifest* des Österreichers Pierre Ramus (d. i. Rudolf Großmann), das 1907 in Berlin erschienen ist.

Wenn es dem Anspruch nach in der Arbeiterbewegung also nur ein einziges kommunistisches Manifest geben kann, so signalisiert der auf Marx/Engels ja offenkundig anspielende Untertitel von Vogelers Schrift, „Ein kommunistisches Manifest", zweierlei: Indem er den unbestimmten Artikel voransetzt, akzeptiert er den Führungsanspruch *des* kommunistischen Manifestes, nicht aber dessen Alleinvertretungsanspruch. In seiner Schrift heißt es ausdrücklich: „Wir sehen, daß der kommunistische Gedanke seit dem Jahre 1848 eine große Fortentwicklung zur menschlichen Freiheit durchgemacht hat".[48] Er beruft sich nun aber nicht auf Marx/Engels, sondern zitiert des Längeren aus einem 1848er-Erinnerungsbuch[49] und greift auf die frühsozialistischen Konzepte von Charles Fourier und Victor Considérant zurück, deren Phalansterien ihm offenkundig eine Orientierung auch für die eigene Siedlungszelle bieten.[50] Die Urheber des *Kommunistischen Manifestes* werden namentlich nicht erwähnt, eine Formulierung wie „das Proletariat aller Länder"[51] ist allerdings eine deutliche Referenz dem *Kommunistischen Manifest* gegenüber. Vogelers Manifest endet:

> Uns kann nur helfen der große Gläubige an dem dauernden, unzerstörbaren Frieden zwischen Mensch und Mensch, zwischen Volk und Volk […]: der Kommunist, der parteilose, der freie Mensch.[52]

Erkennbar wird der besondere revolutionäre Ansatz von Vogeler, der zu dieser Zeit der KPD und jedweder Orthodoxie fernstand. Dabei beansprucht dieser Text, wie alle anderen Manifeste der Avantgarde auch, das Neue, hier programmatisch sogar *Das Neue Leben*, zu verkünden, quasi zu dekretieren. Das ‚Projekt Avantgarde' *hic et nunc* zu realisieren, grenzt Vogeler vom Revolutionskonzept der kommunistischen bzw. bolschewistischen Avantgarde ab, die keine derartige Nischenbildung vorsieht, sondern die Klassenumwälzung des Proletariats sucht. Dagegen vertritt Vogeler in seinem Barkenhoff-Projekt syndikalistisch grundierte Vorstellungen. *Das Neue Leben* ist dann auch ein Manifest, das grundlegende politische Fragen – Fragen der Sozialisierung, die

48 Heinrich Vogeler, *Das Neue Leben. Ein kommunistisches Manifest*, Hannover 1919, S. 11.

49 Es handelt sich um: Julius Lasker und Friedrich Gerhard, *Des deutschen Volkes Erhebung im Jahre 1848, sein Kampf um freie Institutionen und sein Siegesjubel. Ein Volks- und Erinnerungsbuch für die Mit- und Nachwelt*, Danzig 1848.

50 Vogeler, *Das Neue Leben*, a. a. O., S. 13.

51 Ebd., S. 9.

52 Ebd., S. 15.

Entwicklung in Sowjetrussland, Forderung nach Frieden u. a. m. – erörtert und dergestalt programmatisch den „Weg zur Kommune“[53] zu weisen sucht.

Indem Vogeler ein Panorama des neuen Lebens entwirft, kommt er auch auf Kunst und Künstler zu sprechen:

> Auch der freien Kunst sind die Wege gebahnt. Der Traum des Künstlers, unabhängig von kapitalistischen Bedingungen, seine Werke frei herauswachsen zu lassen aus seiner Verbundenheit mit den Bedürfnissen der Masse und ohne Entgelt sie der Masse in die Hände zu legen, geht dann in Erfüllung.[54]

Funktion des Künstlers ist ein geradezu prä-maoistisch anmutendes „Dem Volke dienen“: Der Künstler ist in der Utopie des neuen Lebens eins „mit den Bedürfnissen der Masse“. Vogelers künstlerische Praxis um 1920, etwa die Ausmalung des Barkenhoffs und seine dem Expressionismus verpflichteten bildkünstlerischen Arbeiten, hätten unter diesem Avantgarde-Aspekt eine genauere Analyse verdient. Dabei wäre insbesondere Vogelers Expressionismus-Konzeption (einschließlich seines Duktus!) zu berücksichtigen: „Das ist Expressionismus“, schreibt er, „das Werk, die Tat als Ausdruck menschlicher Natur, als Ausdruck des seelischen Eins-Sein mit den Ewigkeitsgesetzen, der Natur, Harmonie, mit dem Unendlichen, Frieden.“[55] Gelegentlich weitet sich die Expressionismus-Definition ins Anthropologische: „Expressionismus ist die höchste Ausdrucksform der menschlichen Natur.“[56] Es sei der „expressionistische Sozialist, der Kommunist“, der

> die Ideologien vergangener Zeiten völlig verlassen (hat), und seien es auch diejenigen von Karl Marx; er fußt mit allen Erkenntnissen und Erfahrungen in der Wirklichkeit von heute, ruht nicht, die Seelen der Menschen zu revolutionieren, ehe nicht das Wirtschaftsleben, die Politik, die Wissenschaft, die Schule Ausdrucksmittel des reinen Sozialismus, Ausdrucksmittel des „geistigen“ Verhältnisses der Menschen untereinander geworden sind. […] Die Räteordnung ist das lebendige Symbol für die werdende Welt des sozialistischen Expressionismus.[57]

In seiner „Zeitstudie“ *Expressionismus* gibt Vogeler weitere Hinweise auf die neue Funktion des Künstlers:

---

53 Ebd., S. 5.

54 Ebd., S. 15.

55 Heinrich Vogeler, *Expressionismus. Eine Zeitstudie*. Hamburg 1921, S. 25; fast wörtlich übernommen (unter Hinzufügung von „die Tat“!) in: Heinrich Vogeler, *Proletkult. Kunst und Kultur in der kommunistischen Gesellschaft*, Hannover 1920, S. 3.

56 Vogeler, *Expressionismus*, a. a. O., S. 3.

57 Ebd., S. 14 f.

> Der expressionistische Bildermaler wird sehr bald am Ende sein, wenn er nicht den Mut hat, das Minimum zu durchschreiten, sich ganz der aus der Besitzlosigkeit wachsenden Welt des Proletariats hinzugeben; mit den Arbeiterkolonnen herauszuziehen, selber unter einer Handwerkerkolonne ein ewig sich wandelndes schöpferisches Leben zu beginnen.[58]

Ähnlich die Formulierungen in dem *Silbergäule*-Band *Proletkult*:

> Der Künstler wird nun ganz und gar Gestalter der Lebensbedürfnisse des Proletariats. Von diesen, den Sorgen des Tages enthoben, schafft der junge Künstler in absoluter Freiheit die Dinge, die mit der Masse auch ihn bewegen [...] Er steht mit beiden Beinen unabhängig im lebendigen Leben, wie etwa die einfachen Handwerker aus gotischer Zeit, welche die Dome, die Symbole gemeinschaftlichen Schaffens errichteten.[59]

Demgemäß werden die Ismen der Jahrhundertwende verworfen zugunsten der aktuellen avantgardistischen Bewegungen bis hin zum Dadaismus, „dem Schrecken aller Bürger"[60]: „Der Dadaismus ist das lebendige Sinnbild unserer chaotischen Zeit, er zeigt den Zusammenbruch, den intellektuellen Schwindel aller Sprachwerte aber auch das kindliche Erschauen eines neuen Landes voller freier und doch gesetzmäßiger Schönheit."[61]

Heinrich Vogelers Teilhabe am avantgardistischen Projekt scheint radikaler als das anderer Avantgardisten, etwa Kurt Schwitters, weil er immer und immer wieder auf die Utopie des neuen Lebens und auf den praktischen Vorgriff darauf zielt. Vogeler ist kein Merzer, der einen zweifellos schon radikal neuen Umgang mit dem Publikum proklamiert, der aber im Feld der Kunst verbleibt. „Der Expressionist ist der Schöpfer einer neuen Welt"[62], dekretiert Vogeler – *mutatis mutandis* könnte das auch Schwitters unterschreiben und mit ihm das Gros der Avantgarde, wobei man „Expressionist" umstandslos durch andere Etiketten austauschen könnte, sei es Futurist, Surrealist, Poetist oder Zenitist.

---

58 Ebd., S. 9 f.

59 Vogeler, *Proletkult,* a. a. O., S. 4; die Syntax ist hier nicht ganz schlüssig.

60 Vogeler, *Expressionismus*, a. a. O., S. 25.

61 Vogeler, *Proletkult,* a. a. O., S. 9; vgl. die Einschätzung: „Für uns: echte Kunst, in allen Farben und Formen schillerndes Symbol der Zersetzung einer vergehenden bürgerlichen Welt und wiederum ferne hoffnungsfrohe Klänge aus einem neuen Kinderreich." (Vogeler, *Expressionismus*, a. a. O., S. 25).

62 Vogeler, *Proletkult,* a. a. O., S. 7.

Vogeler transformiert die Funktion des Künstlers von der ästhetischen in die soziale, sozialrevolutionäre Praxis, eine Praxis des Hier und Jetzt, wie seine Barkenhoff-Kommune es vorgeführt hat. Dabei ist der Künstler jemand, der mit den Massen verschmolzen ist – auch dieses ließe sich als avantgardistische Utopie begreifen. Entscheidend bei Vogeler aber bleibt der Ansatz: „jeder sei Expressionist *seiner* Menschlichkeit“[63]. Das bedingungslose Insistieren auf Veränderung der Welt weist zurück auf das Individuum, den Einzelnen, auch den einzelnen Künstler – ohne Delegation an Instanzen, ohne Hierarchien. In einem unveröffentlichten Fragebogen äußerte sich Heinrich Vogeler wie folgt:

> Was erstreben Sie in Ihrer Kunst? Seit 1918 Kampfkunst. Revolutionierung der Menschheit. Aufbau der sozialistischen Gesellschaft [...]. Aufnahme Ihrer Werke bei Publikum und Kritik (Auszeichnungen)? Ein Liebling der Bourgeoisie, außerordentliche Verbreitung der Radierungen. Seit 1918 von gleicher Seite mit viel Dreck und Drohbriefen beworfen. Von den Massen der Arbeiter gut verstanden. Bilder als Propagandamaterial, nicht mehr in Ausstellungen sondern in Vortragssälen.[64]

Schluss

„Er will die Dichter abschaffen!“, ruft entsetzt die allegorische Figur des Publikums, als sie von der Figur des „Schwitters“ dessen Merzer-Konzept erfährt.[65] Die Avantgarde hat im 20. Jahrhundert die Künstlerrolle wie nie zuvor aufgewertet, überhöht, ins Exklusive getrieben, sie hat den Künstler universale Utopien entwerfen lassen. Der Künstler der Avantgarde setzte diese Wolkenkratzer-Position dazu ein, seinen Führungsanspruch in die Subversion zu treiben und sich, als Künstler, letzten Endes aufzuheben, damit im ‚Projekt Avantgarde‘ Produzent und Rezipient eins und die Künstler deshalb überflüssig werden – nicht mehr und nicht weniger.

63 Vogeler, *Expressionismus*, a. a. O., S. 28; Hervorhebung im Original.

64 Heinrich Vogeler, Eigenhändig ausgefüllter masch. Fragebogen, Berlin, o. D. (um 1925), 3 S., Lot Nr. 138; http://www.dorotheum.com/auktion-detail/auktion-8869-autografi/lot-1123490-vogeler-heinrich.html.

65 Schwitters, „Aus der Welt: ‚Merz‘“, a. a. O., S. 155.

Susanne von Falkenhausen

Ex-zentrische Identitäten

Kunst, Politik und fotografischer Narzissmus seit 1960[1]

2008 zeigte die Deutsche Guggenheim Berlin eine Ausstellung mit dem Titel *Freeway Balconies*, kuratiert von der Künstlerin Collier Schorr.[2] Schorr führte drei Generationen zusammen; der Schwerpunkt lag auf den Arbeiten der mittleren und jüngsten Generation aus den letzten beiden Jahrzehnten. Bevorzugtes Medium war die Fotografie, gerichtet auf den Menschen, thematische Akzente waren Selbstbilder, Beziehungen, soziale Zugehörigkeiten, Normen und Devianzen in ihren Auswirkungen auf individuelle Lebensformen. Bei den Arbeiten ab Mitte der 1990er Jahre dominierte eine fotografische Ästhetik der Beiläufigkeit, der Intimität und des narzisstischen Blicks. Das interessierte mich – war diese Ästhetik des Privaten als Absetzbewegung von den künstlerisch-politischen Strategien der 1980er Jahre zu verstehen? Wie verhalten sich diese Arbeiten zu jenen aus den 1960er und 70er Jahren und ihre ästhetischen Strategien zu den politischen Bedingungen? Stark verallgemeinert könnten die Positionen der 1960er, 1970er und der 1980er Jahre wie folgt charakterisiert werden: Während die Neoavantgarde der 1960er und 1970er Jahre die Medien der Performance, der Fotografie und des Video in ihren Dynamiken von Präsenz und Dialog zwischen Medium und BetrachterIn untersuchte, ging es in den 1980er Jahren in der künstlerischen Fotografie um die visuelle Repräsentation von Identitäten, um die Kritik an identitären Stereotypen und die Anerkennung diskriminierter Identitäten. Diese Positionen brachten jeweils unterschiedliche Ästhetiken hervor, die ich mit der Ästhetik der Beiläufigkeit der 1990er Jahre vergleichen werde.

Soweit der Hintergrund für meinen Versuch, eine subjektiv selektive Genealogie künstlerischer Fotografie von Menschen seit den 1960er Jahren zu konstruieren. Sie geht folgender These nach: Es gibt einen tiefen, individuellen

1 Dieser Beitrag ist eine leicht überarbeitete Version meines Textes „Eccentric Identities. Intimität und fotografischer Apparat", in: Susanne von Falkenhausen, *Praktiken des Sehens im Felde der Macht. Gesammelte Schriften*, hg. von Ilaria Hoppe, Bettina Uppenkamp und Elena Zanichelli, Hamburg 2011, S. 271–296.

2 Vgl. Ausstellungskatalog: Collier Schorr (Hg.), *Freeway Balconies*, Deutsche Guggenheim, Berlin 2008.

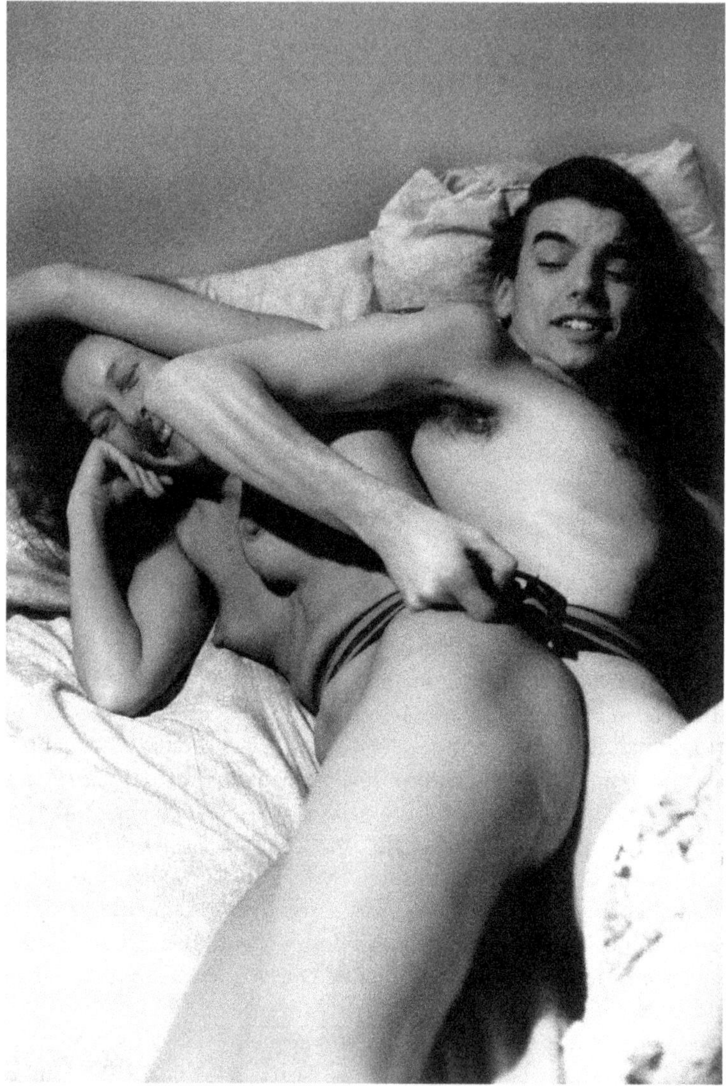

Abb. 1: Leigh Ledare: Mother and Catch 22, 2002

wie sozialen, Nexus zwischen dem Medium der Fotografie, dem Narzissmus und den Repräsentationspolitiken ex-zentrischer Identitäten der letzten drei Jahrzehnte – weibliche, schwarze, ethnische, schwule, lesbische, kurz, queere Identitäten. Identitäten sind hier zu verstehen als einheitliche, kollektive Subjekte, die als Voraussetzung für die Effektivität des politischen Kampfes um Anerkennung erachtet werden. Sie müssen jedoch über ihre vornehmlich visuelle Repräsentation erst *hergestellt* werden. Meiner These schließt sich die Frage an, was ein solcher Nexus für die künstlerischen Praxen der Fotografie bedeutet und wie sich dies in den künstlerischen Arbeiten seit 1960 auswirkt.

Dass Narzissmus und Fotografie eine enge Beziehung haben, war deutlich, bevor überhaupt eine psychoanalytische Theorie des Narzissmus vorlag. Bereits kurz nach der Veröffentlichung der Daguerre'schen Erfindung 1839 wurden die ersten Porträts mittels der Daguerreotypie hergestellt, und Jules Janin erklärte das neue Medium der Fotografie dem staunend skeptischen Publikum so: Um eine vollständigere Idee von der Daguerreotypie zu bekommen, solle es sich vorstellen, dass der Spiegel den Eindruck der Objekte, die er reflektiert, beibehalte.[3] Das Foto also ein auf Dauer gestellter Spiegel – das narzisstische Medium par excellence. 1859 nahm Charles Baudelaire bereits an der ‚neuen Industrie' der Porträtfotografie kulturpessimistisch Anstoß: „In diesem Moment stürzte unsere schmutzige Gesellschaft wie ein einziger Narziss los, um sein triviales Bild auf einem Stück Metall zu bewundern."[4]

Vierzig Jahre später taucht der Begriff in der Psychologie auf, um Autoerotismus mit Hilfe der Sage von Narziss zu beschreiben, der sein Bild auf der Oberfläche einer Quelle sieht und sich, nicht erkennend, dass es sich um ein Bild seiner selbst handelt, in dieses verliebt. 1914 veröffentlicht Freud seine Studie *Zur Einführung des Narzissmus*. Verkürzt lautet eine mögliche Definition: „die Liebe, die man dem Bild von sich selbst entgegenbringt."[5] Damit ist bereits deutlich, dass es nicht um Selbstliebe, sondern um die Liebe zum Bild dieses Selbst geht. Das Selbst bezieht sich also auf ein außerhalb seiner selbst entstandenes Bild, spiegelt sich im Bild, das andere von ihm geben oder zurückspiegeln. Lacan leitete daraus die Theorie vom Spiegelstadium ab: Das Kleinkind entwickelt über den Blick auf sich, wie es im Arm der Mutter und unter ihrem bestätigenden Blick in den Spiegel schaut, einen ganzheitlichen Begriff seiner selbst, angefangen bei einem ganzheitlichen Körperbild. Das Selbst konstituiert sich somit über dieses Bild und ist gerade deshalb nie ‚bei sich'.

Die Fotografie als Medium ist eine Schnittstelle der individuell ‚selbst'-bezogenen, narzisstischen Spiegelung im Porträt und eines seit immerhin gut zwanzig Jahren dominierenden Catchwords der Kulturindustrie: Identität als

3 Vgl. Heinz Buddemeier, *Panorama, Diorama, Photographie*, München 1970, S. 207.

4 „A partir de ce moment, la société immonde se rua, comme un seul Narcisse, pour contempler sa triviale image sur le métal." Baudelaire zit. nach: *Le Salon de 1859*, publié en plusieurs parties dans la *Revue Française*, http://baudelaire.litteratura.com/salon_1859.php?rub=oeuvre&srub=cri&id=467#.

5 Jean Laplanche und Jean-Bertrand Pontalis, *Das Vokabular der Psychoanalyse*, Frankfurt a. M. 1973, S. 317.

soziale und kulturelle Konstruktion. Das Porträt als Ausweis individueller Identität ist zugleich ein soziales Artefakt und verbindet so die Konstruktion des Selbst mit jener der sozialen Identität. Soweit in groben Zügen das Beziehungsnetz zwischen Fotografie, Identität und Narzissmus, das meine folgenden Reflexionen grundiert.

In *Freeway Balconies*[6] wird ein Spiel mit den Generationen präsentiert: Es gibt ‚Großeltern', das sind die Referenzen auf die Kunst der 1960er und 1970er Jahre, dann eine ‚Eltern'-Generation, der auch die Künstler-Kuratorin angehört und die von den Fifty-Somethings der Postmoderne zu den Forty-Somethings reicht – Karen Kilimnik, Raymond Pettibon, Francesca Woodman, und schlussendlich die jungen Twenty- und Thirty-Somethings – unter anderen Leigh Ledare, Adam Pendleton und Elaine Stocki. Die Positionen der ‚Großeltern' – Yvonne Rainer, Adrian Piper, Bruce Nauman – legitimieren, von der Kuratorin als ‚Mütter' oder ‚Väter' ausgewählt, die Jungen als Erbfolge und bilden zugleich ihren kunsthistorisch ‚narzisstischen' Spiegel. So offen diese Ableitung auch konstruiert ist, so wird doch in der Zusammenschau mit den Arbeiten der Jungen folgendes deutlich: Weniger die 1980er und frühen 1990er als vielmehr die 1960er und 1970er Jahre scheinen den Referenzhorizont für die Kunst der Jungen zu bilden: die konzeptuell orientierte Fotografie, aber auch Pop-Narzissmen à la Warhols Factory, Post-Pop Camp, Subkulturen und Strategien der Präsenz.

Nun ist seit den 1990er Jahren der Blick zurück auf die großelterliche Neoavantgarde der 1960er und 1970er Jahre durchaus verbreitet. Aber immerhin ging es der ‚Eltern'-Generation der postmodernen 1980er und 1990er Jahre um Themen, die wiederum bei den Twenty-Somethings durchaus noch präsent sind: Identitäten, wie sie durch Stereotypen von Geschlecht, Rasse, Ethnie, sexueller Orientierung oder Klasse konstruiert und fixiert werden. Allerdings arbeitete diese Generation weniger mit der Rhetorik und den Medien der Präsenz, wie in den Performances, Fotografien und Videos der 1960er und 1970er, als vielmehr mit den Mitteln der Repräsentation im meist fotografischen Bild. Fotografie war hier kein Medium der (gewesenen) Präsenz, sondern der Konstruktion, Montage und Pose. Ein Grund mehr, um sich zu fragen, ob es noch andere Gründe für diese generationale Andernacher Springprozession gibt als die gemeinhin angenommene Ablehnung des Vaters (oder der Mutter). Den Müttern und Vätern jedenfalls war es in den 1980er und 90er Jahren darum zu tun, mit der kunstvollen, formal strengen Organisation der postmodernen Fotografie in den Techniken der Montage und der Serialität

6 Ausstellung in der Deutschen Guggenheim Berlin, in deren Rahmen dieser Text am 18.9.2008 zum Vortrag kam.

die gängigen Repräsentationsschemata von stereotypen Identitäten zugleich aufzuzeigen und zu dekonstruieren.

Wir haben mit der Analogie von Fotografie und Narzissmus eröffnet: Urs Lüthis Arbeit *I'll be your mirror* von 1972 mit einem scheu-weiblich schräg aus dem Bild lugenden Lüthi figurierte prominent in der Ausstellung *Transformer: Aspekte der Travestie*, die Jean-Christophe Ammann 1974 im Luzerner Kunstmuseum organisierte. Es ist sicher ganz nützlich, sich heute zu erinnern,

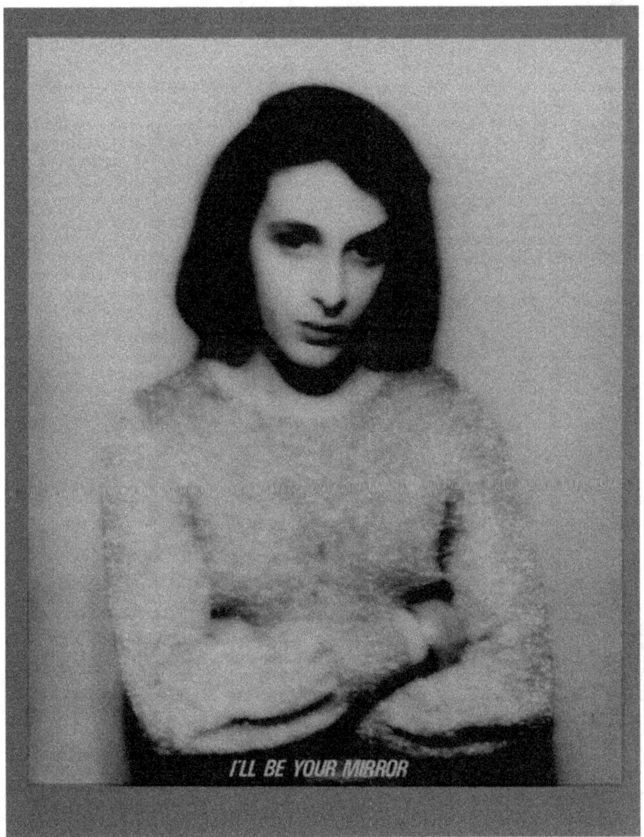

Abb. 2: Urs Lüthi: I'll be your mirror, 1972

seit wann das Spiel mit der Identität und Travestie von Geschlechtern, der Maskerade und der Pose auf Museumsniveau verhandelt wird, denn immer wieder und nach wie vor wird dieses Identitätsspiel als letztes Wort kultureller Subversion in den Markt des Konsums von Kunst bis Pop eingespeist.

Interessant wird dies erst, wenn wir nachverfolgen, wie diese Themen, ihr Erscheinungsbild und die Institutionen, die sie präsentieren und filtern, sich verändern. Die neueste Geschichte vermerkt hier zum Beispiel die Ausstellungen *Das Achte Feld* 2007 im Museum Ludwig und *female trouble* 2008, mit Mediencoverage von *Bunte, Focus Online* und *Spiegel Online* in München an

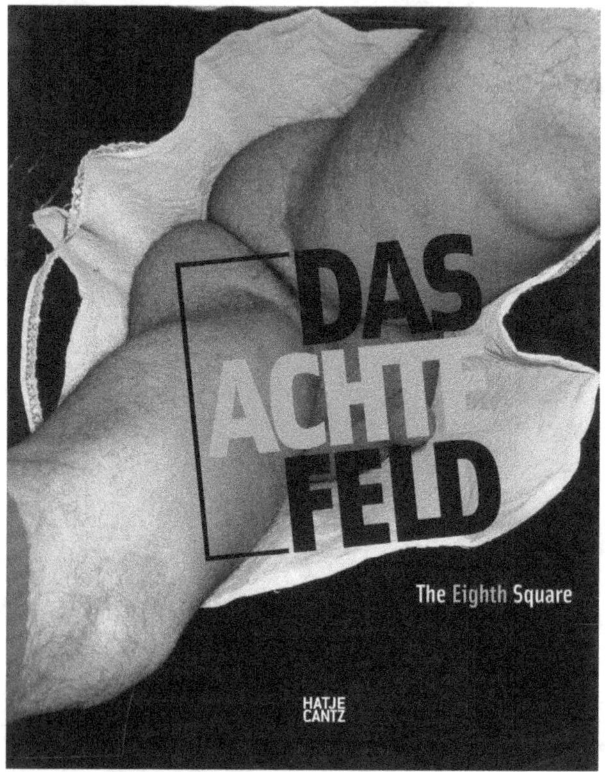

Abb. 3: Ausstellungskatalog *Das achte Feld*, Cover, 2006

der Pinakothek der Moderne in der Anwesenheit von „700 starken Frauen"[7] eröffnet; zwei Ausstellungen, die gute zehn Jahre nach den USA mit dem musealen Historisieren queerer Thematik beginnen. Denn bereits 1997 und 1998 gelang es mit der Ausstellung *Rrose is a Rrose is a Rrose* am Guggenheim Museum New York und dem Buch *The Passionate Camera. Photography and Bo-*

7 www.bunte.de/szene/female-trouble_aid_5784.html.

dies of Desire,[8] die Geschichte jener bildlichen, hauptsächlich fotografischen Repräsentationen klug zu rekapitulieren und zu reflektieren, mit denen seit Jahrzehnten um die Sichtbarkeit weiblicher, schwarzer, ethnischer, schwuler, lesbischer, queerer Identitäten und ihrer Kombinationen gerungen wird, auch und gerade in Zeiten von AIDS. Aber das Feld der Integration dieser Bildwelten in den Mainstream ist weit und umstritten und kann hier nur angedeutet werden.

Zurück zum Verhältnis von Narzissmus und dem aufzeichnungstechnologischen Apparat, hier dem Video: Vito Acconcis Arbeit *Centers* von 1971 verkörpert diese Beziehung Rosalind Krauss zufolge beispielhaft, wie sie in

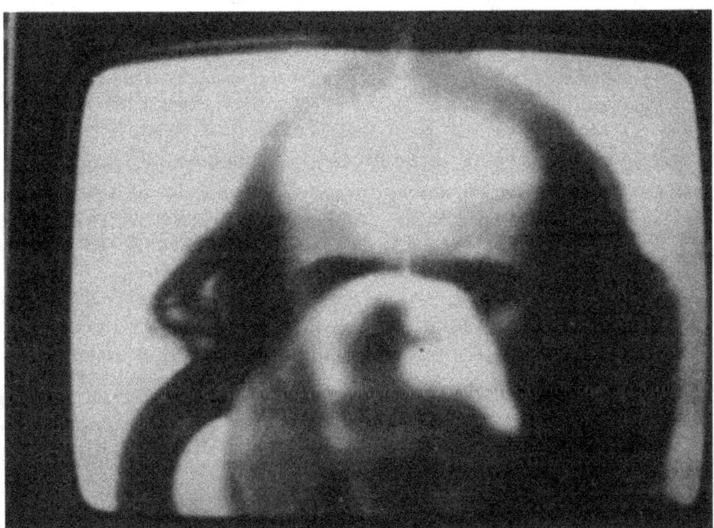

Abb. 4: Vito Acconci: Centers, Videostill, 1971

ihrem Text „Video: The Aesthetics of Narcissism“ von 1976[9] zeigt. Das Video zeigt Acconci, wie er über zwanzig Minuten lang den Zeige(!)finger am ausgestreckten Arm auf die Mitte des Bildschirms richtet, für Krauss die maximale Medienfiguration des Narzissmus als ‚self-regard‘: „a line of sight that begins at Acconci's plane of vision and ends at the eyes of his projec-

8 Jennifer Blessing (Hg.), *Rrose is a Rrose is a Rrose: Gender Performance in Photography*, Ausstellungskatalog Guggenheim Museum, New York 1997; Deborah Bright (Hg.): *The Passionate Camera. Photography and Bodies of Desire*, London / New York 1998.

9 Rosalind Krauss, „Video: The Aesthetics of Narcissism“, in: *October*, nr. 1 (1976), S. 50–64.

ted double."[10] Anja Osswald[11] hat eine sehr interessante Korrektur dieser Beobachtung geliefert: Tatsächlich zeigt Acconci bei der Produktion dieses zwanzig Minuten langen, fast stillen Video-Bildes einer Performance (Acconci, der versucht, Arm, Hand und Finger still zu halten) nicht auf sein Bild im Monitor, sondern auf die Aufzeichnungskamera, sonst wäre dieses Bild nicht zustande gekommen.

Gegenüber der Fotografie hatte der *closed circuit* des Video hier einen entscheidenden Vorteil: Dieses Selbstbild konnte produziert werden, ohne dass, wie beim Selbstporträt im Spiegel, die Kamera oder wie bei den frühen Fotos von Sherman der Selbstauslöser sichtbar wurde. Osswald spricht von einer „Objektivierung" des Selbstbildes, welche das Video ermögliche. Die Betrachtersituation kommt hier jedoch der in der Fotografie nahe. Im Ergebnis erzeugt das Verfahren für die BetrachterInnen einen doppelten Effekt: Acconci, der auf sich, aber eben auch auf die Betrachtenden zeigt, sodass diese in das Spiel der narzisstischen Bestätigung durch den Blick des Anderen einbezogen werden – es könnte also um einen doppelten Narzissmus gehen: den des Künstlers und den der BetrachterInnen. Die Blickbeziehung, welche diesen Narzissmus nährt, wird bei Acconci gerade im *Konzept* der video-zentrierten Aktion ausgestellt, das die Handlung vor der Kamera mit den medienspezifischen Möglichkeiten des Videos verknüpft.

Anders bei vielen der Produktionen von Warhols Factory, seien es 16mm-Filme wie die 4 Minuten langen *Screen tests* von 1964-66 oder die Fotografien, die gelegentlich als Vorlagen für Siebdruckporträts dienten. Sie wurden in den 1960er Jahren mit dem Passfoto-Automaten,[12] in den 1970ern mit der Polaroidkamera gemacht. Der Apparat ist hier einer der Verführung, ein Spiegel, bereitgestellt von Warhol, welcher die Posierenden in die Narzissmus-Falle lockt, sie erst zu Posierenden macht. Oder anders: Die Objektivierung des Selbst- und Fremdbildes durch den Apparat, die Acconci 1971 über den konzeptuellen Einsatz des Apparats *vor*führt, hatte zuvor Warhol als narzisstische *Verführung* durch den Apparat herausgestellt: Der Raum vor dem Apparat wurde zur Bühne, einen Fotografen oder Filmer im Sinne eines ‚Autors' gab es nicht, also auch keine Auseinandersetzung zwischen Fotograf oder Filmer und der Person, die ‚Objekt' des Filmes oder der Fotografie war – in der Porträtfotografie gehört diese ja sonst zur künstlerischen Heldenerzählung. Es

10 „Eine Blicklinie, die bei Acconcis Seh-Ebene beginnt und in den Augen seines projizierten Doubles endet.", ebd., S. 50 (Übers. S. v. F.).

11 Anja Osswald, *Sexy Lies in Videotapes. Künstlerische Selbstinszenierung im Video um 1970. Bruce Nauman, Vito Acconci, Joan Jonas*, Berlin 2003, S. 64.

12 Vgl. Christoph Heinrich, „Es war der Apparat, der die Arbeit machte". Bildnisse aus der Photobooth, in: Ausstellungskatalog *Andy Warhol Photography*, Hamburger Kunsthalle, The Andy Warhol Museum Pittsburgh 1999, S. 85–114.

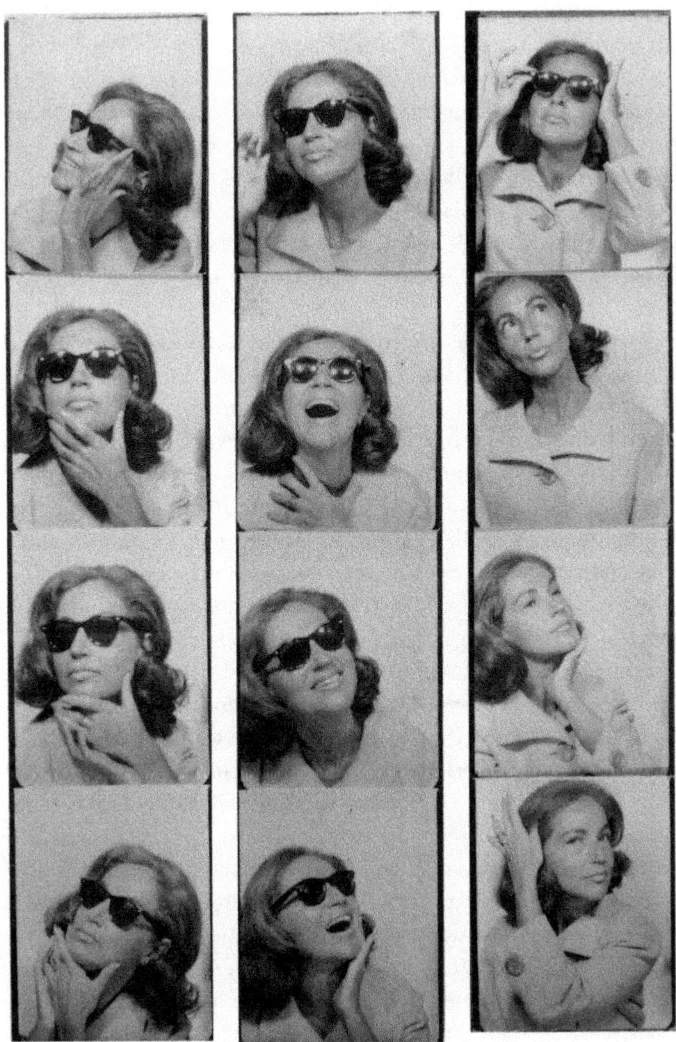

Abb. 5: Andy Warhol: Portrait of Ethel Scull, 1963

blieb die Konfrontation der Personen vor dem Apparat mit dem Apparat, mit gelegentlich hochemotionalen Momenten.[13]

13 Vgl. „Bewegte Bilder einfrieren. Ein Interview [von Christoph Heinrich] mit Gerard Malanga", in: *Andy Warhol Photography*, a. a. O., S. 115–122; *Callie Angell: Andy Warhol Screen Tests. The Films of Andy Warhol*, Catalogue Raisonné, I, New York 2006.

Ziehen wir Zwischenbilanz: Mit den Beispielen von Acconci und Warhol haben wir im Sinne von Konzeptkunst und Pop – die sich bei Warhol durchaus überschneiden – eine Objektivierung des Selbst- (und Fremd-)Bildes über die Prozedur der Aufnahme konstatiert: Bei Acconci auf einer Art Metaebene, welche anthropologisch-psychologische Grundannahmen mit der Neutralität des Apparats verband; bei Warhol über ein sado-masochistisches Aufnahmesetting, das den Narzissmus als gefährdetes, gefährliches und unstillbares Begehren herausstellte. Identität als Identifikation mit einer Gruppe im Sinne von Race, Class und Gender allerdings, wie dann in den 1980er Jahren, war hier kein Thema.

Hier kommen wir zu meinem zentralen Punkt, dass es eine Art psychosozialer Verbindung des Narzissmus als individueller Störung mit der gesellschaftlich gefassten Identität im Sinne einer Gruppenzugehörigkeit geben muss. Mir scheint, dass die Übertragung des Narzissmus in eine soziale Triebkraft, wie sie amerikanische Intellektuelle, darunter Richard Sennett, ab Mitte der 1970er Jahre für die amerikanische Gesellschaft diagnostizieren,[14] für die nun einsetzende Identitätspolitik marginaler, *ex-zentrischer* Gruppen von entscheidender Bedeutung ist. Ihr Schauplatz ist das Feld der Sichtbarkeit. Über die öffentliche Sichtbarkeit wird die gesellschaftliche Anerkennung dieser Identitäten eingeklagt, und zwar in Praktiken visueller Repräsentation, für welche die Fotografie eine zentrale Rolle spielen wird.

In den 1960ern und bis etwa Mitte der 1970er Jahre wird die Fotografie von KünstlerInnen weitgehend als Mittel zum Zweck eingesetzt, zur Aufzeichnung zum Beispiel von Performances. Heute ist unser Wissen von dieser Kunst von den Fotos geprägt, die sie festgehalten haben. So jenes, das Adrian Piper während ihrer Performance *Catalysis IV* von 1970 zeigt, wie sie, ein Handtuch in den Mund gestopft, in New York spazieren geht oder im Bus sitzt. Piper sitzt nicht im Zentrum der Bildfläche, sondern angeschnitten am linken Bildrand. Der Effekt ist der eines Schnappschusses, der Bildausschnitt zufällig. Pipers Setting übersetzt einen konzeptuellen Ansatz in eine Untersuchung von, ja wovon? Da können die Meinungen sehr unterschiedlich sein. Jedenfalls scheint es hier nicht um die Konstruktion von Identität zu gehen, sondern um die Reaktionsformen der Umwelt auf eine Person, die identitär eben nicht kategorisierbar ist.

---

14 Der Hinweis auf den Narzissmus als intellektuelle Modevokabel der 1970er Jahre in den USA findet sich bei Osswald 2003, a. a. O., S. 63. Verwiesen sei z. B. auf Richard Sennett, „Narcissism and Modern Culture", in: *October*, nr. 4 (1977), S. 70–79.

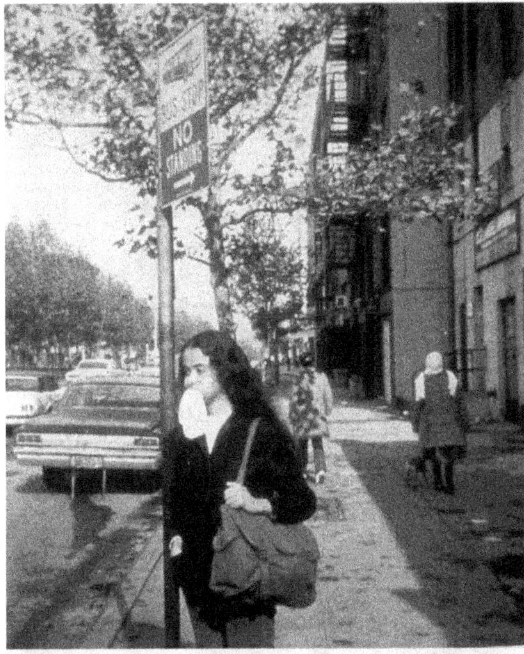

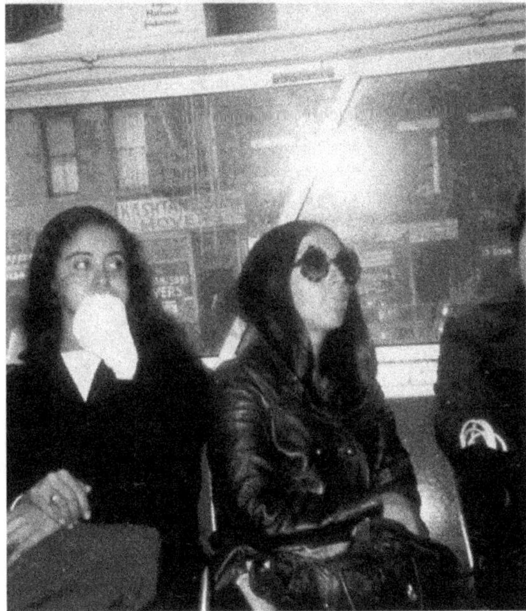

Abb. 6: Adrian Piper: Catalysis IV, 1970

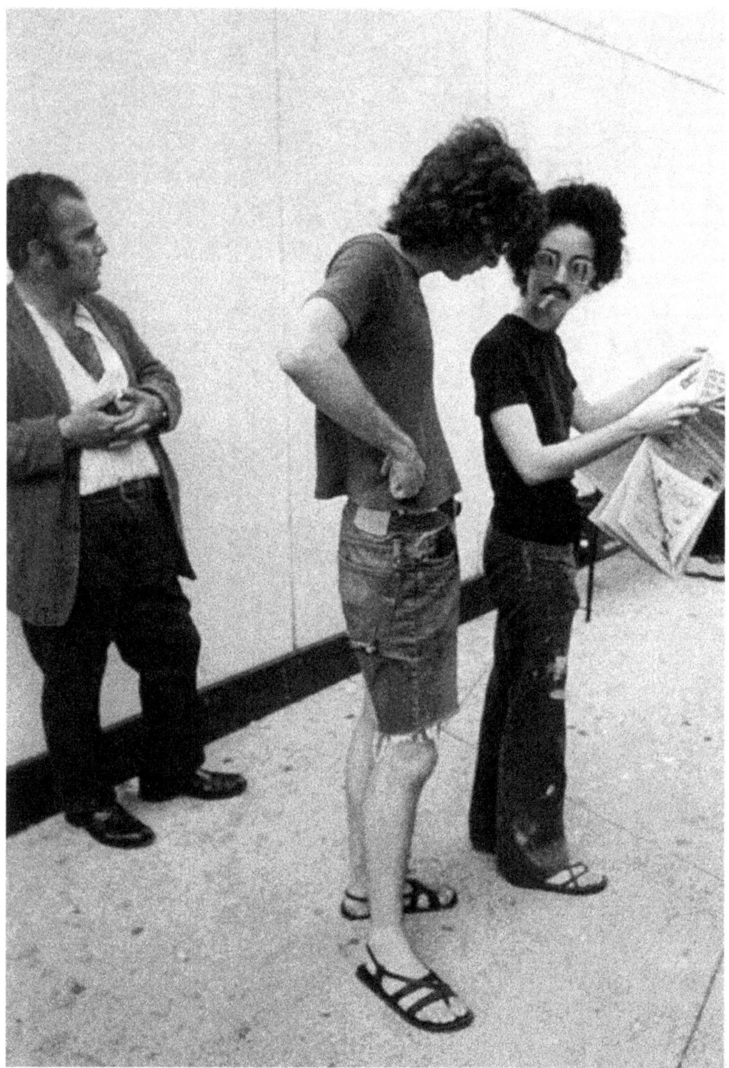

Abb 7: Adrian Piper: Mythic Being: Getting Back nr. 1, 1975

Anders bei Pipers Arbeit *Mythic Being: Getting Back nr. 1* von 1975: Piper exerziert ein Gender-Bending auf offener Straße, nicht allein vor der Kamera, und spaziert als ‚typischer' Black Male mit Afro und Fluppe im Mund durch die Gegend. Eines der Fotos aus der dazugehörigen Serie ist überschrieben: „I embody everything you most hate and fear." Das Stereotyp ist identifizierbar, Anders-Sein wird nicht gleichsam in der Absurdität abstrahiert, wie bei dem

Handtuch im Mund. Wieder die fotografische Ästhetik des Beiläufig-Zufälligen, mit einer Beimischung von Situationskomik, die an eine Candid Camera-Situation erinnert. Identität kommt hier nicht als individuelles Begehren ins Spiel, sondern als Zitat eines Habitus, der mit einer ungeliebten Gruppe in Verbindung gebracht wird. Dieses Zitat bringt jedoch mehr in Bewegung, als ein Foto vermuten lassen könnte: Piper erfährt, wie Nancy Spector schreibt, „life as an African American man – experiencing both the liberation she felt in the empowered male role and the racist fears her presence provoked in the whites around her."[15] Eine Arbeit, in der der sozial konstruierte Körper, in seinen Differenzen von Geschlecht und Rasse und konstruiert im Blick des Anderen, zum Medium einer psycho-sozialen Untersuchung wird und die Fotografie das Medium ihrer Speicherung und Überlieferung.

Andere Strategien hingegen brechen mit der medienspezifisch-konzeptuellen Reflexion des Apparates, mit der Objektivierung von Blick, Subjekt und/oder Objekt: Die Fotografie geht ein in die Praxen künstlerischer Subjektivierung. So überträgt Ana Mendieta 1972 in *Untitled (Glass on Body Imprints)*

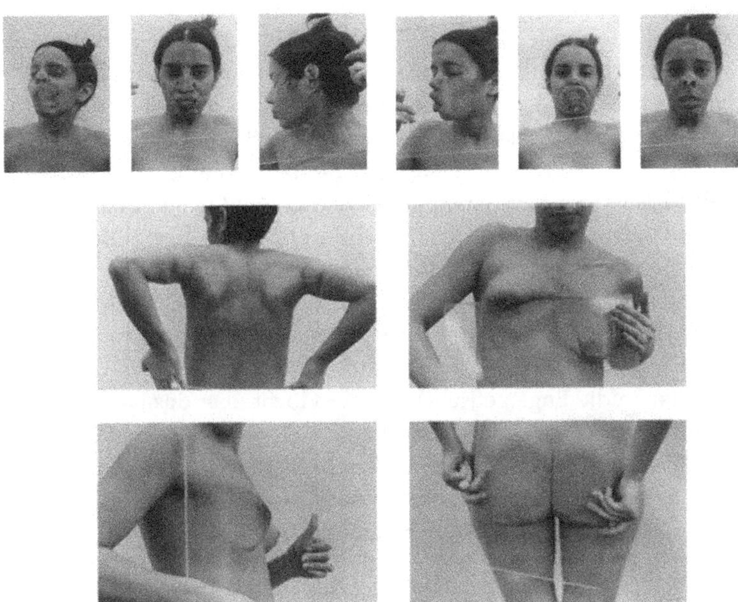

Abb. 8: Ana Mendieta: Untitled (Glass on Body Imprints), 1972

15 Nancy Spector, „Performing the body in the 1970s", in: *Rrose is a Rrose is a Rrose*, a. a. O., S. 157–175, hier S. 171.

im Alter von 24 Jahren ein konzeptuelles Herangehen, das Körper, Aktion und Fotografie verknüpft, über das fotografische Bild in eine Metapher unabweisbarer Verletzung und des Leidens. Eine Serie von Farbaufnahmen ihres Gesichts, aber auch einzelner Körperzonen wie Brust und Po, jeweils vor neutral weißem Hintergrund, zeigt sie in einer von ihr selbst herbeigeführten physischen Konfrontation mit einer Glasscheibe, die bis zum Schmerz gegangen sein muss. Dabei bleibt der Blick, der die BetrachterInnen trifft, ausdrucksneutral. Besonders die Aktion, in der die Glasscheibe auf die Brust gepresst und dann gedreht wird, erweitert das masochistische Setting auf die BetrachterInnen. In einer Gesamthängung muss die Serie relativ massiv wirken, denn das Format der einzelnen Abzüge ist mit 49 x 32,5 cm nicht etwa klein und intim, wie dies das Motiv suggerieren könnte. Bei näherem Herangehen bewirkt dies eine gleichsam physische Nähe zwischen BetrachterIn und Künstlerin. Der fotografische Apparat verbleibt zwar in seiner konzeptuellen Rolle als Aufzeichnungsgerät einer seriell ausgerichteten Aktion, die keinerlei Narrativ impliziert, dennoch führen die Elemente des Settings Momente der Emotion und der Identifikation herbei: mit der ‚ungeschützten' Nacktheit oder dem physischen Schmerz.

Das Motiv der ungeschützten, weil weiblichen Nacktheit wird von Hannah Wilke nun via Rollenspiel inszeniert. *So help me Hannah Series: Snatch Shots with Ray Guns* von 1978 besteht aus 32 Schwarzweißfotos, 100 Zitaten auf Karten und 65 Strahlenpistolen, einem von Science-Fiction inspirierten Spielzeug. Heute werden in erster Linie einzelne Fotos publiziert, so wie jenes, das Wilke nackt auf einem blanken Betonboden an einer versifft aussehenden Hausecke einschließlich Abflussrohr liegend zeigt, in der ausgestreckten Hand eine *ray gun*, den Körper oberhalb der Scham angeschnitten. Das Format der Fotos ähnelt der Serie von Mendieta, allerdings wird hier die Schwarz-Weiß-Ästhetik effektbewusst eingesetzt: ein Tatortfoto? Das Ende eines Horrorfilms mit weiblichem Opfer? Andere Fotos der Serie zeigen die nackte Wilke in die Enge getrieben bei der Flucht über das Dach, oder abgekämpft in der Raumecke eines leerstehenden Hauses hockend. *High heels* und der freie Blick auf die Scham zitieren den pornographischen Beavershot. Der Revolver allerdings ist immer dabei. Der Effekt ist der einer fast-filmischen Erzählung, die sich die Betrachterin zusammenreimen kann.

Weibliche Nacktheit als Problem weiblicher Identitätsfindung, weil immer schon im Blick des Betrachters kodifiziert, ist eine der Lesarten dieser Arbeiten. Darin bricht sich sehr deutlich die Annahme eines weiblichen Narzissmus, und sei der Umgang mit der Kamera noch so verführerisch, wie dies in Wilkes Werk durchgehend der Fall war. Keine vorgebliche Identität wird heroisiert, wie dies in den Visualisierungsstrategien anderer marginalisierter Gruppen anzutreffen war, zum Beispiel beim *Black Male* der Black Power-

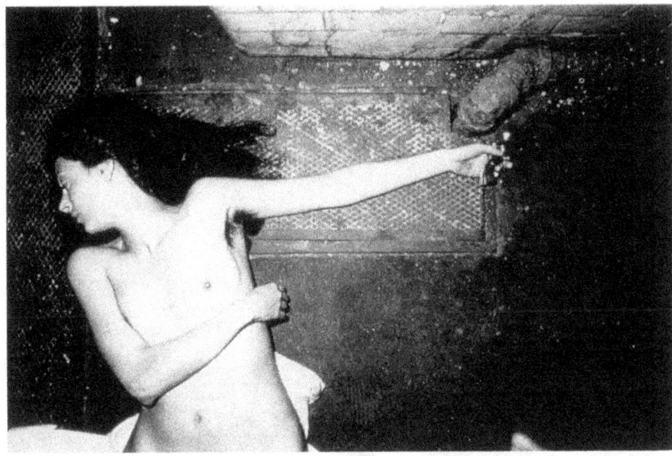

Abb. 9: Hannah Wilke: So help me Hannah: Snatch Shots with Ray Guns, 1978

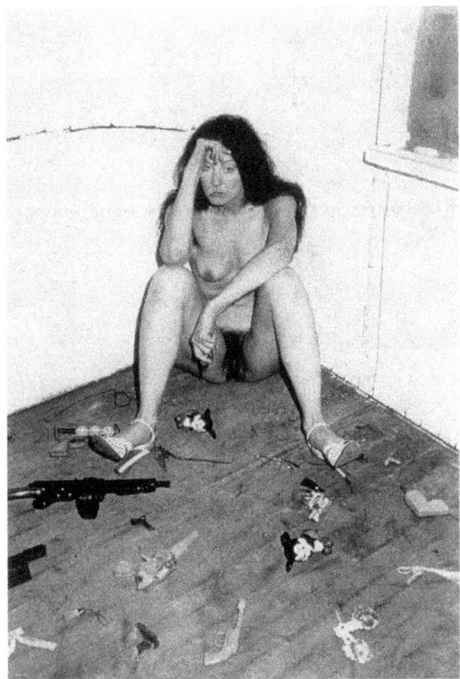

Abb. 10: Hannah Wilke: So help me Hannah: Snatch Shots with Ray Guns, 1978

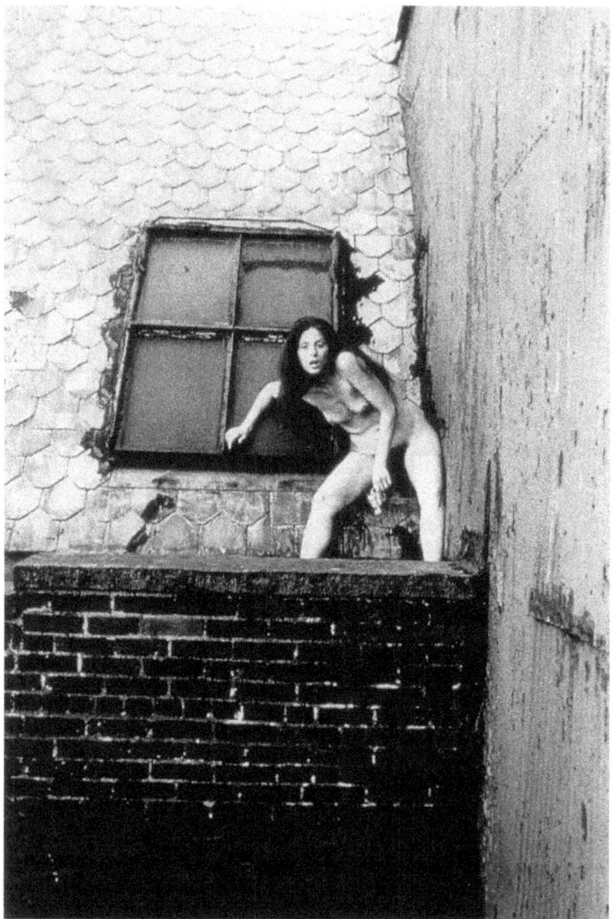

Abb. 11: Hannah Wilke: So help me Hannah: Snatch Shots with Ray Guns, 1978

Bewegung, später beim schwulen Mann, den Drag-Queens und -Kings. Blick- und Machtbeziehungen werden aufgerufen, befragt und verunsichert. Offenbar waren die Künstlerinnen die ersten, die den Konnex von Narzissmus und Identität krisenhaft wahrgenommen hatten, denn auf diesem Terrain gab es für sie kein symbolisch besetzbares Feld, es sei denn im sekundären Narzissmus des männlich codierten Blicks.

Allerdings, so scheint mir, verstummte dieses kritische Bewusstsein im folgenden Jahrzehnt; vielleicht wurde es auch zum Verstummen gebracht von der medien-zentrierten Fülle einer Art Gegenstrategie, wie sie Krisen auch hervorbringen können: identitäre Bestätigungsmechanismen jener politischen Bewegungen, die nun ihre gesellschaftliche Partizipation postmarxistisch nicht mehr direkt auf dem Feld der Ökonomie und der politischen Partizipation, sondern, wie bereits angedeutet, auf dem Feld der Sichtbarkeit einklagten, als Form der symbolischen Anerkennung ihres Anders-Seins, ihrer Differenz.

Damit änderten sich auch die visuellen Strategien. Aus den transgressiv bis ironisch konnotierten *Transformer*-Spielen eines Lüthi mit seinem zögernden Blick aus dem Foto/dem Spiegel vor über dreißig Jahren oder eines Jürgen Klauke in *Das menschliche Antlitz im Spiegel soziologisch-nervöser Prozesse* von 1976–77, bestehend aus vier mal drei großformatigen Porträts in nur zwei sich

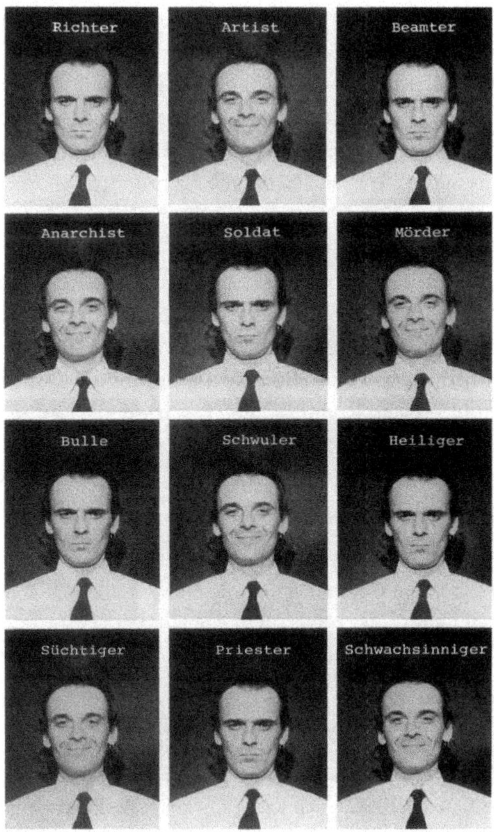

Abb. 12: Jürgen Klauke: Das menschliche Antlitz im Spiegel soziologisch-nervöser Prozesse, 1976–77

abwechselnden Varianten, aber mit gleich zwölf Identifikationen: Richter, Heiliger, Schwuler, Anarchist, Schwachsinniger – aus diesen melancholischen Gags wird der Kampf zwischen erkennbarer Festlegung und Repräsentation identitärer Codes und ihrer Dekonstruktion. Und diese Codes äußerten sich in der fotografischen *Pose*, die nun für die visuelle Deklaration von Identität und Differenz zugleich eingenommen wurde.

Craig Owens hat das Posieren 1985 umschrieben als „mimetische Rivalität"[16] und setzte fort: „Das Mimetische eignet sich den offiziellen Diskurs – den Diskurs des Anderen – auf eine Weise an, die dessen Autorität – seine Macht, als Modell zu fungieren – in Zweifel zieht."[17] Mit anderen Worten, er traute der Kunst, die auf der Ausstellung *Difference: On Representation and Sexuality* gezeigt wurde, zu, mit der Pose als mimetische Rivalität, nicht etwa als Mimikry im Sinne einer Tarnung des Schwächeren, die Codes hegemonialer Identitätszuschreibungen zu unterlaufen. Zur Pose gehört die Fotografie wie ihr mediales Double: Als „Aufzeichnung eines vorherigen Innehaltens" fixiert sie die Pose,[18] die ebenfalls etwas, nämlich das, was sie repräsentiert, fixiert. Und dieses Etwas oszilliert zwischen Selbst- und Fremdwahrnehmung, zwischen Bestätigung der von außen an das Individuum herangetragenen identitären Zuordnung (beginnend bei Mann, Frau) und ihrer Distanzierung im Akt des Posierens.

Und so kann das 1974, zu Zeiten feministischer Wut, aussehen: Lynda Benglis, Künstlerin, schaltet eine Anzeige für ihre Ausstellung in der Paula Cooper Galerie in der renommierten Kunstzeitschrift *Artforum*, bestehend aus einem ‚Selbstporträt', nackt, in Pin-up-Pose, die Hand an einem Riesendildo, den sie an die Scham hält – mimetische Rivalität? Die Lesarten sind offen. Die Legende sagt, dass sie damit auf eine Anzeige im *Artforum* zu einer Galerieausstellung von Robert Morris reagierte, auf der dieser als muskulöser S&M-Macho mit Kette und Soldatenhelm posierte. Die Wogen gegen ihre – nicht

---

16 „Mimetic rivalry", siehe dazu Craig Owens, „Posing", in: ders.: *Beyond Recognition. Representation, Power, and Culture*, hg. von Scott Bryson, Barbara Kruger, Lynne Tillman und Jane Weinstock, Berkeley/Los Angeles/London 1992, S. 201–217, hier S. 201.

17 „The mimetic appropriates official discourse – the discourse of the Other – but in such a way that its authority, its power to function as a model, is cast into doubt."; „Das Nachgeahmte eignet sich den offiziellen Diskurs – den Diskurs des anderen – auf eine Weise an, die dessen Autorität – seine Macht, als Modell zu fungieren – in Zweifel zieht.", ebd. (übers. S. v. F.). Siehe auch Craig Owens, „Posieren", in: Herta Wolf (Hg.), *Diskurse der Fotografie. Fotokritik am Ende des fotografischen Zeitalters*, Frankfurt a.M. 2003, S. 92–114, hier S. 92. Anlass war die Ausstellung *Difference: On Representation and Sexuality* im New Museum of Contemporary Art, New York 1984–85.

18 Siehe Owens, *Beyond Recognition*, a. a. O., S. 210 (übers. S. v. F.).

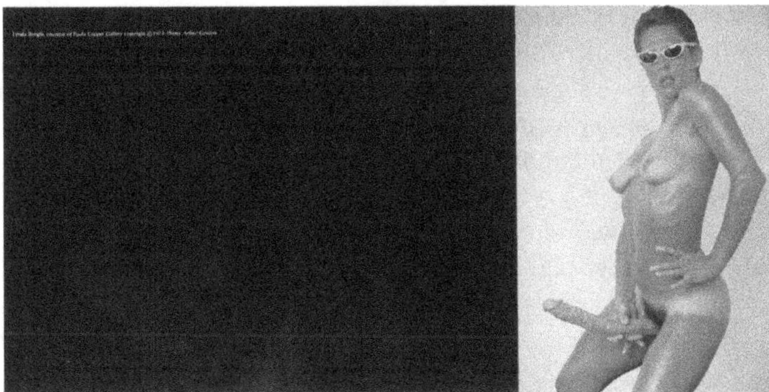

Abb. 13: Lynda Benglis: Anzeige für ihre Ausstellung in der Paula Cooper Gallery, Artforum, 1974

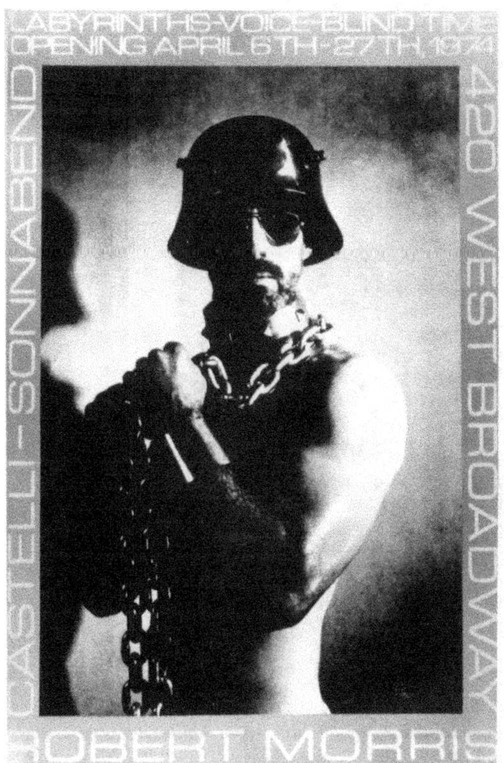

Abb. 14: Robert Morris: Anzeige für seine Ausstellung, Artforum 1974

seine – Pose gingen hoch, was zeigt, dass Aneignungen mit hierarchischem Gefälle zu rechnen haben, besonders auf dem Gebiet des Phallischen.[19]

Solche Frechheiten stießen jedoch an die Grenzen bewegungsprogrammatischen Ernstes, der denn auch, angetrieben von den frisch erarbeiteten Diskursregeln von Identität und Differenz der 1980er Jahre, zu anderen visuellen Resultaten führte.

Barbara Kruger war eine der ersten, die auf die Montagetechniken der 1920er Jahre und des *graphic design* zurückgriff, um Botschaften zu kommunizieren: *Untitled (Your body is a battleground)* heißt es auf einer Fotosiebdruck-Montage von 1989, in den monumentalen Maßen von 284,4 cm im Quadrat.

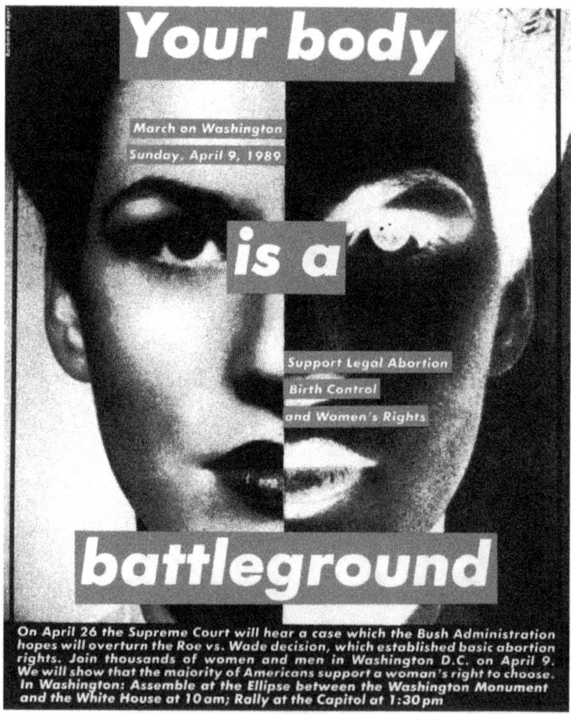

Abb. 15: Barbara Kruger: Untitled (Your body is a battleground), 1989

19 Ablehnend waren u. a. Rosalind Krauss, die sich in der folgenden Nummer von *Artforum* äußerte, und Cindy Nemser; vgl. Erika Doss, *Feminist Art and Black Art, Twentieth-Century American Art, Oxford History of Art 2002*, S. 184; Anna C. Chave, „Minimalism and Biography", in: Norma Broude und Mary D. Garrard (Hg.), *Reclaiming Female Agency: Feminist Art History after Postmodernism*, Berkeley 2005, S. 390 f.

Aus solchen großformatigen Fotoarbeiten baute sie raum-umgreifende Installationen wie jene ihrer Ausstellung in der Galerie Mary Boone 1991, welche die BetrachterInnen gleichsam umzingelten – dieser Botschaft sollte man nicht entkommen.[20] Die Strategie der Foto-Montage wurde als visuelle Analogie zu einer kritisch verstandenen postmodernen Theorie der Differenz betrachtet; die Ergebnisse machen heute den Eindruck einer allzu ausgeprägten Didaktik, welche hinter den komplexen Ansätzen der poststrukturalistischen Theorie zurückblieb – zurückbleiben musste? Wenn Craig Owens bereits 1985 den Diskurs des Anderen als ‚offiziell' bezeichnete, dann ist auch nachvollziehbar, dass die visuellen Codes, die dazu entwickelt wurden, doch recht schnell ins Establishment der Kunstszene führten.

Die schwul-lesbische und transgender-Szene hingegen blieb der Subkultur und der urbanen Bohème verbunden und unterstrich dies mit Ästhetiken fotografischer Spontaneität, die im Auto/biografischen aufgehoben waren und dies auch und besonders nach dem Einbruch der AIDS-Epidemie blieben, wie bei Nan Goldins *Ballad of Sexual Dependency* von 1976–92 oder

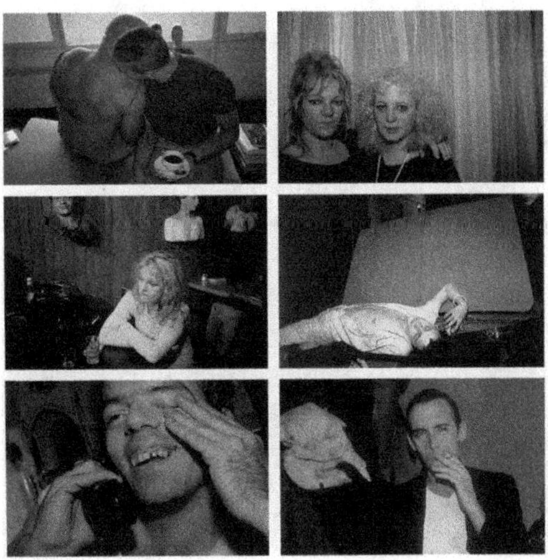

Abb. 16: Nan Goldin: The Ballad of Sexual Dependency, Detail, 1976–92

20 Installation der Ausstellung *Barbara Kruger*, Mary Boone Gallery, New York 1991. In weißer Type steht dort auf den Boden geschrieben: „All that seemed beneath you is speaking to you now. All that seemed deaf hears you. All that seemed dumb knows what's on your mind. All that seemed blind sees through you. All that seemed silent is putting the words right into your mouth." Zitiert nach www.pbs.org/art21/artists/kruger/card2.html.

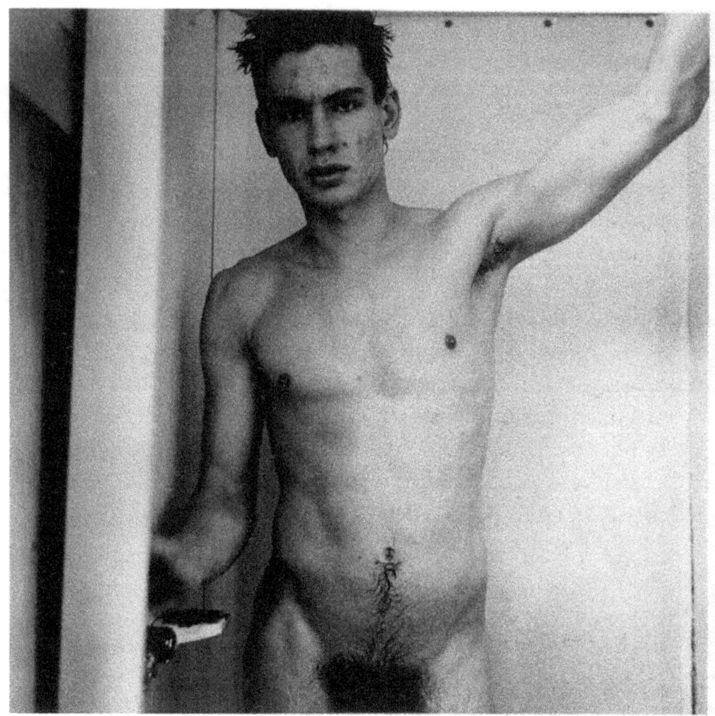

Abb. 17: Mark Morrisroe: Self-Portrait Standing in the Shower, 1981

Mark Morrisroes *Self-Portrait Standing in the Shower* 1981. Identität konstruierte sich hier in komplizierten Bezügen zwischen dem Individuellen, seiner Geborgenheit in der queeren ‚Familie' und den codierten Bildern vom Schwul- und Lesbisch-Sein. Anders dagegen Robert Mapplethorpe, dessen Selbstporträts von 1980 und 1988, kurz vor seinem Tod, die historische Schwelle von AIDS *allegorisch-emblematisch* unterstreichen und so auf ihrem Kunstcharakter bestehen.

Der fotografische Akt als Operation narzisstischen Spiegelns und komplizenhaft komplizierender Blickbeziehungen wurde jedoch gerade in der visuellen queeren Kultur auf vielfältige Weise im Bild ausgestellt. Ob diese Art der psychologischen Ehrlichkeit der Grund dafür war, dass sich das Establishment bis in die 1990er Jahre Zeit ließ, um diese Ästhetik bis in die museale Hochkunst durchzufiltern?

Für die afro-amerikanischen KünstlerInnen stellte sich das Problem eines identifikatorischen sozialen Rahmens anders dar: Hier ging es nicht um Subkulturen, die immerhin noch mit der Rolle des Subversiven spielen konnten, sondern um das Ringen um Anerkennung im Angesicht einer jahrhunderte-

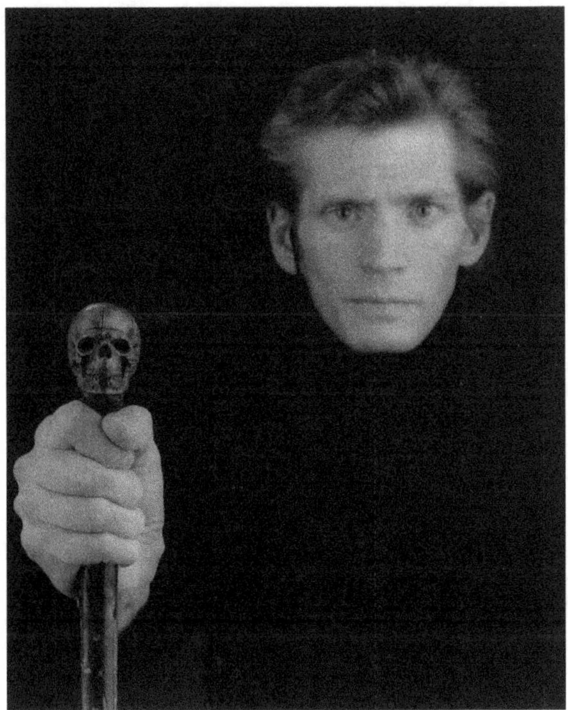

Abb. 18: Robert Mapplethorpe: Selbstporträt, 1988

alten Geschichte von Versklavung und Rassismus, wie etwa bei Lorna Simpson und Carrie Mae Weems. Das erklärt wohl auch, dass eine Ästhetik der Subkultur hier nicht die richtige Strategie sein konnte. Auch der Narzissmus als psychosoziales Problem der amerikanischen Konsumgesellschaft, wie er seit den 1970er Jahren diagnostiziert worden war, greift hier nicht als produktive Dimension. Die afro-amerikanischen Künstlerinnen Lorna Simpson und Carrie Mae Weems arbeiteten in den 1980er und 1990er Jahren mit Foto-Text-Montagen als technologisch-strategischer Analogie zu Dekonstruktion und identitärer Krise. Diese Methode ermöglichte es, die historisch akkumulierten kulturellen Raster und Schablonen für Rasse und Geschlecht mit- und gegeneinander ‚sprechen' zu lassen. Die afro-amerikanische Identität wurde rückgebunden an die Geschichte einer Gruppe, wie sie von der herrschenden weißen Schicht definiert wurde (und wird). Individuelle Identität stellte sich so als eher melancholisch scheiternder Versuch dar, mit den Zwängen dieser Bilder einer ghettoisierenden Gruppenidentifikation umzugehen und gleichzeitig so etwas wie eine ‚eigene' Geschichte zu konstruieren.

Die Rigidität dieser rassistischen Schablonen findet ihr ästhetisches Äquivalent in der strengen Form ihrer Arbeiten, die Ambivalenz der Situation hingegen in der Methode der Montage und in Elementen der Ironie bis hin zum Sarkasmus. Sarkastisch zitiert Weems in: *Black Man with a Watermelon* ein Sklavenklischee; *Spieglein Spieglein an der Wand* … kommentiert die Vergeblichkeit des Wunsches afro-amerikanischer Frauen, in die weißen Schönheitscodes integriert zu werden (beide aus ihrer Serie *Ain't Jokin'* von 1987–88).[21] Der Einsatz von Fotografien aus den Archiven der Unterdrückung, wie in *Untitled* aus der Serie *From Here I Saw What Happened / and I Cried*, 1995–96, reklamiert die Schönheit und Würde des afro-amerikanischen Subjekts gerade über die Aneignung und Inszenierung des weißen Bildes vom schwarzen Menschen. Die Archivaufnahmen des 19. Jahrhunderts werden in die museale Würdeformel einer Rahmung in edlem Holz eingelassen, und die starre Profilaufnahme aus dem anthropologisch klassifizierenden Foto-Fundus des 19. Jahrhunderts wird in der spiegelverkehrten Doppelung monumentalisiert. Eine andere Arbeit aus den 1990er Jahren macht diese Aneignung im Text explizit und aus dem klassifizierten ‚Objekt' ein mit „You" angesprochenes Subjekt: *A Negroid Type / You Became a Scientific Profile / An Anthropological Debate / & A Photographic Subject* von 1995–1996.

Lorna Simpson steigert den Montagecharakter noch, indem sie die Schablonen des rassistischen Körperbildes in ihre Bestandteile fragmentiert, isoliert und seriell montiert: In *Gestures / Reenactments* von 1985 und *Stereo Styles* von 1988 kombiniert sie Splitter körpersprachlicher und haarstilistischer Stereotypen mit assoziativen Sprachfragmenten.

Da erstaunt es dann doch, wenn die schwul-lesbische Szene der 1990er ihr Heil in einer Rückkehr zum ganzheitlichen Körperporträt sucht: Del LaGrace Volcano zelebriert den geschlechtsambivalenten Körper der Butch-Lesbe mit athletischem Kreuz und Camouflage-Outfit in *Jax Back* und *Jax Revealed* von 1991; Catherine Opie inszeniert ihre Porträts von gleichgeschlechtlichen Paaren – hier *John und Scott* von 1993 – wie Hofporträts und die geschlechterambivalente *Angela Hans Scheirl* als raumgreifendes, klassisches Männerporträt – die Pose als mimetische Rivalität? Die formalästhetische Appropriation: ironisch oder affirmativ? Opies Selbstporträt von 1993 hingegen, das ihren nackten Rücken vor dem Hintergrund einer barock ornamentierten Tapete mit in die Haut geritzter, blutiger Kinderzeichnung eines Familienidylls zeigt, inszeniert den Identitätsbruch in der Kombination von im Einzelnen gut lesbaren, aber zusammen nicht ohne weiteres erzähllogischen Details.

---

21 www.artnet.com/Artists/LotDetailPage.aspx?lot_id=90721E5AE228D89D08AB2AE836613AC2.

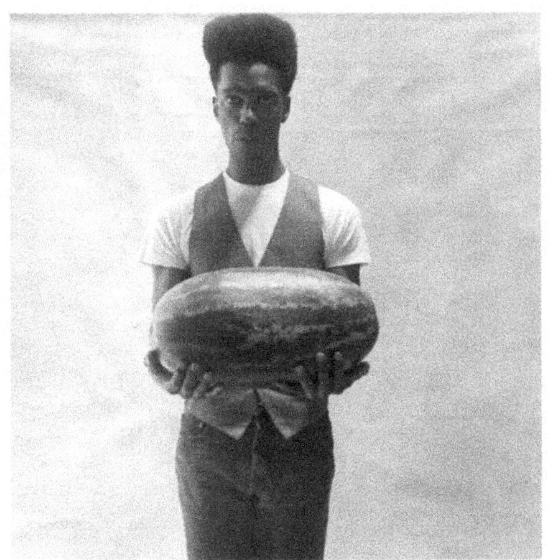

Abb. 19: Carrie Mae Weems: Black Man with a Watermelon, aus der Serie „Ain't Jokin'", 1987–88

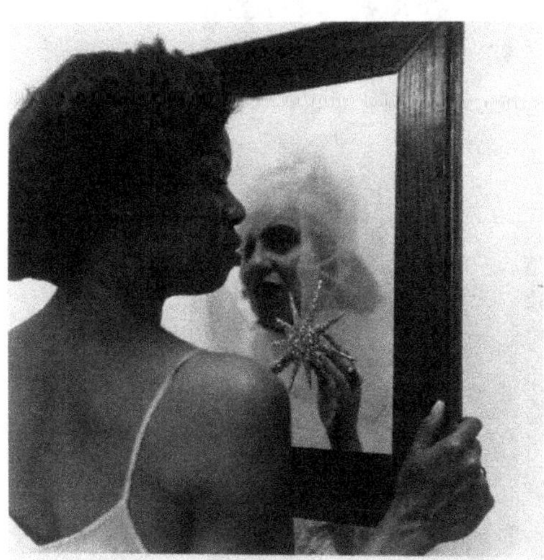

Abb. 20: Carrie Mae Weems: Spieglein Spieglein an der Wand …, aus der Serie „Ain't Jokin'", 1987–88

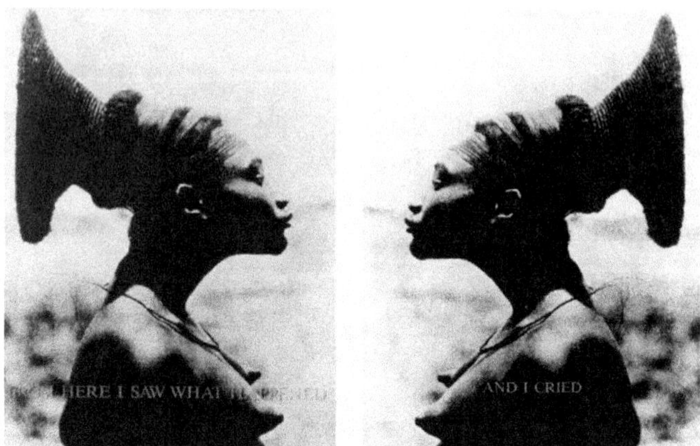

Abb. 21: Carrie Mae Weems: Untitled aus der Serie „From Here I Saw What Happened / and I Cried“, 1995-96

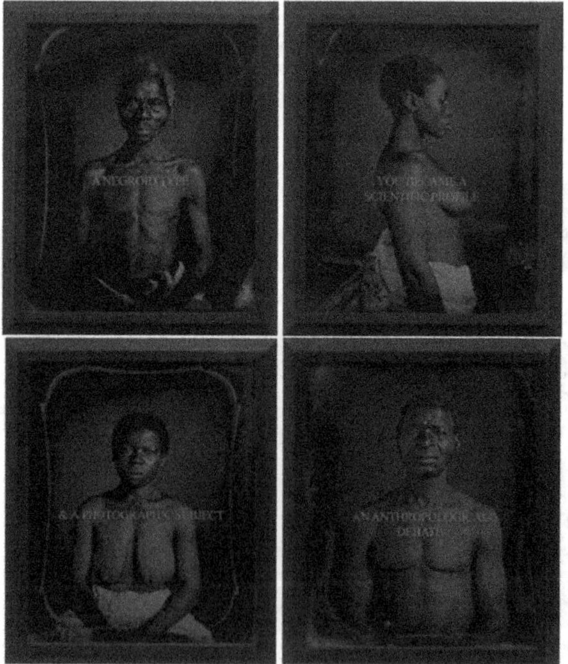

Abb. 22: Carrie Mae Weems: A Negroid Type / You Became a Scientific Profile / An Anthropological Debate / & A Photographic Subject, 1995–96

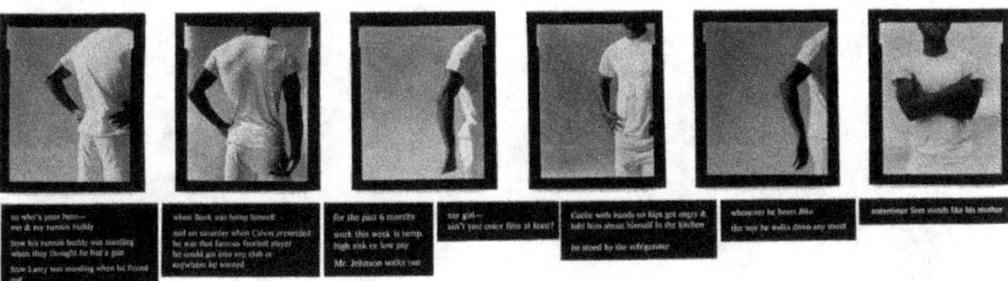

Abb. 23: Lorna Simpson: Gestures / Reenactments, 1985

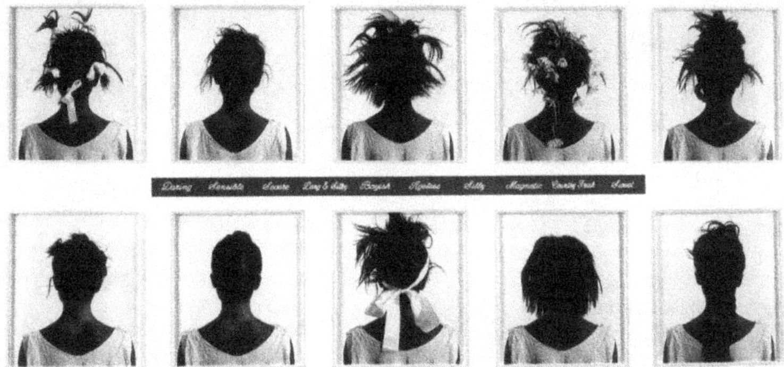

Abb. 24: Lorna Simpson: Stereo Styles, 1988

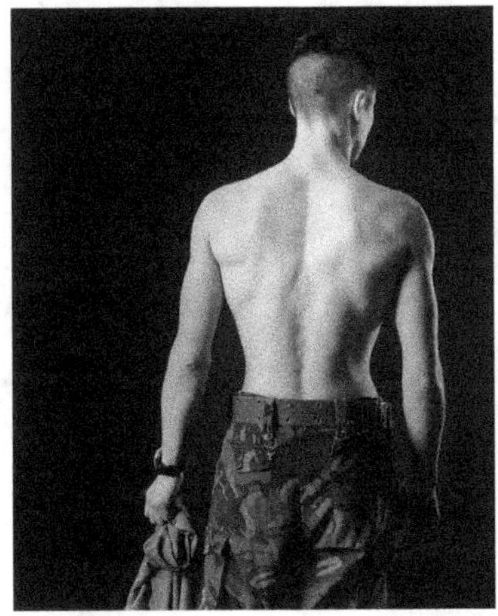

Abb. 25: Del LaGrace Volcano: Jax Back, 1991

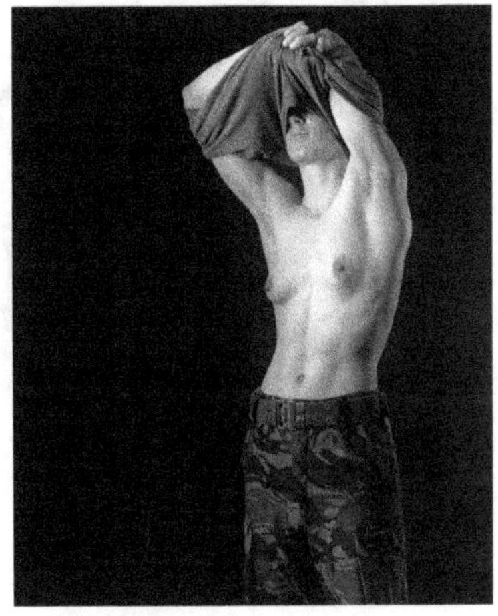

Abb. 26: Del LaGrace Volcano: Jax Revealed, 1991

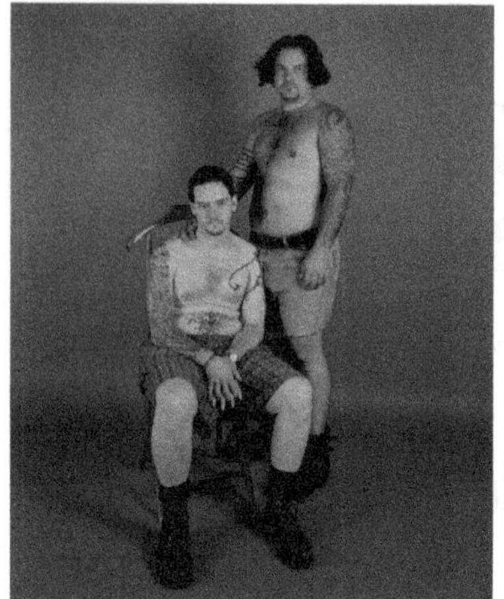

Abb. 27: Catherine Opie:
John and Scott, 1993

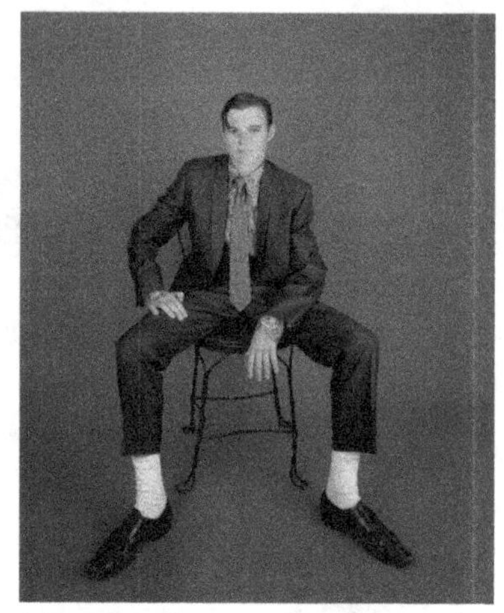

Abb. 28: Catherine Opie:
Angela Hans Scheirl, 1993

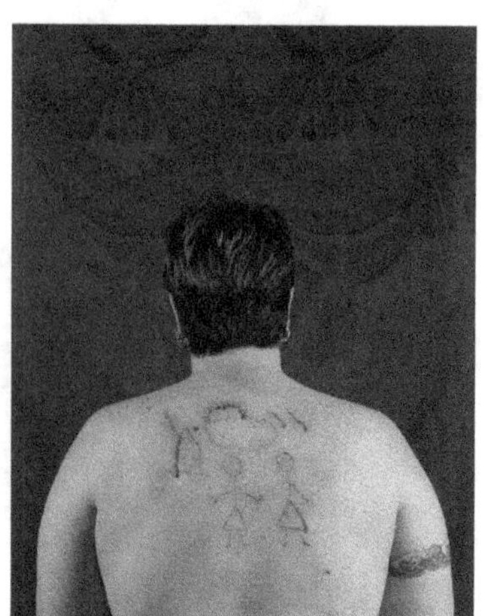

Abb. 29: Catherine Opie:
Selbstporträt, 1993

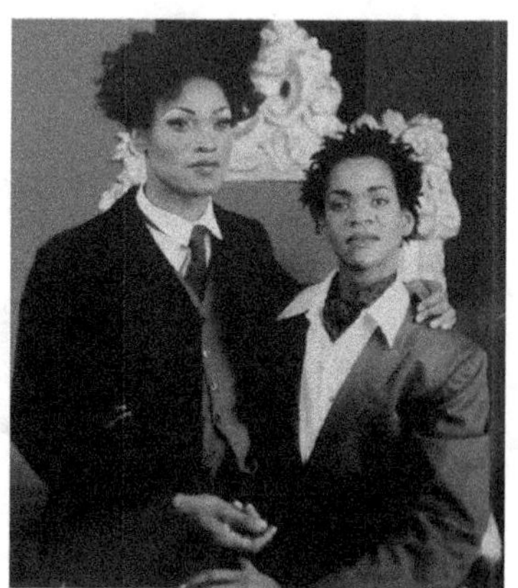

Abb. 30: Lyle Ashton Harris,
Iké Udé: Sisterhood, 1994

Eindeutig ironisch ist der Glamour des sozusagen ‚criss-cross' geschlechtscodierten Doppelporträts *Sisterhood* von Lyle Ashton Harris und Iké Udé von 1994 in der ungewöhnlichen Kombination von Instant-Polaroid-Fotografie mit glühender Farbigkeit, großem Format und steifer Pose.

Diese letzten Beispiele haben eines gemeinsam: eine auf Ausgewogenheit, Symmetrie und Frontalität kalkulierte Bildkomposition. Ich wähle dieses altmodische Wort aus dem Kunstgeschichtsgrundstudium mit Bedacht, denn die Anklänge an klassische Traditionen des Porträts sind offensichtlich. Dies sind die Codes der Repräsentation, nicht der Präsenz. Als Codes der Repräsentation umkämpfter Identitäten bringen sie ihre Brechungen mit: Basierend auf der Appropriation anerkannter, wertimplizierender, gar nobilitierender Formensprachen in der Tradition bürgerlicher Selbstrepräsentation lassen sie die Frage nach Affirmation oder Subversion der solcherart repräsentierten identitären Codes ungelöst. Bereits 1992 fasste Judith Butler ihre Kritik an fixierenden Identitätspolitiken so: „Ich glaube nicht, dass Geschlecht, Rasse oder Sexualität Identitäten sein müssen, ich glaube, sie sind Vektoren von Macht."[22] Dass „Sichtbarkeit, ein politisches Schlüssel-Modewort der lesbisch/schwul/bisexuell/transgender […] Gruppen",[23] ihren Preis hat, stellte 1998 Mary Patten, Ex-AIDS-Aktivistin, fest: Die Kennzeichen queerer Identität, einst „Markierungen rebellischer Subkultur", seien zu „individuellen Identitätsornamenten (geworden), welche die Erfüllung unserer Wünsche versprachen".[24]

Die 1990er Jahre haben den KünstlerInnen der jungen Generation eine Orthodoxie der Differenz-Repräsentation hinterlassen; keine Identität scheint nunmehr ex-zentrisch; aus der unabschließbaren Differenz ist über dem Kampf um gesellschaftliche Re-Präsentation die statische, administrier- und konsumierbare Diversität geworden – ein Zirkelschluss narzisstischer Blicke zwischen den Einen und den Anderen, der zur Falle werden kann.

Richard Sennett setzte sich 1977 kritisch mit dem Ansatz einer psychoanalytischen Schule auseinander, welche den Narzissmus über einen Diskurs der „self/other distinction" anging: Über eine Fixierung der Unterscheidung zwischen dem Selbst und den Anderen sollte das Ich-Gefühl entwickelt und gefestigt werden,[25] für Sennett nicht nur eine eindimensionale Reduktion der

22 Judith Butler zitiert nach: „The Body You Want. Liz Kotz interviews Judith Butler", in: *Artforum* nr. 31, 3, (1992), S. 82–89 (übers. S. v. F.).

23 Mary Patten, „The Thrill is Gone. An Act up Post-mortem (Confessions of a former Aids Activist)", in: Deborah Bright (Hg.): *The Passionate Camera. Photography and the Bodies of Desire*, 1998, S. 385–406, hier S. 398 (übers. S. v. F.).

24 Ebd.

25 „They focus on creating a sense of self / other distinctions so that one may develop a sense of self." Sennett, „Narcissism and Modern Culture", a. a. O., S. 78.

Freudschen „metapsychology",[26] sondern auch unethisch. Was hat das mit unserem Thema zu tun? Narzissmus soll in dieser von Sennett abgelehnten Ich-Psychologie mit jenem Motiv geheilt werden, das für die Identitätspolitiken der 1980er und 1990er Jahre zentral werden sollte: der Unterscheidung zwischen den Einen und den Anderen: Die Einen haben die Macht, die Anderen *als* Andere zu definieren; ihre Definition der Anderen sichert die äußeren Grenzen der eigenen, hegemonialen, aber bedrohten Identität. Die ‚Weißen' definieren, was ‚schwarz' ist, die Heterosexuellen, was homosexuell ist usf. Die Politik der Sichtbarkeit dieser ‚Anderen' hat versucht, diese Machtverhältnisse umzukehren, indem sie diese Definitionen umschreibt, positiv bestätigt und durchkreuzt, allerdings innerhalb derselben, kaum revidierbaren Struktur. ‚Selfhood', Selbst-Sein, der Einen also auf Kosten der Anderen und der Anderen auf Kosten anderer ‚Anderer'. So gesehen ist es kein Wunder, dass Narzissmus und Identität zusammen auf dem politischen Feld der Sichtbarkeit ein Korsett der Festlegungen erzeugt haben. Die Fotografie als *das* narzisstische Medium – auch und gerade weil sie eben bleibende, nicht bewegte Bilder erzeugt – war die prägende Bildtechnologie in diesem Feld.

Wie also diesen einschnürenden Zirkel umgehen? Zwei Beispiele möglicher Strategien aus der Ausstellung *Freeway Balconies* seien angeführt: Adam Pendletons *Black Liberation Front* von 2007 ist ein Siebdruck in den Maßen 242,6 x 186,7 cm, der auf einer monochrom grauschwarzen Fläche, neben

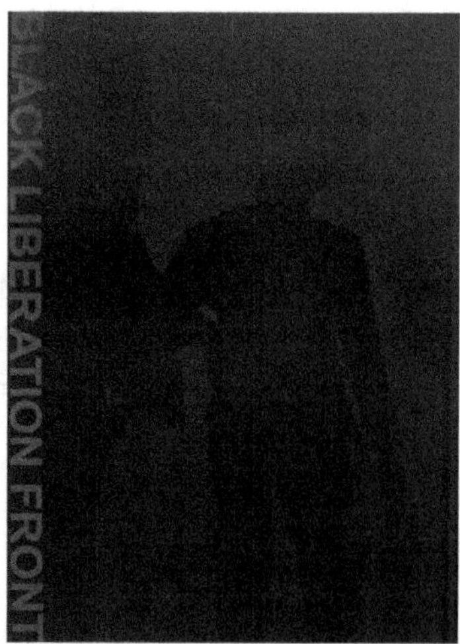

Abb. 31: Adam Pendleton:
Black Liberation Front, 2007

26 Ebd., S. 73.

dem senkrechten Schriftzug in serifenlosen Majuskeln, die offenbar von einem Foto kopierten tiefschwarzen Umrisse zweier Männer mit Afrofrisur und Waffe (?) ahnen lässt. Vom Klischee des revolutionären ,Black Male' scheint hier buchstäblich nur noch ein Schatten zu bleiben. Der Schriftzug entspricht dem typographischen Geschmack der Werbung, großes Format, Siebdruck und Monochromie setzen kunsthistorische Insiderakzente, die auf die Großvätergeneration von Pop und *high modernism* verweisen. Die ,cool' distanzierende Ästhetik, das formale Zitieren und die Reduktion in der Wiedergabe des Körperbildes auf einer schwarze Fläche verweigern eine andere Fläche: die der identifikatorischen Projektion.

Aber auch die Arbeiten von Elaine Stocki, die wie Pendleton zu den jungen TeilnehmerInnen an der Ausstellung *Freeway Balconies* gehört, *Fur* von 2007 und *Billy* von 2008, verweigern sich den Rastern – den Regeln der Porträtfotografie zuallererst. Nichts wird zitiert. Das, was frau/man sieht, entspricht keiner bekannten Fotosemantik, weder jener der Beiläufigkeit noch der Intimität oder der Präsenz. Keine entzifferbaren Chiffren für Sinn- oder Identitätsfragen kommen ins Bild. Die Fotos scheinen den Akt des Fotografiert-Werdens gleichberechtigt neben den des Fotografierens zu stellen, der Effekt des Sich-Spiegelns, des narzisstischen Blicktausches zwischen Bildfigur und BetrachterIn, stellt sich nicht ein. Es wird sichtbar, dass das Fotografieren wie das Fotografiert-Werden ein gemeinsamer *Akt der Konstruktion* ist. Auf

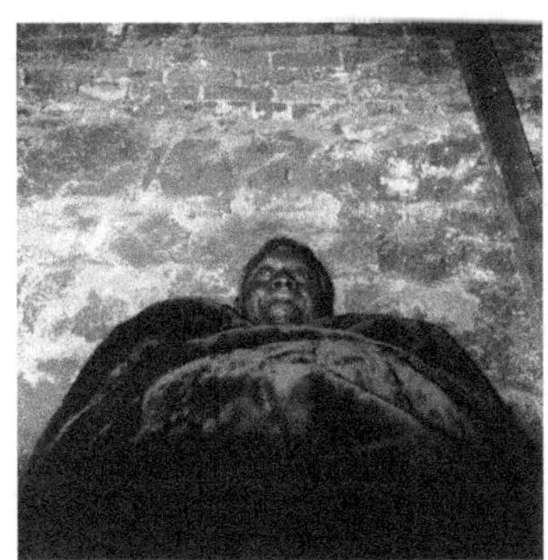

Abb. 32: Elaine Stocki: Fur, 2007

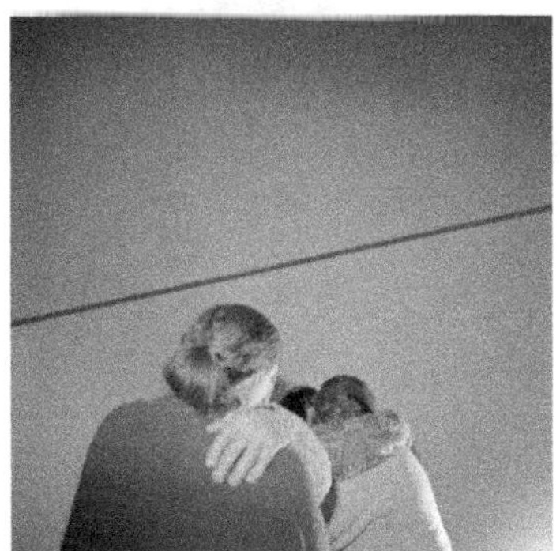

Abb. 33: Elaine Stocki: Billy, 2008

eine vielleicht recht altmodische Weise bleibt die Fotografie bei ihrem alten Leisten: indexikalisch zu sein, das aufzuzeichnen, was sich vor ihr abspielt: Hier sind es Handlungen, die keinen narrativen, identitären Sinn ergeben.

In diesen Arbeiten scheint mir der Kurzschluss zwischen Narzissmus und Identität unterbrochen – ein Effekt, der sich auch dadurch einstellt, dass der Kunstcharakter der Arbeiten weder durch eine Insistenz auf den Inhalt, das Repräsentierte, in den Hintergrund gedrängt wird, wie in der identitären Orthodoxie, noch durch ein Ausweichen in die Beiläufigkeit und Spontaneität des Intimen und Privaten als etwas, das jenseits solcher Normierungen sei. Kunst also als die ästhetische Möglichkeit, sich reflektiert zwischen den omnipräsenten Vorgaben und Prägungen von Kultur, Politik und der jeweils im Trend liegenden Kunst selbst zu bewegen. Der Punkt, an dem Kunst ihren Anspruch auf allgemeines Interesse wahrnimmt, liegt hier im Akt einer Transformation, einer *Durch-Formung* als ästhetisch orientierter Operation.

Éva Forgács

How the New Left Invented East European Art

The term ‚East European Art' was non-existent until the late 1960s. It emerged in Germany, and, in the wake of 1968, in Paris. It is easy to take it for granted, because it also defines a geographic area. However, this term overarches the cultures of a region that had, throughout history, been divided by national and ethnic tensions, conflicts, and rivalries, making the validity of such a unifying cultural concept questionable.

In what follows, I will trace the genesis and the history of the term. How, and why did the West find East European art on the cultural map? What circumstances fostered its recognition? Why has the exploration of East European art, once it started, remained fragmentary?

The term ‚East European Art' did not – could not – originate from Eastern Europe. The artists of the region did not identify themselves as East European either during the interwar era or throughout the cold war period. Even if the Soviet oppression developed a certain sense of solidarity among the artists of the East European countries, it was difficult to realize actual cooperation inside the Soviet Bloc because „brotherly" actions were on the agenda of the official governing bodies, and were, by and large, appropriated and monopolized by the states. Still, often in the frames of the legitimate cultural exchange programs, solidarity fostered occasional workshops and exhibitions that brought together artists in various corners of the region.[1] But not even these meetings altered the fact that artists lacked regional consciousness or regionalist self-identification, let alone regional discourse. If they related at all to being East European, it was with an aspiration to overcome this tag. They thought of themselves as Polish, or Czech, or Slovakian, or Hungarian, Romanian, or Yugoslav (with further ramifications on that); and, ultimately, as *European* artists.

1 One isolated example for such cooperation was György Galántai's invitation of Czech and Slovak artists in Summer 1970 to Balatonboglár (Hungary), where he rented an out of use chapel for art shows and performances.

How was it that in the West of the 1960s, with one of the most vibrant art scenes in recent memory, amidst the still vigorous Pop Art, nascent Fluxus and Minimalism, there was room for a Soviet/Russian and East European revival? Furthermore, how was it possible that this art conquered the spheres of academe, the commercial galleries, and the museums, whereas all other emerging trends, past or present, were limited to one or two of these?

1958–1967

Since the mid-19th century artists in Eastern Europe regarded and used the idioms of Western art as previous generations had used Latin – as the universal language of erudition: opposing it to the rough local dialect, and becoming, through it, part of a more elevated discourse. The internationalism of the historic avant-garde and the general permeability of Europe until almost the outbreak of World War II, nurtured this illusion of a pan-European intellectual community. But the four decades of isolation inside the Soviet Bloc deepened the cultural differences between the West and the East. The East, now part of a very different political and social set-up, cut off its artists from the international world of art by its general restrictions on travelling, and froze the dissemination of art at home by preventing artists from showing their work. Two major components of the Western art scene were absent in Eastern Europe: the critical discourse and the art market, without providing local versions of them due to censorship and the prohibition on private art trade. No matter how good the artists were in finding sporadic information about the latest developments of the international art scene in various publications, they were, nevertheless, engaged in a fundamentally different discourse. While the neo-avant-gardists in the West fought the institutionalization and commodification of art, artists in the East, throughout the relative ideological thaw of the post-Stalin era, struggled to find codes to articulate their quest for free expression and legitimate international contacts.

Throughout the 1960s and 70s Hungarian artists, for example, quoted in their works Western artists of their choice: Cy Twombly, Joseph Kosuth, Lucio Fontana, Joseph Beuys, or Andy Warhol – but they failed to make references to works of other East European artists. There was simply no regional discourse. Such discourse developed, by contrast, in films. The Polish films of Andrzej Wajda and Roman Polanski, and the Czech cinema of the 1960s reverberated in Hungarian and Romanian films and generated extraordinary interest and admiration.

In Western Europe and in the United States it was the rediscovery of and fascination with the Soviet-Russian avant-garde[2] of the 1910s and 1920s that brought the art of Eastern Europe into attention. Since the First Russian Exhibition in Berlin in 1922 until the late 50s this art had hardly any visibility in the West. There were a few occasions though: In 1923 three Russian constructivists, Konstantin Medunetzky, and the Stenberg brothers Vladimir and Georgii had a small one-day show in the Paul Guillaume Gallery in Paris while they were staying there with Tairoff's theater. Picasso visited the show the day before it opened and spread word of it, so it attracted considerable interest from Parisian artists.[3] There was Soviet participation at the International Art Deco exhibition in Paris, 1925, where a model of Tatlin's tower, the *Monument to the 3rd International* and Rodchenko's *Workers' Club* attracted interest, Malevich had a solo show in Berlin in 1927 and there were sporadic shows and acquisitions in the United States, too. MoMA's founding director Alfred J. Barr Jr. purchased two Malevich paintings and two drawings from the Provinzialmuseum Hannover in 1935 for about 200 USD, which amount, as he admitted, „was not large, but at the same time it must be recognized that Malevich's reputation at that time was very low."[4]

Much has been written about the misinterpretation of this art in the West – the fascination with its abstract forms as an esthetic, rather than as radically futuristic, or utilitarian and politically committed endeavor.

There were a few important gallery shows in London in the late 50s,[5] but the first important post-World War II event was the ground-breaking 1957 exhibition of Malevich's paintings at the Stedelijk Museum in Amsterdam. The

---

2 Unless restricted to specifically „Soviet", I will use the term „Soviet-Russian" (or, later: „Russian" for the sake of brevity) for the avant-garde of pre-revolutionary Russia, post-revolutionary RSFSR (Soviet Russian Federal Socialist Republic), and, since December 1922, the Union of Soviet Socialist Republics (SSSR, or the Soviet Union). To say „Russian" would not be correct since many works originate from the Soviet Union, and because some of the artists were ethnically not Russian. „Soviet" would be equally incorrect, because in this case it would credit the Soviet Union for artistic abstraction and other non-socialist-realist art that was not tolerated by it.

3 See Christina Lodder, „Exhibitions of Russian Art after 1922", in: *The First Russian Show, a Commemoration*, London 1983, p. 80. The three artists were Konstantin Medunetsky and Georgii and Vladimir Stenberg; see Andrei B. Nakov, *2 Stenberg*, Paris, April-May 1975, p. 50.

4 Alfred J. Barr, Jr., letter to Naum Gabo, New York, 7 October, 1957, archives of the Stedelijk Museum Amsterdam, folder 5828. Whether the Hannover museum's director had the right to sell the pictures is part of a different story of the Malevich paintings' ownership rights.

5 A Malevich exhibition in the Whitechapel Gallery in 1959, an exhibition of the work of Mikhail Larionov and Natalia Goncharova organized by the Arts Council of Great Britain in 1961, etc.

origins of this exhibition went back to Vice Director Hans L.C. Jaffe's successful 1951 exhibition of the Dutch De Stijl movement's art. Jaffe was interested in restoring the original international avant-garde context of the De Stijl's activities, particularly the „Russian abstracts", and urged architect Hugo Häring, then keeper of many Malevich paintings and drawings, to allow them be shown at the Stedelijk.[6] The Malevich exhibition then traveled to the Braunschweig Kunstverein, the Palais des Beaux Arts in Brussels, the Kunsthalle in Bern, the Galleria Nazionale dell'Arte Moderna in Rome, and had many further stops in Europe. Throughout its travels, by the amazed accounts of the host museums' directors as well as the reviewers, the narrative of the Russian avant-garde, built around Malevich's work, was being built for the first time.[7] Art dealers such as Denise René in Paris pioneered the organization of smaller survey shows for international ‚constructive' art in 1957, 1959, and 1961. Art historian Troels Andersen translated Malevich's writings into Danish and published them first in 1963.

The increasing interest of museums and commercial galleries in Russian avant-garde art coincided with the Western European political left's renewed discourse on the reassessment of Marxism, Communism, and the Soviet Union. The tumultuous events of 1956: the uprising in Poznan, strikes in Spain, the Hungarian revolution and its suppression created dissent in Western communist parties, and engendered an alternative political current, the New Left.[8]

The first Russian exhibitions, particularly those organized by commercial galleries prior to 1967–68 were indiscriminately inclusive. They typically showed artists of different pursuits and careers, émigré or otherwise: works by Malevich, Kandinsky, Javlensky, Chagall, Ivan Puni, Naum Gabo, Antoine Pevsner, Serge Poliakoff, Georges Annenkov, Nicolas de Staël, El Lissitzky, Pavel Mansuroff, Chaim Soutine, and others were thrown together simply because they were all related, one way or another, and at one time or another, with Russia or the Soviet Union. The availability of works in the West also set

---

6 Hans L. C. Jaffe, letter to Hugo Häring, 1 September 1952, Archives of the Stedelijk Museum Amsterdam, folder 5829.

7 See, for example, a letter of Pontus Hulten, then director of the Moderna Museet, Stockholm, to Willem Sandberg, director of the Stedelijk Museum Amsterdam, 14 January 1958: „[Malevich is] one of the most advanced artists of our time. When Mondrian speaks about constants, Malevitch [sic!] speaks already about dynamism and relativity." Archives of the Stedelijk Museum Amsterdam, folder 3824.

8 On the art-related aspect of the New Left see Peter Wollen: „Bitter Victory: The Art and Politics of the Situationist International", in: Elisabeth Susmann (ed.), *On the Passage of a Few People Through a Rather Brief Moment in Time: Situationists 1957–1972*, Cambridge, Mass. 1990, p. 30.

a limit on these shows. The fact that „Official Russia would not show this art" also weighed in.[9]

The first survey exhibition opened in London's Grosvenor Gallery in 1962, entitled *Two Decades of Experiment in Russian Art 1902–1922*. It was accompanied by Camilla Gray's groundbreaking book *The Great Experiment: Russian Art 1863–1922*.[10] The show included works by émigré artists such as the cubist Alexander Archipenko, the dreamy and expressive Chagall, the rayonists Goncharova and Larionov, and the expressionist Kandinsky, as well as artists who were part of the Soviet scene, such as El Lissitzky, Malevich, Rodchenko, and Tatlin, each of whom represented a different trend in the early 1920s. Gray, originally a ballet dancer, had studied the West European collections and archives, visited Russia, and interviewed individuals who participated in, or had witnessed the avant-garde movements there. Gray greatly admired Russian art, researched it, and ferreted out documents on it. Maybe in spite of her intentions, Russian art emerged in both the exhibition and the book as the exotic Other. This was the first time a Westerner inquired into modern Russian art and presented it in a language familiar to the West – not only because it was written in English but because Gray represented the Western reader's and viewer's take on Russia. The publisher's endorsement on the back of Gray's book pointed out that „This is the first book to examine the vitally significant Russian contribution to the modern movement in art and architecture," and added that the author had drawn „not only from Western collections of Russian art, but also from the far more important collections in Russian museums which have never been seen in the West."

The catalogue essay underlined that „for [these artists] art was an active force in society, and not an amusement of the richer classes", and that, as a result of the revolution, „from 1917–1921 they controlled artistic life and thought in Russia."[11] This concept, that the artists of the avant-garde had actual power in early Soviet culture, which eventually proved erroneous, appeared to be an exciting component of the nascent fascination with the Russian avant-garde in the West of the early 1960s, where many movements and charismatic leaders competed for controlling a segment of the art scene. A sense of power was associated with the Russian artists. Both the exhibition

9 Catalog to the exhibition *Malevich* of the Kunsthalle Bern, 1959, catalog essay by Franz Meyer, Director of the Bern Art Museums (who put Malevich's art in the context of Matisse, Léger, and Marinetti).

10 The title in later editions: *The Russian Experiment in Art 1863–1922.*

11 *Two Decades of experiment in Russian Art*, London: Grosvenor Gallery, 1962, catalogue essay signed „Grosvenor Gallery", n. p.

and Gray's book resonated in the art world, where Russian avant-garde works were increasingly in demand.

In the early 1960s the neo-avant-garde movements in the West were in stark opposition to the institutional and commercial infrastructure of the art world, especially its commercial forums, although some of these, like Leo Castelli's gallery in New York, and Ileana Sonnabend's Paris gallery enjoyed popularity. The new current, Fluxus, which was launched in the year of the Grosvenor show in 1962, dissolved the boundaries of the artwork and conceived of it as a process, thus bypassing the material artwork that could be marketed. *Arte Povera*, also in the making, had a strong anti-materialist sense directed against both the market and the traditional concept of the art work as an object. The notion of the art work as well as of the artist's social responsibility was in flux. Progressive currents in the visual arts were, paradoxically, socially critical and glamorous at the same time. Thomas Crow points out that there was „ambivalent fascination felt by audiences for the work of dissident artists" that missed neither the „aggression of the work" nor „its setting",[12] that is, the chic environment of the commercial galleries. The reception of the Soviet-Russian revival was bifurcated in the same way: this art occupied an ambivalent position between the mainstream, the dissident, and the commercial. Writing about Robert Morris, Annette Michelson remarked, that, seen in retrospect, Tatlin's early relief-work „transgresses, disconcerts [...] much as those [1963 and 1965] cubes and beams of Morris", and that Tatlin's *Monument* „provoked a discussion which recalls, in fact, those which greeted the appearance of Morris's early work. It was a kind of ‚primary structure' for its contemporaries."[13]

The innovative geometric idiom of the Russian avant-garde exuded authority as well as dynamism. However, during the 1960s emphasis in the exhibition of the Soviet-Russian avant-garde – reversing its reception in the 1920s – markedly shifted from the esthetic to the political-ideological. In 1964 the Galleria Levante in Milan organized another eclectic show, *Il contributto russo alle avanguardie plastiche*, including a medley of 34 artists from symbolists to constructivists. The main message of its catalog essay was, however, that „the new Russian culture before and immediately after the revolution could teach the communists that progressive politics and cultural conservatism are irreconcilable,[14] voicing the anti-Soviet stance of the New Left, which,

12 Thomas Crow, *The Rise of the Sixties*, New York: Abrams, 1996, „Introduction", p. 13.

13 Annette Michelson, „Robert Morris: An Aesthetic of Transgression", in: *Robert Morris*, exhibition catalog, Baltimore 1969, p. 73.

14 Carlo Belloli, catalog essay in: *Il contributo russo alle avanguardie plastiche*, Milan 1964, p. 16.

in search of a new, valid political and cultural model, focused attention on the Soviet-Russian art of the early, ‚pre-conservative', or pre-Stalin era, and set the tone for a more sharply political reception of this art in the end of the decade, positioning it more in the context of the present than the past.

1967–1975

The first survey show to extend inquiry to Eastern Europe was *Avantgarde Osteuropa 1910–1930*, organized by the West Berlin Kunstverein (Art Union) in the Fall of 1967. In his Preface to the catalog veteran curator and art historian Eberhard Roters pointed out the connection of the event to the 50th anniversary of the October Revolution, and noted the fact that this was the first such exhibition since 1922. This time, however, Czech, Hungarian, and Polish art was also included, although none of these countries cooperated officially. Loans came, as it was underlined, exclusively from Western collections.

In the catalog former dadaist Hans Richter recalled how the Soviet-Russian art he saw in 1922 captivated him. „All of a sudden we, who had been familiar with Western art, and looked at Paris, encountered a whole generation of new artists from the East who had the same ideas as we had. [...] the most extreme, abstract forms of modern art could contribute to the public life of a people. [...] [Lissitzky's] decorations on the Red Square [...] were more than decoration. They expressed an optimism which pervaded the entirety of public life and promised to the artists, through free, abstract language, a new function in society. It is a rare moment in the history of a people when government and people, patron and artist want one and the same thing."[15]

His perhaps idealized description of this memory resonated also as a utopian desire in the present. Richter spoke for a large group of the intelligentsia that had, by the 1960s, rediscovered Marx's theory of alienation, re-identified alienation with late capitalism, and hoped to find a way out of it by, among other pursuits, espousing early, „uncorrupted" communism as a golden age of sorts.

The student movements and anti-Vietnam-war demonstrations gave weight to these thoughts, and dissent was manifest in art exhibitions, too. In 1967 the Frankfurter Kunstverein organized *Konstruktive Malerei 1915–1930*, a survey of geometric art with revolutionary connotations. In Paris Anatole Kopp pub-

15 Hans Richter, „Begegnungen in Berlin", in: *Avantgarde Osteuropa*, Berlin 1967, p. 14. There is no evidence of Lissitzky having provided decorations on the Red Square in Moscow.

lished *Ville et Révolution,* his first survey of early Soviet-Russian architecture and urban design, a book widely read amidst the events of May 1968.[16]

The year 1967 in Eastern Europe was marked by the developments of the Prague Spring. An experiment in the revision of Socialism distancing from the Soviet Union, replete with concepts of economic and social reform and featuring the astonishing Czech cinema, it was a period of optimism. In Hungary concepts of economic and social liberalization were leaked out from government and party quarters and were cautiously tested for public discussion. Artists and intellectuals held their breath watching the developments in Prague. Student movements were unfolding in Poland, but were defeated early in 1968.

The art of the second half of the 1960s in Poland, Czechoslovakia, and Hungary exuded a sense of freedom, a freedom that was not really there, but now could be imagined. The rigor of censorship appeared to loosen, even if no explicit promise was made to lift it. Books that could not have been published before, like the Soviet author German Karginov's monograph *Rodchenko,*[17] now came out in Hungary as well as several similar publications in the GDR,[18] and a new, somewhat liberated tone of discourse was encouraged.

The events of the following year 1968 affected, among many other things, the assessment of the historic avant-garde. In the midst of the events of May 68, there were groups of the New Left that found a valid revolutionary model not in Mao's China, or Che Guevara's guerilla warfare and the Latin-American movements, but in the Bolshevik revolution. While Daniel Cohn-Bendit's March 22 Movement discarded altogether the idea of a political party and organized leadership, Trotskyist groups, particularly La Ligue Communiste Révolutionnaire led by Alain Krivine, put ‚original', ‚uncorrupted' communism into focus. They were re-reading and revising the history of the October Revolution and the early years of Soviet power, and were inspired by Trotsky's idea of a permanent revolution. They believed that incessant revolutionary dynamism would not allow bureaucratization – the factor they believed skewed the ideas of October. They believed in the original purity of the revolution, which, they thought, was demonstrated by the freshness and the freedom of pre-Stalinist Soviet-Russian art, architecture, literature, theater, and film.

This idea, as Hans Richter's memoirs indicated, was in the air. The spring 1968 issue of the art journal *Cimaise,* the entirety of which was dedicated to the

16 Anatole Kopp, *Ville et révolution, architecture et urbanisme sovietiques des années vingt,* Paris 1967.

17 German Karginov, *Rodcsenko* [sic!], Budapest 1967

18 See, for example Walter Scheidig, *Bauhaus Weimar,* Leipzig 1966; Anatoli Lunatscharski, *Die Revolution und die Kunst,* Dresden 1962, etc.

Soviet avant-garde, had the haunting photo-negative of Tatlin's *Monument* on its cover as a visionary, iconic symbol of the revolution, calling for a parallel between 1917 and 1968, as if announcing that the revolution was „in".

Similar moves were made outside France, too. In Cologne the Gmurzynska Gallery opened a Russian art show,[19] Kenneth Frampton published his essay *„Notes on a Lost Avant-Garde"*[20], a survey of Soviet-Russian art with Tatlin's tower as its starting point. In Stockholm Troels Andersen organized a Tatlin exhibition and prepared the English translation of Malevich's writings, published in the following year.

One of the often-mentioned features of the Soviet avant-garde that appealed to several New Left groups including the Trotskyist, was that it was a state-sponsored enterprise, although they knew well that this policy was not specifically applied to art: everything was nationalized and state controlled in the RSFSR, post-revolutionary Russia. However, this fact proved to them that the concepts of a communist state and artistic freedom were compatible, and justified their concept of the necessity of a leading political party. Looking back from 1968 when abstract art was, with the exception of Poland, banned in Eastern Europe and the Soviet Union with renewed vigor, the public presence of it in post-1917 Russia appeared to be the clear proof of an original, unlimited freedom inherent to Communism. Scholarship had, by 1968, not yet revealed the boundaries and conditions that the Bolshevik party imposed on that art from as early as 1919.[21] Evidence of such freedom flew in the face of everything that this generation had learned about Communism in school. A treasure was discovered that had been hidden by the joint efforts of mainstream politics both East and West. Since the Trotskyist groups had many activists and members who immigrated to France from Eastern Europe or the Soviet Union – some directly from the Warsaw or Prague student movements – or were descendants of former émigrés, it is no surprise that they had particular interest in the art and the re-enactment of the „original" revolution.

The New Left activists' interest in early Soviet culture coincided with the commercial success of the Soviet avant-garde in the galleries and with widespread intellectual curiosity about alternatives of the present conditions.

---

19 *Russische Künstler aus dem 20. Jahrhundert*, 11 October – 22 November 1968.

20 Art News Annual, nr. 34 (1968). A rewritten version was published in *Art in Revolution*, London 1971, p. 21–28.

21 Commissar for the People's Enlightenment Anatoly Lunacharsky ordered to discontinue the publication of *Art of the Commune* (Iskusstvo kommuni) in April 1919; of *Art* (Iskusstvo) in September 1919, and dissolved the autonomous Professional Organization of Artists and Painters in December 1919. For more details on the increasing early restrictions see Hubertus Gassner, „The Constructivists: Modernism on the Way to Modernization", in: *The Great Utopia*, New York 1992, p. 315.

Further components of the constellation which brought this art into focus were the cold-war fascination with some of the previously hidden facts of the Bolshevik revolution and its politics of culture, as well as the widely known fact that this art was still generally unknown and discarded in its place of origin. The admiration for the Russian avant-garde was reinforced by similar tendencies in the present, such as the various trends of Minimal Art, which ultimately traced their origins back to Russian Constructivism, and also resonated as dissident art in the 1960s, since at that time they were not supported by the art market.[22]

The rediscovery of the Russian avant-garde was a complex experience in the West, which included a sense of repaying a cultural debt, and restoring the moral order of European culture. An entire generation of artists had been wronged and some remedy had to be done. In his Preface to Anatole Kopp's book architect Ionel Schein underlined that one of its chief merits was that it „did not merely rehabilitate Soviet architects, but, beyond all politics, [the book] had restored historic truth, which is the condition of further development."[23]

After De Gaulle restored order in the summer of 1968 in France and the Warsaw Pact troops invaded Czechoslovakia, the appreciation of early Soviet art was invested with yet another meaning. Now it symbolized hope in a future revolution. A new strategy was hammered out after the defeat. Activists – in the spirit of the summer '68 slogan „Ce n'est qu'un début …" („It's only the beginning …") set out to East European countries and tried to escalate the movement clandestinely recruiting future allies from among intellectuals who were likely to respond to anti-Soviet leftism.

The parallel between the hopes of the early Soviet avant-garde and their own revived hopes for a new revolution was striking. The counterculture of the 1960s, from its ecstatic quest for a fundamental improvement of the world to the loss of such illusions was, in a sense, the reincarnation of the equally leftist counterculture *avant la lettre* of the 1920s, and this was not lost on the supporters of this art. „It doesn't need to be proved that understanding the art of the 1920s is indispensable for the understanding of our present world", critic Tomas Straus wrote in the catalogue of the Hungarian avant-garde leader Lajos Kassák's show in 1973.[24] „[the avant-garde movements of the 1920s] cooperated beyond national borders. … It is extremely important for us today to understand the trends of our own time through their activity, and, learning

22 For more details See Thomas Crow, ibid., Chapter IV.

23 Ionel Schein, „Préface", in: Anatole Kopp, op. cit., p. 4.

24 Tomas Straus, Catalog essay (untitled), in: *Lajos Kassák 1887–1967*, Cologne: Galerie Gmurzynska, 15 January – 5 March 1973, n. p.

from them, to try to overcome our national isolations," Peter Spielmann wrote in another Kassák catalog.[25]

One or another artist from Eastern Europe, such as Lajos Vajda and Lajos Kassák from Hungary, Katarzina Kobro and Wladislaw Strzeminski from Poland, and a few others had sporadic solo exhibitions in Paris, Cologne, Bochum, Basel, or elsewhere in Western Europe in the course of the 1960s and 1970s, but these few shows failed to coagulate into a narrative identifiable as „East European art". In the case of the Hungarian artists these occasional shows never posited the artists who lived (and died) in Hungary into a continuum with those of their Hungarian contemporaries who had settled in Germany and later in the US like László Moholy-Nagy, in France like André Kertész, Brassai, József Csáky, Etienne Beothy, Árpád Szenes, Victor Vasarely, or in England like László Péri. Nor was the ethnically Czech František Kupka, who had lived in Paris, seen as part of Czech modernism at that time. Throughout the 1970s no consistent East European narrative was constructed either in the West or the East, in spite of a variety of exhibitions and publications.

In the spring of 1971 the Arts Council of Great Britain organized *Art in Revolution: Soviet Art and Design since 1917* in the Hawyard Gallery in London, originally proposed by Camilla Gray and curated, due to her efforts, with the participation of the Soviet Ministry of Culture. Gray was married to the son of the Soviet composer Sergei Prokofiev, thus it was, at that point, a one-time contribution of Soviet officialdom to a Soviet – rather than Russian –Avant-Garde show in the West. Due to this official control, this exhibition was different from previous, all-inclusive shows. As Camilla Gray explained in her preface to the catalog, the show was meant to clearly define Constructivism. (Perhaps because Naum Gabo and Antoine Pevsner who lived in the West had claimed that they had been the founders and the main representatives of the trend; a claim that was not justified.)[26] Other than that, the show was starkly distanced from previous ones, which had featured painters – that is, *artists*. Here no emigré artists were included, and Constructivism ruled as genuine Soviet revolutionary trend not only as Rodchenko, Stepanova, the Stenberg brothers and others defined it in Moscow in 1921, but also as official Soviet cultural leaders agreed to show it in 1971. This was probably the first Russian exhibition that did not include any work by Malevich. Tatlin, Rodchenko, Lissitzky, cinematographer Dziga Vertov, film director Sergei Eisenstein, and

25 Peter Spielmann, „Introduction", in: *Lajos Kassák 1887–1967*, Bochum 1973, n. p.

26 Camilla Gray-Prokofieva, „Introduction", in: *Art in Revolution*, p. 9; on Gabo and Pevsner see also Benjamin D. Buchloh, „Cold War Constructivism", in: Serge Gilbaut (ed.), *Reconstructing Modernism*, Cambridge, Mass. 1990, p. 85–110

theater director Vsevolod Meyerhold were the protagonists. Exhibits included architecture, design, film, theater, and graphic design, dating mostly from the less turbulent late 1920s. Although the pragmatic aspects of Constructivism were justly emphasized, the catalog essay was written in agreement with Soviet officialdom, which appropriated, at least for the purposes of this exhibition, Russian Constructivism that it had so successfully suppressed for many decades, by positing it as the Soviet government's long-time ally. The authors suggested the presence of an idealized relationship between the constructivists and the political power similar to what the New Left wanted to see between these two sides: „ [...] the years following the 1917 Revolution saw a most remarkable phase in modern art. [...] Avant-garde artists were placed in commanding positions, academic conservatism was temporarily silenced, and the arts joined with political forces in an attempt to build an egalitarian world on the double basis of modern technology and socialism."[27]

This concept was so different from the entire image of what the galleries, which had shown a great number of highly esteemed paintings, had built up by that time, that when the show traveled to Germany, the authors of the German catalog essay felt obliged to explain that „artists like Chagall and Kandinsky are absent from this exhibition, because, although at first they had been employed by the revolution, they considered their artistic activity apolitical, and eventually left Russia."[28]

In response, or, rather, counter-reaction to this exhibition Fischer Fine Arts in London organized a show titled *Tatlin's Dream* in 1973. „In the confines of a private gallery", dealer Wolfgang Fischer wrote in the catalog, „[we hope] to present a postscript to the official Arts Council exhibition of 1971, *‚Art in Revolution'*, without the ideological and practical restrictions of a state cultural exchange-program."[29] A review in *The Obse*rver went as far as praising Fischer's selection as opposed to *„Art in Revolution*'s [...] self-mutilating Soviet censorship."[30] The author of the catalog essay, Andrei Nakov, once again pointed out the connection between the Russian avant-garde and the American abstraction of the 1960s: „The work of Dan Flavin and Carl André reveals its [Russian avant-garde] sources; the writings of Robert Morris discuss them;

27 Robin Campbell and Norbert Lynton, „Preface", in: *Art in Revolution*, London 1971, p. 7.

28 Georg Bussmann, Helmut R. Leppien and Uwe M. Schneede, „Zu dieser Ausstellung", in: *Kunst der Revolution*, Frankfurter Kunstverein/Württembergischer Kunstverein/Kunsthalle Köln 1972, n. p.

29 Wolfgang G. Fischer, „Tatlin's Dream: A Note to the Exhibition", in: *Tatlin's Dream*, London, November 1973 – January 1974, p. 3.

30 Nigel Gosling, „Tatlin's Dream at Fischer Fine Art", *The Observer*, 11 November 1973.

together they bring to light a conceptual notion of two artistic evolutions which have so much in common."[31]

The Russian avant-garde was indeed introduced in the United States as well during this period. In 1970 an exhibition opened at Cornell University's Andrew Dickson White Museum, whose director laid out in the catalog why this art was relevant in the present, keeping a delicate balance between praising its service to the people, and remarking, at the same time, its „esoteric" distance from the people:

> During the past few years scholars have turned with increasing fascination to the revolutionary years in Russia, where the vision of an entirely new way of life engendered an incredible complexity of interacting theories and personalities. Moscow and Petersburg, once among the most provincial outposts of European art, became almost overnight the spawning ground of revolutionary aesthetic concepts which echoed and reechoed throughout the continent. The uniting element amid this creative ferment was the conviction that art must serve the people and not the cultural elite, an idea that begins to reverberate among the younger artists of our own time. Paradoxically, some of these socialist ideas led to works of art that are among the most esoteric that man has yet created.[32]

Claiming that the abstraction of the avant-garde was esoteric reminded of the Soviet leaders' anti-formalism stance, but it was voiced in an entirely different cultural environment. In America it was the legacy of Clement Greenberg's unconditional preference for abstraction (Abstract Expressionism), and the correction of this ‚elitist' stance by Pop Art in the 1960s that was brought to mind. The introduction of the Russian avant-garde with an almost apologetic overtone for its ‚esoteric' character was still dominated by praise for its commitment to „the people" and thus it was a positive response to the Russian avant-garde's social aspect and resonated as an early echo of America's own 1968.

The horizon widened, and the newfound Soviet avant-garde directed the commercial galleries' attention to the whole progressive art of the 1910s and 1920s. The 1970 winter issue of *Cimaise* was dedicated to De Stijl, which was now seen more in a revolutionary light, too. The Gmurzynska Gallery in Cologne, one of the first to show early Soviet art, now interspersed it with a

31 Andrei Nakov, *Black and White. A Suprematist Composition of 1915 by Kazimir Malevich*, Stockholm, Moderna Museet, 2009, „Introduction", p. 11.

32 Thomas W. Leavitt, „Foreword", in: *Russian Art of the Revolution*, catalog, Andrew Dickson White Museum, Cornell University, Ithaca, NY 1970, p. 5.

great many Polish, German, Czech, Hungarian, Dutch and French art works. The Paris-based gallerists Jean Chauvelin, Denise René, and several German, Swiss, and French dealers expanded their efforts to familiarize the Western audience with Soviet, East European, and also the West European avant-garde of the 1920s.[33] The Gmurzynska Gallery had a particularly consistent program over the years, organizing *Konstruktivismus* in 1972, *Progressive Russische Kunst* in 1973, *From Surface to Space, Russia 1916–1924* in 1974, *Die Zwanziger Jahre in Osteuropa* in 1975, *El Lissitzky* in 1976, *Die Kunstismen in Russland 1907–1930* in 1977, and *Malewitsch* in 1978. The Gmurzynska Gallery also pioneered in showing works by the artist and composer Mikhail Matyushin and painter Pavel Miturich, although the works of these artists and their circle's spiritual approach, as well as Malevich's pre-revolutionary work, were brought to the fore only by later scholarship in the 1980s.

The 1969 Bauhaus exhibition commemorating the 50th anniversary of the foundation of the school brought back into public attention the Bauhaus, which embodied those very ideas of internationalism and pragmatism that were, along with the memories of 1968, slipping into a romantic perspective, but that the representatives of the progressive currents of the late 1960s and early 1970s were happy to see.

It was the rediscovery of the Russian avant-garde and the Russian revolution, and then the nostalgia after the defeated movements of 1968 that set the scene for the reassessment of the entire progressive European artistic avant-garde of the 1910s and 1920s. In the post-1968 period this art was invested with an aura it had not had during the previous decades. Nor had it been seen so closely associated to the present, as it was after 1968.

Ironically, the revolutionary anti-capitalism of the New Left gave the rubber stamp of approval to the marketing of Soviet and East European art. Buying and selling revolutionary art in a highly politicized cultural scene was not a matter of course. This art, as did many of its advocates, rejected commerce and capitalism. Therefore it needed the intellectual-political *engagement* of the New Left to give legitimacy to its trade, which, in turn, greatly helped the art market to gain momentum in showing and selling revolutionary art. Paradoxically the revolutionary art of the classic avant-garde became the intellectual vogue of the 1970s, most of the buyers belonging to the emerging social class of the yuppies, ‚young urban professionals' that absorbed some of the former '68 radicals. Demand being so high, art dealers acquired an amazing number of Russian and East European art works, which were obviously

33 The merit of these exhibitions was, among other things, that they contextualized those works which had already been on show in various public collections worldwide without being embedded in a narrative.

smuggled to the West. Art dealers often organized museum-level shows and they mobilized scholars to research the history of this art and its original documents. Galleries cooperated with one another and with collectors to stage survey shows. Retrieving this art and keeping it under the public eye in spite of the East European communist parties that tried to conceal it, as well as mainstream Western cultural agents that scorned its leftism, had an aura of moral commitment. With systematic research supported by them, the dealers now espoused a *cause* rather than mere business. Moreover, after the mid-70s, when even the aftermath of the student movements faded, the myth of the Russian avant-garde still resonated among intellectuals as a model to follow both morally and politically.

In its reception and marketing a few unusual circumstances had to be accommodated. This art originated from a country, which, by definition, lacked an infrastructure of art trade. The works belonged to an art historical context that was (until the mid-1970s) little known in the West. Since the works made their way to the West illegally,[34] provenance was blurred. Geometric abstraction was eminently easy to fake, and faking Russian avant-garde works became an industry. In fact, even works attributed to invented artists were offered for sale. John Bowlt mentions that paintings by an Ulia Aranova were sold at Sotheby's July 4, 1974 Russian and East European auction: „Not only did such an artist never exist, but the work dated 1911 was in fact painted in 1971."[35]

It was the excitement and the hasty efforts of the art market to find more art works – more back-up material, that is – to feed the eager demand of the booming market, which gave currency to the term „East European art". Defining this as Czech, or Polish, or Hungarian art would not have been suggestive of those features, which had attracted a buying audience already intensely interested in the Russian avant-garde, because the art of these countries lacked renown. The public was not expected to sort out the differences between Slovakia and Slovenia, Budapest and Bucharest, and learn a number of hard-to-pronounce names of artists and locations. The term „East European art" was meant to conveniently package an art similar to and even connected to the Russian, just as authentic, originating from the same historic period, from nearby territories, and having similar idioms and contents. This was, of course, in many ways true, and there were personal contacts and even cases of cooperation between Russian and East European artists. However, the quick introduction of East European art to the market resulted in a selective display

34 See, for example, collector Norton Dodge's accounts, in: John McPhee, „The Ransom of Russian Art", in: *The New Yorker*, 17 October 1994, p. 78–105.

35 John Bowlt, „Art business à Moscou", in: *Macula*, vol. 1, nr. 1, Paris 1976, p. 125.

of it, with focus on those trends that tied it to the Russians, leaving other tendencies in obscurity.

The sudden lively interest in the avant-gardes of Eastern Europe also had, if one can say so, a retroactive effect on the art originating from Eastern Europe. Since early works, preferably dating from the 1920s were in demand, it was subtly suggested to artists that in case they had „lost" such works in the turmoil of their respective country's history, or during World War II, there wasn't anything wrong in re-creating them. A letter written by Victor Vasarely to Lajos Kassák as early as 1964 is a rare recognition and glaring indication of such, otherwise well-known practices. Trying to secure a one-man show for Kassák in the Galérie Denise René in Paris, Vasarely wrote:

> I am sure that [Denise René] will soon get you involved in the great game. She will certainly regret that the number of your early works is limited. She will not understand why you wouldn't „re-create" a few collages out of old paper on the basis of existing reproductions. Chagall, Braque, Miró, and most of all, Arp have been doing this big, signing but not dating such works. Chronological information is in the catalogue only. Your wife [Klárika] will tell you more details of this affair personally.[36]

Backdated Kassák works, as well as paintings by other artists beside the above mentioned, appeared in the market and in exhibitions, along with simple fakes – a practice that was obviously widespread and was confusing for the nascent, fragile narrative of East European art.

1975–1985

The 1975 Helsinki Accords marked not only a historical turning point, but also one in the development of the concept of „East European art". The Accords mandated the states that signed it to recognize and facilitate, among other things, the free exchange of ideas and the right to unrestricted travel, thus radically changing both the West's and the East's attitude toward East European cultures. Keeping vigil over the enforcement of the Accords and publicizing failures to comply with it was a new political issue in the West.

36 Victor Vasarely, Letter to Lajos Kassák, 9 November 1964, Kassák Múzeum, Budapest. Published in: *Kassák Lajos,* catalog, Budapest: Magyar Nemzeti Galéria/Petőfi Irodalmi Múzeum 1987, p. 143. I am thankful to Sándor Radnóti for calling my attention to this document. See also Sándor Radnóti: *The Fake: Forgery and its Place in Art,* translated by Ervin Dunai, Lanham 1999, p. 121.

Dissident artists from East European countries were increasingly invited to participate in Western events and exhibitions, such as, among others, the Paris Biennale, whose organizer Georges Boudailles had the great merit of including the most radical East Europeans, thus offering them international visibility. Through such efforts free artistic expression became an export article before it was possible and tolerated in the artists' respective home countries. The Hungarian sculptor János Gulyás's emblematic 1975 work reproduced in the Paris Biennale's catalogue, a photo of himself with a large handwritten sign *„Art is opposition!"* was the announcement of a newfound dissident stance in Hungary. However, it was made for this international show: the same statement in plain Hungarian would have been unimaginable at that time.

After the Helsinki Accords East European art was not any more the cause of a political avant-garde – the New Left – in the West, but a political-cultural issue elevated to the level of international diplomacy. Western journalists showed up in Eastern Europe and interviewed local artists to find out whether they could express themselves freely in public. They could not – but news of this in the world press became increasingly uncomfortable for their governments. (Still, it wasn't before the mid-1980s that Lénárd Pál, head of the Cultural Department of the Hungarian communist party, declared at an artists' assembly, that „Hungary cannot afford having its art lagging behind the international standards"[37] – whatever he meant by that.) Cultural events were now elevated to, and scrutinized on a political-diplomatic level. The catalogue of the 1977 West Berlin exhibition: *Tendenzen der Zwanziger Jahre* (Trends of the 1920s) was organized under the auspices of the Council of Europe and the Senate of West Berlin, and the Preface to its catalog was written by Walter Scheel, the President of the Federal Republic of Germany. (15 years later, in 1992 Austrian chancellor Franz Vranitzky marked the new, post-communist era of the region when he appeared to personally open the *Reductivism* show in Vienna, which featured contemporary geometric abstract works from Eastern Europe.)

After 1975 the gallery events of the previous years were followed by great summary exhibitions organized mostly in France and Germany. In retrospect it appears that the great French and German exhibitions and publications dedicated to the Soviet and East European avant-garde – and, increasingly, to the contemporary art of the region[38] – were also, in part, a sort of territorial de-

---

37 Quoted by Géza Perneczky, *Produktivitásra itélve? Az Iparterv csoport és ami utána következett Magyarországon* (Sentenced to Productivity? The Iparterv Group and its Aftermath in Hungary), Cologne 1995, p. 3.

38 See for example Klaus Groh, *Aktuelle Kunst in Osteuropa*, Cologne 1972; and *Présences Polonaises*, exhibition and catalogue, Centre Pompidou 1980.

bate over who had had a greater part in fostering East European and Russian art in the past and in the present. The *Paris – Berlin* show in the Beaubourg in 1978, sandwiched between the 1977 *Paris – New York* and the 1979 *Paris – Moscou* exhibitions, was probably meant, as if in response to a number of German exhibitions, to restore Paris's historic status as the art capital of Europe, which was challenged by Berlin during the interwar period, and by New York from the 1940s on.[39]

The *Paris – Moscou* exhibition, which showed Soviet-Russian avant-garde works from Soviet state collections (some of them in deplorable condition), was also the result of high-level diplomatic cooperation. It would not have happened without the commercial activities of the galleries that had created awareness of this art in the West or without the New Left's strong political emphasis on this art; nor would it have happened without the Helsinki Accords that made it impossible for the Soviet Union to continue the hiding of this art in museum vaults now that it had become internationally better known in the West than in the USSR. The very fact that this art had been in the vaults for half a century was an accusation of Soviet politics of culture, and, also for this reason, the *Paris – Moscou* exhibition reverberated in post-Helsinki Eastern Europe as an example of „coming out" with the historic avant-garde. The existence of a left-wing historical avant-garde that used abstraction as its formal language, was now admitted. This confession entailed, or for the Soviet authorities, threatened with, future investigation of the plight of the artists involved

Eastern Europe, however, was not monolithic at this point either. Whereas a „Polish Constructivism" exhibition was organized as early as 1973, traveled to Germany and Holland and was accompanied by a catalogue packed with documents, in post-68 Czechoslovakia conditions were still rigid – „In fact, [the Stalinist past] reimposed, in almost identical terms, in the new, duly purged, artists' unions'.[40]In Hungary the relative liberalizations of the second half of the 1960s were followed by a new era of hard-line politics starting in 1972, and only a slow and relative thaw started in the late 1970s.

By the mid-1970s Western interest in the early avant-gardes of Eastern Europe was extended to the contemporary art of the region. The Beaubourg's 1980 *Présences Polonaises* exhibition included a chapter titled „The Contemporaries". Art dealers and museum curators silently scanned Soviet and East European artists' studios and secretly purchased from them. As a result – not to mention the exorbitant collections of Sots Art in the West, mostly in the

39 It might have been due to these same efforts that many samizdat publications that started around the early 1980s were also funded and printed in France.

40 Jacques Rupnik, *The Other Europe*, London 1988, p. 197.

United States – the Nationalgalerie in Berlin or the Folkwang Museum in Essen presently possess more complete, more focused, and more representative collections for example of the Hungarian art of the 1960s and 1970s than any public or private collection in Hungary.

New publications such as the Paris based journal *Macula,* launched in 1976 by Yves-Alain Bois et al. contributed to a more detailed picture of art in Eastern Europe and in the Soviet Union, past and present. The first issue included the French translation of the Polish artist Wladislaw Strzeminski's *Unism in Painting,* Bois' essay on Malevich, articles on De Stijl, and John Bowlt's account of the Soviet art business, as well as essays on 1920s Dutch and German avant-gardes. Also in 1976 the journal *October* was launched in America, named „in celebration of that moment in our century when revolutionary practice, theoretical inquiry and artistic innovation were joined in a manner exemplary and unique."[41] Its first issues discussed, among other things, the Soviet film director Sergei Eisenstein's project of making a film of Marx's *Capital,* and his exchange with Malevich on the nature of cinematic expression; other writings include references to Vladimir Markov's, Vyacheslav Ivanov's, and Viktor Shklovsky's works, thus bringing the Soviet avant-garde's historians and theorists into an international critical-theoretical discourse.[42]

Between Two Narratives

The rediscovery and art historical restoration of the Soviet-Russian avant-garde resulted in the creation and acknowledgement of a parallel narrative to that of Western modernism. Cubo-futurism, Rayonism, Suprematism, Constructivism, Proun, Productivism, and their prominent representatives arose as full-fledged chapters or agents of the Russian avant-garde with their impact on their Western counterparts fully recognized. However, the East European art of the same historic periods were only fragmentarily recovered. Art from this region had to fit into either the Western or the Russian narrative. So Czech Cubism and Surrealism, Polish Constructivism and the expressionist and constructivist tendencies in Hungarian art were soon discovered and integrated into what became „the avant-garde of

41 „About October" by the editors, in: *October* I/1 (1976), p. 3.

42 Cf. Sergei Eisenstein, „Notes for a Film of Capital", in: *October,* nr. 2; Annette Michaelson: „Reading Eisenstein Reading Capital", *October* , nr. 2, 3, and 4; Jeremy Gilbert-Rolfe and John Johnston, „Gravity's Rainbow and the Spiral Jetty", *October,* nrs. 2 and 3.

the 1920s," but these vanguard tendencies offer, in these countries, a rather thin layer of the entirety of their modernist art. A number of innovative, idiosyncratic, and important artists were active, who, for one reason or another, never joined movements, and therefore were not integrated into any of the master narratives of modernism. This was indicated in an interesting, if indirect way at the already mentioned *Présences Polonaises* exhibition, which consisted of three chapters: ‚Constructivism', ‚Contemporary Art', and ‚Stanislaw Witkiewicz', the multifaceted artist for whom there was no bracket whatsoever.

Ironically, while many artists of Eastern Europe tended to escape the mire of the politicization of art and hoped for international recognition purely on the basis of their artistic achievement, the art of the region got recognition only when it politically fell into place in the Western context. Writing about the totalitarian communist regimes of Eastern Europe Jacques Rupnik remarks: „Paradoxically, it is the regime's extreme politicization of culture which is the prime constraint on the artist, the writer, the filmmaker, and makes him long for art that would escape political control, that would not be judged solely in terms of its political audacity."[43] It appears though that the East European artists were trapped by politics: the recognition of their artistic relevance largely depended on international political constellations which might or might not bring the region into general attention.

Towards the end of the era of the divided Europe, direct help from West to East, already re-named ‚Central Europe', was also offered, although it could not change the political status quo. A glaring example was an episode during the 1987 exhibition *Expressiv: Central European Art since 1960* in Vienna.[44] The well-meaning Austrian hosts organized a meeting with the participating Central European artists and art critics. The term ‚Central European' was new then, and was pronounced gingerly as a proof of recognition, instead of the more condescending ‚Eastern European'. Neat and tidy in three piece suits and seated behind a long table covered by a well ironed cloth, they encouraged the artists to come up with requests: what kind of help could they use best? What could the hosts do for them? Grants, fellowships, organizational issues? Climate control in exhibition rooms? A solo show, anyone? After a long silence the Polish artist Jerzy Bereś, unshaven, coarse, wearing a stained polo and somewhat under the influence, stood up and started to talk in Polish.

43 Rupnik, op. cit., p. 201.

44 *Expressiv. Mitteleuropäsche Kunst seit 1960*, Museum moderner Kunst/Museum des 20. Jahrhunderts, Wien, 30 November 1987 – 26 January 1988. The show traveled to the Hirshhorn Museum and Sculpture Garden, Washington D.C., 18 February 1988 – 17 April 1988.

„Give him a mike – where is a mike? Pass it to him!" But Bereś, once he started, was not interested in the mike. Then a translator was needed, who finally gave sense to Bereś's loud and angry monologue to those behind the table: „The Russians", he shouted and gesticulated towards North, direction of Poland. „Get the Russians out!" Political freedom was not among the offerings of the hosts, and the well-intentioned meeting came to an abrupt and hopeless end. Truth spelled scandal. The abyss between the East, even if called „Central", and the West was unbridgeable. Art was hostage of the political status quo that nobody intuited was so near to its end.

Post-Script: The Post-1989 ‚Central European' Perspective

By the time Communism and the Berlin Wall collapsed, the imported concept ‚East European Art', that now morphed into ‚Central European' or ‚East-Central European' with the addition of South East European art, was accepted in the region. This category was a work in progress, adjusted, in each country, to the new local political realities that also spelled renewed awareness of the historical past. The historical past, in its turn, was also work in progress. Locally published and organized journals, conferences, exhibitions, and debates were the venues of the new discourse. How does the art of the „other Europe" differ from the well-established, well interpreted, canonized, and historically through and through well described art of the West? Most East, Central or South East European authors were dismayed to find that the moment the art of the region generated interest in the West, the entire discourse about cultural regions, centers and peripheries, was drifting away as obsolete, or subject of historical studies only, and was replaced by the vision of global culture. Concepts like ‚Post-Colonialism', ‚Orientalism' were short-lived. As soon as the borders opened up, Central European artists found themselves not as the exotic ‚Other', but as competition on the marketplace. There was no more political asylum, particularly not in the art market.

And all this was happening before the proper history of these countries' art and culture could be constructed, or reconstructed in the new era of cultural freedom. As Polish art historian Aneta Szylak related, „Organizations are rewriting art history according to where they find legitimate antecedents. Previously unquestionable intellectual and political traditions are being reviewed, revisited and sometimes recuperated, galvanized and re-enacted. It is as if the past is being reinvented in order to control the future."[45] The new

45 Aneta Szylak, „The Uncertain Condition", in: Susan Cotter, Andrew Nairne and Victoria Pomery (eds.), *Arrivals: Art from the New Europe*, Oxford 2007, p. 31.

sense of a regional identity requires a new niche in the common European and global culture, although East Europeans had intended to break free from any niche whatsoever. A two-front battle has to be fought in these cultures against both chauvinism and the loss of tradition. But *what* is consensually accepted as tradition, is yet to be decided.

Since the decline of Communism, that is, since already the 1980s, a lot of rough-hewn art has been created in East-Central, and South-Eastern Europe, emphasizing distance from, rather than similarity to, the art of the West. Historians, however, have also started to tap the common reservoirs of the large and long-lasting trend of official, ideology-driven, figurative New Classicism of the interwar period, long outshined in scholarship by focus on the avant-gardes. As several scholars[46] attest to it, neo-conservatism was the official art of Central Europe from the 1920s to the early 1940s, it had major popular support, and was not entirely refusing modernization. Conservative ideologies could appear dressed in very similar imagery as the modernists. For example, state-run Italian Fascist art and its artistic infrastructure was an attractive model in several Central- and East European countries, while the visual output of Nazi Germany or that of Soviet Socialist Realism were not so coveted. The historical situation in the wake of World War I, when the nascent countries of Eastern Europe with their freshly minted independent statehood were working to reinvent their own past, was, in some ways, parallel to 1989–90. In the early 1920s the narratives of mythology-based national art were constructed, exuding strength, harmony, and self-assurance on a folkloric basis. Not quite unlike the present post-communist era, these cultures, then too, were facing the dual task of managing both their past and their future and often allowed modern forms to represent past virtues. This, Emily F. Braun reminds us, „overturns longstanding presumptions that the modes of abstraction, non-objective art, or Expressionism were the sole purview of leftwing exponents. [...] modernism, as well as tradition, were employed to the ends of anti-democratic politics."[47] Which leads us to the very origins of the concept of militant modernism, the avant-garde, long overlooked also by the New Left in the pursuit to reinvigorate the progressive art of the 1920s: that avant-garde art, as conceived by the count Saint-Simon and his friend Olinde Rodrigues in the early 1800s, was not meant to be oppositional, an art in permanent progress or „permanent revolution" in a Trotskyite or leftist sense, but as the *official art* of a future socialist state. With various incarnations of that

46 For a collection of essays on this subject, see Irena Kossowska (ed.), *Traditionalist Artistic Trends in Central and Eastern Europe of the 1920s and 1930s*, Warsaw 2010.

47 Emily Frances Braun, „The Modernity of Tradition. The Fine Arts in Fascist Italy 1919–1929", in: Kossowska (ed.), op. cit., p. 46.

avant-garde behind us, ideally we need such art in Central Europe as well as globally that, to put it in Walter Benjamin's words, is „completely useless for the purposes of Fascism."[48]

48 Walter Benjamin, „The Work of Art in the Age of Mechanical Reproduction", in: W. Benjamin, *Illuminations*, ed., and with an introduction by Hannah Arendt, translated by Harry Zohn, New York 1968, p. 218.

Uwe Hebekus

„Eine dauernd arbeitende Selbstreinigungsapparatur"

Zum ästhetischen Fundament der nationalsozialistischen Bewegung

In den 1970er und 1980er Jahren war der Begriff der Bewegung – in einem größeren Ausmaß, als es gegenwärtig der Fall ist – markanter Bestandteil des Wortschatzes, der bei der Selbstbeschreibung von aktuellen politischen Phänomenen und Entwicklungen innerhalb der westlichen Welt in Anwendung kam. Kennzeichnend dabei war, dass ‚Bewegung' zumeist als Element eines Kompositums gebraucht wurde, welches das Subjekt und/oder das Ziel der jeweiligen politischen Intervention gleich mitbenannte: ‚Frauenbewegung', ‚Schwulenbewegung', ‚Anti-Atomkraft-Bewegung' etc. Auch in den ersten Jahrzehnten des 20. Jahrhunderts (und schon zuvor) verhielt sich dies in der Regel nicht sehr viel anders: ‚Arbeiterbewegung', ‚Jugendbewegung' u.ä. Jedoch gab es in diesem Zeitraum auch eine signifikante Ausnahme von dieser Regel, nämlich die Verwendung des Bewegungsbegriffs durch den europäischen politischen Totalitarismus: „Der Faschismus", so ließ etwa Benito Mussolini 1921 in einer Rede verlauten, „ist keine Kirche. Er gleicht mehr einem Trainingsplatz. Er ist keine Partei. Er ist eine Bewegung."[1] Wofür hier trainiert wird, erfährt man nicht. Auch ist das Wissen um den Trainingszweck nicht irgendein Arkanum des *Duce*. Vielmehr wird ein solcher Zweck bewusst in der Schwebe gelassen. In ihrer Verschränkung von deklaratorischer Schärfe und semantischer Vagheit muss Mussolinis Äußerung als symptomatisch gelten. Seine terminologische Operation, die an die Stelle etwa einer parlamentarischen Vertretung wohldefinierter Interessen einen sportlichen Mobilitätsappeal oder auch Mobilitätsfuror rückt, kommt dem Versuch gleich, den Bewegungscharakter der faschistischen Bewegung dadurch zu verselbständigen, dass sie ihn gerade nicht durch die Angabe eines – wie auch immer weitgesteckten – Ziels limitiert. Der politische Begriff der Bewegung ist hier gleichsam intransitiv; er meint eine, wie Hannah Arendt es ausgedrückt hat, „ständig in Bewegung gehaltene Bewegung".[2]

1 Zit. nach Sven Reichardt, *Faschistische Kampfbünde. Gewalt und Gemeinschaft im italienischen Squadrismus und in der deutschen SA*, Köln/Weimar/Wien 2002, S. 30.

2 Hannah Arendt, *Elemente und Ursprünge totaler Herrschaft. Antisemitismus, Imperialismus, Totalitarismus*, aus dem Amerikanischen von ders., München/Zürich 1986, S. 702.

Als deutsche Variante einer solchen Begriffspolitik lässt sich dem nicht nur Adolf Hitlers kalkuliert in sich selbst kreisende, ja pleonastische Bestimmung des Nationalsozialismus als „Kampfbewegung"[3] zur Seite stellen. Auch vergleichsweise avancierte Theoriebildungen des Nationalsozialismus operieren mit einer entsprechenden politischen Semantik. So schreibt etwa Herbert Krüger 1935 in seinem Buch *Führer und Führung*:

> Es ist oft betont worden, dass der Nationalsozialismus Bewegung sei; und es ist ebenso oft gefordert worden, dass er Bewegung bleibe. Beides mit vollstem Recht. Denn Bewegung ist hier nicht das Unvermögen einer Zwischenzeit, zu einer festen Form und zu einer endgültigen Ordnung zu gelangen; sie ist nicht der Übergang von einem Ruhezustand zu einem anderen Ruhezustand. Sondern Bewegung *ist* das Wesen, die Form und die Ordnung des neuen Lebens.[4]

In seiner politischen Semantik zieht sich ersichtlich auch hier der Begriff der Bewegung ganz auf sich selbst zurück.

Ihrem rhetorischen Einsatz nach zielt eine solche seltsam zirkuläre Semantik dezidiert und offensiv auf eine Verweigerung jedweder diskursiven Begründung und definitorischen Umgrenzung. Ähnliches lässt sich auch an anderen einschlägigen Begriffspolitiken beobachten. So hat, um nur ein Beispiel zu nennen, der Rechtshistoriker Michael Stolleis gezeigt, dass im Nationalsozialismus Versuche, den Begriff der Volksgemeinschaft definitorisch zu fixieren, als innere Reserve gegenüber ebendieser Gemeinschaft inkriminiert wurden.[5] Umgekehrt ist es aber genau diese Verweigerung, die, so die These der folgenden Überlegungen, den Begriff der Bewegung auf die Dimension des Ästhetischen hin öffnet.

Eine solche Öffnung hat etwa Alfred Baeumler im Sinn, wenn er 1933 in seiner Berliner Antrittsvorlesung Form und Gestalt der nationalsozialistischen Bewegung in Kants autonomieästhetischem Begriff des Symbols fundieren will. Baeumler, nachmaliger Ressortleiter im ‚Amt Rosenberg' und seinem Selbstverständnis nach Chefexeget der *Kritik der Urteilskraft*, stützt sich dabei auf Kants Bestimmung des Symbols als „ästhetische Idee", die, so Kants Worte, „viel zu denken veranlasst, ohne dass ihr doch irgend ein bestimmter

---

3 Adolf Hitler, *Mein Kampf*, zwei Bde. in einem Bd., München $^{469-473}$1939, S. 418.

4 Herbert Krüger, *Führer und Führung*, Breslau 1935, S. 40 f.; meine Hervorheb., U. H.

5 Vgl. Michael Stolleis, „Gemeinschaft und Volksgemeinschaft. Zur juristischen Terminologie im Nationalsozialismus", in: ders., *Recht im Unrecht. Studien zur Rechtsgeschichte im Nationalsozialismus*, mit einem neuen Nachwort, Frankfurt a.M. ^{2}2006, S. 94–125, dort S. 121 ff.

Gedanke, d. i. Begriff adäquat sein kann".[6] „Die Gefolgschaft Adolf Hitlers kennt", so will Baeumler die Möglichkeit zu einer Übertragung von Kants Bestimmung ins Politische freischalten, „das Symbol, die Darstellung der Idee in einem Menschen, in einer Fahne."[7] Vor allem im politischen Symbol, nicht in dem, was Baeumler ‚Gesinnung' nennt, schließen sich die verstreuten Einzelnen zur „Gemeinschaft" zusammen.[8] Zugleich aber ist für Baeumler das politische Symbol durch eine gewollte Unbestimmtheit ausgewiesen. Es ist „kein bloßes Zeichen", kein Signifkant mit einem eindeutig und dauerhaft fixierbaren Signifkat also; vielmehr ist es in seiner Bedeutung, wie es ausdrücklich heißt, „unerschöpflich".[9] In sich vereint so das politische Symbol zwei gegenläufige, aber komplementäre Dynamiken. Auf der einen Seite ist es das Medium, in dem sich die Bewegung allererst *als* Bewegung formiert. Auf der anderen Seite gestaltet sich die Dynamik der Bewegung, die aus solcher Formierung entspringt, als eine Art hermeneutischer Wettstreit. Baeumler spricht von einem fortwährenden „Kampf der Kräfte um die *wahrste* und *tiefste* Deutung" des Symbols,[10] der nichts anderes ist als das Leben der Bewegung selbst. Dieser Kampf der Auslegungen aber vollzieht sich – diesen Aufruf gib Baeumler seiner überwiegend in SA-Uniform angetretenen studentischen Zuhörerschaft mit auf den Weg – nicht nur durch das „Wort", sondern in mindestens gleichem Maße durch die „Tat".[11]

Schon Baeumlers Theoreme legen die Vermutung nahe, dass sich die nationalsozialistische Bewegung nicht nur ästhetisch fundieren, sondern dass zugleich diese Fundierung eine spezifische Bewegungs*art* der Bewegung aus sich entlassen soll. Der vorliegende Beitrag will diesen Zusammenhang in drei Schritten ausleuchten. Zunächst wird den ästhetischen Implikationen von Alfred Rosenbergs Begriff des ‚Mythus' nachgespürt (I.). Danach soll gezeigt werden, dass diese Implikationen in einer bestimmten ästhetischen Logik politischer Repräsentation ihren Widerhall finden (II.). Abschließend wird erörtert, inwiefern solche Form von Repräsentation in jenem Rassismus sich auswirkt, welcher der nationalsozialistischen Bewegung genuin zugehört (III.). Insgesamt ist dabei, um dies einschränkend vorauszuschicken, ausschließlich die radikalfaschistische, nicht aber die ‚völkische' und auch nicht die technokratische Variante der nationalsozialistischen Bewegung thematisch.

---

6 Immanuel Kant, *Kritik der Urteilskraft* (= ders., *Werkausgabe*, hg. von Wilhelm Weischedel, Bd. X), Frankfurt a.M. 1974, S. 249 f.

7 Alfred Baeumler, „Antrittsvorlesung in Berlin. Gehalten am 10. Mai 1933", in: ders., *Männerbund und Wissenschaft*, Berlin 1943, S. 123–138, hier S. 126.

8 Ebd., S. 134.

9 Ebd.

10 Ebd., S. 133; meine Hervorheb., U. H.

11 Ebd., S. 136.

I.

Wenn in den ersten Jahrzehnten des 20. Jahrhunderts die Moderne als ein Zeitalter der durchgreifenden Kontingenz aller Lebensverhältnisse begriffen wird,[12] dann entspricht dem in der zeitgenössischen politischen Philosophie die Theorie der Dezision. Der Härtegrad des Dezisionismus in einem politischen Denken gerät, so ließe sich formulieren, zum Index von dessen Reflexion moderner Kontingenz.

Man wird es zunächst wohl für eher unwahrscheinlich halten, dass ausgerechnet das nationalsozialistische Denken diese Konjunktion austrägt. Dennoch lässt sie sich in einem *der* Leittexte nationalsozialistischer Ideologieproduktion aufspüren, nämlich in Rosenbergs *Der Mythus des 20. Jahrhunderts*. Rosenberg stellt sein Buch schon auf der ersten Seite unter das Vorzeichen einer Dezision: „Das ist die Aufgabe unseres Jahrhunderts: aus einem neuen Lebensmythus einen neuen Menschentypus schaffen. [...] Und auf alle Fragen und Zweifel kennt der neue Mensch des kommenden *Ersten* Deutschen Reiches nur eine Antwort: Allein ich *will*!“[13]

Man kann die Auswirkungen dieses dezisionistischen Vorzeichens nicht zuletzt im zentralen Begriff Rosenbergs, im Begriff des „Mythus“ nämlich, ausmachen. Für Rosenberg ist der „Mythus“ allenfalls am Rande eine Ursprungs- oder Gründungserzählung. Statt dessen fasst er ihn in erster Linie als eine Kraft und eine Fähigkeit des *setzenden Sehens* von Unterschieden. Der „Mythus“ ist eine Fiktion im strengen Sinne aktiver Bildung, eine „Fiktionierung“, wie es Philippe Lacoue-Labarthe und Jean-Luc Nancy in ihrer Rosenberg-Lektüre formuliert haben.[14] Von daher verwundert es nicht, wenn Rosenberg die Umschreibungen und Erläuterungen seines Zentralbegriffs mit einer durchweg visualistischen Metaphorik unterlegt. Und es ist dieser ins Ästhetische weisende Visualismus, über den sich eine Reihe von drei Begriffen als das tragende Gerüst von Rosenbergs gesamtem Text erweist: 1. der „Mythus“ als das Vermögen eines nachgerade konstruktivistischen Sehens; 2. der „Typus“, der vor allem durch seine sinnliche Anschaubarkeit bestimmt ist; 3. die „Gestalt“, die in einem direkten Sinne ein ästhetisches Phänomen ist. Dabei bewegen sich die drei Begriffe in einer Kreisschlüssigkeit, die sie wechselseitig füreinander einstehen lässt, ja nahezu identisch setzt. So heißt es etwa:

12 Einschlägig dazu Michael Makropoulos, *Modernität und Kontingenz*, München 1997.

13 Alfred Rosenberg, *Der Mythus des 20. Jahrhunderts. Eine Wertung der seelisch-geistigen Gestaltenkämpfe unserer Zeit*, München [183–186]1942, S. 2; meine Hervorheb., U. H.

14 Philippe Lacoue-Labarthe/Jean-Luc Nancy, „Der Nazi-Mythos“, aus dem Frz. von Claus-Volker Klenke, in: Elisabeth Weber/Georg Christoph Tholen (Hg.), *Das Vergessen(e). Anamnesen des Undarstellbaren*, Wien 1997, S. 158–190, hier S. 172.

„Das Erleben des Typus, das *ist* die Geburt der Erkenntnis des Mythus".[15] Letztlich ist es aber der Begriff der Gestalt, in dem Rosenbergs terminologisches Jonglieren zum Stillstand kommt. Nicht zufällig trägt ja sein Buch den Untertitel: *Eine Wertung der seelisch-geistigen Gestaltenkämpfe unserer Zeit.*

Wer sich nun allerdings in Rosenbergs Text, der sich über weite Strecken liest wie ein umgestürzter Zettelkasten, auf die Suche nach einer auch nur halbwegs ausgearbeiteten Theorie der Gestalt begibt, der wird nirgends fündig. Das hängt damit zusammen, so darf man annehmen, dass sich Rosenberg auf eine Semantik des Gestaltbegriffs verlassen kann, die 1930, im Erscheinungsjahr des *Mythus*-Buches, bereits nahezu selbstläufig geworden ist. In der Ästhetik wie auch in der Psychologie bezeichnet ‚Gestalt' eine, wie Annette Simonis das genannt hat, spezifisch „deutsche Denkfigur".[16] Es sind dabei vor allem drei zeitgenössisch virulente Bestimmungen, die gleichsam den konnotativen Hof von Rosenbergs Verwendung des Begriffs bilden. 1. Gestalt ist holistisch. Sie taucht plötzlich auf, nicht Stück für Stück, und ist jeder zergliedernden Analyse als, so formuliert Ferdinand Weinhandl, „ursprünglich übergreifendes Ganzes vorausgesetzt".[17] 2. Die spezifische sinnliche Wahrnehmbarkeit der Gestalt ergibt sich vor allem aus dem, was seit Max Wertheimer das ‚Prägnanzgesetz' der Gestalt heißt.[18] Gemeint ist damit eine Prägnanz, die sich, so die einschlägigen Bestimmungen Wolfgang Metzgers von 1941, in den Qualitäten von „Einheitlichkeit, Geschlossenheit und Notwendigkeit, [...] Schärfe, Härte, Festigkeit, Unbeeinflussbarkeit durch den Wechsel des Standpunkts" zeigt.[19] 3. Modern im ästhetischen Sinne ist das Phänomen der Gestalt, weil es sich einer autonomen Poiesis verdankt und weil es ein nicht nur a-, sondern sogar anti-mimetisches Phänomen ist: Schon Georg Simmel spricht in seinem Goethe-Buch (1913) von der *„hervorzubringenden* Gestalt".[20]

Mit seiner Verpflichtung auf ein entsprechendes Verständnis des Gestaltbegriffs nun legt Rosenberg das Fundament seiner Rassenlehre. Über die selbstgewählte Bindung an einen „Mythus" wird eine Gemeinschaft zur Rasse, *in-*

15 Rosenberg, *Der Mythus des 20. Jahrhunderts* (Anm. 13), S. 461; meine Hervorheb., U. H.

16 Vgl. Annette Simonis, *Gestalttheorie von Goethe bis Benjamin. Diskursgeschichte einer deutschen Denkfigur*, Köln/Weimar/Wien 2001.

17 Ferdinand Weinhandl, *Die Metaphysik Goethes*, Berlin 1932, S. 292 f.

18 Zur Theoriegeschichte dieses ‚Gesetzes' vgl. Angelika Hüppe, *Prägnanz. Ein gestalttheoretischer Grundbegriff. Experimentelle Untersuchungen*, München 1984.

19 Wolfgang Metzger, *Psychologie*, Darmstadt [5]1975, S. 240.

20 Georg Simmel, *Goethe*, in: ders., *Gesamtausgabe*, hg. von Otthein Rammstedt, Bd. 15: *Goethe, Deutschlands innere Wandlung, Das Problem der historischen Zeit, Rembrandt*, hg. von Uta Kösser, Hans-Martin Kruckis und Otthein Rammstedt, Frankfurt a.M. 2003, S. 7–270, hier S. 135; meine Hervorheb., U. H.

dem sie sich durch ebendiese Bindung zur Gestalt formt. Rosenbergs Begriff der Rasse ist darum kein biologistischer, sondern ein ästhetischer: Die „Rasse", heißt es ausdrücklich, „*ist* das Außen*bild* einer bestimmten Seele"[21], ein Bild wiederum, das, wie gleich auszuführen sein wird, seine ästhetischen Valenzen vor allem aus der Gestaltqualität der Prägnanz gewinnt. Was eine Rasse ist, das zeigt sich allein im Modus ästhetischer Anschauung. Sie erscheint als das Resultat, nachgerade als das Artefakt eines ästhetischen Formungsvermögens, das keinen anderen Halt hat als die dezisionistische Bindung an einen „Mythus", der für Rosenberg, dies wurde bereits angesprochen, selbst wiederum Produkt einer spezifischen, aktivisch gedachten Aisthesis ist.

Wer indessen glaubt, dass Rosenberg von diesem ästhetischen Fundament seiner Rassenlehre aus darauf zielt, eine Art Tableau vielfältig abgestufter rassischer Unterschiede zu entwerfen, der sieht sich getäuscht. Vielmehr läuft alles auf die Konstruktion einer Rasse schlechthin hinaus, nämlich auf die Konstruktion der arischen Rasse, die allein wirklich Rasse zu sein vermag (eine Konstruktion, die in einer äußerst kalkuliert eingesetzten tautologischen Volte unmittelbar ihr Gegenprinzip aus sich entlässt, wie im dritten Teil dieses Beitrags noch auszuführen sein wird). Ist für Rosenberg der „Mythus" generell die Fähigkeit des setzenden Sehens von Unterschieden, so kommt doch allein im arischen „Mythus" das Prinzip des Mythischen ganz zu sich selbst. Rosenberg nennt ihn den „solaren Mythus".[22] Dieser konnte, so die mythopoietische Spekulation, nur „dort geboren werden, wo das Erscheinen der Sonne ein kosmisches Erlebnis von größter Eindringlichkeit gewesen sein muss: im hohen Norden. Nur dort konnte die *scharfe Scheidung* der Jahreshälften *vor*genommen werden [...], denn nur im Polargebiet dauerten Tag und Nacht je sechs Monate, das ganze Jahr aber ist hier nur ein Tag und eine Nacht."[23] Lässt man die raunende Tonlage einmal beiseite, so zeigt sich hier der „solare Mythus" als der „Mythus" der Unterscheidung an sich: In der „scharfen Scheidung", von der er lebt, verdichtet sich das Prinzip des Mythischen, das setzende Sehen von Unterschieden, und wird selber zum „Mythus", beugt sich das Mythische gleichsam reflexiv auf sich zurück. Der „solare Mythus" ist darum nicht ein „Mythus" unter anderen, sondern die reine Verkörperung des Mythischen, er ist ein Meta-„Mythus", gleichsam der „Mythus" als Dispositiv. Zugleich ist es hier aber der „Mythus" selber, der die oben angesprochenen ästhetischen Gestaltqualitäten aufweist. Operierend als ins Sichtbare sich nachgerade hineindiktierende „scharfe Scheidung", die ja nicht *wahr-*, sondern „*vor*genommen" wird, birgt er diejenige

21 Rosenberg, *Der Mythus des 20. Jahrhunderts*, a. a. O., S. 529; meine Hervorheb., U. H.

22 Ebd., S. 25.

23 Ebd.; meine Hervorheb., U. H.

Gestalt, die ihm ästhetisch entspricht, bereits in sich, um sie allerdings erst in der Gegenwart wirklich ans Licht treten zu lassen. Diese Gestalt zeigt sich nach Rosenberg vollends erstmals dort, wo die „heutige“, will heißen die nationalsozialistische, „rassisch-seelische Weltanschauung“ sich durchzusetzen verspricht.[24] Erst dort kann auch *realiter* gelten: „Freiheit der Seele wie Freiheit der Persönlichkeit *ist* [...] Gestalt. Diese Gestalt ist [...] plastisch *begrenzt*.“[25] In der arischen Gestalt soll sich mithin vor allem der energische Wille zur scharfgerandeten Abgrenzung der eigenen arischen Rasse, die allein wirklich Rasse ist, zur Anschauung bringen. „Solarer Mythus“ und ‚arische Gestalt‘ figurieren darum in Rosenbergs Text als Synonyme. Denn in beiden soll sich in einer herannahenden Zukunft, die schon begonnen hat, der Wille zu einer im Ästhetischen gründenden Grenzsetzung aussprechen, die, darauf wird zurückzukommen sein, eine antagonistische Grenzsetzung ist.

Obgleich also Rosenberg auf der einen Seite den „solaren Mythus“ in einer mythopoietischen Ursprungsspekulation herleiten will, so hält er auf der anderen Seite diese Ursprungsspekulation doch stets als eine aktualistische Retrofiktion durchsichtig, um darüber die eigene Gegenwart um so wirkungsvoller als *kairós*, als die Szene einer Entscheidung hervortreten zu lassen, die die gesamte bisherige Geschichte hinter sich lassen soll. Die entsprechenden Formulierungen sind bei Rosenberg Legion. Eine davon lautet:

> Der Mythus der nordischen Rasse sagt *heute* mit tausend Zungen, dass wir [...] mit erhöhtem Bewusstsein und mit flutendem Willen zum *erstenmal* als ganzes Volk wir selbst werden wollen: ‚Eins mit uns selbst‘. Das ‚allein ich will‘ des Faust [...] ist das Bekenntnis der neuen Zeit, die eine neue Zukunft will [...]. Der *neue* Mythus und die *neue* typenschaffende Kraft, die heute bei uns nach Ausdruck ringen, *können überhaupt nicht ‚widerlegt‘ werden*.[26]

Seine Gewissheit, dass dieser *kairós* eingetreten ist, bezieht Rosenberg dabei u. a. daraus, dass „die neue typenschaffende Kraft“ sich bereits in Artefakten entäußert hat, die nichts anderes zur Anschauung bringen als den Meta-„Mythus“ der arischen Rasse selbst, „einen neuen deutschen Menschentyp, ‚gradwinklig an Leib und Seele‘“:[27]

> In allen Städten und in allen Dörfern sehen wir heute bereits die Ansätze zu einer Leben erzeugenden Kunst. Die Gesichter, die unterm Stahlhelm auf den Kriegerdenkmälern hervorschauen, sie haben fast

24 Ebd., S. 467.

25 Ebd., S. 529; meine Hervorheb., U. H.

26 Ebd., S. 699 f.; meine Hervorheb., U. H.

27 Ebd., S. 447.

> überall eine mystisch zu nennende Ähnlichkeit. Eine steile durchfurchte Stirn, eine starke gerade Nase mit kantigem Gerüst, ein festgeschlossener Mund mit der tiefen Spalte eines angespannten Willens.[28]

Fast scheint es, als würfe Rosenberg bei dieser Betrachtung von einschlägigen Frontkämpfer-Bildnissen permanent Seitenblicke in Wilhelm Worringers *Abstraktion und Einfühlung*, wenn er an ihnen ausschließlich die vollständige Einspannung der Körper in eine geometrische Struktur und ihr vollständiges Aufgehen in einem Gefüge von Lineaturen registriert. Wo der „solare Mythus" sich tatsächlich in Kunst übersetzt, dort nimmt er ohne nennenswerte Umwege Züge ästhetischer Abstraktion an.

An Rosenbergs Konstruktion des „solaren Mythus" und der arischen Gestalt wird trotz oder gerade wegen des ganzen Pathos der Entschiedenheit auffallen, dass sie ausschließlich formal verfährt. Der arische „Mythus" ist die reine Verkörperung des Mythischen, wie auch die Gestalt, die ihm entspricht, reine Verkörperung des Gestalthaften ist. Als „Mythus" und Gestalt einer Setzung, die allein im Ästhetischen operiert, bleiben beide semantisch nahezu vollständig unbestimmt. Jeder Inhalt wird hier von der ästhetischen Form absorbiert – mit einer Wendung aus Armin Mohlers Aufsatz „Der faschistische Stil" gesprochen: „Die Form rangiert vor der Idee."[29] Darin liegt indessen noch eine andere Pointierung. Rosenbergs Bestimmung des „solaren Mythus" und der arischen Gestalt nähert sich nämlich so dem an, was Ernesto Laclau als das Herzstück der Produktion von Ideologie ausgemacht hat, einem „leeren Signifikanten"[30], nur dass es bei Rosenberg die ästhetische Form selbst ist, die die Funktion eines solchen übernimmt.

Will man sich nun den semiologischen Status dieser Rosenbergschen ästhetischen Form mit Bezug auf *zeitgenössische* Theoriebildung etwas genauer vergegenwärtigen, dann kann man auf Heideggers Konzept des Schemas zurückgreifen, wie er es in seiner Kant-Studie von 1929 entfaltet hat. Für Heidegger ist ein Schema eine protoästhetische Hervorbringung jenes Vermögens, das Kant als ‚produktive Einbildungskraft' gefasst hat. Wiewohl nach Heidegger ein Schema durchaus Bild ist, kommt es dennoch in seinem Konkretionsgrad empirischen Anschauungen nicht gleich. Vielmehr ist es der selber sinnlich-anschauungshafte *Horizont*, vor dem allererst Dinge als empirische Anschauungen begegnen können. Das „Schema" ist, schreibt Hei-

28 Ebd., S. 448.

29 Armin Mohler, „Der faschistische Stil", in: ders., *Von rechts gesehen*, Stuttgart 1974, S. 179–221, hier S. 193.

30 Vgl. dazu Ernesto Laclau, „Was haben leere Signifikanten mit Politik zu tun?", in: ders., *Emanzipation und Differenz*, aus dem Engl. von Oliver Marchart, Wien 2002, S. 65–78.

degger, ein „*Vor*blick",[31] der „*Umkreis* des möglichen Aussehens als solcher, genauer das, was diesen Kreis zieht, dasjenige, was regelt und *vorzeichnet*, wie etwas aussehen muss, um [...] den entsprechenden Anblick bieten zu können. Diese Vorzeichnung der Regel ist kein Verzeichnis im Sinne der bloßen Aufzählung der ‚Merkmale', [...] sondern ein *‚Auszeichnen'* des Ganzen."[32] Das Schema ist, könnte man sagen, auf der Ebene ästhetischer Abstraktion angesiedelt, es ist eine Art Rahmen, der selbst regelt, was innerhalb seiner erscheinen darf und was nicht. Ohne größere Umwege lässt sich dies auf die Stoßrichtung von Rosenbergs Konstruktionen übertragen: Als Hervorbringungen einer produktiven ästhetischen Imagination, eines setzenden Sehens sind der „solare Mythus" und die arische Gestalt in der Dimension ästhetischer Abstraktion angesiedelte Schemata, die mit Konkretisationen zu füllen sind und die andere Konkretisationen ausschließen, und zwar über das Leben der Bewegung, über ihre Worte nicht weniger als über ihre Taten.

II.

An einem ähnlichen Modell des Schemas scheint sich auch Baeumler, der Theoretiker der nationalsozialistischen Symbole, zumindest implizit zu orientieren, wenn er in seiner Berliner Antrittsvorlesung auf die Bewegung als ästhetisches Phänomen zu sprechen kommt: „Wir haben für den *Typus*, der uns als *Bild vor*schwebt, den Namen des *politischen* Soldaten gefunden."[33] So unscheinbar dieser Satz auch klingen mag, so enthält er doch ein ganzes Konzept von Repräsentation. Der „politische Soldat" repräsentiert hier ein „Wir", in diesem Falle das Auditorium von Baeumlers Antrittsvorlesung, das als Bewegung der jüngsten Vergangenheit, der Gegenwart, vor allem aber der nahen Zukunft adressiert wird. Dieser Repräsentationsbezug ist aber kein statischer. Vielmehr schwebt das Repräsentierende dem Repräsentierten, wie es ja ausdrücklich heißt, „vor". Als „Bild" ist der „politische Soldat" ein Vorgriff auf das, was das Repräsentierte noch gar nicht ist, aber werden soll. Man kann hier von einer proleptischen Repräsentation sprechen, von einer Inversion des Prinzips der Mimesis, wie sie etwa auch Carl Schmitt in seiner *Verfassungslehre* im Auge hat, wenn er dort schreibt, dass „die politische Einheit erst durch Repräsentation, durch Darstellung *bewirkt* wird".[34] Das Repräsentierte, das

31 Martin Heidegger, *Kant und das Problem der Metaphysik*, Frankfurt a. M. ²1951, S. 96; meine Hervorheb., U. H.

32 Ebd., S. 91; meine Hervorheb., U. H.

33 Baeumler, „Antrittsvorlesung in Berlin", a. a. O., S. 129; meine Hervorheb., U. H.

34 Carl Schmitt, *Verfassungslehre*, Berlin ⁸1993, S. 205; meine Hervorheb., U. H..

außerhalb der Repräsentation noch gar nicht existiert, also auch nicht deren Referent im herkömmlichen Sinne sein kann, soll sich mimetisch zum Repräsentierenden verhalten. Dies hat die semiologische Pointe, dass ersteres zu einem Effekt oder gar Produkt des letzteren wird. Repräsentation wird so zu einer Kategorie der Dynamik. Solche Prozessualität der Repräsentation ist auch dem ästhetischen Status des „politischen Soldaten" Baeumlers selbst einbeschlossen: Als „Typus" ist der „politische Soldat" ein Schema im Sinne Heideggers oder auch eine ästhetische Idee im Sinne Kants. Er ist dies aufgrund des hohen Grades ästhetischer Abstraktion, die ihm – wie auch dem Frontkämpfer-Bildnis in der Beschreibung Rosenbergs – eignet.

Entsprechendes nun zeigt sich besonders markant dort, wo in der nationalsozialistischen Kunst der „politische Soldat" *als* „Typus" direkt ins Bild gesetzt wird, etwa in Leni Riefenstahls *Triumph des Willens* (vgl. Abb. 1). Riefenstahls Bildästhetik tilgt hier aus dem Gesicht des „politischen Soldaten" alle Anzeichen und Spuren von Individualität und reduziert es auf die reine Lineatur, die aus den Konturen des Gesichts, aus dem scharfgerandeten Stahlhelm und nicht zuletzt aus dem nationalsozialistischen Zentralsymbol, dem Hakenkreuz, gebildet wird. In ihrem Verfahren ästhetischer Abstraktion ist die Bildsprache an dieser Stelle, wie im *Triumph des Willens* insgesamt, deutlich an die avantgardistischen Innovationen des ‚Absoluten Films' angelehnt, an das Konzept einer filmischen Ästhetik, demzufolge das Filmgeschehen einzig aus einander ähnlichen oder kontrastierenden Formabstraktionen aufgebaut werden sollte.[35]

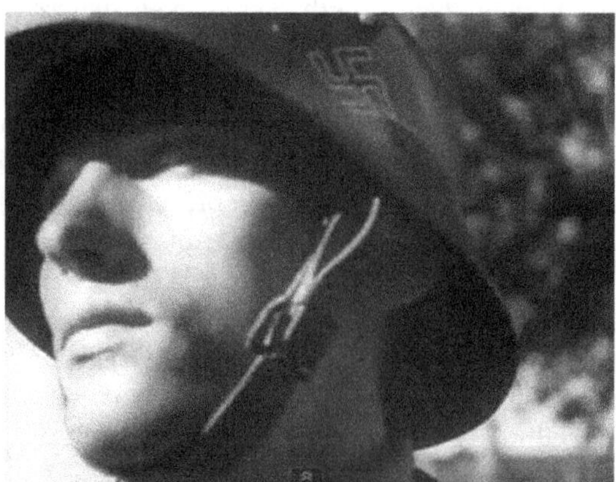

Abb. 1: Leni Riefenstahl, *Triumph des Willens* (1935)

35 Zur Programmatik dieser filmischen Ästhetik vgl. Holger Wilmesmeier, *Deutsche Avantgarde und Film. Die Filmmatinee „Der absolute Film" (3. und 10. Mai 1925)*, Münster 1925.

Die spezifische Rhetorik dieser Bildästhetik aber lässt sich dort ermessen, wo Riefenstahl dem „politischen Soldaten" eine bloße Ansammlung von Menschen, von Individuen in ihrer ganzen leiblichen Konkretion und Unverwechselbarkeit gegenüberstellt und zugleich beide Seiten durch eine deutlich sichtbare Schwelle voneinander trennt (vgl. Abb. 2).

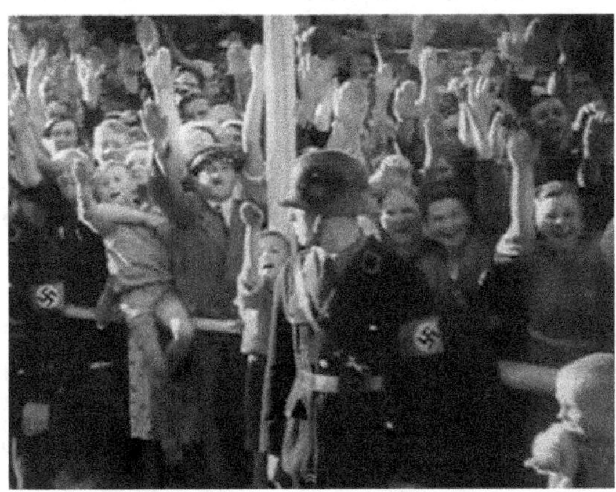

Abb. 2: Leni Riefenstahl, *Triumph des Willens*

Durch das Überschreiten dieser Schwelle sollen sich diese in das transformieren, was jener als *pars pro toto* direkt vor Augen stellt: in die Bewegung. Die spezifische Dynamik dieses *rite de passage* liegt hier aber darin begründet, dass auch nach dessen Vollzug der „politische Soldat", Metapher und zugleich Element der Bewegung, ganz „Typus", „unerschöpfliches" politisches „Symbol" im Sinne Baeumlers bleiben wird. In der Logik proleptischer Repräsentation gesprochen: Das repräsentierte „Wir", die Individuen, die zukünftigen Elemente der Bewegung, die noch eine bloße Ansammlung darstellen, wird auf die Bahn einer unendlich perfektiblen, weil stets nur partiellen Angleichung an das Repräsentierende, die Bewegung, gesetzt, das selbst wiederum, mit Baeumlers Wort, beständig ‚vorschweben' wird, ohne je zur Ruhe zu kommen. So gesehen ist der „politische Soldat" als „Typus" die ästhetische Entsprechung, wenn nicht Fundierung dessen, was eben nicht erst Hannah Arendt, sondern schon nationalsozialistische Theoretiker selbst als zentrales Merkmal der Bewegung ausgemacht haben: Die „Bewegung", schreibt der bereits zitierte Krüger, ist „sich nur selbst Ziel", sie setzt sich gerade deshalb „immer neue Ziele", weil sie „kein Endziel" kennt und kennen darf.[36]

36 Krüger, *Führer und Führung*, a. a. O., S. 43.

Die Logik der proleptischen Repräsentation greift nun aber auch dort, wo es um das ästhetisch fundierte Programm eines Selbstmanagements der Subjekte geht. Gerade für eine proleptische Repräsentation ist es ja konstitutiv, dass sie ternär strukturiert ist: Es gibt nicht nur ein Repräsentiertes und ein Repräsentierendes, sondern auch und vor allem einen Adressaten der Repräsentation, der sich allererst auf die Höhe des Repräsentierten zu schwingen hat. Hans J. Wolff, kein Nationalsozialist, bringt dies 1934, den Spuren Carl Schmitts, aber auch Sigmund Freuds folgend, auf die Bestimmung, „dass man nicht ‚ins Leere' vergegenwärtigen kann".[37] Er hat dabei eine Selbstrepräsentation des Subjekts, eine „‚Repräsentation nach innen'"[38] im Sinn, bei der ein Subjekt seinem bloßen Dasein *gegenüber* sein gleichsam höheres Selbst repräsentiert, das wiederum das Repräsentierende eines als absolut gesetzten Wertes ist. Dieser Art Repräsentation wohnt darum das Programm einer fortwährenden Abspaltung eines Abjekten inne.

Zur ästhetischen Formel verdichtet, findet sich dieses Programm in den Skulpturen Arno Brekers. Eine Analyse dieser Skulpturen muss, darauf hat schon Wolfgang Fritz Haug aufmerksam gemacht,[39] vor allem der Ikonologie des Muskelpanzers gelten, von dem selbst noch ihre Gesichter wie überzogen sind (vgl. Abb. 3).

In seiner fast schon surreal anmutenden Übersteigerung der menschlichen Anatomie ist dieser Panzer das ästhetische Äquivalent zur ästhetischen Abstraktion, in der bei Riefenstahl der „politische Soldat" erscheint. Die ästhetische Outriertheit des Panzers rückt gleichsam die Peripherie des Körpers *gegen* das Körperinnere. Der Panzer erscheint als eine verselbständigte Ausstülpung des leiblichen Körpers des Subjekts, die diesen in ein Korsett spannt. Er figuriert so als Metapher der Bindung frei flottierender, politisch noch ungebundener Affekte in einem Inneren des Subjekts, das der eigentliche Adressat der Repräsentation ist. Im Subjekt selbst ist damit eine konstitutive Differenz eröffnet, die auf eine selbstveranlasste und -gewollte Ich-Spaltung hinausläuft. Denn über seine Selbstrepräsentation im Muskelpanzer will es sich in seiner Teilhabe am politischen Projekt des Nationalsozialismus wissen – und dennoch bleibt ein unverrechenbarer Rest, der in dieser Selbstrepräsentation noch nicht aufgegangen ist. Für die Selbstrepräsentation bedeutet dies, dass sie nur um den Preis in den Zustand der Geschlossenheit eintreten kann, dass

37 Hans J. Wolff, „Die Repräsentation", in: Heinz Rausch (Hg.), *Zur Theorie der Repräsentation und Repräsentativverfasung*, Darmstadt 1968, S. 116–208, hier S. 197.

38 Ebd., S. 201.

39 Vgl. Wolfgang Fritz Haug, „Ästhetik der Normalität/Vor-Stellung und Vorbild. Die Faschisierung des männlichen Akts bei Arno Breker", in: Neue Gesellschaft für Bildende Kunst (Hg.), *Inszenierung der Macht. Ästhetische Faszination im Faschismus*, Berlin 1987, S. 79–103.

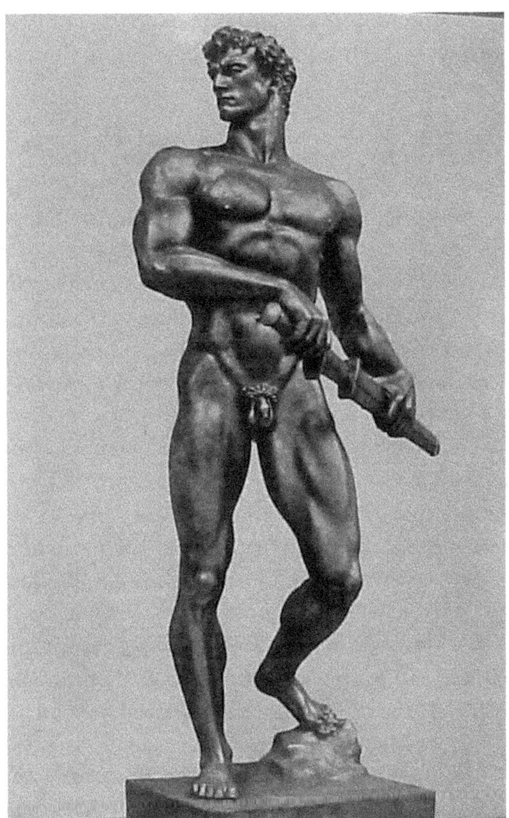

Abb. 3: Arno Breker, *Bereitschaft* (1937)

sie jedes noch vorpolitische Selbstverhältnis des Subjekts unterbricht. In seiner unbestimmt und gleichsam intransitiv auf Aktion gerichteten Angespanntheit ist jedoch der Muskelpanzer zugleich das Repräsentierende der Bewegung, die, um nochmals die Worte Krügers zu gebrauchen, „kein Endziel" kennt und kennen darf. Seine eigene Selbstrepräsentation unterzieht so das Subjekt einer, mit Jacques Lacan zu sprechen, „unerschöpflichen Quadratur von Ich-Prüfungen",[40] die es immer wieder neu in die Bewegung eingliedert. Wenn mithin Brekers Figuren nicht Mimesis sind, sondern ästhetische Setzung, die vom Leben nachgeahmt werden will, dann findet diese Nachahmung bevorzugt an jenem Ort statt, an dem, mit Carl Schmitts Terminus gesprochen, das

40 Jacques Lacan, „Das Spiegelstadium als Bildner der Ichfunktion, wie es uns in der psychoanalytischen Erfahrung erscheint", aus dem Frz. von Peter Stehlin, in: ders., *Schriften I*, hg. von Norbert Haas, Frankfurt a.M. 1975, S. 61–70, hier S. 67.

bürgerlich-liberalistische „Einzelmensch-Bewusstsein“[41] in einem auf Permanenz gestellten *rite de passage* abgelegt wird: in der Bewegung.

III.

1934 rechnet Erich Rothacker in seinem Entwurf einer dezisionistischen Geschichtsphilosophie, mit dem er sich dem Regime andienen will, der biologistischen Variante des nationalsozialistischen Rassismus Denkfehler vor, die in einem methodischen Missgriff simpelster Art begründet liegen: Wo doch gilt, dass „uns historische Rassen nur in der phänotypischen Gestalt von Völkern“ begegnen, „wir“ also „anschaulich überhaupt kein Bild von Rassen im genotypischen Sinne“ besitzen, dort „verwandelt“ diese biologistische Variante des Rassismus schnurstracks „einen bestimmten phänotypischen Stil in einen rassischen Stil dadurch [...], dass sie ihn nach einer Rasse benennt“.[42] Der von Rothacker inkriminierte Denkfehler ist so schlicht der einer Verwechslung von Geno- und Phänotyp. *Ex negativo* aber entwickelt Rothacker aus diesem Denkfehler des biologistischen Rassismus sein Theorem, dass gerade das nationalsozialistische rassistische Projekt auf ein *ästhetisch verfertigtes Bild* der Rassen angewiesen ist, das als Maßstab des politischen Eingriffs fungieren kann. Genau dem entsprechen denn auch radikalfaschistische Stimmen der nationalsozialistischen Kunstdoktrin: „Die Aufgabe, das Auslesevorbild, das Ideal des Deutschen Menschen artreinen Blutes wissend und seherisch zu gestalten“, so formuliert es 1942 Hans Bodenstedt, „fällt der bildenden Kunst zu.“[43] *À la limite* ist so das rassistische Projekt fundiert in einer ästhetischen Setzung.

In bemerkenswerter Offenheit findet sich ein solcher im Ästhetischen fundierter Rassismus wiederum bei Rosenberg entfaltet. Gründet nach Rosenberg, wie oben ausgeführt, die arische Rasse in nichts anderem als in einer im Ästhetischen sich entäußernden Dezision, so entlässt genau diese Dezision ganz unmittelbar auch ihr Gegenprinzip aus sich, das selbst wiederum ästhetische Valenzen aufweist. Dieses Gegenprinzip sind die Juden, die, wie es aus-

---

41 Carl Schmitt, *Die geistesgeschichtliche Lage des heutigen Parlamentarismus*, Berlin [7]1991, S. 23.

42 Erich Rothacker, *Geschichtsphilosophie*, in: A. Baeumler und M. Schröter (Hg.), *Handbuch der Philosophie*, Abtl. IV: *Staat und Geschichte. Philosphie der Sprache/Gesellschafts- Wirtschafts- Rechts- Staats- Kultur- Geschichts-Philosophie/Philosophie der Technik*, München/Berlin 1934, separat paginiert, S. 137.

43 Zit. nach Berthold Hinz, „Bild und Lichtbild im Medienverbund“, in: ders., Hans-Ernst Mittig, Wolfgang Schäche und Angela Schönberger (Hg.), *Die Dekoration der Gewalt. Kunst und Medien im Faschismus*, Gießen 1979, S. 137–148, hier S. 147.

drücklich heißt, „*Gegen*rasse“.[44] Mit dem Juden verhält es sich laut Rosenberg so, dass er „durch offene Volkswunden in die Gesellschaft eindringt, von ihrer Rassen- und Schöpferkraft zehrt – bis zu ihrem Untergang. Dieses Zerstören ist gerade jene ‚aktive Weltverneinung‘, [...] jene ‚Sorge‘ darüber, dass *‚nichts Gestalt annehme‘*.“[45] Ist das Jüdische die reine Negation des Prinzips des Rassischen überhaupt, so beugt sich auch dieses Gegenprinzip gleichsam auf sich selbst zurück. Als ‚Ent-Staltung‘ schlechthin sind die Juden die Herausforderung der symbiotischen Beziehung von „Mythus“ und Gestalt, die sich ja für Rosenberg in reiner Form ausschließlich in der arischen Rasse verkörpert. Sie sind in jeder nur erdenklichen Weise das Andere der letzteren. In politischer wie in ästhetischer Hinsicht gleichermaßen, sind sie das Prinzip, aber auch die Kraft einer vollständigen *Defiguration*. Auch in der *antagonistischen* Unterscheidung des Jüdischen als der ‚Ent-Staltung‘ schlechthin und des Arischen als der Kraft zur reinen „Gestalt“ bildet sich so Rosenbergs „solarer Mythus“ als „Mythus“ der „scharfen Scheidung“ auf sich selbst ab. Die rassistische, die antisemitische Unterscheidung ist gewissermaßen eine Implikation *a priori* des „solaren Mythus“, sie ist nichts anderes als dessen Selbstinvolution. Über all dies teilt aber zudem die Konstruktion des Jüdischen mit der des Arischen eine ebenso spezifische wie strategische semantische Leere. Es ist gerade diese Entleerung, der das Potential einer verhängnisvollen Dynamik innewohnt. Fasst Rosenberg nämlich das Jüdische in einer maximalen terminologischen Extension schlicht als „Gegenrasse“, so können unter diesen Begriff all jene Kräfte fallen, die eine Trübung der Reinheit der nordischen Rasse darstellen – und sei es auch nur die mindeste. Innerhalb des, wie man wird sagen müssen, Reinigungsprogramms, das Rosenbergs Entgegensetzung von jüdischer ‚Ent-Staltung‘ und dem Arischen als der Verkörperung des Rassischen schlechthin propagiert, wächst so dem „leeren Signifikanten“ des Jüdischen die Funktion eines äußerst flexiblen, nahezu universal greifenden Exklusionsoperators zu.

Die rassistische, antisemitische Unterscheidung à la Rosenberg wirkt nun allerdings auch dort, wo sie sich auf das Innere der Bewegung selbst richtet. Das rassistische Projekt einer Reinigung transformiert sich darüber in ein Programm der Selbstreinigung. Dessen Logik lässt sich ausgerechnet an *dem* Leittext nationalsozialistischer Ideologiebildung, an Hitlers *Mein Kampf*, ausmachen. „Ich war vom schwächlichen Weltbürger zum fanatischen Antisemiten geworden“,[46] so lautet dort, nämlich im Kapitel mit dem Titel „Wiener Lehr- und Leidensjahre“, das Fazit des Protokolls von Hitlers politischer Kon-

44 Rosenberg, *Der Mythus des 20. Jahrhunderts*, a. a. O., S. 462; meine Hervorheb., U. H.

45 Ebd., S. 461; meine Hervorheb., U. H.

46 Hitler, *Mein Kampf*, a. a. O., S. 69.

version. Was ist, genauer betrachtet, die Logik dieser „Wandlung“?[47] Hitler inszeniert sie als eine Selbstüberwindung, als eine gleichsam autodidaktische ‚Pädagogik des Sehens‘, die er sich während des „Anschauungsunterrichts der Wiener Straße“[48] hat angedeihen lassen. Ein buchstäbliches Nicht-Sehen markiert Anlass und Grund dieser Pädagogik: „Trotzdem Wien in diesen Jahren schon nahe an die zweihunderttausend Juden unter seinen zwei Millionen Menschen zählte, sah ich diese nicht.“[49] Eine durchdringende Wahrnehmungsschärfe aber bezeichnet ihren erfolgreichen Abschluss: „Wo immer ich ging, sah ich nun Juden, und je mehr ich sah, um so schärfer sonderten sie sich von den anderen Menschen ab.“[50] Die hier in die Differenz zweier autobiographischer Stationen gebrachte Differenz von ‚Unschärfe‘ und ‚Schärfe‘ hinsichtlich der Wahrnehmbarkeit des Jüdischen korrespondiert auffällig mit dem Unterschied der beiden politischen Konfessionen, die Hitler im Fazit seines Konfessionsprotokolls voneinander absetzt, mit dem Unterschied zwischen dem „Weltbürger“ einerseits und dem „fanatischen Antisemiten“ andererseits, der sich nunmehr ganz der Reinheit des Rassischen verpflichtet weiß. ‚Unschärfe‘, das ‚Jüdische‘ und der „Weltbürger“ auf der einen Seite fallen so in ein und dasselbe Paradigma. Ihm entgegengesetzt ist das Paradigma von ‚Schärfe‘, „Antisemit“ und ‚reiner Abgrenzung des Rassischen‘. Autobiographisch berichtet Hitler, so könnte man sagen, von seiner eigenen Entscheidung für den Rosenbergschen „solaren Mythus“. Und ebenso setzt Hitler bei der Konfrontation der beiden Paradigmen kalkuliert auf eine ähnlich maximale begriffliche Extension und eine ähnlich leere Semantik wie Rosenberg bei den Größen, um die seine Rassenlehre kreist. Gleichwohl hat sich der Schauplatz der rassistisch-antisemitischen Unterscheidung verlagert. Die beiden Paradigmen stoßen nunmehr innerhalb desjenigen eigenen Selbst aufeinander, von dessen Konversion Hitler in *Mein Kampf* erzählt. Der Logik dieser Narration müsste deshalb entsprechen, dass in Hitlers rückschauender Sicht niemand anderer als er selbst *vor* seiner Konversion ein Fall der Verbindung von ‚Unschärfe‘, ‚Jüdischem‘ und ‚Weltbürgertum‘, also gewissermaßen selber ‚jüdisch‘ gewesen wäre. Man möchte wohl eher glauben, dass Hitlers Text die Möglichkeit einer solchen Folgerung nicht einmal implizit enthält. Und doch hat Hitler bereits 1920 in einer Rede die Maxime ausgegeben, dass es für *jeden* Deutschen, mithin auch für ihn selbst, darauf ankomme, so die

47 Ebd., S. 59.
48 Ebd.
49 Ebd., S. 55.
50 Ebd., S. 60.

Formulierung, „den Juden aus sich selbst zu entfernen".[51] Vor diesem Hintergrund besagt die Verlaufsform von Hitlers autodidaktischem „Anschauungsunterricht" vor allem dies: In Hitlers autobiographischer Rückschau war er selbst es, der vor seiner rassistisch-antisemitischen Konversion das *eigene ,Jüdische'* nicht hat ,scharf' sehen können – und es in sich „schärfer" zu sehen und es aus sich zu entfernen, erst lernen musste und weiter lernen muss. Vor allem in dieser Hinsicht ist Hitler dann das, als was er von der Bewegung angesprochen wird: Führer. Die Geschichte der Selbstverwandlung des Führers ist in dieser Linie die Geschichte einer noch fortwährenden Selbstreinigung, und zwar von ebendiesem eigenen ,Jüdischen'. Anders und genereller, nämlich bezogen auf die Bewegung formuliert: Ihre verhängnisvolle Dynamik entfaltet diese nicht zuletzt daraus, dass sie stets aufs Neue das eingeschlossene Ausgeschlossene eines ,Jüdischen' in sich lokalisiert, das, weil nicht mehr mit einem bestimmten Träger besetzt, überall und nirgends ist. Vielleicht muss genau deshalb die Bewegung mit den Worten des unseligen Roland Freisler als eine „dauernd arbeitende Selbstreinigungsapparatur"[52] begriffen werden, als Apparatur einer Bewegung, die sich durch die fortwährende Vernichtung eines stets neuen und stets anderen ,Jüdischen' außer- und innerhalb ihrer selbst vorantreibt, um sich so auf den Weg zur reinen Gestalthaftigkeit ihrer eigenen Rasse zu begeben, die ihr als Ziel doch nur ins Endlose ,vorschwebt'.

---

51 Eberhard Jäckel und Axel Kuhn (Hg.), *Hitler. Sämtliche Aufzeichnungen 1905–1925*, Stuttgart 1980, S. 199.

52 Zit. nach Reinhard Höhn, *Rechtsgemeinschaft und Volksgemeinschaft*, Hamburg 1935, S. 57.

Daniel Hornuff

„It's time ..." Vom engagierten Kitsch im politischen Videoclip

„Die große Herausforderung unserer Zeit ist wirklich, zu versuchen, diese Welt, die aus den Fugen geraten ist und jeden Tag mehr aus den Fugen gerät, wieder in eine Balance zu bringen."[1] Ein utopisches Vorhaben, ohne Zweifel, und man könnte glauben, hier vernebelten die Worthülsen eines mediengeschulten Staatschefs oder Außenpolitikers die Fragen eines Journalisten. Tatsächlich aber stammen sie von Klaus Meine, dem Frontsänger der deutschen Rockband Scorpions. In einem Interview, das er gut neun Jahre nach dem ersten internationalen Erfolg von „Wind Of Change" gab, verriet Meine, dass er bereits seit geraumer Zeit die Ordnung der Welt in eine äußerst bedenkliche Schieflage geraten sieht. Die „weltweite Finanzkrise", der „11. September 2001" und auch „die stetige nukleare Bedrohung" scheinen ihm Indikatoren eines mittlerweile tief zerrütteten Gefüges. Daher seien „einmal mehr" wir „alle gemeinsam gefragt, die Zukunft umzusetzen", verkündet Meine in einem gleichsam staatstragenden und reichlich unverbindlichen Duktus.[2]

Man mag dieses Bekenntnis für das Marketing-Geschwätz einer bekannten Popgröße halten, die weiß, dass sich Aufrufe zu Nachhaltigkeit und Wertebewusstsein ebenso wie Plädoyers für Frieden und Umwelt reibungslos in unsere Zeitmentalität eingliedern. Sie mögen Skepsis erzeugen, denn ist der Weltverbesserer nicht ein Mensch, der niemanden ernsthaft gefährdet und dem man mit einem wohlwollenden Lächeln die Vergeblichkeit seines Engagements signalisiert? Ein etwas überhitzter Idealist, der noch dem Glauben an das Gute im Menschen anhängt? All dies mag zutreffen, und man könnte es bei dieser Feststellung bewenden lassen – gehörte es nicht zum Wesen der Populärkultur, aus vermeintlichen Zerfallsbefunden ästhetische Programme zu generieren. Vor allem Musikvideos bedienen seit rund fünfzehn – enorm verstärkt seit etwa vier – Jahren die Vorstellung eines allmählichen, mittlerweile jedoch bedrohlich akuten globalen Niedergangs. Dabei gehört es nahe-

1 „Der Wende-Hit: Wind Of Change. Fünf Fragen an Klaus Meine", *Hamburger Abendblatt* vom 2.10.2009.

2 Ebd.

zu durchgängig zur argumentativen Strategie, dem Verfall einen Aufruf zum Wiederaufbau entgegenzusetzen, um aus dem diagnostizierten Verlust einen moralischen Gewinn ziehen zu können. Es sind also geradezu wertkonservative, auf stabile Normen und Überzeugungen gegründete Auftritte, die für eine – wie auch immer geartete – Verbesserung der Verhältnisse eintreten und zu Widerstand motivieren wollen.

Spuren des Lebens

Welche inszenatorischen Mittel hierzu aufgeboten werden, lässt sich am 2007 veröffentlichten Videoclip zum Scorpions-Song *Humanity* besonders deutlich ablesen. Auf einem feuerumloderten Miniaturplaneten schwebt Klaus Meine mit seinen Bandkollegen durch den Orbit. Im Hintergrund dreht sich die Erdkugel in überhasteter Schnelligkeit, als wolle man der Beschleunigung des Lebens zu plakativer Sichtbarkeit verhelfen. Mit akustischer Urgewalt setzen die Musiker ihre Instrumente als pazifistische Handfeuerwaffen ein, fühlen sie sich doch nach wie vor dem Band-Credo verpflichtet, das ihr Sänger einmal formelhaft umriss: „Unsere Eltern kamen mit Panzern, wir kamen mit Gitarren!“[3] Mit diesen scheinen sie nun für eine bessere Welt zu kämpfen, und einzelne Strophenzeilen belegen, wie metaphernreich der herrschende Zeitgeist gedeutet wird: „At the end of the day / You're a needle in the hay [...] You're a drop in the rain / Just a number not a name“. Wohl mehr mühsam als geschmeidig paarreimt Klaus Meine gegen einen Subjektverlust an, der ihm Folge eines globalen Untergangs zu sein scheint. Die Nadel im Heuhaufen, der Tropfen im Regen – die Scorpions reaktivieren im metrischen Versmaß Entfremdungs-, Vermassungs- und Zerstückelungsängste, die an das Gemüt der Stürmer und Dränger erinnern, die sich einst ebenfalls von Fortschrittsgläubigkeit und effizienzbedachter Rationalität, von Nützlichkeitskult und Funktionalitätsdrang massiv bedroht sahen.

Was also der Song-Text unbestimmt lässt und in vieldeutige Anspielungen verpackt, sollen visuelle Verweisstrategien konkretisieren. Über die gesamte Dauer des Videos werden daher Projektionswände eingeblendet und, wenn nicht mit dokumentarischem, so zumindest doch mit dokumentarästhetischem Bildmaterial bespielt: Kriegsmaschinen, ausgetrocknete Wüstenlandschaften, verschmutzte Gewässer, bis auf Haut und Knochen abgemagerte Körper, flehende Kinderblicke und die brennenden Twin Towers von New York. Den Bildern wird eine geradezu defiktionalisierende Kraft zugesprochen. Sie sollen zur Beglaubigung des Anliegens beitragen, indem sie den

3 Ebd.

Blick auf vermeintliche Tatsächlichkeiten lenken. Die unleugbar katastrophalen Ereignisse, unwürdigen Lebensverhältnisse und apokalyptischen Natureingriffe sollen durch Bildzeugen erfahrbar werden.

Damit gliedert sich das *Humanity*-Video der Scorpions in eine virulente Musikvideo-Kultur ein, die ein moralisches Engagement mit Hilfe jeweils hinzugezogener Bildbelege autorisieren will. Tatsächlich vertrauen insbesondere Rocksänger und -bands Bildstrategien, mit denen sich die Fiktionsnetze der Videoclips scheinbar durchtrennen lassen, um ein ‚Hinausdeuten' auf die Lebenswirklichkeit zu suggerieren.[4]

Dabei kommt es zu Bildhoffnungen, die sich auf der Vorstellung einer visuellen ‚Spur des Lebens' gründen. Die Autoritätssteigerung durch dokumentarästhetische Bilder zur Untermauerung der Botschaft wird allerdings nicht nur mit dem Gedanken einer Abbildhaftigkeit koaliert, sondern auch an eine physische Klangerzeugung gekoppelt. Es fällt auf, dass elektronisch basierte Popsongs kaum einmal Dokumentarmaterial zur eindringlichen Veranschaulichung moralischer Ziele einsetzen. Rock hingegen verspricht das ‚Handgemachtsein', ein Stück Echtheit und Authentizität, vor allem dann, wenn der Weltzustand als uniformierte Scheinveranstaltung gebrandmarkt wirkt. Gleichzeitig lassen sich mit exaltierten Gitarrenriffs oder virtuosen Schlagzeugeinlagen Individualität und Eigensinn besonders eindrücklich kommunizieren und Widersetzlichkeit gegen ästhetisch vereinheitlichte Mainstream-Produktionen signalisieren. Ein Mehr an Ekstase, eine größere Hingabe und konsequente Leidenschaft für das jeweils Vertretene kann damit glaubhaft gemacht werden, und so verwundert nicht, dass in nahezu allen politisch motivierten Musikvideos die Bands bei ihrer täglichen Arbeit – mit Ausnahme der Scorpions-Inszenierung – meist in schummrigen Proberäumen oder verlassenen Lagerhallen gezeigt werden. Dem Betrachter wird so ein Blick hinter die Kulissen der Musikindustrie offeriert, wo Dreck, Schweiß und das ungeschminkte ‚Musikwollen' der Rocker das Glaubenerweckende schlechthin verkörpern sollen. Die Rockmusik-Ateliers werden als Keimzellen höchster Wahrhaftigkeit und stärkster Verbindlichkeit vorgestellt, als fände dort – und nur dort – der Mensch endlich wieder zu sich und seinen tatsächlichen Bedürfnissen. Die ‚Spur des Lebens' zielt demnach nicht nur mit einprojizierten oder zwischengeschnittenen Bildern, sondern auch im musika-

4 Die prägnantesten Beispiele für den Einsatz defiktionalisierender Bilder zugunsten eines – im weitesten Sinne – moralischen Engagements liefern: Scorpions, *Wind of Change* (1990); Soul Asylum, *Runaway Train* (1992); Bruce Springsteen, *Streets of Philadelphia* (1993); Foo Fighters, *Best of You* (2005); Linkin Park, *What I've Done* (2007); Mattafix, *Living Darfur* (2007); Helloween, *Paint a New World* (2008); Green Day; *Working Class Hero* (2007).

lischen Selbstverständnis der Protagonisten auf eine Erlebnisstimmung. Die visuelle Identifikation mit dem Leid der Welt wird mit einem anthropologischen Identitätspostulat verwoben.

„Geste der Überlegenheit"

Dabei beweist gerade das *Humanity*-Plädoyer der Scorpions, wie sehr man die Besetzung peripherer Orte nutzen will, um das Gewicht der Botschaften zu steigern. Wer einen ‚Verlust der Mitte' beklagt, also davon ausgeht, dass ein Entfremdungsprozess eingesetzt und den Menschen und sein Lebensgefüge einer wahlweise technischen, staatlichen, medialen oder wirtschaftlichen Fremdbestimmung übergeben hat, erkennt in zerfallsfernen Randbereichen leicht letzte Bastionen der Gewissheit. In ihnen lässt sich die Autorität wieder zurückgewinnen, die insbesondere vom Fortschrittsglauben streitig gemacht wurde. „Anstatt unter dem Eindruck zu leiden, zu wenig anpassungsfähig zu sein und nicht mitzukommen mit dem Tempo der Welt, baut sich dann die Überzeugung auf, einer Elite anzugehören, die das Wesentliche noch nicht verloren hat." Wolfgang Ullrich deutet die Kulturkritik als eine „Geste [...] der Überlegenheit", die meint, „selbst im Zentrum zu stehen". Die Sorge um den Niedergang des Ordnungsgefüges verleite, wie Ullrich im Rückgriff auf Nietzsche argumentiert, zu einem „‚Pathos der Distanz'", zur „Empfindung einer Einsamkeit, die stolze oder gar heroische Züge trägt und die vor allem Eigenständigkeit und Originalität verheißt". So ließen sich kulturkritische Haltungen mit Wirkungspotenzen ausstatten, ja gewönnen „damit eine erhebliche Attraktivität", was der Grund sein mag, dass sich „nicht wenige Kulturkritiker [mit] eine[m] Gestus von Genialität" umrankten, um „besonders seherische Fähigkeiten zu bekunden".[5]

Tatsächlich scheinen sich auch die Scorpions mit solch übernatürlichen Deutungskräften versehen zu haben – immerhin senden ihre Körper über die Dauer des Videos helle Strahlen aus, als generierten der ‚Gestus der Genialität' und das ‚Pathos der Distanz' leuchtende Erkenntnisblitze. Im Zusammenspiel mit dem verfallsfernen Aufführungsort, der den Bandmitgliedern Einsamkeit und somit eine übersteigerte Aura des Rückzugs garantiert, scheinen solche Inszenierungsmomente eine in das Feld der Popkultur überführte Form der Kulturkritik zu belegen. Der reichlich aufgeheizte Stilcharakter des Videos, die exaltierten Gebärden der Musiker und die symphonisch dröhnenden Kraftklänge spekulieren zudem auf eine Wirkung, welche die Dringlich-

5 Wolfgang Ullrich, „Zentrifugalangst und Autonomiestolz. Ein Nachruf auf die Kulturkritik", in: *Neue Rundschau* 110/2 (1999), S. 9–22, hier S. 12 ff.

keit der intendierten Botschaft versinnlichen und damit jenseits des rationalen Nachvollzugs geradezu ‚fühlbar' machen will. Damit ließe sich Ullrichs Diagnose einer ‚erheblichen Attraktivität' kulturkritischer Einsprüche auf das Inszenierungsziel des Scorpions-Videos anwenden, geht es doch auch ihnen darum, einen Zerfallsbefund möglichst effektgesättigt mitzuteilen, um ein elitäres Selbstverständnis zu konstituieren. Auch wenn das durch die Scorpions artikulierte Unbehagen an der Wirklichkeit wohl kaum die Differenzierungsschärfe der großen kulturkritischen Erzählungen erreichen dürfte, so zeigt sich dennoch eine weltanschauliche Überzeugung, die einen grundsätzlichen Dissens betont und Deutungshoheit markieren will.

In seinem Resümee der Geschichte der Kulturkritik kommt Georg Bollenbeck – ähnlich wie Ullrich – zu einer eindeutigen Statusbestimmung: „Die Zeit der großen kulturkritischen Einwürfe mag vorbei sein." Ein kulturpessimistisches Denken – jener „Reflexionsmodus der Moderne" – habe es heute schwerer, da eine demokratisch strukturierte Gesellschaftsform bereits aus sich heraus eine „Dauerkritik" geradezu fördere. In pluralisierten sozialen Systemen und liberalisierten institutionellen Strukturen steige der pessimistische Einwand sogar zur inhärenten Bedingung auf, ja werde mitunter zur Selbstverständlichkeit. Folglich erscheine das „einzeln Kritisierte" nicht mehr als Symptom eines allgemeinen Niedergangs, sondern wende sich zum „reformfähigen Einzelphänomen". Eine „ubiquitäre Partialkritik" trete so an die Stelle deutungsmächtiger Universalkritiken.[6]

Wenn also gemeinhin vom Ende der großen kulturkritisch-wehklagenden Abrechnungen gesprochen und folglich Günther Anders' negative Anthropologie als eine der letzten schillernden Theorien des universellen Wertezerfalls postuliert wird – so kann dennoch entgegengehalten werden, dass sich der hyperreflexive Pessimismus von mehr oder weniger akademisch orientierten Kommentatoren auf erweiterte Ausdrucksformen ausgelagert hat. So bestätigt Ralf Konersmann in seinem Essay zur Kulturkritik die Verschiebung der Präsentationsfläche, da Kulturkritik nach seiner Auffassung lediglich „das Erscheinungsbild" geändert habe: „Statt exklusiv auf das gesprochene Wort zu setzen, erweitert sie das Ausdrucksrepertoire um gestische, ikonische und rituelle Formen." Der Abgesang auf kulturelle Blütezeiten, soziale Bindungskräfte und ökologische Nachhaltigkeit schmettere heute weniger aus theoretischer Brust, vielmehr höre man ihn stärker aus dem gut gefüllten Konzertsaal der Massenmedien herausdröhnen: „Längst haben [sie] das Repertoire der Kulturkritik entdeckt und für jedermann verfügbar gemacht", so Koners-

6 Georg Bollenbeck, *Eine Geschichte der Kulturkritik. Von Rousseau bis Günther Anders*, München 2007, S. 273 ff.

mann weiter.[7] Die Massenmedien – und damit auch die Musikvideos – sind es, in denen sich die kulturkritische Mentalität zu ‚Gesten der Überlegenheit' aufschwingt.

Am Ende des Videos, nachdem die letzten Akkorde verklungen sind und der Bilderstrom des globalen Niedergangs versiegt scheint, tritt ein unschuldsblondes Kind in eine paradiesische Umgebung: Saftige Wiesen werden von einem sanft geschwungenen Flusslauf durchzogen, und lebhaftes Vogelgezwitscher antwortet auf den verstummten Rocker-Lärm, als gelte es, von einer Art Kulturfrühling zu künden. Ist dies also die erhoffte Mitte, ein Ort der Ganzheitlichkeit, in dem der Mensch als naives Wesen – wieder und endlich – im Einklang mit sich und der Natur lebt? „It's time …", säuselt das Kind dem Betrachter entgegen, bevor auch die Wiederkehr des goldenen Zeitalters ausgeblendet wird.

Ohne weiteres könnte man versucht sein, hierin nicht nur einen trivial aufgewärmten kulturkritischen Zwischenruf, sondern auch die Preisgabe kultureller Qualitätsstandards zu sehen. Tatsächlich ist die Darstellungsweise auf leichte Reize, eingängige Klischees und normierte Stilformen getrimmt. Es bräuchte auch keine argumentativen Verrenkungen, um angesichts des Scorpions-Videos in die – ihrerseits ebenfalls kulturkritisch imprägnierten – Klagelieder einzustimmen, die von den Gegnern der Kulturindustrie geschrieben wurden. Schließlich liefern die Scorpions mit ihren oftmals etwas affektiert wirkenden Auftritten noch heute für viele die passenden Stimuli zur Entrüstung. „Was für ein Kitsch!", ließe sich also urteilen, und schon hätte man sich in die lange ideengeschichtliche Tradition der Verdammung liebreizender Dinge eingeschrieben.

Kitsch im Kreuzfeuer der Positionen

Sucht man das Video „Humanity" und seinen Stilcharakter mit Begriffen der ästhetischen Theorie zu fassen, so drängen sich Konzepte und Bestimmungsmerkmale des Kitschs auf. Allerdings findet der Begriff des Kitschs noch heute meist nur dann mit großer „intuitiver Sicherheit"[8] Anwendung, wenn es gilt, eine Erscheinung als zu sinnlich und zu wenig geistvoll, als zu gefällig oder mit zu geringer Widerständigkeit ausgestattet zu bewerten. Literatur und Kunst, Filme und Theateraufführungen, Alltagsdinge wie etwa Postkarten, Wohnungseinrichtungen oder Konsumprodukte erscheinen vielen stets

7 Ralf Konersmann, *Kulturkritik*, Frankfurt a.M. 2008, S. 8.

8 Claudia Putz, *Phänomenologie eines dynamischen Kulturprinzips*, Bochum 1994, S. 1.

dann als kitschig, wenn eine vermeintlich ästhetische Lieblichkeit den erhofften Sinngehalt des jeweiligen Gegenstandes zu überlagern beginnt.

In dieser Verwendung reaktiviert sich ein Kitschbegriff, der in den 1920er Jahren im Lamento über eine „Entartung der Kunst" seinen Ursprung nahm. Als „geschmackloser und billiger Tand" beschimpfen Volkspädagogen wie Fritz Karpfen den Kitsch und geißeln ihn als „in Massen wuchernd" und als „Niederschlag des Ungeistes". Schundhaftes Blendwerk ersetze hier das Sein echter Dinge durch den Schein unmittelbarer Wirkungen: „Fälschung ist dieser Kunsthonig, der den Menschen um den Mund geschmiert wird, und der, weil er süß und angenehm, leicht verdaulich und beschwerdelos ist, von den Zeitgenossen lieber gefressen wird als die herbe und stahlharte Kunst".[9] Kitsch sei das Gegenteil von Kunst und wird ihr mit oftmals inquisitorischem Eifer als minder untergeordnet: Banalität und Trivialität unten, Anspruch und Komplexität oben, „Kitsch als Pseudokunst"[10], ganz so, wie ihn Clement Greenberg in seinem 1939 erschienen Aufsatz *Avant-Garde and Kitsch* verwarf.[11]

Gleichzeitig aber bleibt nicht verborgen, dass gerade Karpfens frühe polemisierende Kitsch-Abrechnung nichts anderes als Kitsch liefert. Seine sprachliche Versinnlichungswut, die generelle Metaphernlastigkeit seiner Kritik, seine oftmals schwülstigen Wendungen und eingängigen, popularisierenden, ja massenkompatiblen Formulierungen zielen selbst mit Nachdruck auf ein ‚süßes' Lesevergnügen. So übereifrig Kitsch verdammt wird, so überdeutlich gerät er zum Wesensmerkmal der eigenen ästhetischen Form. Karpfen affirmiert formal, was er inhaltlich negiert. Dieser eindrückliche Rückschlag der eigenen Artikulationsweise gegen die weltanschauliche Intention mag verdeutlichen, dass es sich beim Kitsch um ein Phänomen handelt, das vom Geschmacksempfinden zwar leicht abzulehnen ist, damit aber nicht erklärt werden kann. Wer dem Kitsch eine generelle Einfältigkeit unterstellt, neigt selbst zu einfältiger Vorverurteilung und bringt sich um die Möglichkeit analytischer Gewichtungen.

Zugegeben, diese Einsicht ist nicht neu, gilt doch der Kitsch innerhalb der akademischen Diskussionen längst nicht mehr als Anlass zur Abrechnungsprosa.[12] Im Gegenteil wurden bereits höchst euphorische – und folg-

---

9 Fritz Karpfen, *Der Kitsch. Eine Studie über die Entartung der Kunst*, Hamburg 1925, S. 8 ff.

10 Ludwig Giesz, *Phänomenologie des Kitsches. Ein Beitrag zur anthropologischen Ästhetik*, Heidelberg 1960, S. 77.

11 Clement Greenberg, „Avant-Garde and Kitsch", in: *Partisan Review* 6:5 (1939), S. 34–49.

12 Exemplarisch für eine differenziert ausgeführte, auf begriffliche und wirkungsästhetische Implikationen gleichermaßen fokussierte Analyse: Ueli Gyr, „Kitschbilder? Bilderkitsch? Gedanken zur Bildsteuerung im Kitsch", in: Helge Gerndt und

lich ähnlich reflexhafte – Lobpreisungen auf den Kitsch gehalten. Konrad Paul Liessmann etwa sieht in der gesellschaftlich gestiegenen Akzeptanz des Kitschs und in seiner zum „Kultgegenstand erhobene[n]" Bedeutung „eine sublime Rache an den Zumutungen der avantgardistischen Moderne", womit dem Kitsch zwar keine formierenden, zumindest aber befreiende Kräfte zugesprochen werden. Liessmann geht von einer „Rehabilitierung von Kitsch an sich" seit den 1950er Jahren aus und schließt aus diesem Befund auf eine ausnehmend souveräne, in höchstem Maßen reflektierte Haltung des Kitschbefürworters: „Wer sich – sei es in Form von Kitsch-Art, sei es in Form der Kultgegenstände – nicht nur zu diesem Kitsch bekennt, sondern dieses Bekenntnis auch als Bewusstsein am Stand seiner Zeit verkaufen kann, schlägt damit den asketischen Idealen der auf Wahrheit und Authentizität fixierten radikalen Moderne ebenso ein Schnippchen wie den philiströsen moralischen Ansprüchen der politischen Korrektheit."[13] Liessmann zielt auf eine entschiedene Umwertung der unter Verdacht gestellten Dinge und formuliert eine Art intellektuelle Segnung des verdammten Kitschs.

Und dennoch: Der Begriffs des Kitschs wird nach wie vor mehrheitlich mit intuitiver Sicherheit zur Klassifikation von Phänomenen eingesetzt, denen man ein Zuwenig an Gedankenreichtum und ein Zuviel an Vorspiegelungen zuschreiben will, um wahlweise deren künstlerische, politische, soziale oder aber ethische Rückständigkeit herausstellen zu können. Wie tief dieser Bewertungsmodus verankert ist, wie stabil sich seine kritischen Konsequenzen zeigen, lässt sich z. B. populären Ratgebern zur Einschätzung ‚echter' Kunst besonders gut entnehmen. Ganz im Sinne der frühen Ablehnung wird auch hier der Kitsch als generell „triviale[r] Bildgegenstand" bezeichnet, „der das Bild banal und langweilig erscheinen lässt". Dabei finde man das Hauptsignal des Kitschs in einer „fehlende[n] Kunstfertigkeit", die sich meist durch ein „schrilles Pink als Inbegriff alles Fröhlichen, Kindlichen, Kitschigen" mitteile. Aber auch wer auf „Ungröße oder Verzerrung der Dimension" stoße, eine „Verwendung billiger Materialien" entdecke und sich über die Unverhältnismäßigkeit der Proportionen wundere, sei zweifellos mit bloßem Kunstschein konfrontiert. Doch, so wird hoffnungsvoll in Aussicht gestellt, die schreiende Wirkung der Dinge könne nicht über ihre Scheinhaftigkeit hinwegtäuschen, und geradezu verräterisch werde es, wenn starke Gefühle im Spiel seien: „Was man am leichtesten als Kitsch erkennt, ist die laszive Unschuld. Einerseits wird die reine Liebe postuliert, andererseits die Intensivierung erotischen

---

Michaela Haibl (Hg.), *Der Bilderalltag. Perspektiven einer volkskundlichen Bildwissenschaft*, Münster 2005, S. 357–365.

13 In: Konrad Paul Liessmann, *Kitsch! oder Warum der schlechte Geschmack der eigentlich gute ist*, Wien 2002, S. 73.

Empfindens gefördert.“[14] Auch dieser Gedanke ist nicht neu, findet sich doch bereits in einem Text aus dem Jahr 1960 die nahezu gleiche Argumentationslinie: „Die starke Gefühlsaura des Kitsches steht der gewissen Stimmungskälte, Herbheit, ja Sprödigkeit des Kunstwerks gegenüber“, so dass das Geschmeidige stets zweifelsfrei vom sich verweigernden Qualitativen unterschieden werden könne.[15]

Ganz ähnlich verhält es sich mit Musikvideos, die zum Gegenstand kulturkritischer Einwände werden. Zwar greifen diese in den allerwenigsten Fällen tatsächlich zum Begriff des Kitschs, doch werden Videoclips immer wieder in Kategorien abgelehnt, mit denen sich Unterkomplexität monieren, vor Verführungskräften warnen und ästhetische Gefälligkeit beanstanden lassen. Musikvideos scheinen demnach ganz besonders prädestiniert, aufgrund ihrer medialen Form den vermeintlich qualitätsreicheren Videos der Kunstszene untergeordnet zu werden. Auch so lässt sich ein vertikales Kulturverständnis reaktivieren, das Kitsch und Videoclip gleichermaßen unter die herrschende Klasse der Kunst zwingen will, um möglichst eindeutige Wertungshierarchien zu fixieren. Etwa sah Veruschka Bódy bereits 1987 „die Geschichte des Clips als Enzyklopädie der Krisenmomente unserer Zeit“ und erkannte im Videoclip „unsere Welt in ihrer ganzen Mittelmäßigkeit, Oberflächlichkeit und Tragik“ in „schlechter“ und „einförmiger Eindeutigkeit“ repräsentiert“.[16]

Was also, so ließe sich zuspitzen, liegt näher, als die einander ähnlichen, weil aus vergleichbaren Motiven heraus abgeurteilten Phänomene – Musikvideo und Kitsch – analytisch ineinander zu verschränken? Was ist das Kitschhafte des angeführten Musikvideos und welche Wirkungsweisen bedient es? Und nicht zuletzt: Wie steht es um das politische Engagement der Videos, wenn sie als Kitschobjekte gefasst werden? Lässt sich so etwas wie ein auf der Ebene des ästhetischen Reizes artikulierter Interventionsgestus nachweisen, eine Art engagierter Kitsch?

Zunächst in einem Aufsatz und später in seinem Buch *Kitsch and Art* entwirft Tomas Kulka eine dreigeschichtete Definition des Kitschs, die gegenüber gängigen Theorien keinem präjudizierenden Denken verfällt.[17] Da Kulka keine Verluste beklagt, muss er auch nicht das Profan-Reizvolle als unterlegenen Antagonisten zum etablierten Kunststandard rehabilitieren – sondern vermag ungleich differenzierter den gemeinhin als kitschig empfundenen Wirkungs-

14 Gabriele Thuller, *Wie erkenne ich? Kunst und Kitsch*, Stuttgart 2006, S. 124 f.

15 Ludwig Giesz, *Phänomenologie des Kitsches*, a. a. O., S. 77.

16 Veruschka Bódy, „Eine kleine Cliptomathie“, in: dies. und Peter Weibel (Hg.), *Clip, Klapp, Bum. Von der visuellen Musik zum Musikvideo*, Köln 1987, S. 12 f.

17 Tomas Kulka, „Kitsch“, in: *British Journal of Aesthetics*, vol. 28, no. 1 (1988), S. 18–27; ders., *Kitsch and Art*, Pennsylvania State UP 1996, insbesondere S. 27 f.

verfahren nachzuspüren. Diese arbeiten, so führt Kulka aus, vorwiegend unter der Bedingung, ein Sujet zu zeigen, das in der Regel als schön betrachtet oder emotional hoch aufgeladen scheint. Nur unter dieser Voraussetzung könne ein ästhetisches Gebilde den erhofften Massenanreiz – „mass-appeal" – generieren. Nach Kulka stellt dieser sich jedoch nur ein, wenn die intendierte Aussage sofort und mühelos erkannt wird. Kitsch wirke dabei niemals gefährdend – eher gefällig, harmlos, mitunter sogar psychisch stabilisierend. Nach Kulka liegt das dritte wesentliche Merkmal des Kitschs daher in einer generellen Tiefenlosigkeit, die allerdings nicht mit bloßer Oberflächlichkeit verwechselt werden darf. Vielmehr umschreibt er damit eine Wirkungsweise des Kitschs, die ihre Attraktivität aus dem Vermeiden eindeutiger Bezüge gewinnt. Semiotisch gewendet liegt also das Ideal des Kitschs in einer Gestaltungsform, die der natürlichen Rezipientenneigung entgegenkommt: „Kitsch does not substantially enrich our associations related to the depicted subject". Gemeint ist damit das Ausbleiben eines Erkenntnisgewinns über das dargestellte Thema. Im Kitsch erkennt der Betrachter wieder, was er bereits wusste. Dass der Betrachter dieses selbstreferentielle Moment nicht als langweilig oder ästhetisch fad, sondern – im Gegenteil – als ganz und gar lustvollen Augen- und Ohrenschmaus erlebt, liegt in seiner Erwartungshaltung begründet: Laut Kulka entspringt die Entscheidung für den Kitsch dem (Käufer-)Bedürfnis, der eigenen Neigung, Überzeugung oder Erlebniswelt ein bildsprachliches Pendant an die Seite stellen zu können. Aus Produktionsperspektive bleibt für den gewünschten Verkaufserfolg konstitutiv, dass das Produkt gespeicherte Emotionen stimuliert („It merely plays on stored emotions"). So ist eine intuitive Einordnung des bildgewordenen Gegenstands ohne Reflexionsanstrengungen des Rezipienten möglich.

Wer diese Überlegungen auf das Scorpions-Video projiziert, trifft das Charakteristikum der ‚Oberflächenevidenz' in besonderem Maße bei den geradezu inflationär zwischengeschnitten Dokumentarbildern an. Schließlich fördern diese Bilder aufgrund ihrer offensichtlichen Referenzarmut keine tiefergreifenden, neuen Erkenntnisleistungen, sondern erlauben es der Anschauung, unvermittelt eine aus der eigenen Emotionswelt geschöpfte Begriffszuschreibung vornehmen zu können. Im Bild zeigt sich der entkontextualisierte Weltschrecken in umschmeichelnder und leicht zugänglicher Weise.

An diesem Punkt treffen die Inszenierung des Kitschs und die mediale Darstellung kulturkritischer Einwände auf eigenartige Weise zusammen. Obwohl der Kitsch – seitdem er Mitte des 19. Jahrhunderts aufgespürt und begrifflich gefasst wurde – zumeist unter generellen Verklärungsverdacht gestellt wird, solidarisiert er sich im *Humanity*-Musikvideo exemplarisch mit einem dick aufgetragenen Gegenwartspessimismus. Kitsch und Kulturkritik scheinen eine Symbiose einzugehen und zu einem wirkungsintensiven Zwischenruf zu verschmelzen. Denn die Inszenierung kitschiger Oberflächen dient einer kulturellen Depravationsklage als ideales Transportmittel. Mochte Klaus Meines Statement zur Lage der Welt noch Skepsis erzeugt haben, wie eine popkulturelle Form überhaupt in der Lage sein kann, eine zähflüssige kulturkritische Botschaft durch massenmediale Kanäle zu transportieren, scheint nun offensichtlich, dass gerade und erst der Kitsch ihr ungehindertes Ausströmen in den Medienäther ermöglicht. Wenn sich Kulturkritik ins Kitschkostüm wirft, kann sie den Pop feiern und gleichzeitig den ‚Verlust der Mitte' betrauern. Kitsch kann also – und hier schimmert sein Leistungsspektrum auf – das Übertragungsmedium zwischen scheinbaren Widersprüchen bereitstellen und damit die herrschenden Verhältnisse untermauern. Es fällt nicht schwer, den Kitsch damit als ein Element konservativer Ästhetik zu begreifen.

„Die Quelle des Kitsches ist das kategorische Einverständnis mit dem Sein", vermerkte Milan Kundera in seinem Roman *Die unerträgliche Leichtigkeit des Seins*. Im Kitsch befreunde sich die Gestaltung mit dem Bestehenden. Doch gerade diese unkritische Nähe zwischen Kunstobjekt und abgebildeter Sache schürt das Misstrauen. Denn auch Kunderas Malerin Sabina erkennt im Kitsch wiederholt eine Oberfläche, die sowohl täuschend als auch verdeckend das Eigentliche dem Blick entziehen will. Jedes notwendige Hinterfragen gleiche „einem Messer, das die gemalte Leinwand eines Bühnenbildes zerschneidet, damit man sehen kann, was sich dahinter verbirgt". Die Empfindung, lediglich mit ästhetischer Gefälligkeit abgespeist zu werden, ohne den wahren Mehrwert des Bildes erfahren zu können, erfordert eine gestalterische Reaktion: „So hatte Sabina [...] einst den Sinn ihrer Bilder erklärt: vorne ist die verständliche Lüge, und von hinten schimmert die unverständliche Wahrheit durch."[18]

Stellvertretend für viele andere Musikvideos zeigen sich die Scorpions mit *Humanity* als zeitgenössische Kulturkritiker, die eine gegenwartszerstörende, sich stetig beschleunigende Zentrifugalwucht an die Ränder warf. Im Video übernimmt der Bildkitsch eine Transferleistung, übersetzt er doch die Depravationsdiagnose nicht nur in ein Spektakel ambitionierter ‚Gesten der Überlegenheit', sondern stiftet auch ein versinnlichtes Einverständnis mit dieser Diagnose. So soll die Vorrangigkeit von Ordnungen und Werten unterstrichen werden.

---

18 Milan Kundera, *Die unerträgliche Leichtigkeit des Seins*, München/Wien 1984, S. 241–246.

Mit „Kitsch Meets the Sublime"[19] betitelte Ken Johnson einmal eine Rezension über die halluzinatorisch wirkenden Illustrationen Maxfield Parrishs. Aus der Verschränkung eines ästhetisch Erhabenen mit reizvoll Lieblichem ziehen auch die Scorpions ihre Wirkungskraft. Nicht so sehr das Was der Aussage, sondern das Wie des Gezeigten besitzt dabei eine politische Relevanz. Der Versuch einer Aufwertung des Ästhetischen zugunsten eines zeitdiagnostischen Universalanspruchs ist bereits an sich ein engagierter Akt, dem es nicht um das Verweisen auf ein Außen, sondern um Instandsetzung des Eigenen, um eine Form der Selbstbejahung geht. Pop verweist auf sich selbst, mit dem Ziel eines „Bad[es] in der Menge", wie Walter Grasskamp festhielt.[20] So erweist sich engagierter Kitsch im Feld der Populärkultur als zutiefst tautologisch: Denn hat sich die Masse erst einmal auf eine Ablehnung gegenwärtiger Zustände geeinigt, tritt Kritik, die sich einer ähnlichen Einschätzung verpflichtet fühlt, ganz bewusst im Gewand der Affirmation auf: Sie bestätigt nur, auf was man sich bereits in gemeinsamer Beobachtung geeinigt hatte, und legitimiert sich mit dem Anspruch, endlich einmal den Finger in die Wunde zu legen. Oder, um es mit der reichlich höhnisch gemeinten ersten Strophe des Scorpions-Songs zu sagen: „Humanity / Auf Wiedersehen / It's time to say goodbye".

Die Frage nach der Wirkung, also danach, ob solch ein Clip überhaupt ‚irgendetwas bringt', mag eine realpolitische Relevanz besitzen. Sie geht allerdings von einem Engagementkonzept aus, das vornehmlich „an dem Aufbau einer Gegenmacht" interessiert ist. Geradezu programmatisch – und beispielhaft verdichtet – forderte etwa Jutta Held die artifizielle Entfachung eines „Gegenfeuers", das sich aus dem Bereich des Symbolischen hinein ins Leben verbreiten solle, um dort Veränderungen in Gang zu setzen.[21] Deutlich zeigt sich darin der Wunsch, nach anfänglicher Abstandsgewinnung die verlorene Mitte neu zu besetzen. Der Marsch der Achtundsechziger durch die Institutionen, hinauf an deren Spitze und damit ins Zentrum der Machtapparate mag das plakativste Beispiel für die Folgen eines ehemals lodernden ‚Gegenfeuers' sein. Dass es auch bei den Scorpions an allen Ecken und Enden lodert und brennt, sollte nicht dazu verleiten, darin ein ‚Gegenfeuer', ein linkspolitisches ‚Auf-die-Barrikaden!' zu erkennen. Dem Musikvideo geht es nicht um Wirklichkeitsveränderung, nicht um Alternativen. Es will Aufmerk-

---

19 Ken Johnson, „Kitsch Meets the Sublime", in: *Art in America*, vol. 84, no. 3, 1996, S. 81 f.

20 Walter Grasskamp: „Pop ist ekelig", in: ders. e. a. (Hg.), *Was ist Pop? Zehn Versuche*, Frankfurt a. M. 2004, S. 17.

21 Jutta Held: „Gegenfeuer entfachen", in: *kritische berichte*, Heft 3, Jahrgang 34, 2006, S. 31.

samkeit erzeugen, ein Bandimage stabilisieren und den Song bewerben. Ja, es sind schnöde kapitalistische Motive, die hinter der Produktion der meisten Clips stehen. Die Ergebnisse aber sollten auch weiterhin Anlass geben, über das ästhetische, inszenatorische und ideengeschichtliche Wesen massenkompatibler Erscheinungen nachzudenken. Erst so lassen sich die Bedeutungszusammenhänge popkultureller Phänomene erschließen und Hinweise auf ihre kulturelle Verortung gewinnen.

Andreas Huyssen

The Garden as Ruin

Pipo Nguyen-duy's photo series entitled „The Garden"[1] is a work of compelling beauty and conceptual richness. As an archive of photographs of long since abandoned greenhouses from the de-industrialized American heartland, it inscribes itself in the tradition of post-industrial photography, best represented perhaps by Hilde and Bernd Becher, with an appealing mix of melancholy and documentation. In its focus on amorphous and untended natural growth inside these ruinous relics of a high-tech agribusiness, it participates critically in a trajectory of American landscape art that emphasizes wilderness often coded as sublime and untouched – no innocence regained here. And in its relentless cataloguing of views inside the decaying shells of these architectural structures reclaimed by nature, it opens up a dialogue with the history of ruins since Piranesi. At the broadest level of a contemporary imaginary of ruins it contributes to the debate about the ecological ruins of modernity: the industrial greenhouse as ruin at a time when the whole planet is being subjected to the greenhouse effect of global warming.

The viewer is first struck by the tension between title and subject. The image of the Garden conjures up biblical origins, slow organic growth, mental peace, romantic nature. A greenhouse, however, is not a garden. Unlike a garden it is nature seeded and nurtured in an architectural structure made of glass and steel that shields its growth from inclement weather and seasonal change. It is nature in a high-tech man-made environment, with the inside climate – light, temperature, humidity – controlled to achieve top yields of its products. The images of this series all stem from a two square mile farm of greenhouses in Ohio, abandoned in the de-industrializing times of the 1970s, when the oil price shock made greenhouse tomato production in the Midwest unprofitable. With some sixty greenhouses clustered together, the principle of seriality was already part of this mammoth agribusiness complex before becoming the rigorous structuring device of this photo project.

1 See the selection from Pipo Nguyen-duy's series „The Garden" presented in this volume, p. 118 ff..

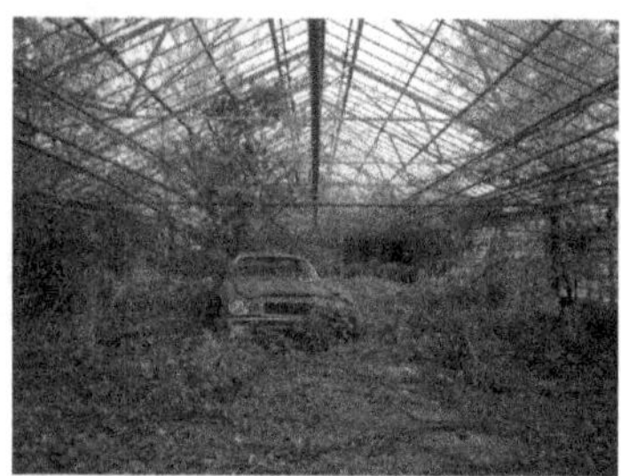
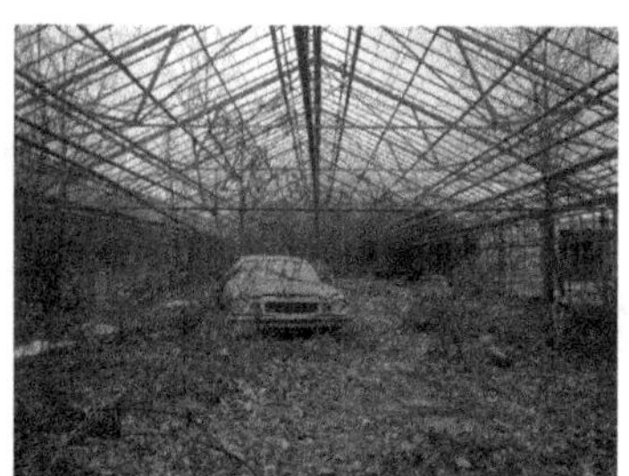

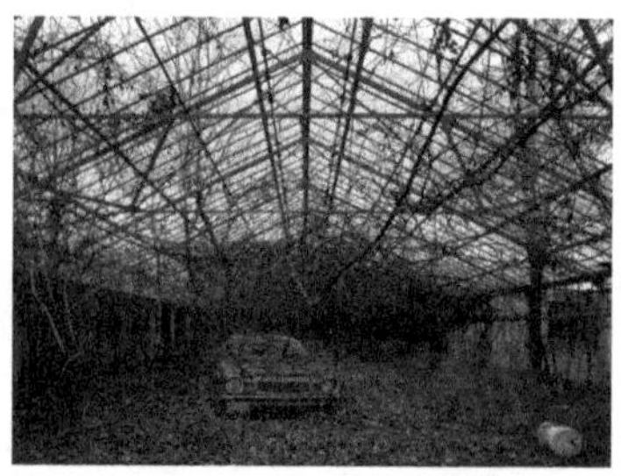
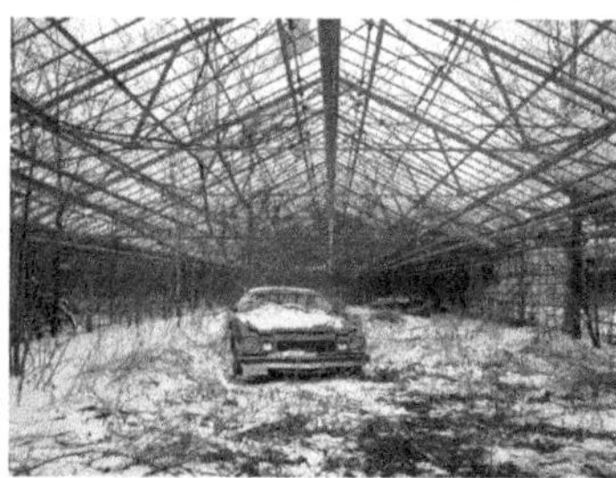

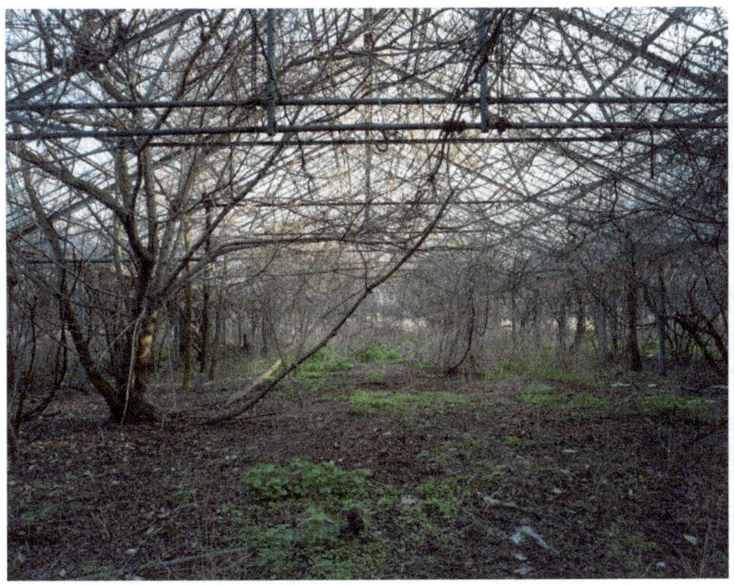

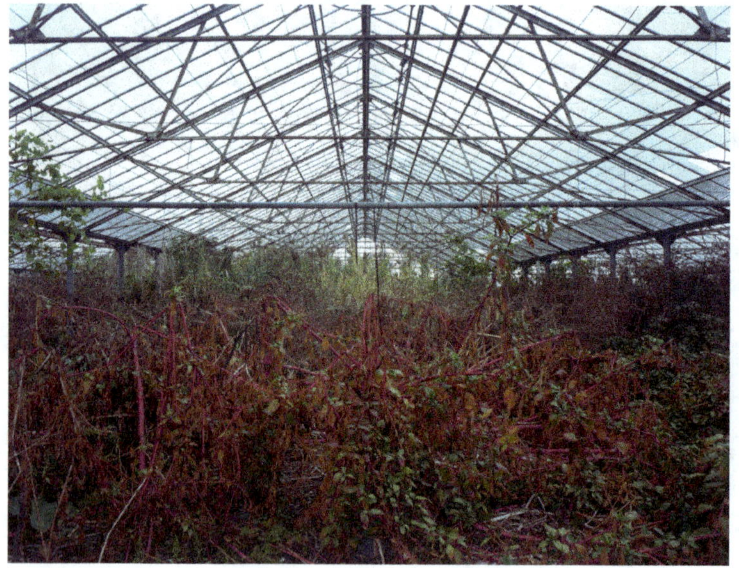

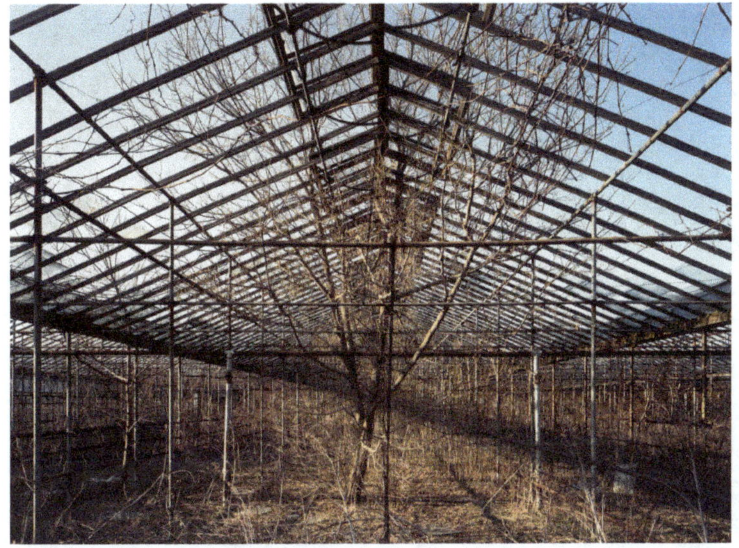

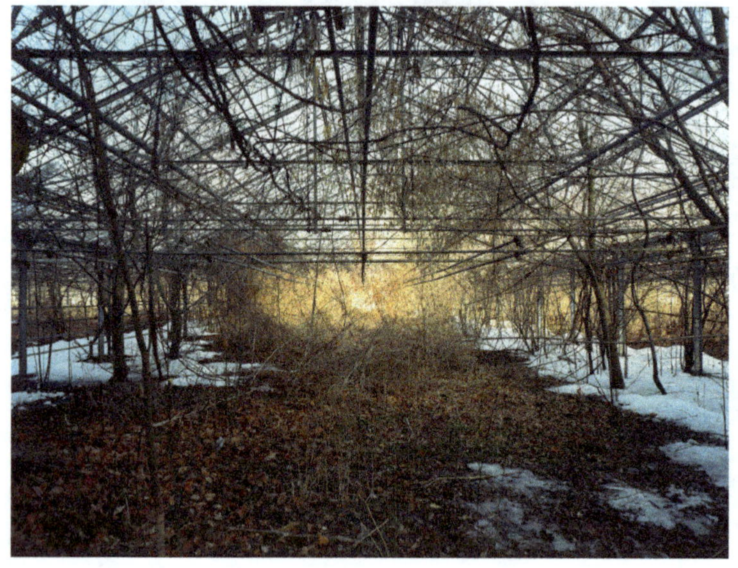

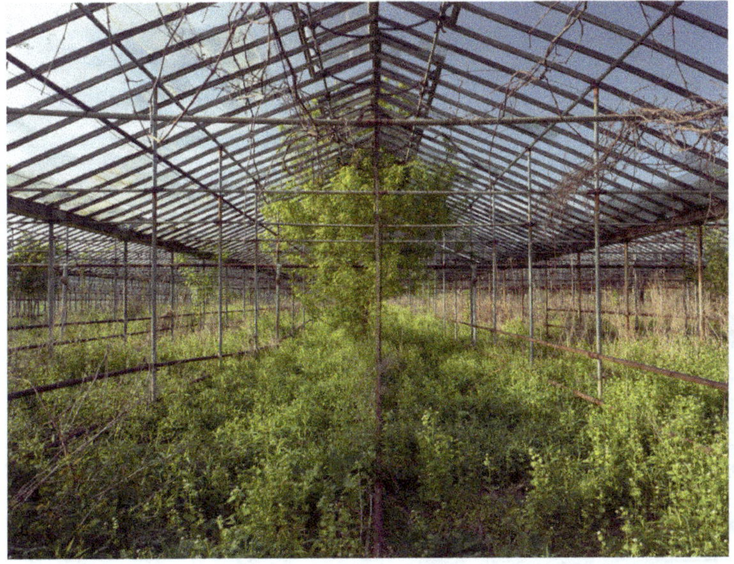

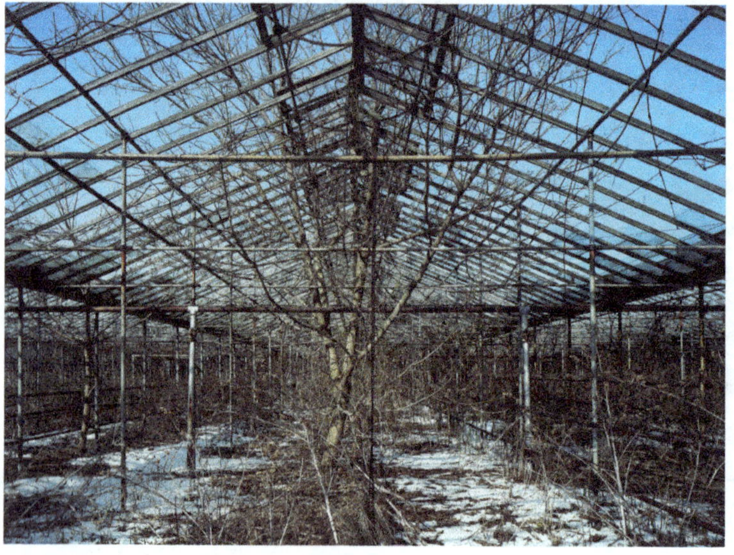

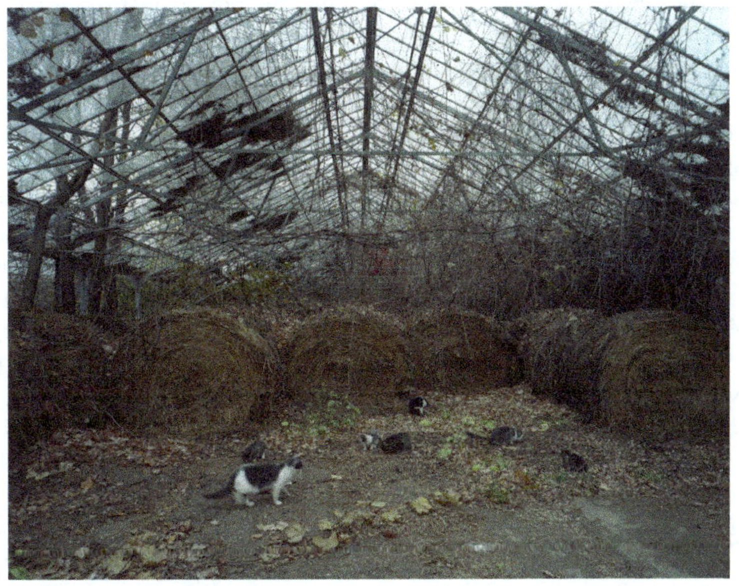

So what is a greenhouse in the cultural imagination and how do we think of its relationship to the garden? As artificial space the greenhouse abolishes and reinscribes the boundaries between nature and culture, between inside and outside. Nature is tamed and domesticated, subject to human intervention such as grafting and breeding in a hyper-natural environment. On the other hand, it reminds us that rather than being simply natural, any garden, too, is an artificially created space. This is true even for the so-called natural English gardens that by the 18th century countered French aristocratic garden culture and fed into the romantic and revolutionary imaginary of a liberated and liberating nature. The greenhouse thus combines two traditions: that of the garden and that of architecture. Its defining features are actually closer to the principles of rational geometry, discipline, and control underlying French garden architecture.

Gardens have been a major topic in the arts, most famously perhaps in Monet and his garden at Giverny where Pipo Nguyen-duy held a fellowship in 1998. Monet's garden, made famous by his late paintings, has become a major tourist attraction, while Nguyen-duy's Ohio gardens are not only abandoned, but at the stage of vanishing. Indeed, they are slated for destruction once the issue of asbestos removal and broken glass has been solved. Pipo Nguyen-duy's project is thus not in the spirit of preservation, but of anticipatory commemoration. A romantic sense of loss inheres in the project of cataloguing these greenhouses at different times of year and varying times of day. Greenhouses themselves have never been a major object of representation in the visual arts, and they would hardly have attracted the artist's eye were it not for their current state of decay. As architecture, however they do have a very deep tradition from classical antiquity via the orangeries of Renaissance and Baroque palaces and country estates to the glass and steel architectures of the 19th century. Compared with monumental sites such as London's Kew Garden Conservatory, Paxton's Crystal Palace of the 1851 London World Exposition, and the *Palmenhaus* with its tropical trees and butterflies in Vienna's Imperial Hofburg, however, these abandoned Ohio glasshouses are rather modest non-representational structures that exploit principles of early modernist architecture – the building in glass and steel – for a utilitarian purpose alone. Rather than suggesting political transparency, later so often claimed for representative public buildings in glass and steel, or dazzling the moderns' new sense of visibility, the greenhouse exhausts itself in its function. It has no metaphoric dimension beyond its immediate economic purpose. In a certain way, the greenhouse can be compared to another famous 19th century structure that blurs the boundary between inside and outside space: the arcade. The arcade creates the urban street as inside space whereas the greenhouse takes nature rather than the city into its inside. Greenhouses are arcades of nature, nature as artifice, but they also grow produce for profit, producing, as it were, nature for sale. Similar to the arcade, which originally featured luxury shops for the well-heeled urban elite away from the hustle and bustle of the urban boulevards, greenhouses were at first spaces of exotic luxury goods such as lemons and oranges or tropical plants before they were deployed on a broader scale to increase the availability of plants and vegetables not favored by the harsh local climate. And more significantly, just as the arcade garnered allegorical meaning only long after it waned, having been replaced by the big department stores of the 19th century and later by the American-type mall, the Ohio greenhouses of Pipo Nguyen-duy's photo archive accumulate allegorical resonance at the stage of their vanishing.

Though never a significant motif in painting, the greenhouse did, however, have one earlier moment of artistic fame. It appealed to the literature of artificial paradises of late 19th-century symbolism. In writers such as Oscar Wilde, Octave Mirbeau, and Hugo von Hofmannsthal, the greenhouse appeared as artifice and site of artificial nature, decadence, and the uncanny. At a time of vertiginous urbanization and industrialization, it embodied the loss of nature – a fall from first nature and descent into the second nature of modern industrial civilization. Decay, if not decadence, is at stake in Pipo's series as well. However, rather than suggesting the ambiguities of artificial paradises in a post-Baudelairean sense, these greenhouses are residues of a postindustrial landscape on the American plains more than a century later. Rather than functioning as dangerously unnatural or hyper-natural space inside the urban machine, their uncanny beauty results not from exotic artifice such as tropical flowers, but from abandonment, decay and the way ‚wilderness' is reclaiming their inside space which has become porous again to outside nature. The glass roofs and glass sidings are largely broken. The interior is open to the elements of wind, rain, and snow. And all kind of insect and animal life has produced the new ecologies visible in these photos. The images thus link up with a tradition of the architectural ruin, reclaimed, as Simmel famously described it, by nature. But it is not the picturesque nature of romantic ruin painting, in which monumental ancient architectural structures are shown in a state of erosion with trees and bushes growing out of the stonework. It is rather an amorphous, uncontrolled nature of bushes and sapling trees, weeds and undergrowth that fills the emptied out spaces of the abandoned greenhouses. Residues of the technological world such as a huge fan hanging from the roof, or the body of an abandoned automobile, mark this nature itself as ruin. Even if there is some rebirth in the ruin, even if each greenhouse of the series displays its own ecology, nature here is marked by melancholy through and through. This rebirth of nature is not a return to the innocence of „The Garden". The garden itself has been spoiled, contaminated, and the agribusiness ruins are there to prove it. But what visual beauty in this contamination, how irresistible this decay …

Formally, the series is united by its relentless central point perspective along the length of the greenhouses. The camera is consistently placed at the same height and, except for the one outside view of a greenhouse that opens the series, all images are taken from inside the structures. The broad horizontal format with the roofs covering the entire overhead, combined with deep recessional space, seems to compress space and lend it a certain monumentality that clashes with the fragility of the roof structures. No special lenses are necessary to yield this effect, which results from the very dimensions of the greenhouses – roughly a football field in length and two thirds of a football field wide. Equally consistent throughout the series is the division of the images into a lower ground which shows growth and decay of underbrush, weeds, and wilderness throughout the seasons, sometimes mixed with a few relics of human activity, and an upper part that contains the overarching triangular structure of glass and steel girders, reminiscent of modernist geometry. Organic amorphous nature meets the modernist grid which arches over it.

To read the steel and glass structures of greenhouse architecture as modernist makes sense if one keeps in mind the tradition of the Crystal Palace or the glass domed 19th-century train stations that proved so attractive to the impressionists. The historical link between greenhouse and Crystal Palace is further strengthened by the fact that the Crystal Palace itself draws on the tradition of the orangerie, even though its major purpose was to exhibit the wonders of industry and machine tool production on a grand scale rather than grow exotic plants, fruit or vegetables. Indeed, one of the main attractions of all World's Fairs were these giant machine halls that displayed the fetishes of progress and the promise of unlimited futures. However, it may have been a historical omen that the original Crystal Palace of 1851, one of the very first modernist buildings in glass and steel, burned down, leaving no permanent ruins behind. Indeed, to be deprived of becoming ruin has been and still is the fate of much modernist architecture as it ages and has to make way for the new. Some will call it creative destruction as it energizes not just the capitalist economy in Schumpeter's account, but the landscapes of urban architecture in the modern age. Nguyen-duy's archive, however, gives us modernism in a state of decay before disappearance. The choice of the greenhouse is so felicitous because modernist architecture per se, unlike the Roman ruins of Piranesi's time, cannot be reclaimed by nature in the process of time. The ruins of antiquity crumbled and eroded slowly in the course of centuries. Grass, bushes, even trees grew out of eroding stone walls. Nature overtook these monumental structures that littered the landscape of the Roman Campagna, attracting the gaze of artists from Piranesi and Goethe to the romantics who defined their place in the world in relation to a glorious antiquity. By contrast, modernist architecture inherently lacks such potential longevity. Glass and steel break and rust, unless they are made to implode. Disappearance is the ultimate fate of buildings in glass and steel. Modernist architecture is beyond nature, even and especially in its stage of ruination. The greenhouse is perhaps the only exception.

Modernism was always deeply ambiguous. On the one hand it was energized by a future oriented utopian imagination. Modernist architecture especially did not have much use for the past. On the other hand there always was a dark and melancholy trajectory within modernist literature and art that recognized and articulated the destructive dimension of modernity in its formal inventions as well as in its subject matter. The modern imagination of ruins was fundamentally shaped by Simmel and Benjamin and, differently, by Kafka and Beckett. But theirs were the ruins of the present as they also dominated the visual imagination of expressionism and much of post-World War I art. At a time, however, when modernism is no longer just the tradition of the new, but has itself become subject to erasure and forgetting, the very temporality of conceptualizing the modern has radically changed. As the 20th century with its utopian projections of alternative futures looms not just as an age of extremes but of unspeakable destruction, modernism's having become past seems to have diminished our power to imagine the future.

Such a shift in perspective characterizes much of contemporary artistic practice. Indeed, looking backwards has become a dominant mode of experiencing and thinking of the modern world since the 1990s memory boom. „The Garden" inscribes itself in this cultural moment while at the same time transcending it. It is significant that this work comes from a Vietnamese artist who as a child lived through the Tet offensive of the Vietnam War before moving to the United States, a country that once saw itself as the reincarnation of the garden. Looking backwards to the 20th century, however, means acknowledging ruins, literally and metaphorically, and so it is no coincidence that the ruin has recently become a major topos and lure in intellectual life. Already some eighty years ago, Walter Benjamin, modernist critic par excellence, acknowledged the aesthetic attraction of what he called irresistible decay. And he read the ruin as allegory when he said that allegories are, in the realm of thoughts, what ruins are in the realm of things. And he suggested that allegory thereby declares itself to be beyond beauty. And yet: Nguyen-duy's photographs, allegorical to their core, are not at all beyond beauty. They exude aesthetic seduction and function simultaneously as visual allegories of a natural wasteland, allegories of modernity, its inherent destructiveness, and its potential catastrophic implosion.

What we have here, then, are the artificial paradises of the memory obsessed culture of the early 21st century. The promises of an earlier modernity have been betrayed and are barely remembered, leaving us only with ruins, detritus, and a darkening future. The landscape of these images is both postindustrial and post-natural – nature in the shadow of its disappearance. The greenhouse appears as ruin at a time in history when the care of the natural environment has fallen into disrepair. In this sense Pipo Nguyen-duy's garden of greenhouses stands both as a melancholy reminder of the past and as a warning of a potential future without future.

Christian Kravagna

Adolf Loos und das koloniale Imaginäre

Kulturkritik als Selbstmissionierung

Im September 1908 hat Adolf Loos in München erstmals jenen Vortrag gehalten, der den Wiener Architekten berühmt machen sollte. Bis zur Entstehung von „Ornament und Verbrechen" hatte Adolf Loos nur die Villa Karma bei Montreux realisiert, erst 1910 folgte mit dem Haus am Michaelerplatz in Wien ein Bauprojekt, das vergleichbares Aufsehen erregte wie der legendäre Vortrag.[1] Abgesehen von einigen Inneneinrichtungen für Schneidersalons und Wohnungen sowie dem 1899 entstandenen „Café Museum" in Wien, war Loos bis dahin vor allem als Publizist in Erscheinung getreten. Der polemische Stil, von dem „Ornament und Verbrechen" geprägt ist, kennzeichnet auch den Großteil der früheren Schriften von Loos, und viele der in „Ornament und Verbrechen" vorgebrachten Thesen und Argumente finden sich bereits verstreut in diesen früheren Texten. Von seinen ersten Veröffentlichungen an, die man in das Jahr 1897 datieren kann, bis zu den späten Schriften aus den 1920er Jahren, die in ihrem beharrlichen Wiederholen alter Positionen manchmal skurril anmuten, war Loos ein leidenschaftlicher und scharfzüngiger Kritiker der in seinen Augen fehlgeleiteten Entwicklungen in den Bereichen der Architektur, der Inneneinrichtung und Produktgestaltung, des Kunstgewerbes und des Handwerks seiner Zeit. Loos beschränkte sich jedoch in seinen Auslassungen nicht auf diese mit seiner Profession im engeren Sinne in Zusammenhang stehenden Gebiete, sondern dehnte das Feld seiner Kritik auf Fragen der Bekleidung, des Essens, der Tischsitten und der Hygiene aus. Loos' Äußerungen zu diesen mehr oder weniger partikularen Problemen sind

1 Erstmals nachweisbar ist der Vortrag in Wien im Jänner 1910. Die erste deutschsprachige Publikation stammt vom Oktober 1929, die *Frankfurter Zeitung* druckte ihn anlässlich der Tagung der internationalen Vereinigung für das Neue Bauen und bezieht sich auf den Münchner Vortrag von 1908. Dazwischen wurde der Text in zahlreichen anderen Sprachen veröffentlicht, zuerst 1913 auf Französisch. Vgl. das Vorwort von Adolf Opel in dem von ihm herausgegebenen Band *Adolf Loos. Ornament und Verbrechen. Ausgewählte Schriften. Die Originaltexte,* Wien 2000.

dabei immer von bestimmten Grundannahmen über das Wesen der Kultur und die Gesetze der Ökonomie getragen. Politische Fragen im engeren Sinne werden von Loos dagegen nur ausnahmsweise angesprochen (s. Abb. 1).

Adolf Loos hat sich nicht, wie andere Architekten, an Projekten und Experimenten in den Kolonien beteiligt. Auch sind von Loos keine expliziten Äußerungen über den Kolonialismus bekannt. Was Loos als Mitbegründer der modernen Architektur aber für die Betrachtung der kolonialen Moderne zu einer interessanten Figur macht, ist die spezifische Stellung seines Verständnisses von Kultur und Modernität bzw. der selbst gestellten Lebensaufgabe, letztere in seiner Heimat durchzusetzen. Diese Heimat, die Stadt Wien bzw. der Staat Österreich-Ungarn, ist um die Jahrhundertwende bis zum Ersten Weltkrieg zwar Metropole bzw. Großmacht, aber im Unterschied zu den anderen westlichen Großmächten ist die k.u.k.- Monarchie keine Kolonialmacht im engeren Sinne des Besitzes überseeischer Territorien und war es auch früher nur in vergleichsweise marginaler Form gewesen. Das österreichische Geschichtsverständnis zieht aus dieser Tatsache im Allgemeinen den Schluss, dass Österreich nichts mit dem Kolonialismus zu tun gehabt hätte, was für das gegenwärtige politische Bewusstsein eine weitgehende Ignoranz gegenüber postkolonialen Phänomenen zur Folge hat.[2] Ich begreife daher die Betrachtung eines zentralen Vertreters der österreichischen Moderne im Rahmen von Kolonialdiskursen auch als einen Baustein zur „Postkolonialisierung" eines Landes, das auf vielen Gebieten und durch zahlreiche Individuen, Vereinigungen und Institutionen in das koloniale Projekt Europas involviert war.[3]

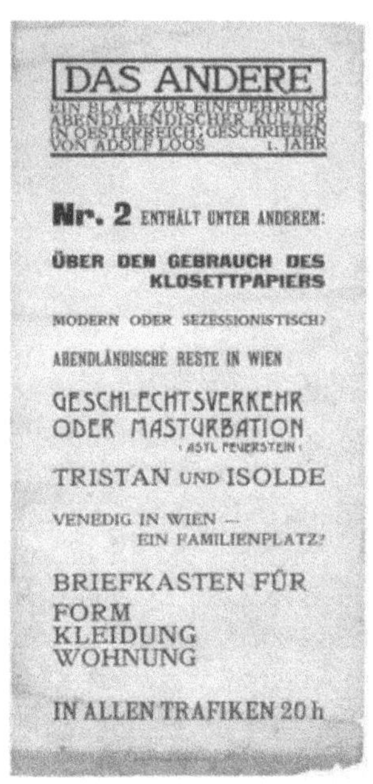

Abb. 1: Plakat für die zweite Ausgabe der Zeitschrift *Das Andere*, Wien 1903.

Auf der anderen Seite scheint es mir offensichtlich, dass eine „selbstmissionarische" Kulturkritik, wie ich die von Loos vorläufig bezeichnen möchte, gerade aus einem Land wie Österreich kommen musste, einem Land, das sich

2 Eine der wichtigen Ausnahmen auf akademischem Gebiet stellt die Forschungsplattform *Kakanien revisited* der Universität Wien dar. www.kakanien.ac.at

3 Walter Sauer (Hg.), *k.u.k. kolonial. Habsburgermonarchie und europäische Herrschaft in Afrika*, Wien 2002

zwar als europäische Großmacht begreifen und sich als ein Teil des Westens verstehen konnte, sich aber nicht, wie England, Frankreich oder Deutschland, einer Mission der Modernisierung und Zivilisierung angeblich rückständiger Völker in Übersee verschrieben hatte. Was ich im Folgenden vertreten möchte, ist die Ansicht, dass die Loos'sche Theorie der Moderne an kolonialen Diskursen und Vorstellungswelten partizipiert, wobei sie ihre besondere Gestalt aus der Adaption kolonialer Begriffe und Bilder für jenen Kontext gewinnt, in dem sich ihr Autor artikuliert – das Wien um 1900 (s. Abb. 2).

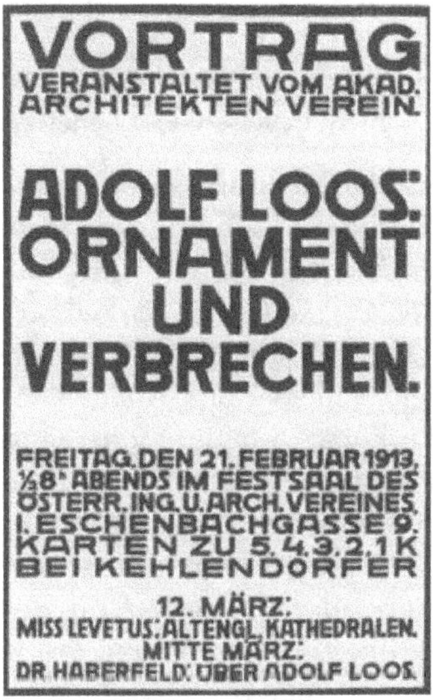

Vergegenwärtigen wir uns die zentralen Argumente des Aufsatzes „Ornament und Verbrechen", so erkennen wir die für den Kulturkritiker Loos typische Einbettung ästhetischer Fragen – hier die radikale Ablehnung des Ornaments – in größere kulturelle und ökonomische Horizonte, welche dem ästhetischen Argument erst eigentlich sein Gewicht verleihen. Zu behaupten, dass das Ornament in der zweckorientierten Gesellschaft des späten 19. und frühen 20. Jahrhunderts anachronistisch geworden wäre, oder – mit den Worten von Loos –, dass „das Ornament nicht mehr organisch mit unserer Kultur zusammenhängt", „nicht mehr der Ausdruck unserer Kultur" sei, „keine menschlichen Zusammenhänge" habe und daher „nicht entwicklungsfähig" sei,[4] stellt einen pointierten und diskutablen Standpunkt dar. Doch dabei bleibt es nicht, denn Loos zieht daraus weitreichende Schlussfolgerungen:

VORTRAG
VERANSTALTET VOM AKAD. ARCHITEKTEN VEREIN.
ADOLF LOOS: ORNAMENT UND VERBRECHEN.
FREITAG, DEN 21. FEBRUAR 1913, ½8h ABENDS IM FESTSAAL DES ÖSTERR. ING. U. ARCH. VEREINES, I. ESCHENBACHGASSE 9. KARTEN ZU 5.4.3.2.1 K BEI KEHLENDORFER
12. MÄRZ: MISS LEVETUS: ALTENGL. KATHEDRALEN.
MITTE MÄRZ: DR HABERFELD: ÜBER ADOLF LOOS.

Abb. 2: Plakat zum Vortrag „Ornament und Verbrechen" in Wien 1913.

> Der ungeheure Schaden und die Verwüstungen, die die Erweckung des Ornaments in der ästhetischen Entwicklung anrichten, könnte leicht verschmerzt werden, denn Niemand [...] kann die Evolution der Menschheit aufhalten. Man kann sie nur verzögern. [...] Aber es ist ein Verbrechen, dass dadurch in volkswirtschaftlicher Beziehung menschliche Arbeit, Geld und Material zugrunde gerichtet werden.[5]

4 Adolf Loos, „Ornament und Verbrechen", in: ders., *Ornament und Verbrechen*, a. a. O., S. 197.

5 Ebd., S. 195.

„Evolution der Menschheit" meint hier die kulturelle Entwicklung im Sinne eines kontinuierlichen Fortschritts zum Höheren, eine Entwicklung, die Loos als einen natürlichen Prozess begreift. Kultur und Ökonomie verschmelzen dort zu einem einzigen Argument, wo es um den Wettstreit der Nationen geht:

> Das Tempo der kulturellen Entwicklung leidet unter den Nachzüglern. Ich lebe vielleicht im Jahre 1912, mein Nachbar aber lebt um 1900, und der dort im Jahre 1880. Es ist ein Unglück für einen Staat, wenn sich die Kultur seiner Einwohner auf einen zu großen Zeitraum erstreckt. [...] Glücklich das Land, das diese Nachzügler und Marodeure nicht besitzt! Glückliches Amerika![6]

Da der Mehraufwand durch das Ornament „vergeudetes Kapital" bedeute, würde die kulturell rückständige Nation schwere wirtschaftliche Einbußen erleiden: „Wehe, wenn ein Volk in der kulturellen Entwicklung zurückbleibt. Die Engländer werden reicher und wir ärmer ..."[7] Mit „wir" meint Loos das österreichische Volk. Zielscheibe seiner Kritik sind nicht nur die „degenerierten" Künstler und Architekten, die – gegen den Lauf der „natürlichen Entwicklung" – in der Moderne weiterhin dem Ornament frönen, sondern auch der österreichische Staat, der die „Ornamentseuche" in Form von Kunstgewerbeschulen und ähnlichen Einrichtungen subventioniert.

Das stärkste Bild der Bedrohung von Volk und Staat durch kulturellen Rückfall stammt jedoch aus dem Repertoire der kolonialrassistischen Diskurse über Zivilisation und Primitivität. Bei Loos ist es die Gleichsetzung von Ornament und Tätowierung am Beispiel der (angeblichen) kulturellen Praktiken der Menschen aus Papua-Neuguinea, die hier, nicht zuletzt aufgrund des ihnen zugeschriebenen Kannibalismus, für das absolut Andere zum modernen Menschen stehen:

> Der Papua schlachtet seine Feinde ab und verzehrt sie. Er ist kein Verbrecher. Aber wenn der moderne Mensch jemanden abschlachtet und verzehrt, so ist er ein Verbrecher oder ein Degenerierter. Der Papua tätowiert seine Haut, sein Boot, sein Ruder, kurz alles, was ihm erreichbar ist. Er ist kein Verbrecher. Der moderne Mensch, der sich tätowiert, ist ein Verbrecher oder ein Degenerierter.[8]

Was für den Menschen auf „primitiver Stufe" angehen mag, ist für den modernen eine Degenerationserscheinung. „Evolution der Kultur ist gleichbedeu-

6 Ebd., S. 195 f.
7 Ebd., S. 196.
8 Ebd., S. 193.

tend mit dem Entfernen des Ornaments aus dem Gebrauchsgegenstande",[9] lautet der zentrale Satz aus „Ornament und Verbrechen". Wir sehen die Moderne, vertreten durch England und Amerika, an der Spitze der kulturellen Evolution, den „Papua" als Inbegriff der rohsten Kulturstufe am anderen Ende. Der Begriff „Moderne" bzw. „moderner Mensch" kann in den Loos'schen Schriften durch andere, gleichbedeutende Begriffe ersetzt werden, vor allem durch „abendländische Kultur." Auch die Stellvertreter des Gegenpols dazu, die Repräsentanten der Primitivität, wechseln. Bemüht Loos ab „Ornament und Verbrechen" vor allem den „Papua", so setzt er auch typisch kolonialrassistische Begriffe wie „Kaffer" und „Zulukaffer" oder einfach „Neger" an dessen Stelle. Als Loos zum ersten Mal seine These der Eliminierung des Ornaments mit fortschreitender Kulturentwicklung verkündet, in dem Text „Das Luxusfuhrwerk" von 1898, war es zunächst der „Indianer", der den Platz des „Papua" als Vertreter der niedrigsten Kulturstufe einnahm. In diesem Artikel, den Loos wie die meisten seiner frühen Schriften als kritische Besprechung der verschiedenen Sektionen der großen Wiener Ausstellung zum 50. Regierungsjubiläum Kaiser Franz Josephs in der „Neuen Freien Presse" veröffentlichte, geht es um den Wagenbau. Nachdem er die Schmucklosigkeit der ausgestellten Kutschen gewürdigt und sie als positives Beispiel anderen Zweigen des Gewerbes gegenübergestellt hat, doziert Loos:

> Erinnern wir uns an einige Kapitel Kulturgeschichte. Je tiefer ein Volk steht, desto verschwenderischer ist es mit seinem Ornament, seinem Schmuck. Der Indianer bedeckt jeden Gegenstand, jedes Boot, jedes Ruder, jeden Pfeil über und über mit Ornament. Im Schmuck einen Vorzug erblicken zu wollen, heißt auf dem Indianer-Standpunkte stehen. Der Indianer in uns aber muss überwunden werden.[10]

Die Tatsache, dass der Loos'sche „Indianer" exakt dieselben Gegenstände ornamentiert wie der „Papua" – nämlich Boot und Ruder –, verdeutlicht die Austauschbarkeit der Signifikanten des Primitiven. Mit der Formulierung „erinnern wir uns an einige Kapitel Kulturgeschichte" gibt Loos vor, mit seinen Zerrbildern bestimmter Kulturen auf gesichertes Wissen zurückzugreifen. Tatsächlich appelliert er an den aus dem Kolonialismus hervorgegangenen rassistischen und durch Hegels Geschichtsphilosophie überhöhten Common Sense des westlichen Menschen, der jede Nähe zu diesen „primitiven Völkern" grundsätzlich ausschließt und sein zivilisatorisches Überlegenheitsgefühl aus der Gewissheit über die größtmögliche Entfernung zwischen diesen und sich selbst bezieht. Das Argument gegen ein falsches Schmuckbedürfnis

9 Ebd.

10 Adolf Loos, „Das Luxusfuhrwerk", in: ders., *Ornament und Verbrechen*, a. a. O., S. 91.

bezieht seine Kraft aus der als selbstverständlich vorausgesetzten Verachtung solch „primitiver" Lebensformen. Loos befindet sich damit im Mainstream der zeitgenössischen Vorstellung von der Wertigkeit der Kulturen und im Gegensatz zu jenen primitivistischen künstlerischen Strömungen seiner Zeit, die den „Wilden" oder „Primitiven" zum bevorzugten Referenzobjekt ihrer zivilisationskritischen Moderne-Konzepte erhoben.

Die Überwindung des „Indianers" in uns: Modernität, Reinheit und koloniale Gewalt

Die kolonialrassistische Argumentation ist in der kritischen Loos-Literatur bisher kaum beachtet worden – ganz im Unterschied zu der sexuellen Dimension seiner Ausführungen, der hohe Aufmerksamkeit geschenkt wurde. In Wirklichkeit hängen bei Loos die Motive der „rassisch"-kulturellen Bedrohung der Moderne und ihrer sexuellen Schwächung durch das Weibliche eng miteinander zusammen. Nicht in der krassen Form wie bei Otto Weininger, wo sich Misogynie und Antisemitismus ergänzen, aber doch in einer gewissen Parallele dazu. Jacques Le Rider hat dazu festgehalten: „Loos verteufelte das Ornament wie Weininger das Weib. Er und Weininger haben den Geist der Jugendstil-Utopie austreiben wollen."[11]

Schon Hildegund Amanshauser, die als erste eine umfassende Analyse der Loos'schen Schriften vorgenommen hat, konstatierte eine „versteckte Sexual- und Sinnenfeindlichkeit" im Kampf gegen das Ornament.[12] Tatsächlich spricht Loos mehrfach, am ausführlichsten in dem Text „Damenmode", von einer „kranken" oder „widernatürlichen" Sinnlichkeit als einer kulturzersetzenden Kraft. Wenn oben von der verschwenderischen Geste des Ornamentierens als Gefahr für die ökonomische Wettbewerbsfähigkeit einer Nation die Rede war, so gilt Loos' Ablehnung des falschen Schmucks auch einer als bedrohlich begriffenen verschwenderischen Erotik. „Die Kleidung der Frau", schreibt Loos, „unterscheidet sich äußerlich von der des Mannes durch Bevorzugung ornamentaler und farbiger Wirkungen und durch den langen Rock, der die Beine der Frau vollständig bedeckt. Diese beiden Momente zeigen uns schon, dass die Frau in den letzten Jahrhunderten stark in der Entwicklung zurück geblieben ist."[13] Aufgrund ihrer sozialen Stellung

11 Jacques Le Rider, „Nachwort zum Fall Otto Weininger", in: *Otto Weininger. Werk und Wirkung*, hg. von Jacques Le Rider und Norbert Leser, Wien 1984, S. 99.

12 Hildegund Amanshauser, *Untersuchungen zu den Schriften von Adolf Loos*, Wien 1985, S. 209.

13 Adolf Loos, „Damenmode", in: ders., *Ornament und Verbrechen*, a. a. O., S. 124.

sei die Frau „gezwungen, durch ihre Kleidung auf die Sinnlichkeit des Mannes zu appelliren, unbewusst auf seine krankhafte Sinnlichkeit."[14] In seiner ästhetisch-moralischen Abwehr weiblicher Sexualität und ihrer symbolischen Repräsentation folgt Loos der Diskursfigur der „Verführung" des Mannes durch das „Weib", von der zahlreiche Texte der Wiener Jahrhundertwende geprägt sind.[15] So wundert es nicht, dass Loos die Prostituierte zur Vorreiterin in Sachen Mode erklärt: „Aus dem Gesagten geht hervor, dass die Führung in der Herrenkleidung *der* Mann inne hat, der die höchste sociale Position einnimmt, die Führung in der Damenmode aber jene Frau besitzt, die für die Erweckung der Sinnlichkeit das meiste Feingefühl entwickeln muss, die Cocotte."[16] „Women's fashion represents the ‚unmodern' Other", resümiert Janet Stewart, „the display of difference, while men's fashion stands for the ‚modern' Self, the disguise of difference."[17] Während das Bild der verführerischen, meist proletarischen und kindhaften Frau etwa in Peter Altenbergs Literatur positiv besetzt und von besonderer erotischer Attraktivität ist, imaginiert Loos (der als junger Mann selbst an Syphilis erkrankt war) eine Gefährdung der Männlichkeit und damit der fortgeschrittenen Kultur durch eine Sinnlichkeit, die er mit Begriffen wie „Pest" und „Seuche" belegt. Bezeichnenderweise wiederholt Loos unmittelbar nach der Feststellung der Zurückgebliebenheit der Frau und ihrer Kleidung seine Litanei über die tiefstehenden ornamentierenden Kulturen, den „Indianer", den „Papua" und den „Verbrecher." In verschiedenen Texten spricht Loos von der „Ornament-Seuche" in Österreich, „Ornamentlosigkeit" dagegen sei „ein Zeichen geistiger Kraft."[18] Das Wiener Kunstgewebemuseum bezeichnet er im Zusammenhang bissiger Ausführungen zur „Frauenkunst" der Batik einmal sarkastisch als eine polynesische Kolonie: „Dem modernen menschen sind tätowierungen und batik ein gräuel, auch wenn diese beiden techniken in Polynesien und auf dessen kolonie am stubenring eine kunstleistung bedeuten."[19]

Die wahrhaft moderne Kultur ist bei Loos von Reinheit, Sparsamkeit, Funktionalität und Echtheit gekennzeichnet. Der Kampf gegen das Ornament ist nur Teil eines größeren Kampfes gegen den falschen Schein, gegen die Il-

---

14 Ebd., S. 122.

15 Vgl. Sander L. Gilman, „Das männliche Stereotyp von der weiblichen Sexualität im Wiener Fin de siècle", in: ders., *Rasse, Sexualität und Seuche. Stereotype aus der Innenwelt der westlichen Kultur*, Reinbek bei Hamburg 1992.

16 Loos, „Damenmode", a. a. O., S. 124.

17 Janet Stewart, *Fashioning Vienna: Adolf Loos's cultural criticism*, London/New York 2000, S. 112.

18 Loos, „Ornament und Verbrechen", a. a. O., S. 202.

19 Adolf Loos, „Antworten auf Fragen aus dem Publikum", in ders., *Trotzdem*, hg. von Adolf Opel, Wien 1982, S. 152.

lusion, gegen die Verlogenheit, gegen die Verführung des klaren männlichen Geistes durch die weibliche Erotik und die primitive Lust der Verschwendung. Der ausgeprägte Anti-Erotismus, den Loos mit dem befreundeten Karl Kraus teilt, während er sich vom Erotismus Peter Altenbergs, mit dem Loos ebenfalls befreundet ist, deutlich unterscheidet, steht im Zeichen einer Selbstzivilisierung auf Basis der Abwehr alles Unreinen und Differenten (s. Abb. 3).

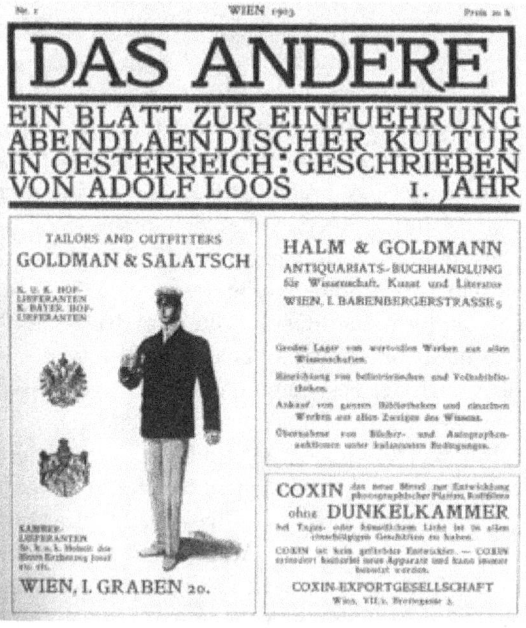
WIEN 1903

DAS ANDERE

EIN BLATT ZUR EINFUEHRUNG ABENDLAENDISCHER KULTUR IN OESTERREICH: GESCHRIEBEN VON ADOLF LOOS 1. JAHR

TAILORS AND OUTFITTERS
GOLDMAN & SALATSCH
WIEN, I. GRABEN 20.

HALM & GOLDMANN
ANTIQUARIATS-BUCHHANDLUNG
WIEN, I. BABENBERGERSTRASSE 5

COXIN
ohne DUNKELKAMMER
COXIN-EXPORTGESELLSCHAFT

Abb. 3: Titelblatt der ersten Ausgabe der Zeitschrift *Das Andere*, Wien 1903.

In seiner Zeitschrift *Das Andere* beklagt Loos den mangelnden Gebrauch des Klosettpapiers in Österreich und schon 1898 verfasst er ein Loblied auf „Die Plumber." Er stilisiert diesen Berufsstand zum „Träger der germanischen Culturanschauung",[20] welche in Deutschland und Österreich verloren gegangen, jedoch von den Engländern bewahrt worden wäre. Sie gründe sich auf Reinheit und ließe sich an dem Wasserverbrauch ablesen, den eine Kultur zum Waschen des Körpers aufwende. „Der Plumber aber ist der Pionnier der Reinlichkeit. Er ist [...] der Quartiermacher der Cultur."[21] Wieder wird, in anekdotischen Vergleichen, das Unreine mit dem Außereuropäischen verbunden,

20 Adolf Loos, „Die Plumber", in: ders., *Ornament und Verbrechen*, a. a. O., S. 96.
21 Ebd., S. 100.

hier verkörpert durch die Figuren des „Eskimos“ und des „Chinesen.“ Denn was die Waschkultur anbelangt, „verhält sich Amerika zu Oesterreich, wie Oesterreich zu China.“[22] Daher „mögen [...] unsere Wiener Plumber ihre Pflicht voll und ganz erfüllen, um uns dem großen Ziele näher zu bringen, mit den übrigen Culturvölkern des Abendlandes auf derselben Culturhöhe zu stehen.“[23]

Hal Foster, der sich ausführlicher mit der Reinheitsobsession bei Loos befasst hat, klassifiziert diesen unter Heranziehung entsprechender Überlegungen von Freud als „analen Charakter“: „Obsessed with purity, Loosian modernism might be seen as a reaction formation against everything associated with the anal.“[24] Ob man einer solchen psychoanalytischen Zuschreibung beipflichtet oder nicht, fest steht, dass Loos' einen Abwehrdiskurs führt, in dem „eine Vorstellung von klinischer Reinheit und Uniformität“[25] als Schutzwall gegen sexuelle, kulturelle und „rassische“ Gefährdungen der männlichen, bürgerlichen und weißen Identität fungiert. Die Bilder der Bedrohung und ihrer Unterdrückung mögen einer bestimmten Persönlichkeitsstruktur geschuldet sein.[26] Zu fragen wäre aber auch, von welchen äußeren Faktoren sie bestimmt sind, aus welchen politischen, sozialen und diskursiven Kontexten sie sich speisen. Um dem näher zu kommen, lässt sich bei einem bereits zitierten Satz anknüpfen: „Der Indianer in uns aber muss überwunden werden“, schrieb Loos in „Das Luxusfuhrwerk“. Im dominanten Kolonialdiskurs sind das westliche Subjekt und seine moderne Kultur als Höhepunkt der weltgeschichtlichen Entwicklung begriffen und der „Wilde“ als die absolute Differenz konstruiert, wodurch sich die koloniale Zivilisierungsmission legitimiert. Loos aber verortet ein Moment dieser Differenz in dem modernen Menschen selbst – ein Differenzmoment, das ihn daran hindert, ein wahrhaft moderner Mensch zu sein. Nun ist es nicht der westliche Mensch im Allgemeinen, bei dem Loos diesen inneren „Indianer“ ausmacht, sondern der Österreicher (in zweiter Linie der Deutsche). „Anlässlich des Jubiläumsfestzuges mussten wir mit Schaudern feststellen, dass wir in Österreich noch Volksstämme aus dem 4. Jahrhundert besitzen“, schreibt Loos.[27]

22 Ebd., S. 99.

23 Ebd., S. 102.

24 Hal Foster, „A proper subject“, in: ders., *Prosthetic Gods*, Cambridge/Mass./London 2004, S. 83 f.

25 Amanshauser, *Untersuchungen*, a. a. O., S. 86.

26 Das Bild vom Appell der Frau an die „krankhafte Sinnlichkeit“ des Mannes ließe sich vor dem Hintergrund der pädophilen Neigungen von Loos betrachten, dem 1928 ein Prozess wegen sexuellen Missbrauchs minderjähriger Mädchen gemacht wurde.

27 Loos, „Ornament und Verbrechen“, a. a. O., S. 196.

Seitdem er 1896 von einem dreijährigen USA-Aufenthalt zurückgekehrt war, arbeitete Loos unermüdlich an der Modernisierung der Kultur und Gesellschaft seiner Heimat. Eduard F. Sekler beschreibt die amerikanische Erfahrung als ein „befreiendes Elementarereignis" für Loos und sieht dessen Amerikabild als Teil seines „persönlichen Mythos", in dem Amerika, ähnlich wie England, die Verkörperung „gewisser gesellschaftlicher und architektonischer Idealzustände" darstellte, die es „in Wirklichkeit dort niemals so ideal gab."[28] Amerika wird für Loos zum „Inbild einer Utopie von einem materiell, sozial und geistig ungehemmten Leben im Rahmen einer echten Kultur des 20. Jahrhunderts."[29] Wir können vermuten, dass Loos die Figur des „Indianers" aus Amerika mitgebracht hat, ehe er in den Wiener Jahren aus aktuellen Ereignissen, wie den Völkerschauen im Wiener Prater, aus Literatur und Medienberichten andere Signifikanten des Primitiven in sein rhetorisches Repertoire aufnimmt.[30] Um zu verstehen, was es mit der Überwindung des „Indianers in uns" auf sich hat, bietet es sich an, jene Textstellen heranzuziehen, in denen Loos über seine eigene Entwicklung im Zusammenhang der amerikanischen Erfahrung spricht. So erinnert sich Loos in der ersten Nummer von *Das Andere* unter der Rubrik „Wie wir leben":

> Als ich vor zehn Jahren von Hamburg nach Amerika fuhr, erlebte ich auf dem Dampfer eine Begebenheit, die richtunggebend wurde für mein ganzes Leben. Außer mir befand sich noch ein Österreicher an Bord, ein Techniker aus guter Familie, ein sympathischer junger Mann. Im Speisesaal saßen wir an verschiedenen Tischen. Er mitten unter Amerikanern. Nach einigen Tagen aber hörte man, daß seine Nachbarn den Kapitän ersucht hatten, den jungen Österreicher lieber wo anders hin zu placieren. Man könne nicht neben ihm essen. Er habe so schreckliche Unmanieren. Stets lecke er sein Messer ab und verunreinige damit das Salz, das für den ganzen Tisch bestimmt sei. Und das und anderes mehr.[31]

---

28 Eduard F. Sekler, „Adolf Loos, Josef Hofmann und die Vereinigten Staaten", in: *Adolf Loos*, Wien, Graphische Sammlung Albertina 1989, S. 251–267.

29 Ebd., S. 266.

30 Die Völkerschauen im Wiener Prater und die dazu publizierten Medienberichte sind für viele Wiener Künstler, gerade auch den Freundeskreis Loos, Kraus, Altenberg, Gegenstand diverser Überlegungen und Projektionen. Werner Michael Schwarz, *Anthropologische Spektakel. Zur Schaustellung „exotischer" Menschen, Wien 1870–1910*, Wien 2001; Peter Altenberg, *Ashantee. Afrika und Wien um 1900*, hg. von Kristin Kopp und Werner Michael Schwarz, Wien 2008.

31 Adolf Loos, *Das Andere. Blatt zur Einführung abendländischer Kultur in Österreich*, 1. Jahr, Nr. 1, Wien 1903, S. 7.

Schließlich wird Loos gebeten, ein Wort mit seinem Landsmann zu sprechen, und er klärt diesen über die Verwendung des Salzlöffels auf. Für Loos aber ist diese Begebenheit so bedeutsam, weil er die Erleichterung verspürt, nicht selbst die Rolle des Unkultivierten ausgefüllt zu haben:

> Ich aber war froh, daß ich einige Jahre vor meiner Amerikafahrt in Dresden gelebt hatte, wo es auch in solchen Restaurants, in denen Studenten mit knappen Mitteln verkehren, Salzlöffel gibt. Sonst wäre es mir ebenso ergangen. Denn bei uns sind Salzlöffel unbekannt.[32]

Loos entwickelt also bereits auf der Überfahrt nach Amerika eine besondere Sensibilität für die Gefahr, im Westen als unzivilisiert eingeschätzt zu werden. Er resümiert die Geschichte mit dem Salzlöffel als das Gebot der Assimilation an den höchsten, das heißt für ihn englisch-amerikanischen, Stand der Kultur:

> Der Türke nun kann in seiner Heimat das Reisfleisch mit der Hand, der Österreicher die Sauce mit dem Messer zum Munde führen. Begeben sich aber Türke und Österreicher ins Abendland, dann müssen sie sich der Gabel bedienen. Man umgürte sich auch mit dem ganzen Stolze Österreichs oder der Türkei, es verachten uns doch die englischen Jünglinge.[33]

Mit der von ihm 1903 gegründeten und ausschließlich von ihm geschriebenen Zeitschrift *Das Andere. Blatt zur Einführung abendländischer Kultur in Österreich* unternimmt Loos den Versuch, die Österreicher bzw. die österreichische Kultur an die Sitten und den Geschmack der aus seiner Sicht höchsten Kulturstufe heranzuführen. Als einer, der durch seine anglo-amerikanische Prägung den „Indianer in sich" überwunden hatte, bietet er sich seinen Lesern als Ratgeber in fast allen Bereichen des modernen Lebens an. Dabei bewegt er sich immer wieder in kolonialen Vorstellungswelten, er definiert Zentrum und Peripherie der Moderne und verschreibt sich einem diffusionistischen Modell der kolonialen Modernisierung: „Wie soll man angezogen sein? Modern. Wann ist man modern angezogen? [...] Modern gekleidet ist man, wenn man im Mittelpunkte der abendländischen Kultur nicht auffällt."[34] In dem fünf Jahre älteren Text „Die Herrenmode", aus dem diese Sätze in *Das Andere* übernommen sind, präzisiert Loos: „Der Mittelpunkt der abendländischen Kultur ist gegenwärtig London."[35] Wer diese Tatsache nicht anerkennt, indem er etwa einen anderen Stil als den englischen bevorzugt, der läuft Gefahr, wie ein „Wilder"

32 Ebd.

33 Ebd., S. 7 f.

34 Ebd., S. 8.

35 Adolf Loos, „Die Herrenmode", in: *Ornament und Verbrechen*, a. a. O., S. 53.

behandelt zu werden. So stellt Loos in dem Artikel „Die Herrenhüte", in dem er den Wiener Hutmodeverein kritisiert, fest, dass die Engländer in ihrem globalen ökonomischen Talent für verschiedene Märkte unterschiedliche Waren produzieren und liefern, so auch für die Wiener Kunden: „Auch für die wilden Völker werden jene Gegenstände erzeugt, die eben dort den meisten Anklang finden. Die Engländer behandeln uns wie die Wilden. Und sie thun Recht daran."[36] Loos identifiziert sich ganz mit dem (kulturellen) Imperialismus der größten Kolonialmacht seiner Zeit: „Als die Engländer die Weltherrschaft antraten," schreibt Loos 1908 in „Lob der Gegenwart", „haben sie, befreit von den Nachahmungen der Affenkostüme, zu denen sie durch die anderen Völker verdammt waren, die Urkleidung dem Erdball aufgezwungen."[37] Wie oben erwähnt, ist es ein Aspekt der Loos'schen Kulturtheorie, dass es sich bei der englischen Kultur eigentlich um die auf der Insel bewahrte germanische Kultur handle (nicht zu verwechseln mit der deutschen). Dort hätte sie die seit der Renaissance wirkende romanische Überfremdung überdauern können und würde nun seit dem 19. Jahrhundert als englische Kultur „frisch und lebendig alle übrigen Kulturen niederstampf[en]."[38] Im 20. Jahrhundert, prognostiziert Loos 1908, „wird nur *eine* Kultur den Erdball beherrschen."[39] Schon zehn Jahre früher hatte er in „Die Plumber" mit Bezug auf die germanisch-englische Reinlichkeitskultur in einem kolonialen Bild festgehalten: „wer ihr entgegenkommt, wird groß und mächtig: die Japaner. Wer sich ihr entgegenstemmt, wird zertreten: die Chinesen."[40]

In diesen Äußerungen und ihrer gewaltsamen Rhetorik des Niederstampfens, Zertretens und Aufzwingens wird deutlich, wie Modernität bei Loos zur natürlichen Legitimation kolonialer Praxis wird. Allein der Begriff der „Urkleidung", gemeint ist die praktische, solide und dezente Kleidung des englischen Gentleman, die offensichtlich das überhistorische Wesen der Kleidung mit der höchsten Modernität vereint, suggeriert das Recht auf die globale Durchsetzung dieses Stils. Loos geht weitgehend konform mit der kolonialen Überzeugung, dass man den „unzivilisierten" Völkern die Segnungen der westlichen Kultur beibringen müsse – die „civilizing mission" als „Burden of the White Man" – dass es diesen aber ohnehin nie gelingen werde, die westliche Kultur ihrem Sinn entsprechend zu übernehmen. Wenn Loos in *Das Andere* die rhetorische Frage stellt, „könnte ein Zulukaffer, der einen Zylinder aufsetzt, behaupten, er sei nach den Begriffen abendländischer Kultur

36 Adolf Loos, „Die Herrenhüte", in: *Ornament und Verbrechen*, a. a. O., S. 106.
37 Adolf Loos, „Lob der Gegenwart", in: *Ornament und Verbrechen*, a. a. O., S. 184.
38 Adolf Loos, „Kultur", in: *Ornament und Verbrechen*, a. a. O., S. 186.
39 Ebd.
40 Loos, „Die Plumber", a. a. O., S. 96.

gekleidet?"[41] oder in einem späteren Text feststellt, „moderne kleidung tuts nicht. Man muß auch moderne manieren dazu haben und modernes deutsch dazu sprechen. Denn sonst wirkt man wie ein negerhäuptling in Zentralafrika, der sich für einen modernen menschen hält, weil er einen europäischen zylinder auf dem kopfe trägt",[42] dann erinnert dies an zeitgenössische rassistische Witzbilder, die auf dem Motiv der Lächerlichkeit des „Wilden" aufbauen, der im Versuch, westliche Gewohnheiten zu übernehmen, an seinem Missverständnis derselben kläglich scheitert und sich dadurch umso mehr als „Wilder" offenbart.

Bedenkt man, wie stark die Loos'sche Modernekonzeption von einem Abwehrdiskurs gegenüber dem Primitiven, Unreinen, Krankhaften und Sinnlich-Weiblichen geprägt ist und wie reich bebildert dieser Diskurs ist – Indianer, Chinesen, Eskimos, Papua, „Negerhäuptlinge" und andere Differenzfiguren bevölkern ihn – so fällt auf, dass bei Loos eine für die Wiener Moderne zentrale Figur der Differenz höchst selten zur Sprache kommt – die Juden. Loos war meines Erachtens kein Antisemit. Jedenfalls ist sein Denken, gerade im Vergleich mit dem Denken einiger seiner jüdischen Freunde und anderer Autoren, die, wie Loos, an „einer Art Reinigung des Wiener Sumpfes" arbeiteten,[43] bemerkenswert frei von antisemitischen Vorstellungen. Dennoch scheint die zu seiner Zeit allgegenwärtige „Judenfrage" auch für ihn eine Rolle zu spielen. Sie wird bei Loos nicht explizit zum Thema, doch die an andere Adressen gerichteten Zuschreibungen kultureller und „rassischer" Andersartigkeit decken sich häufig mit zeitgenössischen Stereotypen des Jüdischen. Unreinheit, Falschheit, krankhafte Sexualität, Zurückgebliebenheit und (durch die Beschneidung) geschwächte Männlichkeit sind einige dieser Stereotype. Auch das Loos'sche Programm der Assimilierung an die „abendländische Kultur" kann unter anderem vor diesem Hintergrund betrachtet werden.[44] Elana Shapira brachte vor kurzem Loos' Doktrin der modernen, korrekten, unauffälligen Kleidung – der moderne Mensch braucht das Kleid als Maske – und seine Zusammenarbeit mit den Herrenausstattern Knize und Goldman & Salatsch

41 Adolf Loos, *Das Andere. Blatt zur Einführung abendländischer Kultur in Österreich,* 1. Jahr, Nr. 2, Wien 1903, S. 1.

42 Adolf Loos, „Antworten auf Fragen aus dem Publikum", in: ders., *Trotzdem,* a. a. O., S. 140.

43 Jean-Michel Palmier, „Otto Weininger, Wien und die Moderne", in: *Otto Weininger. Werk und Wirkung,* hg. von Jacques Le Rider und Norbert Leser, Wien 1984, S. 93.

44 Eine der wenigen Stellen zu „Loos und die Juden" findet sich unter diesem Titel in den Erinnerungen von Claire Loos, seiner dritten Ehefrau, die eine scherzhafte Bemerkung von Loos erwähnt: „Einmal sagte er zu mir: ‚Ich bin Antisemit. Alle Christen sollen Jüdinnen heiraten und umgekehrt. In 400 Jahren gibt es keine Juden mehr [...] Ich habe schon die zweite jüdische Frau.'" Elsie Altmann-Loos, Lina Loos, Claire Loos, *Adolf Loos – Der Mensch,* Wien 2002, S. 245.

in Verbindung mit seinem hauptsächlichen Kundenkreis aus assimilierten Juden, deren Bedürfnis nach Integration in die bessere Gesellschaft er damit entgegengekommen sei.

> Parallel to securing an illusion of hierarchy the master-tailors contributed to a quiet revolution of redefining the ‚distinguished class.' They granted bourgeois citizens with no aristocratic ties and middle-class Jews an entry ticket to the elitist men's club – the club of those who could afford excellent tailored suits [...] – allowing their clients to position themselves symbolically and literally at the center of society.[45]

Das moderne Design der Loos'schen Villen und Geschäftseinrichtungen hätte demnach seinen jüdischen Auftraggebern und ihren Kunden ein Gefühl der Zugehörigkeit vermittelt und ihre Integrationsbestrebungen, in Abgrenzung von den sichtbar differenten, „zurückgebliebenen" Ostjuden Wiens, ästhetisch unterstützt.[46] Nicht zufällig kristallisiert sich der Loos'sche Traum von einer ornamentfreien, klaren und reinen Kultur in einem jüdischen Bild: „Die Erfüllung wartet unser. Bald werden die Straßen der Städte wie weiße Mauern glänzen! Wie Zion, die heilige Stadt, die Hauptstadt des Himmels."[47]

Dem Balkan entkommen – Das Ungleichzeitige tilgen

Ich habe oben bereits festgestellt, dass Loos die stereotypen Figuren aus dem Repertoire des Kolonialrassismus nicht nur einsetzt, um auf drastische Weise den Gegenpol zur „abendländischen Kultur" zu demonstrieren (englischer Gentleman vs. „Zulukaffer"), sondern dass er dies tut, um sich den vorausgesetzten Konsens mit seinen Lesern in der Bewertung der Extrempole für deren Einsicht in die Notwendigkeit der Reaktion auf die eigentliche kulturelle Bedrohung Österreichs zunutze zu machen. Wenn Loos an einer Stelle polemisiert, dass „es also bei uns noch afrikanische Verhältnisse" gebe, dann fühlt sich der Leser von solcher Polemik in seiner Europäerwürde nicht allzu sehr getroffen. Sein kulturelles Selbstbewusstsein ist stark genug, um hier polemische Übertreibung zu konstatieren. Wenn aber zwischen den Extrembildern der kulturellen Rückständigkeit („Papua", „Indianer," „Zulukaffer" etc.) und

45 Elana Shapira, „Tailored Authorship: Adolf Loos and the Ethos of Men's Fashion", in: Inge Podbrecky und Rainald Franz (Hg.), *Leben mit Loos*, Wien: Böhlau 2008, S. 59.

46 Wie stark innerhalb der assimilierten jüdischen Wiener Intelligenz das Bedürfnis ist, sich von den „anderen" Juden abzugrenzen, zeigt Sander Gilman in seinem Buch *Freud, Identität und Geschlecht*, Frankfurt a. M. 1994.

47 Loos, „Ornament und Verbrechen", a. a. O., S. 194.

dem Ideal der „abendländischen Kultur" ein Drittes eingeführt wird, nämlich der Balkan, dann darf die Loos'sche Diagnose der kulturellen Rückständigkeit mit der Hellhörigkeit seiner Adressaten rechnen. Wir haben schon gesehen, dass Loos kulturelle und wirtschaftliche Entwicklung als eng aneinander gebunden begreift. Überflüssiger Schmuck ist Verschwendung von Arbeitskraft und Nationalvermögen, von Kapital. Wenn er das geringe ökonomische Verständnis seiner Landsleute kritisiert und mit der technologischen Effizienz und der Rationalisierung von Arbeitsprozessen in den entwickelten kapitalistischen Ländern konfrontiert, so spricht er von diesen als Länder, „die freilich sehr, sehr weit von den Balkanstaaten entfernt liegen."[48] Der Balkan steht bei Loos für eine Rückständigkeit, auf die sich Österreich nicht herunterdrücken lassen dürfe. „In England bekennt sich alles zur abendländischen Kultur. Bei uns und in den Balkanländern nur die Bewohner der Städte."[49] Typisch für die Loos'sche Polemik und die Rolle, die das koloniale Imaginäre in ihr spielt, ist, dass Loos das durch die Gleichsetzung mit dem Balkan kritisierte Gefälle zwischen Stadt und Land durch die Drastik eines weiteren Vergleichs veranschaulicht (s. Abb. 4). Die österreichischen Bauern seien „Menschen, die uns fremder sind wie Leute, die Tausende von Meilen über dem Meer wohnen."[50] Ihre Lebensgewohnheiten seien uns in einer Weise fremd, „die unsere Neugierde in derselben Art befriedigt wie ein Umzug der Singhalesen."[51] Wieder wird die Diagnose der Rückständigkeit der „eigenen" Leute durch den Vergleich mit den als völlig fremd begriffenen und in der zeitgenössischen kolonialen Unterhaltungskultur exotisierten Völkern unterstützt, in diesem Fall durch Bezugnahme auf die Aufsehen erregende „Singhalesen-Ausstellung" durch Carl Hagenbeck 1884 in der Wiener Rotunde (s. Abb. 5).[52]

Wie Loos den Balkan einführt, als halbkultivierte Zone zwischen dem radikal Differenten der außereuropäischen „Wilden" und der modernen Kultur des Westens, entspricht dem zeitgenössischen Bild des Balkans in der westeuropäischen Imagination. Der Balkan galt im 19. Jahrhundert als das „andere Europa", als eine Übergangszone zwischen West und Ost, Okzident und Orient, Fortschritt und Rückständigkeit, Zivilisation und Wildheit. Quer durch den Balkan verlief die Grenze zwischen der k.u.k.-Monarchie und dem Osmanischen Reich. „The Balkans are represented as the transitional region between Europe and Asia, at once alien and backward by virtue of the unclear and

48 Loos, *Das Andere,* a. a. O., S. 2
49 Ebd., S. 8.
50 Ebd., S. 1.
51 Ebd.
52 Schwarz, *Anthropologische Spektakel,* a. a. O.

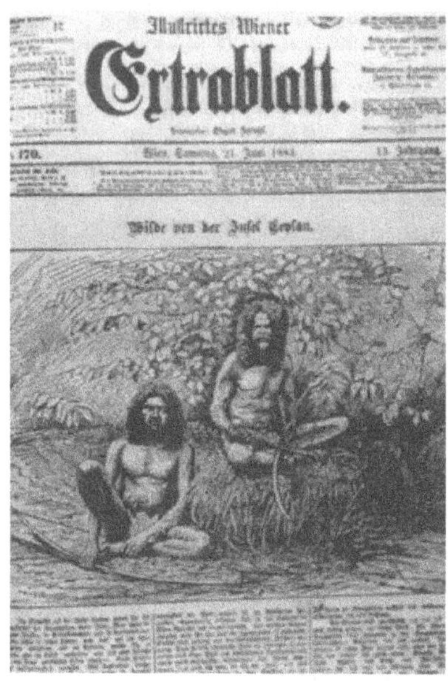

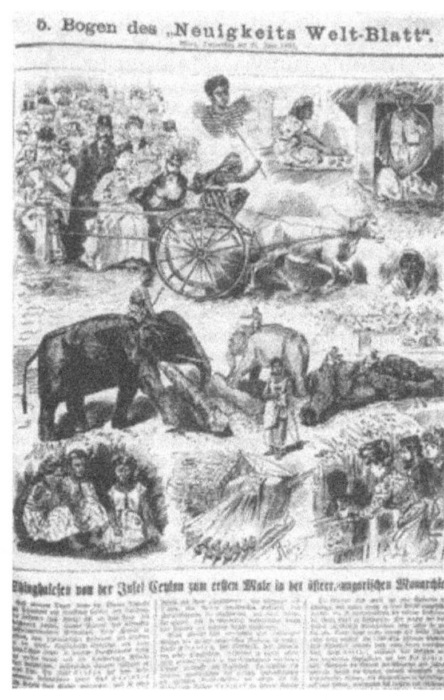

Abb. 4 und 5: Bericht über die „Singhalesen-Ausstellung" in Wien im *Extrablatt*, 1884.

hybrid identities that inhabit the peninsula", schreibt Tomislav Longinović.[53] Maria Todorova unterscheidet den Balkanismus-Diskurs vom kolonialen Diskurs der polaren Gegensätze, wie er sich etwa im Orientalismus manifestiert: „Diese Zwischenhaftigkeit des Balkans, sein Übergangscharakter, könnte ihn schlicht zu etwas unvollkommen Anderem gemacht haben; stattdessen wird er [...] als etwas unvollkommenes Eigenes konstruiert."[54] Dass Loos, der daran arbeitet, die eigene kulturelle Unvollkommenheit – „den Indianer in uns" – zu überwinden, Motive aus dem balkanistischen Repertoire bemüht, ist nicht allein dem geographisch-kulturellen Eklektizismus seiner „Schlagobers-Philosophie" geschuldet, wie sie Reyner Banham schon 1957 bezeichnet hat.[55] Maria Todorova verweist im Zusammenhang

---

53 Tomislav Z. Longinović, „Vampires Like Us: Gothic Imaginary and ‚the serbs'", in: Dušan I. Bjelić and Obrad Savić (eds.), *Balkan as Metaphor: Between Globalization and Fragmentation*, Cambridge/Mass./London 2002, S. 44.

54 Maria Todorova, *Die Erfindung des Balkans. Europas bequemes Vorurteil*, Darmstadt 1999, S. 37.

55 Reyner Banham, „Ornament and Crime: The Decisive Contribution of Adolf Loos", in: *A Critic Writes: Essays by Reyner Banham*, selected by Mary Banham, Paul Barker, Sutherland Lyall and Cedric Price, Berkeley/Los Angeles/London 1996, S. 18.

der englisch-amerikanischen Reiseliteratur des 19. Jahrhunderts über den Balkan auf deren romantisierende Vergleiche amerikanischer und südosteuropäischer „edler Wilder" und spricht vom „Balkan als Europas indianisches Territorium".[56] Mit Bezug auf die Romane Karl Mays stellt sie fest: „Es ist bemerkenswert, wie der nahe gelegene Balkan zusammen mit den weit entfernten nordamerikanischen Prärien die allgemeine Vorstellungskraft als sonderbare Schauplätze für die Darstellung von Moralitätsstücken inspirieren konnte."[57] In Alexander Kiossevs Aufstellung der dem Balkan zugeschriebenen Wesenseigenschaften finden wir eine ganze Reihe der von Loos heraufbeschworenen Bedrohungen der modernen westlichen Kultur wieder:

> On the level of connotations and tropes, it [der Balkanismus-Diskurs] implicitly claims that the peninsula is a disgusting and obscure place „where everything is perverted", a contaminated kingdom of repressed European demons: cruelty, machismo, hysterical passion, murderous barbarism, ignorance, arrogance, undisciplined erotism, pollution, forbidden corporeal pleasures, and dirtiness.[58]

Wie eine Passage aus der zweiten Nummer von *Das Andere* nahe legt, geht Loos davon aus, dass die „Balkanisierung" Österreichs ein Produkt der jüngeren Geschichte ist. Er beschreibt ein aus seiner Sicht vorbildhaftes Wiener Geschäftsportal, das man mit einem englischen verwechseln könnte:

> Es stammt aus einer Zeit, in der Österreich noch im Herzen des abendländischen Kulturbezirkes lag, aus einer Zeit, in der es keine Unterschiede zwischen englischen und österreichischen Portalen, zwischen englischen und österreichischen Möbeln und Tischlererzeugnissen gab. Aus der Kongreßzeit. Aus der Zeit, die fast hundert Jahre zurück liegt, in denen alle Faktoren daran gearbeitet haben, uns langsam, aber sicher zu Balkanstaatlern herunterzudrücken.[59]

Was könnten diese Faktoren der balkanischen Retardierung Österreichs gewesen sein?

1878 hatte Österreich Bosnien und die Herzegowina okkupiert. Um dieses Ereignis herum intensivierte sich der Balkandiskurs in Österreich, der mit westeuropäischen Kolonialdiskursen vieles gemein hatte. Im Unterschied zu den Kronländern der Monarchie wurde das mehrheitlich muslimische und

56 Todorova, *Erfindung des Balkans*, a. a. O., S. 158.

57 Ebd., S. 110.

58 Alexander Kiossev, „The Dark Intimacy: Maps, Identities, Acts of Identification", in: Bjelić und Savić (Hg.), *Balkan as Metaphor*, a. a. O., S. 180.

59 Loos, *Das Andere*, Nr. 2, a. a. O., S. 2.

über Jahrhunderte türkisch geprägte Bosnien als exotisch, orientalisch und „rassisch" anders betrachtet. „Bosnia-Herzegovina is the only territory of the Habsburg monarchy that can be approached through the paradigm of colonialism not only in a figurative sense", schreibt Clemens Ruthner.[60] Hier konnte man dem kolonialen Modell einer „Kulturmission" folgen, und die zeitgenössischen österreichischen Berichte über Bosnien sind „overarched by the discourse of civilization and culture, which is supposed to be implanted, as it were, in the Balkans."[61] Auch wenn von österreichischer Seite der Begriff „Kolonialismus" offensichtlich bewusst vermieden wurde, existieren andererseits Quellen, die z. B. aus deutscher Perspektive den Österreichern in Bosnien eine „vorbildliche" Kolonisierung bescheinigen.[62]

Adolf Loos betreibt gewissermaßen eine Inversion der externen Zivilisierungsmission Österreichs am Balkan, wenn er durch seine publizistische und gestalterische Praxis das Zentrum des Imperiums aus dessen afrikanisch-indianisch-balkanischer Rückständigkeit auf die Höhe der „abendländischen Kultur" zu heben sucht. Wie bereits klar geworden sein dürfte, sind die Bezugnahmen auf den Balkan gegenüber der Berufung auf eine globale koloniale Bildwelt des Primitiven zahlenmäßig deutlich in der Minderheit, wenn auch der Balkan- bzw. Bosniendiskurs wohl den konkretesten historischen Hintergrund der kolonialen Rhetorik von Loos' Ausführungen darstellt. Das eigentlich Signifikante ist aber die argumentative Durchdringung von spezifisch regionalen und allgemein westlichen Elementen der Kolonialrhetorik des Moderne- und Modernisierungsdiskurses. In *Das Andere* bringt Loos den österreichischen Bosnienfeldzug mit den Burenkriegen (1899–1902) in Südafrika in Verbindung. Er verwehrt sich sowohl dagegen, dass sich „ein dummes mohammedanisches Blatt den Unfug [...] gestattet hat, unseren verewigten Kronprinzen als Bosniakenschlächter zu bezeichnen", als auch dagegen, dass die „Ostdeutsche Rundschau" Eduard VII. als „Burenschlächter" attackierte.[63] In beiden Fällen steht Loos auf Seiten der Aggressoren, deren politisch-militärische Motive er in dem jeweiligen Volkswillen begründet sieht. „Bei den Zulukaffern ist das anders", schreibt Loos, da gehe es um bloße Stammesfehden aufgrund „persönlicher Ranküne" eines „Häuptlings", „da muss alles, was Waffen tragen kann, ausziehen, um totzuschießen und sich totschießen zu lassen."[64] Auch wenn es den Anschein haben mag, dass Loos seine Bezug-

60 Clemens Ruthner, „Habsburg's Little Orient: A Post/Colonial Reading of Austrian and German Cultural Narratives on Bosnia-Herzegovina, 1878–1918", *Kakanien revisited*, www.kakanien.ac.at/beitr/fallstudie/CRuthner5.pdf, S. 1.

61 Ebd., S. 14.

62 Ebd., S. 6.

63 Loos, *Das Andere*, Nr. 1, a. a. O., S. 5.

64 Ebd.

nahmen auf afrikanische Kolonialkriege nur aus der Lektüre aktueller Medienberichte bezieht, so sollte man doch berücksichtigen, dass es um 1900 auch in Österreich eine gut publizierte Kolonialpropaganda gab, etwa die des Forschungsreisenden Emil Holub, der die Kriege der Engländer gegen die Zulu um 1880 vor Ort mitverfolgte, sich völlig mit ihrem „Glauben an das Moderne" identifizierte und alles daran setzte, wenn auch ohne Erfolg, Österreich in Südafrika als Machtfaktor zu etablieren.[65] Loos, dessen erste Texte zeitgleich mit Holubs Aufrufen zur Kulturmission in Afrika erscheinen, ist meiner Ansicht nach von solchen Propagandismen beeinflusst. Es geht ihm aber nie darum, einen kolonialen Nicht-Ort – um mit Homi Bhabha zu sprechen – zu modernisieren, sondern vielmehr um die Abwehr bzw. Desavouierung jedes Hindernisses auf dem Weg Österreichs in die wirkliche, durch England und Amerika vertretene, Modernität.

Maria Todorova hat darauf hingewiesen, dass die westliche Beschreibung der „armen und uneleganten, aber christlichen" Menschen auf dem Balkan – im Gegensatz zur muslimisch-osmanischen Herrscherklasse – im 19. Jahrhundert „fast identisch [ist] mit jener, die man verwendete, um die westlichen Unterschichten darzustellen – eine Quasi-Parallele zwischen dem ‚East End' Londons und dem ‚East End' Europas."[66] Eine ähnliche Analogiebildung zwischen den externen Anderen und Repräsentanten einer inneren Differenz lässt sich im kulturmissionarischen Diskurs von Loos feststellen. Der „Indianer" als eine wandernde Metapher des Primitiven ist dafür vielleicht das beste Beispiel. Vom amerikanischen Westen über den „Balkan als Europas indianisches Territorium" bis zu dem „inneren Indianer" des Österreichers reicht das Wirkungsgebiet dieser Differenzfigur.

Ich denke, dass der „innere Indianer" bei Loos nicht allein als polemisches Bild einer kulturellen Rückständigkeit seiner Landsleute zu begreifen, sondern auch auf eine bestimmte gesellschaftliche und demografische Situation im Wien der Jahrhundertwende gemünzt ist, die im Kontext seiner Diagnose des kulturellen Abfalls Österreichs auf ein Niveau von „Balkanstaatlern" zu berücksichtigen ist. Wie z. B. Alexandre Dumas' Romantitel *Die Mohikaner von*

65 Man vergleiche die zitierte Stelle von Loos mit der folgenden bei Holub: „Wenn es [...] Menschen gibt, welche den Zulu-Krieg [...] als eine der größten Ungerechtigkeiten ansehen, deren sich die englische Regierung in Süd-Afrika schuldig gemacht, so beruht diese irrige Ansicht auf einem vollkommenen Mißverständnis des [...] Zulu-Charakters." Emil Holub, *Sieben Jahre in Süd-Afrika. Erlebnisse, Forschungen und Jagden auf meinen Reisen von den Diamantenfeldern zum Zambesi 1872–1879*, Bd. 2, Wien 1881, S. 493, zit. nach Georg Friedrich Hamann, „Emil Holub. Der selbsternannte Vertreter Österreich-Ungarns im Südlichen Afrika", in: Walter Sauer (Hg.), *k u.k. kolonial, Habsburgermonarchie und europäische Herrschaft in Afrika*, Wien 2002, S. 190.

66 Todorova, *Erfindung des Balkans*, a. a. O., S. 38.

Paris (1845) veranschaulicht, finden im 19. Jahrhundert einige der mit dem „Indianer" verbundenen Vorstellungen Anwendung auf ein großstädtisches Milieu des verarmten, (klein-)kriminellen, unsauberen, sittlich verkommenen, dem Alkohol verfallenen und bedrohlich umherstreifenden (Lumpen-) Proletariats. Wolfgang Maderthaner und Lutz Musner haben in ihrem Buch *Die Anarchie der Vorstadt. Das andere Wien um 1900* eindrücklich nachgewiesen, wie mit dem Einzug der Moderne auch eine Spaltung der Stadt stattfindet, die dem bürgerlich-aristokratischen Zentrum das Andere der Zivilisation in den Vorstädten entgegensetzt. In den Wiener politischen, polizeilichen und hygienischen Diskursen des späten 19. und frühen 20. Jahrhunderts wird „die urbane Peripherie zum Territorium des Niederen, des Abstoßenden, des Abschaums und der Unkultur und damit zum ‚Anderen' der bürgerlichen Gesellschaft erklärt."[67]

Planen und Bauen als Erziehung zur Moderne

Wenn wir fragen, welche bei Loos nicht explizit genannten Faktoren es waren, die in den fast hundert Jahren seit der Kongresszeit zum kulturellen Absinken auf balkanähnliches Niveau geführt hätten, dann muss wohl zuallererst auf die gesellschaftliche und urbane Transformation Wiens im Zuge der Industrialisierung und massenhaften Zuwanderung verwiesen werden. „Über das ganze 19. Jahrhundert hat sich die Einwohnerzahl der Agglomeration Wien versiebenfacht, von 1830 vervierfacht, in den letzten drei Jahrzehnten des Jahrhunderts verdoppelt."[68] Mit der Zuwanderung sowohl aus den näher gelegenen ländlichen Gebieten als auch der jüdischen Migration aus östlichen Provinzen der Monarchie treten sichtbar fremde Lebensformen auf, die wiederum in der räumlichen Dichte der Vorstädte und unter den Bedingungen der industriellen Arbeitswelt einer Umformung unterliegen. Die proletarisierten Vorstädte „werden [...] zu sozial und kulturell strikt abgetrennten Territorien, also zu ‚dunklen Landschaften'. Sie sind Projektionsflächen von Bedrohungen, die den Siegeszug der Moderne und des bürgerlichen Utopismus im Gefolge von Aufklärung, Liberalismus und wirtschaftlich-technischem Fortschritt in Frage zu stellen scheinen."[69] Die bürgerliche Reaktion auf die verunsichernden Veränderungen des sozialen und urbanen Gefüges weist in ihren Beschreibungsmustern verschiedener innerer und äußerer Dif-

67 Wolfgang Maderthaner und Lutz Musner, *Die Anarchie der Vorstadt. Das andere Wien um 1900*, Frankfurt/New York 1999, S. 89.

68 Ebd., S. 66.

69 Ebd., S. 87.

ferenzen vielfache Überschneidungen auf. Die anarchische Vorstadt wird stark sexualisiert wahrgenommen und mit der verführerischen, aber gefährlichen Sinnlichkeit des proletarischen „Weibes" verbunden; Ostjuden werden als „schwarz" beschrieben; weibliche Sexualität wie vorstädtische Milieus als „dunkle Kontinente" beschrieben; eine Barackensiedlung am Stadtrand Wiens als „Negerdörfel" bezeichnet. Auch wenn Loos sich zunächst nicht an den Debatten um die genannten gesellschaftlich-urbanen Umbrüche beteiligt, sind seine Bilder von Differenz und Bedrohung wohl kaum ohne den Nährboden jenes diskursiven Amalgams zu denken, das die bürgerliche Gesellschaft Wiens in Reaktion auf die von diesen sozialen Transformationen ausgelösten Verunsicherungen hervorbringt. Die Polemik von Loos operiert allerdings weniger entlang einer klar geschiedenen Oppositionskette von bürgerlich/proletarisch, deutsch/jüdisch usw., sondern greift einige der in diesen zeitgenössischen Diskursen präsenten Differenzkonstruktionen auf, um sie in provokanter Weise gegen die bürgerliche Kultur selbst und ihren mangelnden Willen zur Modernität zu wenden. Gerade diese Wendung des Differenzdiskurses gegen das eigene kulturelle Milieu macht es offensichtlich nötig, in der gegebenen Radikalität aus den Tiefen des kolonial-rassistischen Bild- und Begriffsrepertoires zu schöpfen.

Fragt man zum Abschluss dieser diskursanalytisch orientierten Betrachtung nach den Niederschlägen des kolonialen Imaginären in der architektonischen und gestalterischen Arbeit von Loos, so drängen sich vordergründig nicht allzu viele Beispiele auf. Am ausführlichsten behandelt ist diesbezüglich sein (nicht realisierter) Entwurf von 1928 für ein Haus für Josephine Baker in Paris (s. Abb. 6). Autorinnen wie Beatriz Colomina und Christina Treuther[70] haben unter anderem die schwarz-weiß gestreifte Fassade des Baker-Hauses als signifikante Ausnahme von der Ornamentlosigkeit der Loos'schen Fassaden mit den „rassischen" und sexuellen Projektionen auf den spektakelhaft inszenierten Körper des afro-amerikanischen Revuestars in Verbindung gebracht. Im Gegensatz zu seiner allgemeinen Auffassung von der äußeren Hülle des Hauses als einer neutralen Maske seines (weißen, bürgerlichen) Innenlebens, scheint Loos eine „tätowierte Oberfläche"[71] dort angebracht, wo

70 Christina Treuther, „Ausgerechnet Bananen: Die Ornamentfrage bei Adolf Loos oder Die Evolution der Kultur", in: Cordula Bischoff und Christina Threuter (Hg.), *Um-Ordnung. Angewandte Künste und Geschlecht in der Moderne*, Marburg 1999.

71 „The exterior of the house cannot be read as a silent mask designed to conceal its interior; it is a tattooed surface". Beatriz Colomina, *Privacy and Publicity: Modern Architecture as Mass Media*, Cambridge, Mass./London 1994, S. 281. Colomina zitiert im Zusammenhang mit dem Baker-Haus auch eine Äußerung von Ludwig Münz aus dessen Standardmonographie über den Architekten: „Africa: that is the image conjured up more or less firmly by a contemplation of the model." (S. 280).

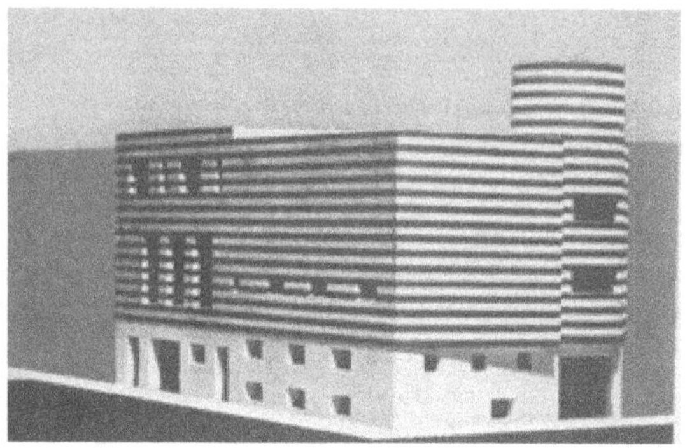

Abb. 6: Adolf Loos, Entwurf für ein Haus für Josephine Baker in Paris, 1928.

das Gebäude auf eine Bewohnerin verweisen soll, die in der zeitgenössischen Wahrnehmung mit Vorstellungen von Wildheit und schwarzer Sexualität verknüpft ist. Was koloniale Elemente in der Innenausstattung der Loos'schen Villen für seine großbürgerlich(-jüdische) Klientel betrifft, hat Elena Shapira darauf hingewiesen, dass Loos, der moderne „abendländische Kultur" mit der englischen gleichsetzt, als eine Art Markenzeichen inmitten der übrigen Möblierung immer wieder zwei Typen ägyptischer Hocker einsetzt, die von den Briten gesammelt wurden: „The Theben stools represented trophies collected by the British Empire, meaning they expressed identification with British colonialism."[72] (s. Abb. 7 und 8).

Die vielleicht interessanteste Frage zum Verhältnis des kolonialen Imaginären in der textuellen Produktion und seiner baulich-gestalterischen Praxis betrifft Loos' Arbeit im Bereich des Siedlungsbaus ab 1920. Geht man davon aus, dass Loos, wie ich oben behauptet habe, eine Inversion der externen kolonialen Zivilisierungs- und Modernisierungsdiskurse vornimmt und deren Argumentationsmuster auf das Innere der Metropole umlegt, dann ließen sich die Texte und Projekte, die er im Rahmen seiner Tätigkeit für das Wiener Siedlungsamt ausführte, daraufhin untersuchen, inwiefern hier Bezüge zum modernen Bauen in den Kolonien ausgemacht werden können. Grundsätzlich bin ich der Ansicht, dass Vergleiche zwischen kolonialistischen Praktiken im engeren und im übertragenen Sinn mit größter Vorsicht angestellt werden müssen, will man das historisch Besondere des Kolonialismus nicht verwässern. Dennoch lassen sich manche Parallelen ausmachen, sowohl was bestimmte Momente der Ausgangsbedingungen des jeweiligen Siedlungsbaus betrifft, als auch hinsichtlich der Konzepte, die seine Umsetzung leiteten.

72 Shapira, S. 61.

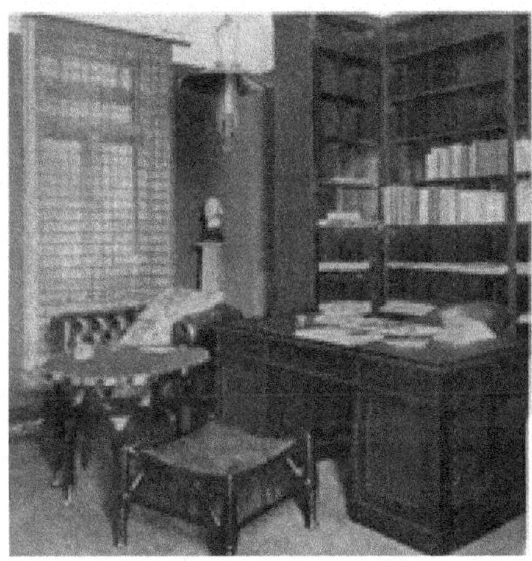

Abb. 7: Adolf Loos, Büroeinrichtung für Dr. Hugo Haberfeld, Wien 1899, mit dem vierbeinigen Theben-Hocker.

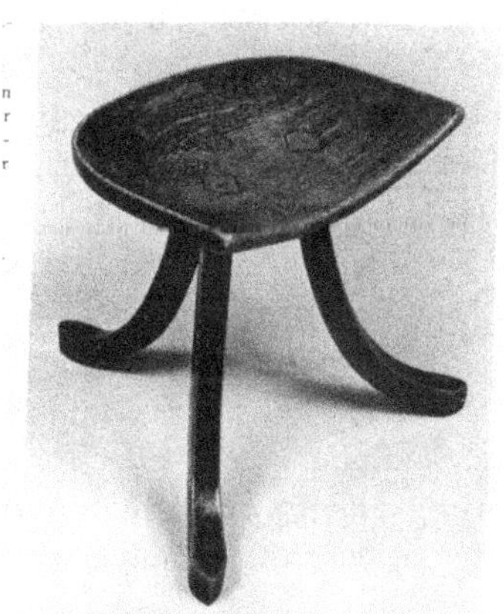

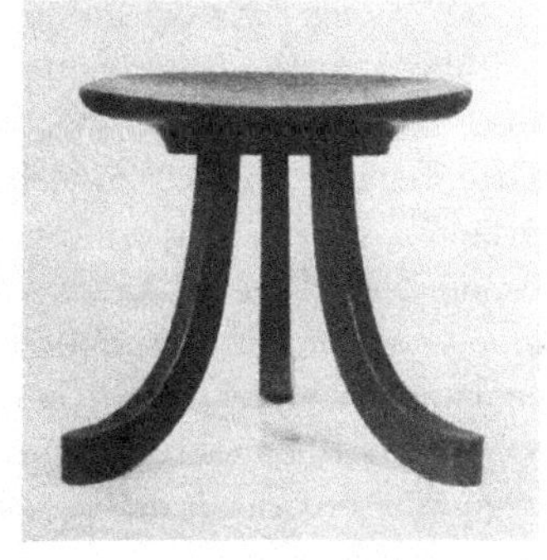

Abb. 8: links: Theben-Hocker von Liberty & Co., London, nach altägyptischem Original, hergestellt zwischen 1884 und 1907. Rechts: Josef Veillich, Wien, Handwerkskopie des dreibeinigen Theben-Hockers von Liberty & Co., von Loos sehr oft verwendet, erstmals 1899.

Die Faktoren der Industrialisierung, der starken Zuwanderung in die Städte, des Entstehens informeller Siedlungen an deren Rändern definieren die Ausgangslage der kolonialen Wohnbauprojekte in Marokko und Algerien nach dem Zweiten Weltkrieg wie auch der kommunalen Wohnbauprojekte nach dem Ersten Weltkrieg in Wien. In den diskursiven und planerischen Reaktionen auf diese Ausgangslagen finden sich Übereinstimmungen in den Diagnosen zu mangelnder Hygiene, zu Kriminalität und Unkontrollierbarkeit dieser prekären Lebensräume. Die Auftraggeber der entsprechenden Wohnbauprojekte, die Kolonialverwaltungen auf der einen Seite, sozialdemokratische Stadtregierung auf der anderen, lassen sich jedoch in ihren politischen und empathischen Beziehungen zu dem jeweiligen Zielpublikum ihrer architektonischen Projekte nur schwer miteinander vergleichen. Offensichtliche Parallelen zeigen sich wiederum in den Konzepten der Planer, die Gebäudetypen und Ensembles auch als erzieherische Maßnahmen zu begreifen, um sozial und/oder ethnisch definierte Gruppen an moderne Lebensformen heranzuführen. Die Analysen der Ausstellung „In der Wüste der Moderne" (Berlin, Haus der Kulturen der Welt, 2009) haben gezeigt, wie auch diejenigen Planer, die ihre Projekte auf Grundlage eines Studiums der ethnisch und kulturell verstandenen Lebensgewohnheiten ihrer künftigen Nutzer erarbeiteten, häufig an einem mangelhaften Verständnis dieser Lebensweisen scheiterten.[73]

Adolf Loos, der bis dahin für eine (groß-)bürgerliche Klientel gearbeitet hatte, aus seiner „aristokratischen" Gesinnung, an die er das Bürgertum heranzuführen suchte, kein Hehl gemacht hatte und aus seiner Sicht negative Phänomene, wie die Macht der Mode, mit der „Proletarisierung" der Kultur erklärte, begann um 1920, zunächst widerwillig, für das Wiener Siedlungsamt zu arbeiten. Dieses reagierte planend auf die „wilden Siedlungen" von Zugewanderten, Kriegsheimkehrern und Arbeitern an den Stadträndern Wiens, die infolge von Wohnungsmangel und Nahrungsknappheit am Ende des Krieges entstanden waren.[74] Schrebergarten und Siedlungswesen haben für Loos volkswirtschaftliche (Produktion von Nahrungsmitteln, die nicht importiert werden müssen), disziplinierende (nützliche Gartenarbeit statt diverser Aus-

---

73 *An Architektur. Produktion und Gebrauch gebauter Umwelt*, Ausgabe 22, Oktober 2008, und *Colonial Modern: Aesthetics of the Past – Rebellions for the Future*, hg. von Tom Avermaete, Serhat Karakayali und Marion von Osten, London 2010.

74 Ulrike Zimmerl spricht in Bezug auf die Kriegerheimstättenbewegung von „innenkolonisatorischen Maßnahmen" und verweist auf die „wehrpolitischen" und „rassehygienischen" Absichten hinter dieser Siedlungsform und der Auswahl ihrer BewohnerInnen. Ulrike Zimmerl, *Kübeldörfer. Siedlung und Siedlerbewegung im Wien der Zwischenkriegszeit*, Wien 2002, S. 54. Adolf Loos war federführend an der Planung und Errichtung der ersten Wiener Kriegerheimstätte in Hirschstetten beteiligt.

MUSTERSIEDLUNG HEUBERG. SYSTEM LOOS.

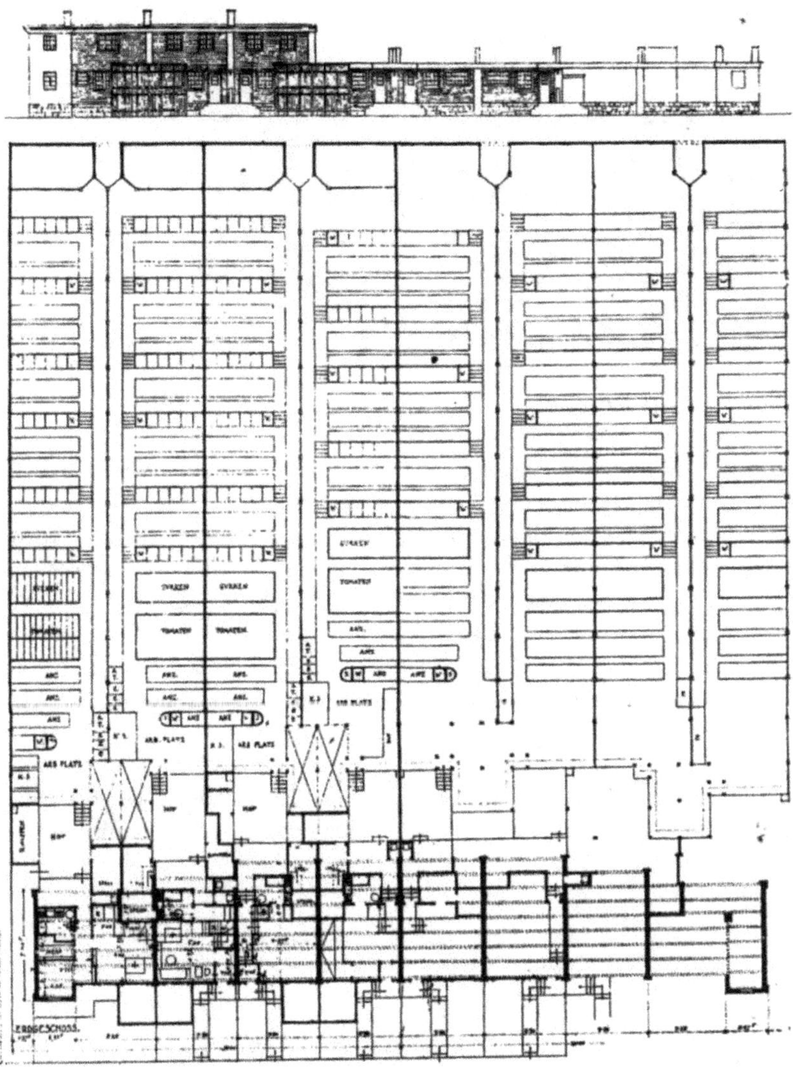

Abb. 9: Adolf Loos, Mustersiedlung Heuberg, Plan, 1921.

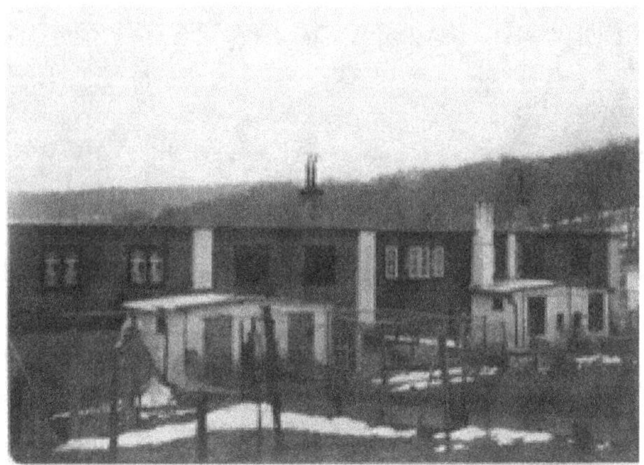

Abb. 10: Adolf Loos, Heubergsiedlung, Wien 1921, Ansicht vom Garten aus.

schweifungen in der arbeitsfreien Zeit) und kulturelle Bedeutung (Hebung der Rückständigkeit proletarischer Lebensformen auf eine quasi-bürgerliche Ordnung). Beinahe jede Überlegung, die Loos in den entsprechenden Texten zur baulichen Ordnung der Siedlerbewegung anstellt, ist von Konzepten der Reglementierung geleitet.[75] Klare Vorschriften betreffen die Trennung von Wohn- und Schlafbereichen, die (an England und Amerika orientierten) Formen des Kochens und Essens, die alltägliche Zeitökonomie der Familie – „des morgens kommen alle familienmitglieder zu gleicher zeit herunter"[76] – die Vereinheitlichung der Anlage der Gärten und der anzubauenden Produkte, die Anzahl der Komposthäufen usw. „Wer siedeln will, muss umlernen", heißt es unmissverständlich (s. Abb. 10).[77] Wie später in den kolonialen Siedlungsbauten Nordafrikas, ging es auch Loos um die architektonisch unterstützte Kreation eines „neuen Menschen".[78]

75 Adolf Loos, „Wohnen lernen!" [1921], „Der Tag der Siedler" [1921] und „Die moderne Siedlung" [1926], in: ders., *Trotzdem*, a. a. O.

76 Loos, „Wohnen lernen!", a. a. O., S. 166.

77 Ebd., S. 168.

78 Loos, „Wohnen lernen!", a. a. O., S. 165. „Es ging um eine rigorose Lebensreform, die – ausgehend von einer einzigen Gesellschaftsschicht, dem Zielpublikum der Siedlerbewegung – nichts weniger schaffen sollte als den neuen Menschen, der Teil einer neuen Gesellschaft sein sollte. Dieser neue Mensch sollte über die Reform seiner unmittelbaren Lebensumgebung, die Loos plante und gestaltete, und zwar bis in die Privatsphäre des einzelnen hinein, geschaffen und erzogen werden. Dabei bewegte sich Loos auf dem dünnen Grat zwischen Empathie und Bevormundung." Inge Podbrecky, „Das Andere für alle. Adolf Loos und die Siedlerbewegung", in: Inge Podbrecky und Rainald Franz (Hg.), *Leben mit Loos*, a. a. O., S. 135.

„Loos versucht manchmal, proletarischen Ansprüchen gerecht zu werden, vor allem in seiner Auseinandersetzung mit dem Siedlungsbau", schrieb Hildegund Amanshauser, „er kämpft für eine Ausdehnung der bürgerlichen Kultur auf alle Klassen und übersieht dabei, dass die Wohnkultur, die Ästhetik und die Symbole in den verschiedenen sozialen Schichten divergieren und nicht auf einen Nenner zu bringen sind. Loos' Theorie und Praxis entsprechen in dieser Hinsicht nicht den Anforderungen der Arbeiter."[79]

Erinnern wir uns an die zentrale Bedeutung, die Loos dem Beruf der „Plumber" als „Quartiermacher der Kultur" beimisst, wenn es um moderne urbane Lebensformen geht, so kommt sein ausdrückliches Verbot von WC und Kanalisation in den Siedlungsprojekten (Fäkalien müssen zur Bestellung der Gärten genützt werden)[80] den späteren, ethnisch segregierten Siedlungsprojekten des kolonialen Nordafrika nahe, die glaubten, aus „kulturellen" Gründen ihren Nutzern technische Errungenschaften solcher Art vorenthalten zu können, dann aber mit deren Forderung nach europäischen Wohnungen konfrontiert wurden.

Der koloniale Diskurs und das koloniale Imaginäre haben für die Moderne-Konzeption von Loos eine zentrale Funktion. Die These dieses Beitrags geht dahin, dass das europäische koloniale Denken und Vorstellen bei dem Wiener Architekten und Autor in ein Projekt der kulturellen Selbstmissionierung seiner Heimat gedreht wird. Wenn sich dabei in Bezug auf Teile seiner baulichen Praxis manche Parallelen zu kolonialen Projekten feststellen lassen, so will dies nicht im Sinne eines historisch-kausalen Arguments verstanden werden. Solche Ähnlichkeiten im Rahmen sehr unterschiedlicher Kontexte auf die Ebene einer plausiblen Entwicklungslogik zu heben, muss – sofern dies überhaupt erstrebenswert ist – anderen Forschungen überlassen werden.

Dieser Text erschien zuerst auf Englisch in: *Colonial Modern: Aesthetics of the Past – Rebellions for the Future*, hg. von Tom Avermaete, Serhat Karakayali und Marion von Osten, London: Black Dog Publishing 2010.

79 Amanshauser, *Untersuchungen zu den Schriften von Adolf Loos*, a. a. O., S. 215.
80 Loos, „Die moderne Siedlung", a. a. O., S. 191.

Verena Krieger

Ambiguität und Engagement

Zur Problematik politischer Kunst in der Moderne

Im Rahmen der Istanbul Biennale 2001 hat die bosnische Künstlerin Maja Bajević als dritten Teil einer Serie „Women at work" eine Performance unter dem Titel „Washing up" aufgeführt, bei der sie zusammen mit drei bosnischen Flüchtlingsfrauen ‚heroische' Parolen des früheren jugoslawischen Staatspräsidenten Tito auf große Tücher stickte und diese dann in einem Hamam über fünf Tage hinweg immer wieder mit schmutzigem Wasser wusch und zum Trocknen aufhängte, so dass die Tücher allmählich immer dunkler und zerschlissener wurden, zugleich die Schrift immer mehr verblasste (Abb. 1).[1]

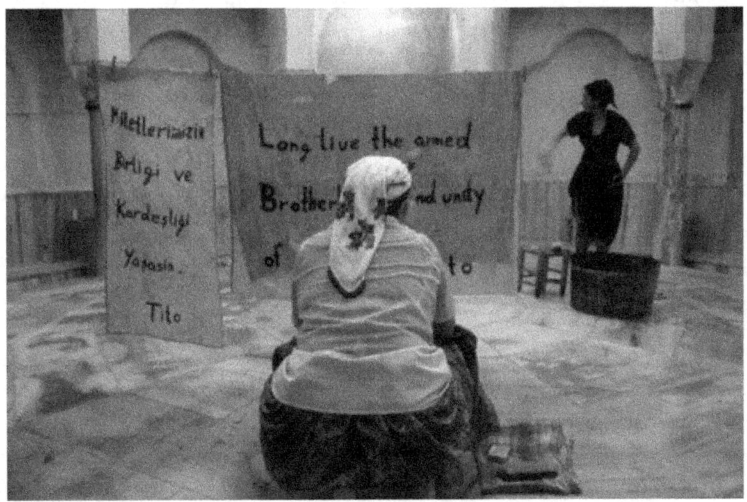

Abb. 1: Maja Bajevic, „Women at work 3: Washing up", Performance, Istanbul 2001

1 Maja Bajević, ... *and other stories*, Zürich 2002.

Diese Performance, die in einem Video dokumentiert ist, bringt die großen Themen Krieg, Flucht, das Ende Jugoslawiens und die Arbeit der Frauen in einen dichten Zusammenhang, der aber – und das ist hier das Entscheidende – keinen auf den ersten Blick erschließbaren Sinn und keine klar entschlüsselbare Botschaft ergibt. Wurden Titos Parolen über die strahlende Zukunft Jugoslawiens deshalb so liebevoll aufgestickt, weil sie eine bessere Vergangenheit repräsentieren oder um ihre Künstlichkeit zu unterstreichen? Wurden die Tücher in Schmutzbrühe gewaschen, um ihre Verlogenheit zu entlarven oder um den Zerfall Jugoslawiens visuell nacherlebbar zu machen? Handelt es sich bei dem quasi-rituellen Waschvorgang um den Versuch, einen Heilungsprozess in Gang zu setzen, oder waschen hier nur wieder einmal Frauen den Dreck weg, den andere gemacht haben? Offensichtlich basiert die Arbeit auf der sorgfältigen Kombination von Widersprüchen unter Vermeidung eindeutiger Aussagen. Ebenso offensichtlich steht diese Uneindeutigkeit aber nicht im Kontext eines Ästhetizismus, sondern es handelt sich um eine ernsthafte Auseinandersetzung mit schwerwiegenden Themen, die für die aus Sarajevo stammende Künstlerin eine hohe biografische Bedeutung haben.

Bajevićs Arbeit ist exemplarisch: In der zeitgenössischen Kunst spielen gesellschaftspolitische Themen wie Globalisierung, Armut, Ökologie oder Rassismus eine bemerkenswert prominente Rolle, man könnte von einem regelrechten Boom „engagierter" Kunst sprechen – dabei ist jedoch auffällig, dass systematisch Strategien zur Vermeidung von Eindeutigkeit eingesetzt werden. Zwar handelt es sich um „engagierte Kunst" in dem Sinne, dass die KünstlerInnen damit durchaus ein soziales oder politisches Engagement verbinden und weder eine gleichgültig-deskriptive noch eine rein ästhetische Haltung zu den verhandelten Gegenständen einnehmen, doch hat diese engagierte Kunst einen vollkommen anderen Charakter als wir es von früheren Beispielen engagierter Kunst, etwa Käthe Kollwitz' sozialem Realismus, El Lissitzkys trotz Gegenstandslosigkeit semantisch klar entzifferbaren Propagandaplakaten[2] oder Hans Haackes institutionskritischer Kunst[3], kennen: An die Stelle mühelos erschließbarer politischer Botschaften sind komplexe, ambivalente, übercodierte oder vollends unbestimmte Zeichenkonglomerate getreten, die den Rezipienten ein Höchstmaß an Auseinandersetzungsbereitschaft und -fähigkeit abverlangen und vielfach auch nach längerer Deutungs-

2 Vgl. Verena Krieger, „El Lissitzkys ‚Roter Keil' – 4 Kontexte und 3 Bildlektüren. Die Semantik der Form in ikonologischer Perspektive", in: Kristin Marek und Martin Schulz (Hg.), *Kanon Kunstgeschichte. Einführung in Werke und Methoden*, Bd. III, München 2013.

3 Vgl. Benjamin Buchloh, „Von der Ästhetik der Verwaltung zur institutionellen Kritik", in: *Um 1968. Konkrete Utopien in Kunst und Gesellschaft*, Ausstellungskatalog Düsseldorf 1990.

aktivität nicht auf eine bestimmte Aussage hin entschlüsselbar sind. Politisches Engagement und ästhetisches Verfahren treten so in eine Spannung, die charakteristisch ist für die zeitgenössische Kunst.

Konfliktuelle Koexistenz

Historisch betrachtet, sind beide Phänomene – der politisch engagierte Künstler und die Ambiguität der Kunst – Hervorbringungen der Moderne: Beide hängen unmittelbar zusammen mit der Autonomisierung der Kunst in der bürgerlichen Gesellschaft. Durch sie ist der Künstler frei geworden für eigenes gesellschaftspolitisches Engagement jenseits der Interessen von Auftraggebern. Zwar ist von einzelnen Künstlern der frühen Neuzeit ein politisches Engagement bekannt geworden, z. B. Jörg Ratgeb – der sich im Bauernkrieg auf Seiten der Bauern engagierte und zur Strafe gevierteilt wurde[4] – oder Peter Paul Rubens – der im 30jährigen Krieg friedenspolitische Missionen übernahm[5] –, doch agierten sie nicht als Staatsbürger und bürgerliche Subjekte, sondern in den gesellschaftlich eng definierten Rollen des Aufständischen bzw. des Höflings; und vor allem war ihr politisches Handeln nicht integraler Bestandteil ihres Selbstverständnisses als Künstler. Der erste Künstler, der – im Übergang von der höfischen zur bürgerlichen Gesellschaft – als Citoyen *und* Maler politisch handelte, war vermutlich Jacques-Louis David; er verhielt sich aber stets affirmativ zur jeweiligen Herrschaft (Ancien Régime, Jakobinerclub, Napoleon Bonaparte), der er propagandistisch zuarbeitete.[6] Der Rollenwechsel hin zur kritischen Position des Künstlers in der Gesellschaft vollzog sich erst in den 1840er Jahren, als frühsozialistisches Gedankengut in die entstehende Künstlerbohème einsickerte.[7] Auf sie geht die moderne Konzeption des engagierten Künstlers als Außenseiter, Kritiker und Revolutionär zurück, die die Avantgarden des 20. Jahrhunderts radikalisierten, indem sie künstlerische Innovationen mit Gesellschaftskritik verbanden. Der „kritische

4 Die Frage, ob Ratgebs politisches Engagement auch in seiner Kunst sichtbar wird, ist umstritten. Wilhelm Fraenger hat in seinem Buch *Jörg Ratgeb. Ein Maler und Märtyrer aus dem Bauernkrieg*, Dresden 1972, einen solchen Zusammenhang nahegelegt.

5 Vgl. Hans-Martin Kaulbach, „Peter Paul Rubens: Diplomat und Maler des Friedens", in: *1648. Krieg und Frieden in Europa*, hg. von Klaus Bußmann und Heinz Schilling, München 1998, Textband 2, *Kunst und Kultur*, 1998, S. 565–574.

6 Vgl. Verena Krieger, „Jacques-Louis David", in: *Was ist ein Künstler? Genie – Heilsbringer – Antikünstler. Eine Ideen- und Kunstgeschichte des Schöpferischen*, Köln 2007, S. 61–64.

7 Ein früher Repräsentant dieses Typus des kritischen Künstlers war Gustave Courbet; vgl. Klaus Herding, *Realismus als Widerspruch. Die Wirklichkeit in Courbets Malerei*, Frankfurt a. M. 1978; *Courbet et la commune*, Ausstellungskatalog Paris 2000.

Künstler", die „kritische" Funktion von Kunst ist seither zu einem Paradigma der Moderne geworden. Auch wenn Parteilichkeit und universeller Anspruch in der Kunst der letzten Jahrzehnte an Bedeutung verloren haben,[8] gibt es heute bemerkenswert viele KünstlerInnen, die sich in einer sozialen und politischen Verantwortung sehen.

Parallel zum engagierten Künstler entstand die moderne Konzeption der Ambiguität der Kunst.[9] Seit dem ausgehenden 18. Jahrhundert gelten Mehrdeutigkeit und Unbestimmtheit als Grundcharakteristikum des Ästhetischen, mehr noch: ist die Kunst zur „Institution von Ambiguität" (Berndt/Kammer) geworden.[10] In der modernen Kunsttheorie von Kant bis Adorno, von Novalis bis Eco, von Nietzsche bis Rancière gelten denn auch Offenheit, Rätselhaftigkeit und Uneindeutigkeit als essentiell für die Kunst. Im aktuellen Kunstdiskurs ist die Ambiguität der Kunst längst zum Stereotyp herabgesunken – mit der einfachen Feststellung, ein Werk sei „ambivalent" oder „vielschichtig", ist es bereits geadelt. Ambiguität ist also eine ästhetische Norm, die zwar kaum je als Norm explizit ausgesprochen wird, doch gerade daraus ihre Wirksamkeit bezieht. Als Paradigma, das dem gesamten Konnex von künstlerischer Praxis, Kunsttheorie, Kunstkritik und kunstwissenschaftlicher Forschung zugrunde liegt, erzeugt sie einen tautologischen Kreislauf wechselseitiger Bestätigung.[11]

Eine Konsequenz dieses Aufstiegs der Ambiguität zum Signum des Ästhetischen besteht darin, dass politisches Engagement in der Kunst problematisch geworden ist. Politische Kunst scheint etwas Anrüchiges zu haben. Ein Kunstwerk mit eindeutiger politischer Aussage setzt sich dem Verdacht aus, Propaganda zu sein, und geht damit potentiell seines Kunstcharakters verlustig. Entsprechend laufen Künstler, die sich politisch engagieren, Gefahr diskreditiert zu werden. Es verwundert daher nicht, dass selbst ein so hochpolitischer Künstler wie Hans Haacke in einem Interview (2003) gesagt hat: „Mir ist es unangenehm, als ‚politischer Künstler' ausgewiesen zu werden. Die Arbeit derart etikettierter Künstler ist in Gefahr, eindimensional

8 Ursula Frohne, „Kunst ohne Werk: Künstlerische Praxis als kritisch-diskursives Projekt", in: *Kunst und Politik*, Jahrbuch der Guernica-Gesellschaft, Bd. 9 (2007), Schwerpunkt: *Politische Kunst heute*, hg. von Ursula Frohne und Jutta Held, Göttingen 2008, S. 103–126.

9 Vgl. Verena Krieger und Rachel Mader (Hg.), *Ambiguität in der Kunst. Typen und Funktionen eines ästhetischen Paradigmas*, Köln/Weimar/Wien 2010.

10 Frauke Berndt und Stephan Kammer, „Amphibolie – Ambiguität – Ambivalenz. Die Struktur antagonistisch-gleichzeitiger Zweiwertigkeit", in: dies. (Hg.), *Amphibolie – Ambiguität – Ambivalenz*, Würzburg 2009, S. 7–32, Zitat S. 17.

11 Ausführlich hierzu Verena Krieger, „‚At war with the Obvious' – Kulturen der Ambiguität. Historische, psychologische und ästhetische Dimensionen des Mehrdeutigen", in: *Ambiguität in der Kunst*, a. a. O., S. 13–49.

verstanden zu werden."[12] Da Ambiguität erstens als das Qualitätsmerkmal von Kunst und zweitens als Garantin künstlerischer Autonomie gilt, stehen politisches Engagement und Kunst in einem strukturellen Widerspruch – das ist der Grund, weshalb ich von einer „Problematik" politischer Kunst in der Moderne spreche.

In der gesamten Kunstgeschichte der Moderne haben beide widerstreitenden Paradigmen eine konfliktuelle Koexistenz geführt. Die Antinomie von Ambiguität und Engagement ist daher auch ein zentrales Problem der Kunsttheorie. Einen Höhepunkt der diesbezüglichen Bewältigungsstrategien stellt die Ästhetik von Adorno dar. Adorno versuchte die Antinomie von Ambiguität und Engagement dialektisch aufzuheben, indem er postulierte, ein Kunstwerk sei aufgrund seines Kunstcharakters prinzipiell ambigue und gerade darin liege sein kritischer Gehalt gegenüber der Gesellschaft. Ambiguität ist demnach die höchste Form eines wahren Engagements der Kunst. Weil er im unauflösbaren „Rätselcharakter", in der Unverständlichkeit des Kunstwerks ein kritisch-engagiertes Moment sah, galten für Adorno die Neue Musik und die Kunst der Klassischen Moderne als Statthalter einer radikalen Gesellschaftskritik.[13] Allerdings musste er konzedieren, dass die Klassische Moderne in den 1950er/60er Jahren – im Zuge ihrer Instrumentalisierung im Kalten Krieg – ihren kritischen Charakter faktisch verlor, insofern die Dominanz der Form im westlichen Diskurs ihrerseits ideologisch aufgeladen wurde. Die Spannung von Ambiguität und Engagement ließ sich also theoretisch nicht auflösen.

Eine wichtige Verschiebung der Parameter der Debatte hat die Postmodernedebatte der 1980er Jahre gebracht, durch die die Ambiguität eine massive Aufwertung erfuhr – ich möchte behaupten, dass sie heute die Leerstelle füllt, die die von der Klassischen Moderne verabschiedete Schönheit hinterlassen hat. Anders als in der Klassischen Moderne, als der herrschende Kunstbegriff der Schönheit von den Avantgarden höhnisch attackiert wurde, wird der herrschende Kunstbegriff der Ambiguität heute von den Neo- und Postavantgarden geteilt und gilt Ambiguität auch engagierten KünstlerInnen als anzustrebende Qualität. Gleichzeitig und damit zusammenhängend hat in den letzten Jahren das Ästhetische eine enorme Aufwertung erfahren – freilich nicht im klassischen Sinne von Schönheit, sondern als Sinnlichkeit – und auch diese

12 Hans Haacke im Interview mit Gabriele Hoffmann, unveröffentlichtes Manuskript, 2003. Vgl. Gabriele Hoffmann, *Hans Haacke. Art into Society – Society into Art*, Weimar 2011.

13 Theodor W. Adorno, *Ästhetische Theorie*, Frankfurt a. M. 1973, insbes. S. 335 ff; ders., „Engagement", in: Gesammelte Schriften Bd. 11: *Noten zur Literatur*, Frankfurt a. M. 1974, S. 409–430.

neue Akzeptanz des Ästhetischen wird geteilt von künstlerischen Kreisen, die sich eher als kritisch verstehen. Vor diesem Hintergrund stellt die Kunstphilosophie von Jacques Rancière einen neuen Ansatz dar, das Ambigue des Ästhetischen mit politischem Engagement theoretisch zusammen zu denken. Rancière konzediert der Kunst eine in ihrer „sinnlichen Differenz" fundierte Potentialität „widerständig" zu sein,[14] womit er sich in trauter Eintracht mit Friedrich Schiller bis hin zu Denkern der Frankfurter Schule befindet – man denke an Marcuses Auffassung des Ästhetischen als Statthalter einer „nichtrepressiven Ordnung" oder an Habermas' Diktum vom „Eigensinn des Ästhetischen".[15] Diese – um in Rancières Terminologie zu bleiben – „Dissensualität" bzw. das „Widerständige" der Kunst verwirklicht sich nach Rancière gerade in spielerischer Nichtfestlegbarkeit, in „Ambivalenz" und „Mehrdeutigkeiten" sowie der Erzeugung und Aufrechterhaltung von „Spannung zwischen Gegensätzen". Alles Spielarten der Ambiguität, die hier aber – das ist das Entscheidende – an gesellschaftskritisches Engagement gekoppelt wird. Im Grunde hat Rancière in seiner Kunstphilosophie mit der „sinnlichen Differenz" einen altbekannten Topos der philosophischen Ästhetik wieder aufgenommen und diesen mit dem poststrukturalistischen Topos gekoppelt, wonach alle gesellschaftspolitische Veränderung durch die fortwährende Arbeit an Signifikanten zu leisten ist. Diese neu verschmolzenen Topoi hat er wiederum aktualisiert, indem er sie an Werken der zeitgenössischen Kunst diskutiert und damit für den aktuellen Diskurs verfügbar macht. Dies erklärt, weshalb Rancière in den letzten Jahren für ein kritisches künstlerisches Milieu zum theoretischen Bezugspunkt werden konnte.

Ungeachtet aller theoretischen Bemühungen agieren politische KünstlerInnen jedoch in ihrer Praxis weiterhin in einem antinomischen Feld. Sie entwickeln dabei mehr oder minder erfolgreiche Strategien, mit dem Konflikt zwischen Ambiguität und Engagement produktiv umzugehen und das Verhältnis der widerstreitenden Paradigmen neu auszuhandeln. Wie das Zusammenspiel von ambiguen Elementen und gesellschaftspolitischem Gehalt konkret funktionieren kann, möchte ich im Folgenden an einigen Exempla engagierter Kunst analysieren. Ambiguität kann in engagierter Kunst nicht nur auf unterschiedliche Weisen funktionieren, sondern auch unterschiedliche Funktionen einnehmen. Unter der Voraussetzung repressiver Regimes kann

14 Jacques Rancière, *Ist Kunst widerständig?*, Berlin 2008; ders., *Die Aufteilung des Sinnlichen. Die Politik der Kunst und ihre Paradoxien*, Berlin 2008.

15 Herbert Marcuse, *Triebstruktur und Gesellschaft. Ein philosophischer Beitrag zu Sigmund Freud* (Schriften Bd. 5), Frankfurt a. M. 1979, Kap. „Die ästhetische Dimension", S. 150–169; Jürgen Habermas, „Die Moderne – ein unvollendetes Projekt", in: *Die Moderne – ein unvollendetes Projekt. Philosophisch-politische Aufsätze*, Leipzig 1990, S. 32–54, insbes. S. 43 ff.

sie als Tarnung und Selbstschutz dienen[16] (was entsprechende Entschlüsselungsprobleme mit sich bringt[17]). Darauf gehe ich jedoch nicht ein, sondern werde mich auf solche Varianten von Ambiguität in engagierter Kunst konzentrieren, die unter den Bedingungen der westlich-kapitalistischen Moderne und ihres Kunstbegriffs entstanden sind. Freilich sind auch diese unter jeweils spezifischen historischen Bedingungen entstanden, die zu untersuchen wären – mein Zugang ist aber nicht historisch, sondern systematisch: Ich beginne mit künstlerischen Ansätzen, die mittels der Evokation des Widerspruchs arbeiten, wende mich dann jener gesteigerten Form der Ambiguität zu, die in der Figur der Subversiven Affirmation zum Tragen kommt, gelange dann zu der tendenziellen Auflösung des Engagements in der Ambiguität, die in dem künstlerischen Verfahren der Indifferenten Mimesis angelegt ist, um zuletzt auf die Variante von Ambiguität zu sprechen zu kommen, die den Widerspruch in Versöhnung auflöst. Mit diesen vier Kategorien, die sich um weitere ergänzen lassen, möchte ich das Spektrum möglicher Funktionsweisen, aber auch Funktionen von Ambiguität in politischen Kontexten einer ersten Sichtung unterziehen.

16 Vgl. etwa den begleitend zur gleichnamigen Ausstellung erschienenen Reader: Iris Dressler und Hans D. Christ (Hg.), *Subversive Practices. Art under Conditions of Political Repression 60s–80s/South America/Europe*, Württembergischer Kunstverein, Stuttgart 2009.

17 Ein Beispiel hierfür ist Goyas Gruppenbildnis der Familie König Karls IV. (1800/01) im Prado, das aufgrund der Hässlichkeit der dargestellten Personen und seit Théophile Gautiers ironischer Beschreibung „der Bäcker an der Ecke und seine Frau, nachdem sie in der Lotterie gewonnen haben" immer wieder als versteckte Kritik der Monarchie gedeutet wurde, was allerdings nicht belegbar ist. Vgl. Fred Licht, *Goya. Beginn der modernen Malerei*, Düsseldorf 1985, S. 69: „Beschreibung menschlichen Bankrotts"; Oto Bihalji-Merin, *Goya. Glanz und Macht. Die Schrecken des Krieges*, Stuttgart/Zürich 1985, S. 77: Goya zeigt „die Armseligkeit und Selbstgefälligkeit der Herrschenden" und das „Endspiel des überlebten Absolutismus"; Jutta Held, *Francisco de Goya in Selbstzeugnissen und Bilddokumenten*, Reinbek bei Hamburg 1980, S. 78: Es „wäre abwegig anzunehmen, es hätte in Goyas subjektiver Intention gelegen, die königliche Familie dem Spott preiszugeben", jedoch trug „auch Goyas eigenes Werk dazu bei, das Emissionsniveau dieses Bildes in Richtung auf eine kritische Rezeption hin zu bestimmen. Denn die modischen Typen, die Goya für seine höfischen Porträts studiert hatte, verwendete er ähnlich, nur karikiert oder ironisch, in seinen Caprichos". Letztlich belegen diese Kommentare, wie produktiv gerade solche Werke sind, die auch nur in die Nähe des Grenzbereichs zwischen Herrschaftsaffirmation und subversiver Kritik geraten.

Evokation des Widerspruchs

Dieses Verfahren lässt sich gut aufzeigen am Klassiker der engagierten Kunst, dem künstlerisch-politischen Plakat. Ein klassisches Beispiel der politischen Plakatkunst ist John Heartfields berühmte Fotomontage „Adolf der Übermensch: Schluckt Gold und redet Blech" (1932, Abb. 2).

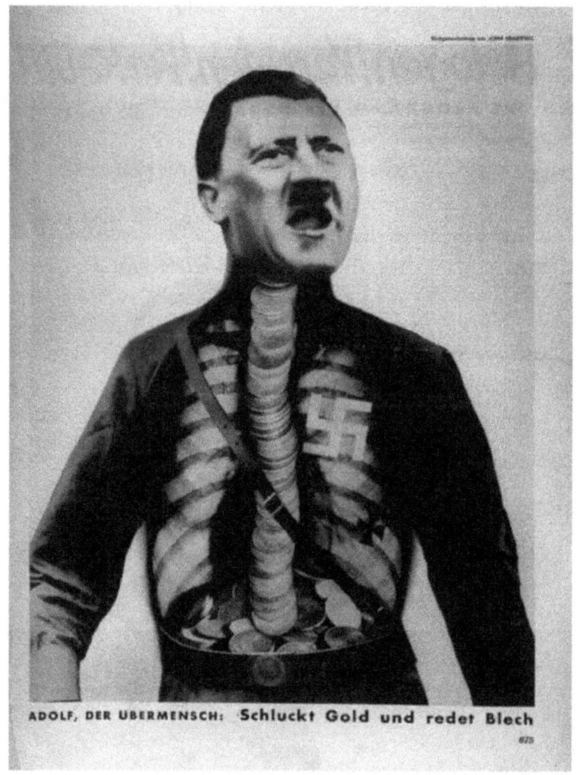

Abb. 2: John Heartfield, „Adolf der Übermensch: Schluckt Gold und redet Blech", Plakat, 1932

Hier wird gespielt mit dem vexierbildhaften Wechsel zweier Perspektiven – Inneres und Äußeres der Person Hitlers – wobei der Blick nach innen auf die aus Münzen gebildete Wirbelsäule und das Hakenkreuz-Herz gewissermaßen sein „wahres Wesen" offenbart. Das Ganze ist scheinbar emblematisch angelegt, insofern das Bild durch einen erklärenden Text am unteren Bildrand kommentiert wird. Während aber die Subscriptio im klassischen Emblem eine erklärende Meta-Information enthält, ist hier die Textzeile „Adolf der Übermensch: Schluckt Gold und redet Blech" ebenso ambivalent strukturiert wie die Bildcollage. Zwar greift sie den vom NS arisch umgedeuteten „Übermensch"-Mythos auf, aber nur, um ihn in der zweiten Satzhälfte zu desavouieren. Als weitere Sinnebene verweisen die Münzen darauf, dass Hitler vom deutschen Großkapital finanziert wurde, und stellen ihn ikonographisch in die Rolle des käuflichen Verräters. Dem korrespondiert der Text mit dem

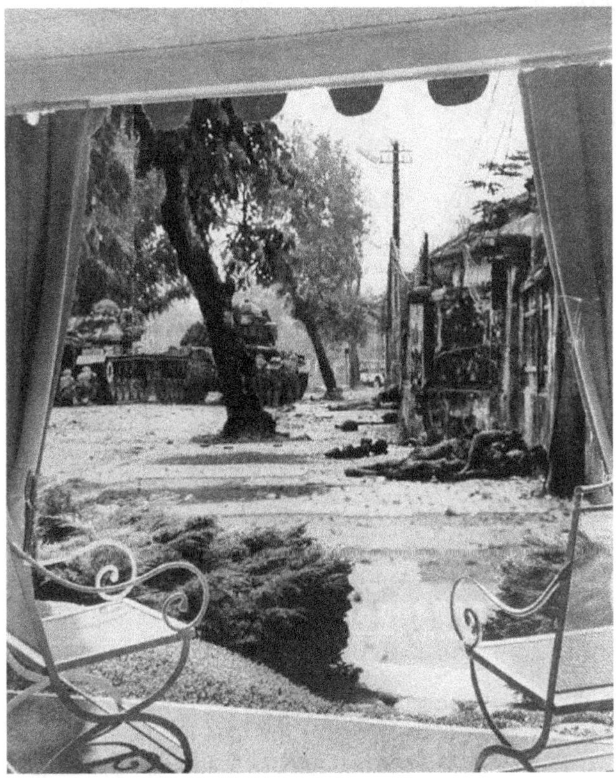

Abb. 3: Martha Rosler, Fotomontage aus der Serie „Bringing the War home", 1967–72

Verweis auf das geschluckte Gold. Die politische Botschaft ist also recht eindeutig, aber sie bedient sich dabei ambiguer Wahrnehmungsangebote.

Heartfields Vorbild wurde in den 1960er Jahren aufgegriffen, etwa von Martha Rosler, die in einer Collagenserie „Bringing the War home" (1967–72) Kriegsbilder aus Vietnam in die Wohnraumidyllen amerikanischer Kleinbürger hinein montierte (Abb. 3). Sie verarbeitete dabei Bilder aus Massenmedien und publizierte ihre Fotomontagen wiederum in politischen Zeitschriften,

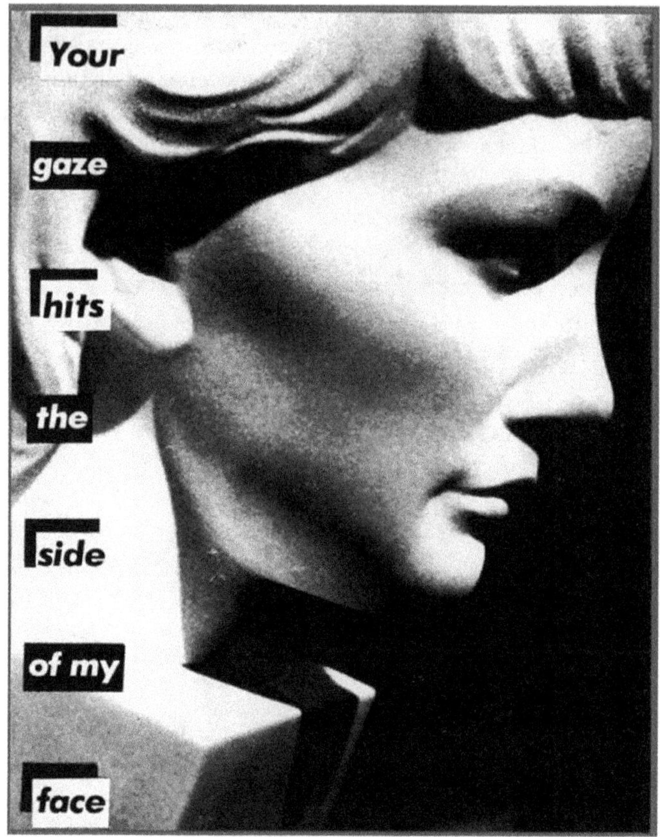

Abb. 4: Barbara Kruger, „Your gaze hits the side of my face", Plakat, 1981

also zunächst jedenfalls nicht im Kunstkontext. Vielfach wird, wie hier, die Vorhangperspektive eingesetzt, die den Blick aus einem harmlos-„hübschen" Innenraum in den trostlosen Außenraum lenkt, wobei Panzer und am Wegrand liegende Leichen erst auf den zweiten Blick erkennbar sind. Anders als bei Heartfield werden hier nicht gegensätzliche Perspektiven zusammenmontiert, damit diese sich wechselseitig kommentieren und erhellen, sondern die Kombination von Gegensätzen dient der Erzeugung eines Schockmoments. Es ist die einfachste, gleichzeitig auch sehr effektvolle Form bildlicher Ambiguität, die hier offenkundig im Dienste einer klaren politischen Aussage steht. Aber auch in diesem Fall ist natürlich eine Entschlüsselung erforderlich, die vom Rezipienten zu leisten ist.

In den 1980er Jahren entstand demgegenüber im Zuge der Postmodernedebatte das Bedürfnis nach Reduktion der Eindeutigkeit und Entschlüsselbarkeit. Charakteristisch für diese Tendenz ist Barbara Kruger, die in ihren Plakatarbeiten Ambiguität regelrecht kultiviert. Bei ihrem Plakat „Your gaze hits the side of my face" (1981, Abb. 4) haben wir es wieder mit einer Text-Bild-Collage zu tun, allerdings ist die Interpretationsleistung, die dem Betrachter zugemutet wird, wesentlich komplexer. Dabei sind Bild und Text und ihre Beziehung zueinander zunächst scheinbar eindeutig: „Your gaze hits the side of my face" ist ein grammatikalisch korrekter, klarer Satz. Die Profilansicht einer Frauenbüste ist ein klar identifizierbares Motiv. Und durch die Präsentation der seitlichen Ansicht der Büste wird eine direkte Beziehung zwischen Bild und Schrift hergestellt. Der Betrachter versteht, dass das Plakat beschreibt, was er gerade tut: dass er seinen Blick auf das weibliche Antlitz richtet. Mit dieser klaren Feststellung fängt die Unklarheit aber erst an, denn: Weshalb überhaupt wird ihm diese tautologische Mitteilung gemacht? Und: Weshalb wird seinem Blick durch die Aussage, dass er auf das Gesicht schlage, eine gewalttätige Dimension zugeschrieben? Das Plakat thematisiert die strukturelle Gewalt des männlich-voyeuristischen Blicks auf den weiblichen Körper, eines Blicks, der den Beschauer als Subjekt und die Beschaute als Objekt konstituiert. Es thematisiert dies aber nicht direkt, sondern in einer Weise, die den Betrachter anregen soll, seinen eigenen Blick und das, was er bewirkt, selbst zu beobachten. Die Ambiguität dieser Arbeit ist also Produkt einer Strategie der Verkomplizierung, und deren erwünschte Folge ist wiederum eine Steigerung der Betrachteraktivität.

Letztes Beispiel der Kategorie der Evokation des Widerspruchs ist eine bekannte Arbeit vom Beginn des 21. Jahrhunderts: das Plakat „Bosnian girl" (2003) der bosnischen Künstlerin Šejla Kamerić (Abb. 5). Konfrontiert wird ein Graffiti, das ein holländischer Soldat im Winter 1994/95 auf die Wand einer Armeebaracke bei Srebrenica geschrieben hat, mit einem Porträt der Künstlerin selbst. Ausleuchtung und Make-up unterstreichen ihre ätherische Schönheit und mädchenhafte Fragilität, ihre Mimik ist ernst, fragend und vorwurfsvoll. Kleine, aber deutlich lesbare Unterzeilen fügen die Information hinzu, dass es sich beim Autor dieser Zeilen um einen Angehörigen eben jener Armee handelte, die als Teil der UNO-Schutztruppen verantwortlich für die Sicherheit der Umgebung von Srebrenica war. Die Botschaft dieser Arbeit ist mit einem relativ einfachen Entschlüsselungsakt zu entziffern: Der herabwürdigende, gleichermaßen rassistisch wie misogyne Soldatenwitz wird einerseits durch die Konfrontation mit dem makellosen Frauenbildnis der Unwahrheit überführt und gleichzeitig als Pflichtvergessenheit gegenüber dem Schutzauftrag desavouiert. Mehr noch als John Heartfields Plakat funktioniert diese Arbeit also ähnlich wie ein Emblem, denn hier hat der Text unten tatsächlich eine Erklärungsfunktion. Anders als beim klassischen Emblem treten hier aber Motto und Bild nicht in eine Beziehung wechselseitiger Erklärung und Bestä-

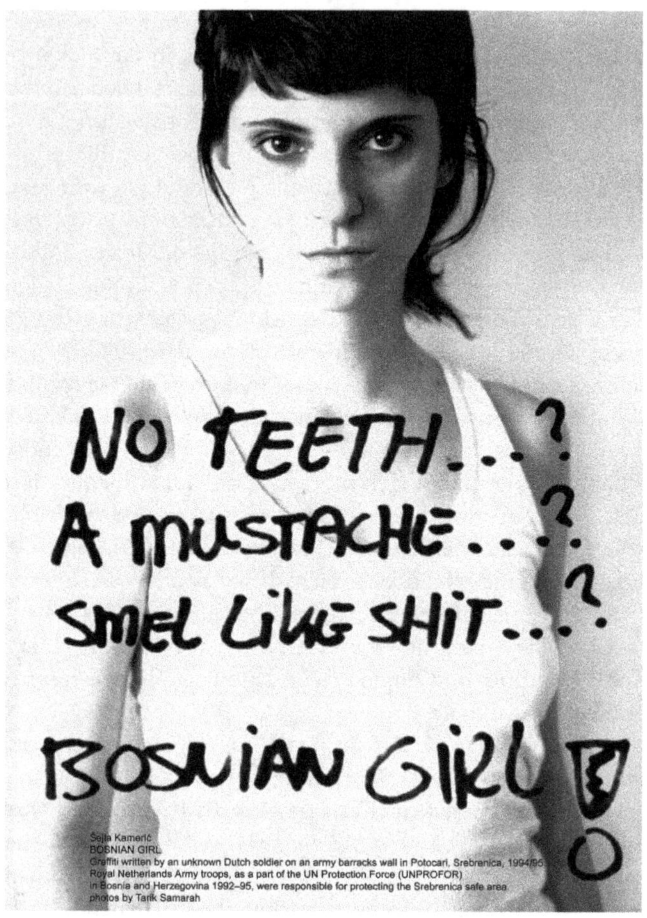

Abb. 5: Šejla Kamerić, „Bosnian girl“, Plakat, 2003

tigung, sondern in einen Widerspruch – wobei die Konfrontation eindeutig darauf abzielt, das „Motto“ zu denunzieren.

Solche Über- und Gegeneinanderprojektion von Text und Bild bzw. von Bild und Bild ist allen vier Plakatarbeiten gemeinsam. In diesem ästhetischen Verfahren liegt ein doppelter Effekt: Einerseits bewirkt es eine Aktivierung des poetisch-ästhetischen Eigenwerts gegenüber dem zu vermittelnden Sinn, ermöglicht also eine intensive Wahrnehmungsarbeit – und gleichzeitig zielt es auf eine intensive Deutungsarbeit, letztlich auf eine Anregung des Rezipienten zu Selbst-Aufklärung und kritischer Reflexion. Es findet also eine Ambiguierung statt, aber die Ambiguität steht im Kontext eines emanzipatorischen Programms.

Wenn, wie der Zürcher Literaturwissenschaftler Klaus Weimar schreibt, Ambiguität eigentlich nichts anderes ist als eine „Modifikation der Eindeutigkeit"[18], also lediglich ein etwas umständlicherer Weg zum Ausdruck einer letztlich entzifferbaren Botschaft, so trifft dies für die Arbeiten zu, die auf die Evokation des Widerspruchs abzielen. Einzig bei Barbara Krugers Plakat lässt sich dies in Zweifel ziehen. Sie selbst insistiert darauf, dass ihre Arbeit keine klar entschlüsselbare Bedeutung habe, vielmehr könne sie „bis zu einem gewissen Grade verschiedenen Betrachtern verschiedene Bedeutungen nahelegen." Und auf die Frage, für welche gesellschaftspolitischen Veränderungen sie mit ihrer Kunst kämpfe, antwortet sie trocken: „Ich kämpfe nicht."[19] Faktisch wie intentional produziert Kruger mit ihrer Plakatkunst zwar erschließbare Bedeutung, doch enthält diese in ihrer Komplexität einen nicht entzifferbaren, offen bleibenden „Rest", sodass sie das Modell von Ambiguität als „Modifikation der Eindeutigkeit" ihrer Struktur nach überschreitet.

Subversive Affirmation

Eine vollkommen andere Form der Aktivierung von Ambiguität im Kontext engagierter Kunst ist die Subversive Affirmation bzw. künstlerische Subversion, die sich in künstlerischen und intellektuellen Kreisen seit den 1980er Jahren unverminderter Beliebtheit erfreut. Man kann im „Subversionsreader"[20] theoretische Begründungen finden, sich im „Handbuch der Kommunikationsguerilla"[21] oder auf der „Subversivmesse" (Linz 2009) konkrete Anleitungen beschaffen sowie im 2008 erschienenen Sammelband *SUBversionen,*[22] in diversen Internetforen und auf Veranstaltungen[23] kritische Revisionen[24] verfolgen. Zwar hat

18 Klaus Weimar, „Modifikation der Eindeutigkeit. Eine Miszelle", in: Berndt/Kammer 2009, a. a. O., S. 53–59.

19 Barbara Kruger im Interview mit Erika Hoffmann Koenige, in: Ausstellungskatalog *Buchstäblich. Bild und Wort in der Kunst heute*, Wuppertal 1991, S. 76.

20 Martin Hoffmann (Hg.), *SubversionsReader. Texte zu Politik & Kultur*, Berlin 1998.

21 autonome a.f.r.i.k.a. gruppe, Luther Blissett und Sonja Brünzels, *Handbuch der Kommunikationsguerilla*, Berlin und Hamburg 1998.

22 Thomas Ernst, Patricia Gozalbez Cantó, Sebastian Richter, Nadja Sennewald, Julia Tieke (Hg.), *SUBversionen, Zum Verhältnis von Politik und Ästhetik in der Gegenwart*, Bielefeld 2008.

23 So etwa die Podiumsdiskussion „Subversiv?" am 23.3.2010 im Depot in Wien und die Vortragsreihe „Ästhetik@Subversion" im Herbstsemester 2010 an der Zürcher Hochschule der Künste.

24 Vgl. etwa Mark Terkessides über die „Mainstreamisierung der Subversion" (SUBversionen S. 37), Oliver Marchart über „Subversive Chic" („Techno-Theorie. Medien-Subversion, -Guerilla, -Sabotage, -Störung, -Dissidenz, -Piraterie, -Hijacking und andere Phantasien", www.n5m.org/n5m2/content/tyrell/guerill.htm), Mirko

sich um diese Idee, deren feministische Spielart im Gefolge Judith Butlers eine eigene Traditionslinie bildet,[25] eine große terminologische Breite herausgebildet – so stößt man auf eine Reihe verwandter Begriffe wie Überaffirmation, Überidentifikation,[26] kritische Affirmation, subversive Imitation, performative Subversion,[27] kritische Komplizenschaft[28] – doch der konzeptuelle Kern ist im Wesentlichen identisch. Und da dieser im Begriff der Subversion selbst begründet ist, zunächst ein paar Worte zu dessen Bedeutung.

Der Begriff „Subversion" fehlt im Wörterbuch geschichtlicher Grundbegriffe ebenso wie im Wörterbuch ästhetischer Grundbegriffe, obwohl er in beiden mit Fug und Recht einen Platz beanspruchen könnte. So steht trotz erster Ansätze[29] eine begriffsgeschichtliche Aufarbeitung noch aus.[30] Ich möchte hier meine eigene, vorläufige Sicht kurz darstellen. Vom lat. *subvertere* = umstürzen stammend, bezeichnete der Begriff ursprünglich den Umsturz der Staatsordnung – so wurde er von herrschender Seite verwendet, wenn es um die Kennzeichnung oppositioneller Betätigung ging, und so verwendete ihn auch Karl Marx, als er 1844 in seiner Einleitung zur Kritik der hegelschen Rechtsphilosophie vom „kategorischen Imperativ" sprach, „alle Verhältnisse umzuwerfen, in denen der Mensch ein erniedrigtes, ein geknechtetes, ein verlassenes, ein verächtliches Wesen ist".[31] Subversion ist hier gleichbedeutend mit Revolution. Fast 150 Jahre später rückte Johannes Agnoli in seiner Vorlesung über „Subversive Theorie" (1989/90) den Begriff in einen anderen

---

Tobias Schäfer und Hans Bernhard zur „Ambivalenz" des Subversiven (*SUBversionen* S. 69 ff) oder Martin Dolls Forderung nach einer „Subversion der Subversionen" (i. e. „selbst zum System geronnene *coole* und *hippe* Negationen") (*SUBversionen* S. 66); *Die Beute.* Neue Folge Nr. 1: *Subversion des Kulturmanagements,* hg. von Andreas Fanizadeh und Roberto Ohrt, Berlin 1998.

25 Vgl. Judith Butler, *Das Unbehagen der Geschlechter,* Frankfurt a. M. 1991. Susanne Lummerding, *„Weibliche" Ästhetik? Möglichkeiten und Grenzen einer Subversion von Codes,* Wien 1994.

26 Vgl. Slavoj Žižek, *Die Tücke des Subjekts,* Frankfurt a. M. 2001.

27 Butler 1991, a. a. O., S. 190 ff.

28 Vgl. Lisa Mazza und Julia Moritz (Hg.), *Kritische Komplizenschaft/Critical Complicity,* Wien 2010.

29 Diedrich Diederichsen, „Subversion – Kalte Strategie und heiße Differenz", in: *Freiheit macht arm. Das Leben nach Rock'n'Roll 1990–93,* Köln 1993, S. 33–52; mehrere Beiträge im Sammelband *SUBversionen,* a. a. O.

30 Eine solche ist seit längerer Zeit angekündigt, aber bei Erscheinen vorliegenden Beitrags noch nicht herausgekommen: Thomas Ernst, *Literatur und Subversion. Politisches Schreiben in der Gegenwart,* Bielefeld 2013.

31 Karl Marx, *Zur Kritik der Hegelschen Rechtsphilosophie,* Einleitung, MEW Bd. 1, S. 385.

Bedeutungshorizont, indem er Subversion als Form des Überwinterns in gegenrevolutionären Zeiten definierte: „Die Subversion ist eine Arbeit auf die Revolution hin, sie ist nicht die Revolution selbst – doch ist sie notwendig, um der Revolution behilflich zu sein in der schwierigen Zeit des Überwinterns. [...] eine sehr harte, mühselige Maulwurfsarbeit."[32]

Zwischenzeitlich, vor allem in den 1960er Jahren im Zuge der Studentenbewegung, hatte der Begriff der Subversion unter den kulturellen Bedingungen des sog. Spätkapitalismus nicht nur eine besondere Beliebtheit,[33] sondern auch einen Bedeutungswandel erfahren. Eine zentrale Rolle in diesem Zusammenhang spielte die Situationistische Internationale um Guy Debord, der in seinen Schriften die kapitalistische Warenkultur als entleertes Spektakel beschrieb, das in der totalen Entfremdung der Individuen münde.[34] Obwohl sich die SI als marxistisch-revolutionäre Bewegung verstand, brach sie mit dem klassischen Partei- und Revolutionsmodell. Sie verschob das Handlungsfeld weg von den klassischen politischen Aktionsbühnen (Parlament, Betrieb) hin zur alltäglichen Lebenspraxis, und an die Stelle des direkten Angriffs setzte sie indirekt funktionierende Handlungsstrategien: das *Dérive* (Umherschweifen im öffentlichen Raum mit einer kritischen Beobachtungsperspektive) und das *Détournement* (die Aneignung und Verfremdung vorgefundener Sinnzusammenhänge, d. h. konkret, mittels kleiner Eingriffe wie z. B. Überklebungen oder Übermalungen von Plakaten dekonstruktive Effekte zu bewirken. Theoretiker wie Umberto Eco, Jean Baudrillard[35] und Roland Barthes begleiteten diesen neuen Typ von Politik mit der Auffassung, wonach politische Opposition einzig als Angriff auf die symbolische Ordnung mittels der Verfremdung bestehender Zeichen zu realisieren sei: Roland Barthes fragte „Ist die beste Subversion nicht die, Codes zu entstellen statt sie zu zerstören?"[36] und Umberto Eco forderte eine „semiologische Guerilla"[37]. Die zeichentheoretische Fundierung mag dazu beigetragen haben, dass sich die Strategien der SI ungeachtet ihrer ablehnenden Haltung gegenüber der Kunst wesentlich auch im ästhetischen Feld artikulierten.[38] Der Anspruch auf politische Umwälzung

---

32 Johannes Agnoli, *Subversive Theorie. „Die Sache selbst" und ihre Geschichte*, hg. von Christoph Hühne, Freiburg 1996, S. 227.

33 Vgl. etwa die Zellen der sog. „Subversiven Aktion".

34 Guy Debord, *Die Gesellschaft des Spektakels*, Berlin 1996.

35 Jean Baudrillard, *Der symbolische Tausch und der Tod*, Berlin 1978.

36 Zitiert nach: *Handbuch der Kommunikationsguerilla*, a. a. O., S. 3 ff.

37 Umberto Eco, „Für eine semiologische Guerilla", in: *Über Gott und die Welt. Essays und Glossen*, München 1985, S. 146–156.

38 Vgl. u. a. Roberto Ohrt, *Das große Spiel. Die Situationisten zwischen Politik und Kunst*, Hamburg 2000, Einleitung S. 5 ff.

wurde dabei von den Theoretikern der SI keineswegs aufgegeben, sondern mit neuem Sinn gefüllt: Sie sahen die Situationistische Internationale als den „konzentrierten Ausdruck einer historischen Subversion, die überall ist".[39] In diesem Verständnis ist Subversion nicht mehr ein großer revolutionärer Akt in der Zukunft, vielmehr ist sie in den vielen kleinen Aktionen der Gegenwart universell präsent.

Damit hat der Subversionsbegriff gegenüber dem 19. Jahrhundert sowohl eine Bedeutungserweiterung als auch eine Bedeutungsverschiebung erfahren: eine Erweiterung vom politischen auch auf das ästhetische Feld; und eine Bedeutungsverschiebung, insofern er nicht mehr die große revolutionäre Umwälzung charakterisiert, sondern oppositionelle Umtriebe aus der Defensive und dem Verborgenen heraus. Subversion wurde so zum Gegenmodell zu traditionellen Formen politischer Opposition – sowohl denen des direkten offenen Angriffs wie Protest, Streik, Demonstration, Straßenkampf, als auch denen des partizipatorischen Aushandelns wie parlamentarische Arbeit, Tarifverhandlungen etc. In Abgrenzung zu letzteren beinhaltet Subversion die grundsätzliche Weigerung, am herrschenden Konsens zu partizipieren, in Abgrenzung zu ersteren beinhaltet sie den Verzicht darauf, dieses prinzipielle Nicht-Einverstanden-Sein offen zu demonstrieren und auszuagieren. Diese Koppelung von radikaler Opposition einerseits und deren Verbergen bzw. nur indirektem Ausagieren andererseits impliziert ein Höchstmaß an Spannung. Explizit wird dieses der Subversion inhärente Spannungsmoment in der für bestimmte künstlerische Strategien geläufig gewordenen terminologischen Verbindung von Subversion und Affirmation. Setzt Subversion eine Tarnung voraus, so realisiert sich diese in der (scheinbaren) Affirmation. Die Begriffskombination „Subversive Affirmation" lässt also nur deutlicher zutage treten, was dem Begriff der Subversion selbst bereits inhärent ist.

Der Effekt subversiver Affirmation ist seit den 1980er Jahren unterschiedlichsten AkteurInnen der Hoch- und Populärkultur, von Andy Warhol bis

39 Guy Debord und Gianfranco Sanguinetti 1972: „If the widespread influence of the SI can be denounced everywhere, it is because the SI itself is nothing more than the concentrated expression of a historical subversion that is *everywhere.*" Guy Debord and Gianfranco Sanguinetti, „Theses on the Situationist International and its Time" (from *La Veritable Scission dans l'Internationale,* 1972), translated by Christopher Winks and Lucy Forsythe. Quelle: www.cddc.vt.edu/sionline/si/sistime.html.

Hans Haacke,[40] von Madonna[41] bis zur slowenischen Band Laibach[42] zugeschrieben worden. Gemeinsam ist diesen, genauer gesagt: den ihnen zugeschriebenen Programmen bei allen Unterschieden, dass sie auf einer Doppelstruktur von (scheinbarer) Affirmation und (tatsächlicher) Nicht-Affirmation basieren, wobei die affirmierende Präsentation vordergründig dominant ist, jedoch durch subtile Mechanismen ein de-affirmierender Effekt erzeugt wird. Subversive Affirmation als künstlerische Strategie funktioniert also vermittels des schillernden Spiels mit Affirmation und dem Unterlaufen der Affirmation. Anders als bei der Evokation des Widerspruchs entsteht hier das kritische Moment nicht als Produkt einer zündenden Begegnung zweier gegensätzlicher Elemente, die ein Drittes hervorbringen, sondern durch den Umschlag einer nur vordergründigen Bedeutung in ihr Gegenteil. Sie ist somit, wenn man so will, die radikalste Form von Ambiguität bei politischer Kunst schlechthin.

Allerdings ist durchaus strittig, inwiefern den kulturellen Praktiken einer Madonna oder eines Andy Warhol tatsächlich ein subversives Moment eigen ist, teils wurde diese Zuschreibung enttäuscht zurückgenommen,[43] teils fallen die Beurteilungen schlicht kontrovers aus. Damit ist die grundsätzliche Problematik der Subversiven Affirmation angesprochen: die tendenzielle Unentscheidbarkeit ihres subversiven oder affirmativen Charakters. Die Slawistin Sylvia Sasse hat dieses Problem folgendermaßen beschrieben: „Die Gefahr und auch der Reiz subversiver Affirmation besteht darin, dass sie als solche nicht erkannt wird, sondern – ohne jegliche Auflösung – als bloße Nachahmung rezipiert wird."[44] Ich möchte einen Schritt weiter gehen und behaupten, dass Subversive Affirmation grundsätzlich paradox strukturiert ist: Einerseits muss sie entschlüsselbar sein – denn nur so kann sie ihren subversiven Effekt entfalten, indem RezipientInnen sie als subversiv verstehen – und andererseits

40 Walter Grasskamp bezeichnete Hans Haackes künstlerisches Verfahren als „Stil der subversiven Imitation", vgl. Walter Grasskamp, „Niemandsland", in: Hans Haacke: *Bodenlos*, hg. von Klaus Bußmann und Florian Matzner, Biennale Venedig 1993, Deutscher Pavillon, Ostfildern 1993, S. 39–50, S. 47.

41 Diedrich Diederichsen schrieb Madonna zu, „Popmusik als Subversionsstrategie einzusetzen". Vgl. Diederichsen, „Offene Identität & zynische Untertanen", in: Diederichsen, Dormagen, Penth und Wörner, *Das Madonna Phänomen*, Hamburg 1993, S. 6–25, hier S. 22. Die von Judith Butler in „Gender Trouble" 1990, a. a. O., proklamierte „performative Subversion" der Geschlechteridentitäten mittels Parodie und Travestie wurde vielfach auf Madonna bezogen, Butler selbst bekannte sich in Interviews als Madonna-Fan, vgl. etwa www.thing.de/neid/archiv/1/text/butler.htm.

42 Slavoj Žižek, „Neue Slowenische Kunst: ‚Acting out' oder ‚Passage à l'acte'?", sowie: „Warum sind Laibach und NSK keine Faschisten?", in: Inke Arns (Hg.), *Irwin Retroprincip. 1983–2003*, Frankfurt a. M. 2003, S. 39–43 und 49–50.

43 So von Diederichsen im genannten Text über Madonna.

44 www.poeticon.net/artikel/affirmieren.html.

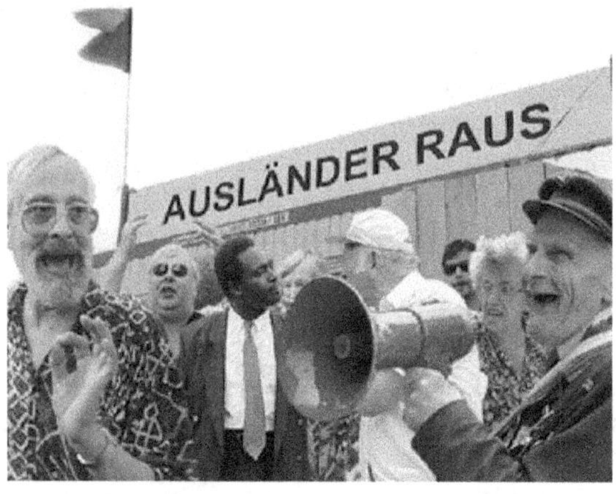

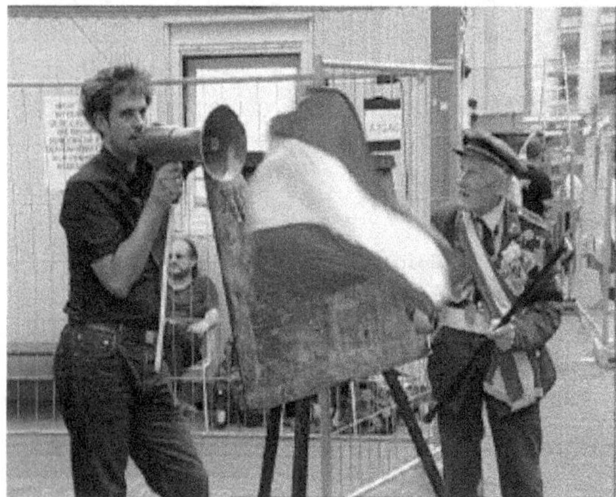

Abb. 6 und 7: Christoph Schlingensief, „Ausländer raus! Bitte liebt Österreich", 2000

darf sie nicht zu leicht entschlüsselbar sein – denn dann wäre sie keine subversive Affirmation mehr, sondern Propaganda.

Nach dieser theoretischen Überlegungen möchte ich das Problem der Subversiven Affirmation an einem charakteristischen Beispiel diskutieren, an Christoph Schlingensiefs berühmt gewordener Aktion „Ausländer raus! Bitte liebt Österreich", die er im Jahr 2000 im Rahmen der Wiener Festwochen durchgeführt hat (Abb. 6 und 7).[45] Zwölf vermeintliche Asylwerber lebten

45 Dokumentiert in: Matthias Lilienthal und Claus Philipp, *Schlingensiefs „Ausländer raus!" Bitte liebt Österreich*, Frankfurt a. M. 2000, sowie in dem Film von Paul Poet *Ausländer raus! Schlingensiefs Container*, Österreich 2002.

eine Woche lang öffentlich in Containern, die von einem großen Schild mit dem Schriftzug „Ausländer raus" bekrönt wurden, und das Publikum konnte täglich per Abstimmung entscheiden, wer von ihnen abgeschoben wird. Die Container waren mit FPÖ-Plakaten und SS-Zitaten dekoriert, und Schlingensief selbst deklamierte rassistische Sprüche von Haider. Die Aktion thematisierte also Fremdenfeindlichkeit, indem sie Fremdenfeindlichkeit agierte – und dies wiederum unter Anwendung des populären Medienformats der Realityshow. Der einfache und wirkungsvolle Kunstgriff bestand in der Koppelung dreier antihumanitärer Dispositive: des Asylbewerberverfahrens, der Peepshow und der Big Brother-Show, wobei die schlagende Wirkung der Aktion in der Brutalität ihres Zusammenspiels lag.

In öffentlichen Erklärungen von Festwochenleiter Luc Bondy und Schlingensief selbst wurde der Sinn dieser Aktion – der österreichischen Gesellschaft den Spiegel vorzuhalten – bekannt gegeben. Die Idee war, mittels radikaler Kritik in Gestalt radikaler Affirmation einen kathartischen Effekt auszulösen, der letztlich wiederum einen Umschlag von Affirmation in Kritik hervorbringen sollte. Trotz dieser ambiguen Grundkonstellation schien die Aktion in ihrem drastisch vorgeführten Rassismus absolut eindeutig zu sein – so eindeutig, dass Teile des Publikums begeistert einstiegen und tatsächlich über die Abschiebungen abstimmten (die Dunkelhäutigen traf es zuerst), während andere moralisch empört reagierten und sogar eine Aktion zur Befreiung der Flüchtlinge starteten. Dass dieser Ambiguität eine „moralische Unabgeschlossenheit" (Georg Seeßlen)[46] eigen ist, hat Schlingensief bewusst in Kauf genommen.

Woran aber konnte der/die kritische ZeitgenossIn überhaupt erkennen, dass es sich um subversive Affirmation handelte?

Eine Antwort auf diese Frage findet man in der antiken Rhetorik. Denn die scheinbare Affirmation ist natürlich keine Erfindung der Moderne, sondern seit der Antike als taktisches Mittel in der politischen Auseinandersetzung geläufig. So hat Quintilian in seiner Redeschule diese rhetorische Figur eingehend reflektiert. Hier spielt das ambigue Sprechen in zwei verschiedenen Zusammenhängen eine Rolle: Die erste Variante ist jene Zweideutigkeit, die es zu vermeiden gilt, weil sie ungewollt Missverständnisse erzeugt, also z. B. wenn ein Testament so uneindeutig formuliert ist, dass es Streit hervorruft.[47] Die zweite Variante ist eine raffinierte Form absichtsvollen uneigentlichen Sprechens in Tropen oder Figuren, bei denen genau das Gegenteil des Gesag-

46 Georg Seeßlen, „Ausländer raus! Schlingensiefs Container", in: *epd Film*, 2 (2003).

47 Marcus Fabius Quintilianus, *Institutionis Oratoriae libri duodecim*, dt.: *Ausbildung des Redners. Zwölf Bücher*, hg. und übersetzt von Helmut Rahn, Bd. 2, Darmstadt 1995, VII, 9, 2 ff.

ten ausgedrückt werden soll. Der klassische Typus dieser Art des Sprechens ist die *ironia,* charakterisiert durch die „Verstellung der Gesamtabsicht, die eher durchscheint als zugegeben wird".[48] Zu ihren Methoden gehören *amplificatio* (Übersteigerung) und *minutio* (Verkleinerung), *simulatio* (vortäuschen) und *dissimulatio* (sich dumm stellen).[49] Für uns interessant ist die ironische *simulatio,* bei der eine Meinung nur vorgetäuscht wird – in heutige Terminologie übersetzt ist es die Subversive Affirmation. Schon Quintilian sah sie als aggressives rhetorisches Mittel, den politischen Gegner unglaubwürdig oder lächerlich zu machen – nicht zuletzt dann, wenn dieser mächtig ist.[50]

Dabei ist entscheidend, dass den Zuhörern der ironische Charakter der scheinbaren Affirmation ersichtlich ist! Dass der Redner das Gegenteil von dem meint, was er sagt, schreibt Quintilian, „erkennt man entweder am Ton, in dem gesprochen wird, oder an der betreffenden Person oder am Wesen der Sache."[51] Zu einer ‚guten' Ambiguität gehört, dass sie vom Zuhörer entschlüsselt werden kann, und dies setzt voraus, dass also auf indirekte Weise genügend Information gegeben wird, um die Ironie als solche erkennbar zu machen. Findet dies nicht statt oder gelingt es nicht, dann entsteht ‚schlechte' Ambiguität, welche *obscuritas,* Unverständlichkeit erzeugt. Wir können daraus lernen, dass es in subversiver Kunst – damit sie subversiv wirken kann – immer beides geben muss: ein affirmierendes und ein die Affirmation störendes Element als zusätzliche Information für die Rezipienten. Dieses Verfremdungsmoment ist die Voraussetzung für die erwünschte Ambiguität der Ironie.

Die von Quintilian gewonnenen Kategorien scheinen mir hilfreich zu sein, um die Struktur von Schlingensiefs Aktion genauer zu fassen: Im Prinzip betrieb er natürlich *simulatio* (indem er Elemente gesellschaftlicher Realität nachahmte); dabei hat er jedoch ganz im Sinne Quintilians seine Ironie kenntlich gemacht, indem er eine Reihe von Brüchen bzw. verfremdenden Zeichen setzte. So betrieb er teilweise eine *amplificatio,* indem er überzeichnete (z. B. von Hinrichtungen sprach), an anderen Stellen eine *minutio,* insofern er die Drastik auch abschwächte (z. B. die Asylwerber ein Puppentheater aufführen ließ). Darüber hinaus wechselte er ständig die Perspektive, aus der er argumentierte, indem er zwischen Affirmation und Kommentar pendelte, außerdem wurde eine Metaebene aufgebaut in Form von kommentierenden Stellungnahmen prominenter Intellektueller.

48 Quint. IX, 2, 46.
49 Quint. IX, 2, 53 ff.
50 Quint. IX, 2, 67 ff.
51 Quint. 8, 6, 54.

Zumindest die informierteren und intelligenteren Rezipienten hatten also die Möglichkeit, den kritischen Sinn hinter der scheinbaren Affirmation zu erkennen und ihre Schlüsse daraus zu ziehen. Dennoch gab es den bemerkenswerten Effekt, dass das Publikum in doppelter Hinsicht geteilt war. Es gab politische Gegner, die die Ironie nicht durchschauten und gerade deshalb mitspielten, indem sie ihrem Ausländerhass freien Lauf ließen (womit sie zur beabsichtigten Entlarvung der österreichischen Rassisten unfreiwillig beitrugen), es gab aber auch solche Stimmen wie die Kronenzeitung, die der Aktion scharf ablehnend gegenüberstanden, weil sie das Prinzip erkannten. Umgekehrt fanden sich auf Seiten der politischen Freunde nicht nur solche, die die Aktion verstanden und guthießen, sondern auch solche, die die vermeintlichen Asylwerber aus ihrer misslichen Lage zu befreien suchten. Diese faktische Segregierung des Publikums nach seinem Vermögen zur Dechiffrierung ist im Verfahren der subversiven Affirmation grundsätzlich mit angelegt, und folglich kommt die soziale Distinktion mittels kultureller Codes, welche nach Bourdieu das Feld der Kunst in der Moderne sozial konstituiert, in diesem Fall ebenso zum Tragen wie bei einer klassischen Museumspräsentation.[52] Anders gesagt: die dumpfen Rassisten, die auf Schlingensiefs Inszenierung hereinfielen und begeistert mitspielten, wurden dem gebildeten liberalen Bürgertum gewissermaßen zum Fraß vorgeworfen.

Indifferente Mimesis

Eine ganze Reihe zeitgenössischer KünstlerInnen arbeitet mit Verfahren der subversiven Affirmation, häufig fällt dabei die Überaffirmation so drastisch aus, dass es nicht allzu schwer ist, die dahinter steckende Absicht zu erkennen. So verhält es sich etwa bei den frühen Aktionen von VALIE EXPORT, bei Hans Haacke, Sarah Lucas oder Santiago Sierra. Es gibt aber auch den umgekehrten Fall, dass das subversive Moment so stark verschlüsselt wird, dass es innerhalb der Affirmationsstrategie zu verschwinden droht. Ein Beispiel hierfür ist die Arbeitsweise der in New York lebenden deutschen Künstlerin Josephine Meckseper. In Interviews beruft sie sich auf Benjamin, Baudrillard, Agamben, Hardt/Negri usw. und erklärt, dass ihre Arbeit „grundsätzlich auf

52 Vgl. Pierre Bourdieu, *Die feinen Unterschiede. Kritik der gesellschaftlichen Urteilskraft*, Frankfurt a. M. 1982. Dieser Distinktionsmechanismus ist eng an die Ambiguität gebunden, vgl. Verena Krieger 2010, a. a. O. (s. Anm. 9), S. 26.

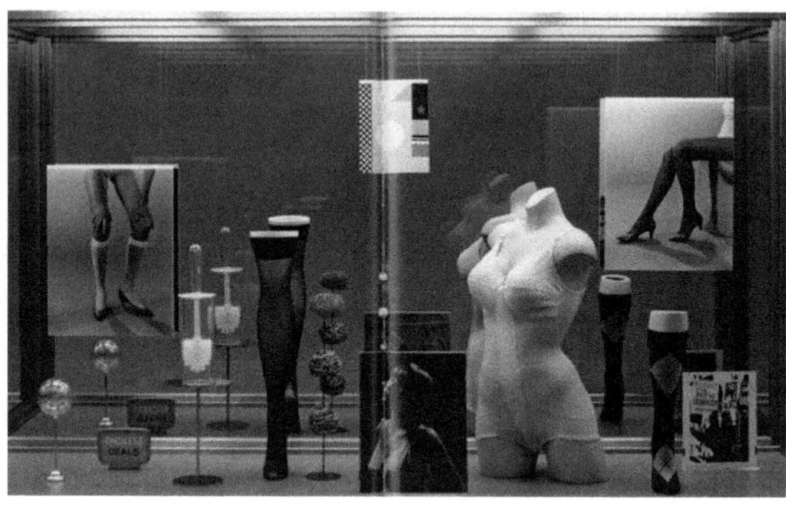

Abb. 8: Josephine Meckseper, „Blow Up (Michelli)", Installation, 2006

einer Kapitalismuskritik" basiere.[53] Meckseper arbeitet mit den Mitteln der Warenästhetik, sie installiert Objektassemblagen nach dem Vorbild von Warenauslagen und produziert komplette Schaufensterpräsentationen (Abb. 8). Dabei setzt sie offensichtliche Verfremdungselemente ein: Verfremdend ist die groteske Mischung der Objekte – Schaufensterpuppentorso in Dessous, Werbeplakate mit Damenstrümpfen in bizarrer Position, Stahlputzschwämme und eine Klobürste als minimalistische Skulpturen, das Foto einer Demonstration und schließlich ein Werbeschild „Endless deals", das an Brancusis „unendliche Säule" denken lässt und diese Assoziation sogleich ins Kommerzielle umleitet – alle gemeinsam als Konsumartikel dargeboten in der jegliche funktionale und symbolische Differenzen hinweg bügelnden Glätte der Warenpräsentation. Doch das Verfremdungsmoment reicht nicht allzu weit: die Klobürste und das Demonstrationsfoto fungieren weniger als Störfaktoren einer glatten Inszenierung, vielmehr lassen umgekehrt die Mechanismen der Inszenierung diese Objekte ihrerseits zu ästhetischen Oberflächen werden. Meckseper Installationen zeigen, dass das Verfahren in beide Richtungen gleichzeitig funktioniert, dass also auch absurde oder widerständige Elemente warenförmig werden, sobald sie den Displays der Konsum- und Warenwelt eingefügt sind. Man kann darin eine Visualisierung des Prinzips der Rekuperation sehen, des schon von den Situationisten thematisierten Effekts

53 Josephine Meckseper im Gespräch mit Simone Schimpf, in: Ausstellungskatalog *Josephine Meckseper*, hg. von Marion Ackermann, Kunstmuseum Stuttgart, Ostfildern 2007, S. 19–25.

der Aneignung subversiver Strategien durch die Kulturindustrie. Meckseper Installationen unterlaufen diesen Mechanismus nicht, sondern sie vollziehen ihn nach und machen ihn auf diese Weise sichtbar. Damit funktionieren sie nicht mehr nach dem Prinzip der Subversiven Affirmation, sondern nach dem Prinzip der Indifferenten Mimesis.

Man könnte dieses Prinzip auch als den Wechsel von der gebrochenen zur ungebrochenen Affirmation bezeichnen. Auch dieses Verfahren geht bereits auf die 1960er Jahre zurück. So hat Bazon Brock 1968 in einem kurzen Text „Affirmation als politische Strategie" eine „affirmative Praxis" als Gegenmodell zum „Widerstandsprinzip" vorgeschlagen und dies sowohl aufs politische wie aufs ästhetische Feld bezogen.[54] Zur Begründung berief er sich in einem späteren Kommentar[55] auf das Marx-Zitat aus der Einleitung zur Kritik der Hegelschen Rechtsphilosophie „Man muss diese versteinerten Verhältnisse dadurch zum Tanzen zwingen, dass man ihnen ihre eigne Melodie vorsingt."[56] Auch wenn das Epitheton „subversiv" in Bazon Brocks „affirmativer Praxis" fehlt, ist dieser vom argumentativen Kontext also ein Subversionsanspruch eingeschrieben. Doch auch wenn sie eine Verwandtschaft zur Subversiven Affirmation aufweist, funktioniert sie völlig anders als diese, insofern sie auf Verfremdungsmomente ausdrücklich verzichtet, sich folglich indifferent verhält.

Der angestrebte oder als möglich gedachte Effekt der Indifferenten Mimesis (das ist der Begriff, unter dem ich dieses Verfahren fasse) ist die Sichtbarmachung und Selbstentlarvung von Strukturen, die gegen äußere Kritik immun sind oder zu sein scheinen, weil sie sich diese immer schon einverleibt und vermarktet haben, bevor sie wirksam werden konnte. Dieser Effekt muss nicht zwingend intendiert sein, er kann auch unbeabsichtigt zutage treten. Tatsächlich ist, bevor KünstlerInnen sich die Strategie der Indifferenten Mimesis aktiv zu eigen gemacht haben, dieser Effekt KünstlerInnen zugeschrieben worden, zuvorderst gilt das für Andy Warhol. So glaubte z. B. Bazon Brock, Warhols Kunst sei „eine Form des Widerspruchs, eine Form der Abarbeitung, die sich darin versuchte, die Verhältnisse zum Kippen zu bringen, indem

54 Bazon Brock, „Affirmation als politische Strategie" (1968), in: *Ästhetik als Vermittlung. Arbeitsbiographie eines Generalisten*, hg. von Karla Fohrbeck, Köln 1977, S. 157–160.

55 Bazon Brock, „Das Prinzip der Affirmation – Vorbemerkung als Nachwort" (1977), ebd., S. 135–138.

56 Karl Marx, *Zur Kritik der Hegelschen Rechtsphilosophie*, Einleitung, 1843/44, MEW 1, S. 381. Hier auch: „Man muss den wirklichen Druck noch drückender machen, indem man ihm das Bewusstsein des Drucks hinzufügt ."

sie das ihnen innewohnende Prinzip auf den äußersten Punkt vorantrieb";[57] Rainer Crone sprach in seiner ersten deutschsprachigen Warhol-Monografie Anfang der 70er Jahre gar von einer „revolutionären Ästhetik"[58] – anders als Crone[59] hat sich Brock[60] von dieser Einschätzung allerdings bald wieder verabschiedet. In den 80er Jahren erhielt diese Argumentationsfigur eine neue Ausrichtung durch Benjamin Buchloh, der schrieb: „Warhols ganzes Werk durchdringt die Wechselbeziehung zwischen der auf das Spektakel verkürzten Kultur und dem gesellschaftlichen Zwangsverhältnis", es bilde die Objektivierung und Verfremdung der kapitalistischen Konsumgesellschaft ab, ohne aber die „Dimension kritischen Widerstands" zu enthalten.[61] Heute wird die Argumentation von Brock und Crone aus den 70er Jahren beerbt durch Leonhard Emmerling, der Warhols „indifference as a subversive strategy" deutet;[62] und Buchlohs Argumentation aus den 80er Jahren wird durch Tom Holert weitergedacht, der künstlerische Pop-Strategien von Warhol bis Sylvie Fleury auf den Begriff „Performing the System" bringt.[63]

Parallel zu dieser Relativierung und Neubestimmung des Prinzips der Indifferenten Mimesis von theoretischer Seite wurde dieses Prinzip in den 80er Jahren von künstlerischer Seite zur Strategie gemacht. Ideengeschichtlicher Kontext war die poststrukturalistische Diskussion, wie sie vor allem im Um-

---

57 Bazon Brock, Zusammenfassung des Vortrags zur Eröffnung der Warhol-Ausstellung in der Kestner-Gesellschaft, Hannover am 11.12.1981, zu finden unter dem Stichwort „Warhol" auf: www.brock.uni-wuppertal.de.

58 Rainer Crone, *Andy Warhol*, Teufen 1970; Rainer Crone, „Zur revolutionären Ästhetik Warhols", sowie: „Die Tafelbilder Warhols", beides in: Rainer Crone und Wilfried Wiegand, *Die revolutionäre Ästhetik Andy Warhols*, Darmstadt 1972, S. 7–12 und 25–87.

59 Rainer Crone und Alexandra von Stosch, „Stars zwischen Licht und Schatten. Warhols subversive Lesarten bildlicher Vergegenständlichungen", in: Klaus Albrecht Schröder (Hg.), *Andy Warhol – Popstars. Zeichnungen & Collagen*, Ausstellungskatalog Albertina Wien, Wien 2006, S.15.

60 „Die erzwungene Umorientierung, mit der ich nun zu kämpfen habe, ist die, dass sich jetzt herausstellt, dass auch Warhol nichts anderes war und ist als eben ein großartiger Bildererzeuger, Bilderhersteller. Ganz im traditionellen Sinne eines Malers, Grafikers, Siebdruckers. […] Das Ernüchternde daran ist, dass wir mit unseren damaligen Überlegungen zu einer anderen Art des Vorgehens unter dem Stichwort ‚Affirmation' offensichtlich wenig ausgerichtet haben, obwohl sich in anderen Bereichen des gesellschaftlichen Lebens zeigt, dass dieses Vorgehen, diese affirmative Strategie, offenbar zum Zuge kommt." (Brock 1981, a. a. O.)

61 Benjamin H. Buchloh, „Andy Warhols eindimensionale Kunst 1956–1966", in: *Andy Warhol Retrospektive*, hg. von Kynaston McShine, München 1989, S. 37–57, hier S. 51, 54.

62 Leonhard Emmerling, „Warhol: Indifference as a subversive strategy", www.imageandtext.org.nz/leonhard_warhol_01.html.

63 Tom Holert, „Performing the system", in: *Artforum*, September 2004, S. 249–252.

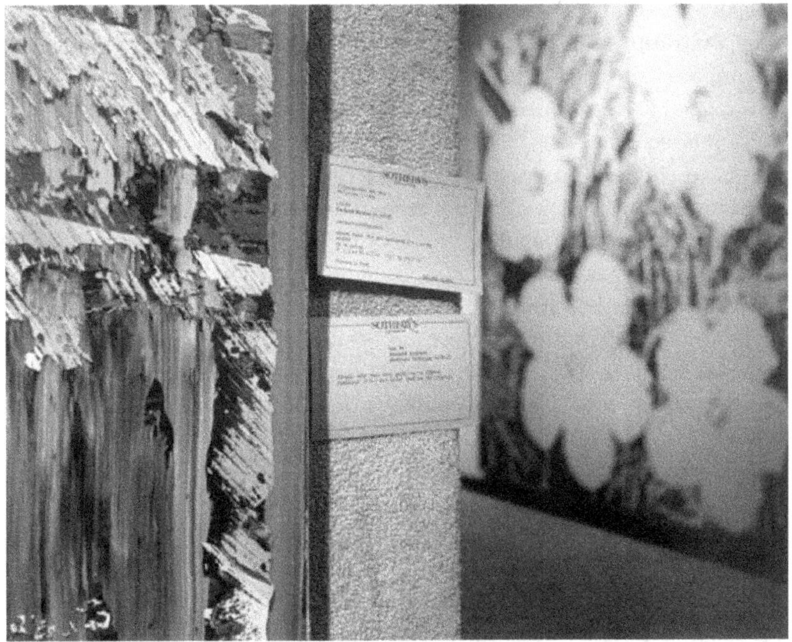

Abb. 9: Louise Lawler, „Pink", Fotografie, 1994/95

feld der Kunsttheorie-Zeitschrift *October* geführt wurde, die verschiedenen Formen der Ambiguität, insbesondere auch der Indifferenten Mimesis ein verstecktes subversives Element zusprach. Am deutlichsten geschah dies bei der die Strategie der Indifferenten Mimesis idealtypisch repräsentierenden Appropriation Art.

Am Beispiel der Fotoarbeit „Pink" von Louise Lawler von 1994/95 (Abb. 9) lassen sich Charakteristik und Problematik dieses Verfahrens exemplarisch zeigen. Sie ist Teil Serie von Fotografien, die Kunstwerke in jeweils unterschiedlichen Kontexten zeigen, sei es Kunsthandel, private Wohnräume von Sammlern, Lagerung oder Transport. Hier sehen wir ein Gemälde von Gerhard Richter und einen Warhol-Siebdruck, die bei Sotheby's hängen. Beide Bilder sind nur ausschnitthaft sichtbar, geben aber genügend Information, um ihre Autorschaft auf den ersten Blick bestimmen zu können. Die ganze Konstellation ist hochgradig widersprüchlich: einerseits rücken die Schilder den kommerziellen Kontext in den Vordergrund, wird ein bestimmtes Setting präzise sichtbar gemacht, andererseits wird eine rein ästhetische Wahrnehmung ermöglicht, ja geradezu nahegelegt, nicht zuletzt durch den Titel „pink", der das Augenmerk auf die farblichen Beziehungen lenkt. Lawlers Fotografie ist eine Reflexion über den ökonomischen Status von Kunst, insbesondere die

Mechanismen ihrer Präsentation und ihrer sozialen, kulturellen und monetären Zuordnung – aber in einer rein deskriptiv-wiederholenden Form ohne erkennbare kritische Stellungnahme, vielmehr auf eine hochästhetische Weise. Einzige Funktion dieser indifferent wiederholenden Geste ist das Sichtbarwerden-lassen, die Bewertung bleibt vollständig dem Rezipienten überlassen. Dies führte in der Konsequenz zu höchst divergierenden Deutungen, und das selbst innerhalb eines relativ homogenen Kreises: Allein aus dem Umfeld von *October* erschienen in den 80er und 90er Jahren mehrere gegensätzliche Interpretationen über Louise Lawler. 1985 stellte Andrea Fraser sie in die Tradition der Institutionskritik, indem sie schrieb, Lawler „zeigt den Platz der Kunst in der Marktwirtschaft auf und legt die Position des Künstlers in diesem Rahmen neu fest." Ihre Arbeiten „reflektieren eine Strategie des Widerstandes und der Nicht-Konformität".[64] Lawlers Fotografien wurde so eine kritische Position zugeschrieben, die ihnen selbst nicht unbedingt zu entnehmen ist. Demgegenüber äußerte sich Benjamin Buchloh 1988 in einem Interview äußerst kritisch gegen diese Form des Neokonzeptualismus, dem er die „Radikalität und Komplexität" der institutionskritischen Kunst der 60/70er Jahre absprach – er sei weder provokativ noch subversiv.[65] Buchloh weiter: Die „Passivität und die programmatisch vorgetragene Komplizenschaft erscheint mir problematisch."[66] Was Buchloh als problematisch sah – Lawlers demonstrative Indifferenz – bewertete Rosalind Krauss in den 90er Jahren positiv. Krauss schrieb, Lawler halte bei ihrer Fotografie sich „selbst so zurück, dass es schwer ist, in der Aufnahme Ärger oder Verachtung oder andere provozierende avantgardistische Aussageweisen zu finden." Mit einer „seltsam gelähmten, aber sanften Neutralität" richte sich ihr Blick auf den „gegenwärtigen Warencharakter moderner Kunst".[67] Krauss deutete diesen Verzicht auf eine erkennbar kritische Perspektive als anti-avantgardistische und postmoderne Haltung, die existierende Mechanismen (Markt, Aura, das Kunstsystem) lakonisch nutzt, um eben diese Mechanismen vorzuführen – eine Kritik, die nicht als Kritik auftritt und gerade daraus ihre Stärke bezieht.

---

64 Andrea Fraser, „Louise Lawler. In and out of place", in: *Art in America*, June 1985, wiederabgedruckt in: Peter Weibel (Hg.), *Kontext Kunst. Kunst der 90er Jahre*, Ausstellungskatalog Neue Galerie am Landesmuseum Johanneum Graz, Köln 1994, S. 384–395, Zitate S. 384, 394.

65 Benjamin Buchloh im Interview mit Isabelle Graw, in: *Wolkenkratzer Art Journal*, Nr. 4 (1988), wiederabgedruckt in: Isabelle Graw, *Silberblick. Texte zu Kunst und Politik*, Köln 1999, S. 13–25, Zitate S. 21 f.

66 Ebd., S. 22 f.

67 Rosalind Krauss, „Louise Lawler: Souvenir Memories", in: *A spot on the Wall*, Ausstellungskatalog Kunstverein München/Neue Galerie Graz/De appel Amsterdam, Köln 1998, S. 35–44, hier S. 39–41.

Die widersprüchlichen Deutungen belegen: Je ambiguer und indifferenter künstlerische Kritik auftritt, desto wichtiger werden die Interpreten – erst durch ihre Aktivität wird solchen Formen künstlerischer Praxis das kritische Moment eingeschrieben. Genau so verhielt es sich beim Neokonzeptualismus der 80er und 90er Jahre: Während die KünstlerInnen selbst in ihren Arbeiten eine demonstrative Indifferenz zur Schau stellten, schrieb die poststrukturalistische Kunstkritik ihnen eine besonders subtile Form der Kritik zu. Die von Arnold Gehlen beobachtete[68] „Kommentarbedürftigkeit" der modernen Kunst und die daraus resultierende Arbeitsteilung zwischen Kunst und Kunstkommentar radikalisierte sich dahin, dass es Aufgabe der Kunst ist, indifferent zu sein, wohingegen es Aufgabe der Kunstkritik ist, diese Indifferenz aufzulösen.

Damit erweist sich, dass der Bruch, das Verfremdungsmoment, das bei der Subversiven Affirmation Schlingensiefs den subversiven Effekt gewährleistet, indem es einen Ansatzpunkt zur Deutung bietet, bei der Indifferenten Mimesis, sofern sie auf einen kritisch-subversiven Effekt abzielt, letztlich ebenso konstitutiv ist – nur verlagert es sich hier vom Werk ganz auf die Interpreten, wird also gewissermaßen ‚exterritorial'. Der Interpret übernimmt dann jene Funktion der klärenden Zusatzinformation mittels Geste oder Stimme, mittels derer laut Quintilian die *ironia* dem Publikum verständlich wird. Der kritisch-subversive Effekt entsteht folglich erst in dem Moment, wo eine entsprechende Interpretation zu Rezeptionsvorgabe geworden ist. Findet dies nicht statt, dann entfaltet die Indifferente Mimesis kein kritisches Potential, sondern bleibt affirmative Verdoppelung.

Zuletzt möchte ich noch auf eine Variante von künstlerischer Ambiguität im politischen Kontext eingehen, die nicht auf die – drastischere oder subtilere – Evokation von Widersprüchen abzielt, nicht auf die subversive Implementierung kritischer Brüche oder Umschlagsmomente, sondern auf die Aufhebung der Widersprüche. Ein Effekt von Ambiguität in der Kunst kann auch sein, dass Widersprüche unaufgelöst stehen bleiben und als solche ästhetisch goutiert oder womöglich nicht einmal mehr wahrgenommen werden. Dies setzt eine spezifische Rezeptionshaltung voraus, die Ambiguitätstoleranz – ein Vermögen, das in modernen Gesellschaften unabdingbar ist und das gerade durch moderne und postmoderne Kunst gefördert wird. Ambiguitätstoleranz ermöglicht – eine entsprechende „Lesefähigkeit" der Rezipienten und ein entsprechender Rahmen vorausgesetzt – ein gelassenes Hinnehmen des Widersprüchlichen ohne das Bedürfnis nach Auflösung. Ambiguität dient in diesem Fall der – tatsächlichen oder vermeintlichen – Versöhnung.

---

68 Arnold Gehlen, *Zeit-Bilder. Zur Soziologie und Ästhetik der modernen Malerei,* Frankfurt a. M. 1960.

Versöhnung

An zwei Beispielen möchte ich abschließend kurz zeigen, wie unterschiedlich dieser Effekt funktionieren kann. Das erste Beispiel ist die eingangs erwähnte Performance von Maja Bajević „Washing up" (Abb. 1). Ob hier Titos Jugoslawien-Parolen als Lüge oder Wahrheit präsentiert werden, ob ihnen nachgetrauert oder nachgetreten wird, ist völlig offengelassen, es bleibt der individuellen Interpretation der Rezipienten überlassen. Es ist aber auch nicht das Wesentliche. Was hier geschieht, ist meines Erachtens etwas ganz anderes: Es handelt sich um eine Form der Trauerarbeit, um den Versuch einer aktiven Bewältigung des Schmerzes und des Verlustes, den die Zerstörung Jugoslawiens bedeutete – wobei die Frage nach Schuld oder Recht, Lüge oder Wahrheit nicht mehr gestellt wird. Die Ambiguität der möglichen Interpretationen wird aufrechterhalten, um unter der Bedingung der Unmöglichkeit ihrer abschließenden Klärung einen Umgang mit den realen Konsequenzen für die Menschen zu finden. Das ist auch ein Engagement der Kunst, freilich ein ganz anderes als das der Kritik.

Das zweite Beispiel ist Rachel Whitereads Holocaustmahnmal, das im Jahr 2000 als Wettbewerbssieger in Wien auf dem Judenplatz errichtet wurde (Abb. 10). Der Betonquader weckt den Eindruck, die Negativform eines Zimmers aus einem der angrenzenden Häuser zu sein, also ein Masse gewordener Innenraum; dieses Moment der Inversion fällt insbesondere an der Tür auf, die als Negativform erscheint. Zusätzlich ist dieser Raum an allen vier Wänden mit Bücherregalen umstellt, wobei aber die Bücher mit der Schnittkante nach außen treten, sodass es keine identifizierbaren Buchrücken gibt. Es entsteht so eine doppelte Inversion, weil die Bücher, die logisch eigentlich innerhalb der Mauern stehen sollten, nach außen gerichtet sind, jedoch in einer Ansicht präsentiert werden, als stünden sie innerhalb der Mauern. Rachel Whiteread begründete diese von ihr bewusst herbeigeführte Assoziation an eine Bibliothek mit dem Topos von den Juden als Volk der Bücher; die Jury schloss sich dieser Deutung in ihrer Auswahlbegründung an.[69] Allerdings kann der hermetische Bau auch ganz andere Assoziationen wecken, nämlich die an eine Gaskammer oder auch die an ein Archiv der Täter. Verstärkt werden solche „negativen" Assoziationen durch seine bedrückend wirkende Massivität, aber auch durch die Gleichförmigkeit der ihn umgebenden Bücher, denen die für eine Gelehrtenbibliothek charakteristische Individualität vollständig abgeht. Der Bau kann folglich gleichermaßen als Zeichen für die

---

69 Lucas Gehrmann und Marianne Greber (Hg.), *Judenplatz Wien 1996. Wettbewerb Mahnmal und Gedenkstätte für die jüdischen Opfer des Naziregimes in Österreich 1938–1945*, Ausstellungskatalog Kunsthalle Wien, Wien/Bozen 1996, S. 78–85.

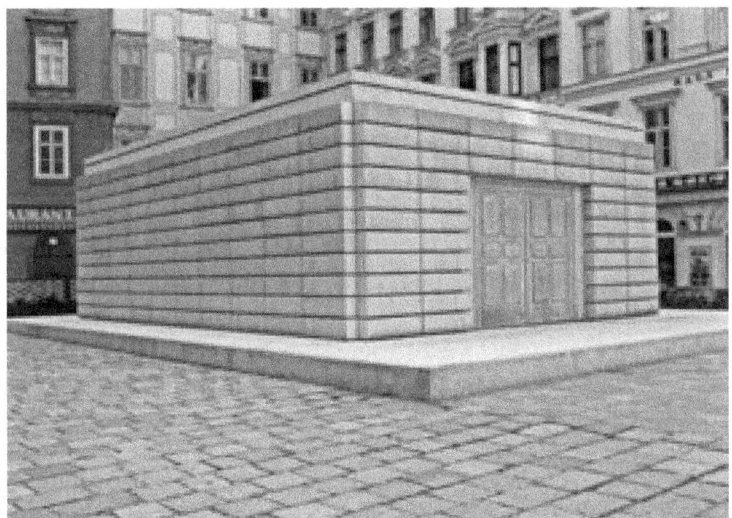

Abb. 10: Rachel Whiteread, Holocaustmahnmal, Wien, Judenplatz, 2000

Täter wie als Zeichen für die Opfer gelesen werden, beide Bedeutungsanmutungen werden zugleich aufgerufen, ohne dass irgendein Element die letztliche Auflösung ermöglichen würde. Die Ambiguität dieses Mahnmals liegt also darin, dass es ebenso als abstraktes Zeichen für den Holocaust gelesen werden kann wie als Repräsentation der durch ihn vernichteten Menschen. Diese totale Unbestimmtheit scheint mir der Grund zu sein, weshalb dieser Entwurf sich durchgesetzt hat: Man kann sie rezipieren als gelungenen Ausdruck des paradoxen Unterfangens, etwas ästhetisch zu fassen, was die ästhetische Fassbarkeit grundsätzlich überschreitet,[70] und damit als das Angebot einer in Versöhnung aufgelösten Verstörung. Gerade beim Holocaust ist aber jede Form der Versöhnung vollkommen unangebracht, und folglich auch jede Art von nivellierender Ambiguität. Was ästhetisch funktioniert, funktioniert politisch nicht mehr – hier sind aus meiner Sicht die produktiven Möglichkeiten ästhetischer Ambiguität in politischer Kunst an ihre Grenze gelangt.

70 Tatsächlich wird die Mehrdeutigkeit des Denkmals von der Künstlerin selbst und auch von vielen Kommentatoren als adäquate Antwort auf die Herausforderung angesehen, die in der Problematik liegt, ein „Symbol für das Unfassbare" (Robert Storr) zu bilden. Vgl. Wolfgang Kos, „Erinnerungspolitik und Ästhetik. Bemerkungen zu dem Konflikt und der nicht geführten Debatte um Rachel Whitereads Mahnmal für Wien", in: Simon Wiesenthal (Hg.), *Projekt: Judenplatz Wien. Zur Konstruktion von Erinnerung,* Wien 2000, S. 71–96, Zitat S. 71.

Conclusio

Die gezeigten Beispiele und die an ihnen entwickelten Kategorien haben gezeigt, dass die Funktion von Ambiguität über die Repräsentation von Widersprüchen hinausgeht. Ambiguität hat vielmehr im gesellschaftspolitischen Kontext widersprüchliche Potenzen: Sie kann Brüche, Widerspruch und Verstörung evozieren, sie kann auch als Tarnung, Versteck dienen, dazu, Kritik wie ein trojanisches Pferd einzuschleusen (Lucy Lippard),[71] sie kann der Versöhnung von Widersprüchen, dem Einvernehmen und der Heilung dienen und ebenso der Nivellierung, Verharmlosung und Ästhetisierung von Widersprüchen. Mit der Multivalenz geht also – ich möchte fast sagen: zwingend – die Multifunktionalität einher. Den ästhetischen Optimismus, der Rancière und Adorno gemeinsam ist, kann ich daher nicht teilen. Die Auffassung, dass Ambiguität ein emanzipatorisches Moment eigne, ist in meinen Augen eher Ausdruck des Wunsches nach einem ‚absoluten' kritischen Moment der Kunst denn Ergebnis konkreter Werkanalysen. Jedes Kunstwerk, auch das engagierte, wird immer gegensätzlich deutbar bleiben und damit auch affirmativen Lesarten offenstehen. Letztlich bleibt es eine Frage der konkreten historischen Zusammenhänge und Rezeptionsbedingungen, ob und wie die Ambiguität eines Kunstwerks eine kritisch-emanzipatorische Funktion einnimmt – oder auch nicht.

71 Lucy Lippard, „Trojan Horses: Activist Art and Power", in: Brian Wallis (Hg.), *Art After Modernism: Rethinking Representation*, New York/Boston 1984, S. 341–358; S. 341: „Maybe the Trojan Horse was the first activist artwork […] Based in subversion on the one hand and empowerment on the other activist art operates both within and beyond the beleaguered fortress that is high culture or the ‚artworld'."

Helmut Lethen

Blinde Mobilmachung

Drei Avantgardisten wandern ins Unvorhergesehene

Agenten der Heroischen Moderne

> Die anglo-amerikanische Kampfeinheit „Ethik & Ökonomie“ bedient sich politisch der Weltmoral des Völkerbundes und ist der deutschen Traditionsfirma „Freund & Feind“ haushoch überlegen.[1]

Wer von „heroischer Moderne“ spricht, muss erklären, wie „Heroismus“ in gesellschaftliche Systeme kam, die von Prozessen und Strukturen des Industriekapitalismus geprägt waren, in denen vom heroischen Einzelnen kein geschichtswirksamer Handlungsimpuls mehr ausgehen sollte. Heinz Dieter Kittsteiner hat den Terminus der heroischen Moderne geprägt und die Heraufkunft des Heroischen mit dem Niedergang der Geschichtsphilosophie verknüpft. In ihrer klassischen Ausprägung von Kant bis Hegel sei die Geschichtsphilosophie eine erste wissenschaftliche Reaktion auf die bedrohliche Erfahrung gewesen, dass die Menschen bei all ihrem wachsenden technischen Vermögen der Naturbeherrschung einem Entwicklungsprozess unterworfen sind, den sie selbst nicht steuern können. Darum hätten die Geschichtsphilosophen „das blinde Ungefähr der Geschichte“ mit einem Endzweck, auf den alles hinauslaufen sollte, überlagert.[2] Gegen Ende des 19. Jahrhunderts sei diese nicht mehr nützliche Fiktion eines vernünftigen Endzwecks zusammengebrochen. Schon Jakob Burckhardt sei, so Kittsteiner, skeptisch gewesen. Die Weltgeschichte, hatte er erkannt, ist nicht „um unsretwillen“ da. „Bei allen Zerstörungen läßt sich aber immer eins behaupten: wir wissen nie was geschehen sein würde wenn Etwas, und sei es das Schrecklichste, unterblieben wäre“.[3] Burckhardt zieht daraus den Schluss, dass, wenn die Einzelnen schon

1 Heinz Dieter Kittsteiner, *Out of Control, Über die Unverfügbarkeit des historischen Prozesses*, Berlin/Wien 2004, S. 22.

2 Ders., „Jacob Burckhardt als Leser Hegels“, in: ders., *Out of Control*, a. a. O., S. 75–102.

3 Ebd., S. 90.

das Ganze nicht wissen können, nicht Herren der Geschichte sind – und schon gar nicht ihre Avantgarde – so könnte es doch möglich sein, einen beobachtenden Standpunkt einzunehmen, von dem sich das Schauspiel der schrecklichen Geschichte mit dem ästhetischen Genuss der Distanz betrachten ließe. Bei Burckhardt ist die Erkenntnis der unbewusste Produktion der Geschichte mit dem Stoßseufzer verbunden, dass wir lernen möchten „die Blindheit unseres Wünschens" einzusehen.[4]

Mussten sich die Individuen unter dem Gewölbe einer Geschichtsphilosophie scheinbar nur mit halber Kraft einsetzen, um die Entwicklung voranzubringen – sie waren halt nur die „Geschäftsführer" (Hegel) des weltgeschichtlichen Prozesses, den Rest besorgte hinter ihrem Rücken die Geschichte – oder hatten sie das Desaster der Geschichte und die Trümmer der Geschichtsphilosophie vom festen Ufer ihrer privaten Existenz wie ein Naturschauspiel genießen können, so treten im 20. Jahrhundert nicht nur Individuen, sondern in Form von Parteien auch Institutionen auf, die glauben, die „Oekonomie der Weltgeschichte" zu kennen und Steuerungsmittel parat zu haben, mit denen der Prozess in eine gewollte Richtung zu lenken sei. Sie verlassen die skeptische Resignation vor der Geschichte, die sie als feindlich erfahren mussten und stemmen sich (im Namen des „Lebens", des „Proletariats", der „Bewegung") gegen einen historischen Prozess, den sie nach der Niederlage von 1918 nur noch als feindlichen begreifen. Die Exponenten der heroischen Moderne glauben nicht mehr, sich auf die Mithilfe eines Prozesses verlassen zu können: Widerstand gegen die Geschichte geht nicht ohne Heroismus ab. Das Individuum, das souverän sein möchte, muss ungeheure Willenskraft aufbringen oder seine Souveränität Institutionen überantworten, die versprechen, der feindlichen „Oekonomie der Weltgeschichte" die Triebkraft einer „Volkseinheit" entgegenzusetzen oder sie kraft besserer Kenntnis ihrer Gesetzmäßigkeiten umzulenken. Nun treten auch in den Künsten Akteure auf den Plan, die glauben, die notorische Nervosität, Müdigkeit, Empathie, Entscheidungsschwäche und leichte Beschämbarkeit der Künstler des Kaiserreichs ablegen zu können, um in den Weltenlauf einzugreifen.

Es sind unterschiedliche historische Situationen im Zeitraum der Republik, in denen die glorreichen Drei – Ernst Jünger, Bertolt Brecht und Gottfried Benn – dem Irrtum der Avantgarde verfallen, und sie tun es in verschiedenen politischen Lagern. Allen drei gemeinsam ist auch, dass sie erst in den 30er Jahren „die Blindheit ihres Wünschens" einzusehen beginnen. Zur Zeit der Republik, die sie nicht zur Ruhe kommen ließ, hatte man andere, mit Blindheit geschlagene Sätze von ihnen vernommen, wie 1931 Ernst Jüngers Parolen:

4 Ebd.

> Es gibt keinen Ausweg, kein Seitwärts und Rückwärts; es gilt vielmehr, die Wucht und Geschwindigkeit der Prozesse zu steigern, in denen wir begriffen sind.[5]
> Je zynischer, spartanischer, preußischer oder bolschewistischer [...] das Leben geführt werden kann, desto besser wird es sein.[6]

Oder Bertolt Brechts Provokationen in unregelmäßigen Versen:

> Dieses oberflächliche neuerungssüchtige Gesindel
> Das seine Stiefel nicht zu Ende trägt
> Seine Bücher nicht ausliest
> Seine Gedanken wieder vergißt
> Das ist die natürliche
> Hoffnung der Welt
> Und wenn sie es nicht ist
> So ist alles Neue
> Besser als alles Alte.[7]

Oder Gottfried Benns Polemik gegen die Emigranten, die nicht verstehen wollen, dass Geschichte „an ihren Wendepunkten nicht demokratisch, sondern terroristisch“ arbeite,[8] und als „Amateure der Zivilisation“ einen Ruhepunkt der Beobachtung außerhalb der Geschichte aufgesucht haben:

> Sie stellen es so dar, als ob das, was sich heute in Deutschland abspielt, die Kultur bedrohe, die Zivilisation bedrohe, als ob eine Horde Wilde die Ideale schlechthin der Menschheit bedrohe, aber, so lautet meine Gegenfrage, wie stellen Sie sich denn nun eigentlich vor, daß die Geschichte sich bewegt? Meinen Sie, sie sei in französischen Badeorten besonders tätig? [...] Ich glaube, Sie kämen weiter, wenn Sie endlich diese novellistische Auffassung der Geschichte hinter sich ließen, um sie mehr als das elementare, das stoßartige, das unausweichliche Phänomen zu sehen.[9]

Rückblickend erkennen wir, dass alle drei zu Beginn der 30er Jahre mit solchen Sprüchen nicht so sehr ins Unvorhergesehene wandern, als vielmehr dahin blindlings geschleppt werden.

---

5 Ernst Jünger, *Der Arbeiter. Herrschaft und Gestalt*, Hamburg 1941, S. 194.

6 Ebd., S. 201.

7 Bertolt Brecht, Gesammelte Werke, Frankfurt a. M. 1968, Bd. 8, S. 314.

8 Gottfried Benn, „Der neue Staat und die Intellektuellen“, in: Benn, *Sämtliche Werke*, Stuttgart 1986 ff, Bd. 4, S. 504.

9 Benn, „Antwort an die literarischen Emigranten“ (24. Mai 1933), SW, Bd. 4, 25 f.

Fünf Gemeinplätze der glorreichen Drei

1. Gesellschaft als Erdbebenlandschaft

Der holländische Ökologe van Leeuwen stellte fest, dass an Standorten, in denen die zeitliche Dynamik hoch ist, die Bedingungen sich stetig ändern (also an Dünen der Meeresküste, die immer wieder von Fluten umlagert und vom Wind zerstört werden, auf Geröllbänken von Flüssen, auf frisch aufgeschütteten Abraumhalden von Bergwerken oder überbesetzten Viehweiden) die räumliche Struktur, wie sie insbesondere in der Zahl der Arten und der Komplexität ihrer Beziehungen zueinander zum Ausdruck kommt, *einfach* ist. Umgekehrt sind unter zeitlich konstanten Verhältnissen existierende Lebensgemeinschaften reich strukturiert und komplex. Die artenreichsten Ökosysteme der Erde sind die tropischen Regenwälder. Die einfachen Ökosysteme sind dagegen auf „ein Leben mit der Katastrophe" eingestellt.[10]

Offenbar werden die Jahre gegen Ende der Republik von den drei radikalen Schriftstellern als katastrophennah empfunden. Allen Phänomen der republikanischen Gesellschaft hat sich der Stempel aufgedrückt „Nichts ist beständig als die Veränderung"[11]. Brecht und Jünger sprechen von der „Erdbebenlandschaft", sie entwerfen die Gesellschaft als einen „provisorischen Raum",[12] der mit katastrophischen Einbrüchen rechnet. Daraus muss das Beste gemacht werden, auch wenn es heroischer Anstrengung bedarf. Der Mensch muss sich halt auf die elementare Unsicherheit einstellen. Die Gesellschaft nimmt in ihren Augen die Gestalt eines Heerlagers ein, in dem „das Aufschlagen von Zeltlagern bereits im Blick auf ihren Abbruch" geschehen muss.[13]

Wie müsste der Mensch beschaffen sein, der sich in dieser „Erdbebenlandschaft" behauptet? Brecht, Jünger und zu guter Letzt auch Benn entwerfen Gestalten, die jederzeit mobil gemacht werden können. An die Stelle des komplexen „Individuums" tritt die einfache Gestalt des „Typus". Für den Typus gehören die komplizierten Regeln der Psychologie zum Ballast des 19. Jahrhunderts, der abgeworfen werden muss. Er ist herausgelöst aus der „ungeheuren Komplikation der verschuldeten Person".[14] Der Auftritt des neuen

---

10 Zit. n. Ludwig Trepl, „Humanisierung der Natur und Ökologie", in: *Berliner Hefte* 16 (1981), S. 77 ff.

11 Jünger, *Der Arbeiter*, a. a. O., S. 172.

12 Ebd., S. 164.

13 Ebd.

14 Walter Benjamin, „Schicksal und Charakter" (1921), in: Benjamin, *Zur Kritik der Gewalt*, Frankfurt a. M. 1965, S. 66–77, hier: S. 76.

„Typus" erschreckt an allen Fronten. Seinem „heraldischen Ausdruck", sei es als bolschewistischer „Genosse", sei es als nationalrevolutionärer „Arbeiter" lässt sich die Entschlossenheit zur Zerstörung ablesen. „Der Verzicht auf Individualität stellt sich als ein Vorgang der Verarmung nur dem Individuum dar, das in ihm den Tod erkennt. Für den Typus bedeutet es den Schlüssel zu einer anderen Welt".[15]

Diese Wandlung des Bilds vom „Neuen Menschen", das die Avantgardisten in Russland, Italien, Frankreich und Deutschland in den beiden ersten Jahrzehnten des 20. Jahrhunderts entworfen hatten, nimmt also Ende der 20er Jahre die denkbar schlimmste Wende. In den verschiedenen politischen Lagern der radikalen Intelligenz sind in Deutschland in der Literatur und auf der Bühne Varianten des Neuen Menschen zu besichtigen, der eine Wegstrecke durch die Todeszone zurückgelegt haben muss, um den Zumutungen der Utopie von totaler Mobilmachung gewachsen zu sein.

Brecht führt in seinen Lehrstücken die Sozialisation des neuen Typs in Exerzitien des Sterbens vor. Das Ideal der absoluten Selbstlosigkeit des kommunistischen Genossen wird über die Leiche des Individuums verwirklicht.

Jünger erfindet den Menschen als „organische Konstruktion", in dem er seinen Körper wie im bemannten Torpedo oder im Flugapparat der Kamikaze-Flieger mit dem technischen Apparat verschmilzt oder der Mensch nur noch als Schnittstelle elektrischer Schaltkreise interessiert.

Benn fügt dieser Galerie des unterkomplexen Menschen das Zuchtprodukt des „Spartaners" hinzu.

Vielleicht ist es aber ein Missverständnis, Verse, Szenarien, Essays und Dramen als zynische Kälte-Experimente oder ernstgemeint reale Handlungsoptionen zu begreifen. Vielleicht stellten sie nur Formen bereit, in der die Enttäuschung von Erwartungen durch imaginäre Berührung mit dem Desaster bewältigt wird, das die Logik des Extrems in der Körperwelt anrichtet. Vielleicht sollten die Texte der glorreichen Drei als Schutzhandlungen von unmittelbaren Reaktionszwängen entlasten, schmerzhafte Abweichungen einüben und Sonderroutinen ausbilden. Alle drei hätten aber mit der Gefahr vertraut sein können, die darin besteht, dass „die Schutzhandlung dieselbe Gefahr herstellt, die sich bannen soll."[16] Schließlich verbrannten sich alle drei (nicht imaginär) die Finger in ihren konkreten Parteilichkeiten.

15 Jünger, *Der Arbeiter*, a. a. O., S. 219.

16 Johannes Türk: *Die Immunität der Literatur*, Frankfurt a. M. 2012, S. 300 ff.

2. Die Eliminierung der Mitte

Den Dreien ist gemeinsam, dass sie der Mittelzone einer Gesellschaft, in der Austausch und Ausgleich stattfinden könnte, keinen Reiz abgewinnen konnten. Die Avantgardisten verhalten sich uneinsichtig gegenüber dem Anspruch der Demokratie, dass die lebensnotwendigen Austauschprozesse von Peripherie und Zentrum in den Mittelzonen der Gesellschaft stattfinden. Sie sind oft genial in ihrem mikroskopischen Nahsinn, ihrer gnadenlosen Schärfe der Beobachtung selbstzerstörerischer Mechanismen in den Gemeinschaften (Bertolt Brecht) oder der medizinischen und psychiatrischen Körperobsession (Gottfried Benn). Sie sind manchmal atemberaubend plastisch in ihrem Fernsinn, in den Entwürfen der Verschaltung der Individuen in einer fernen Technologie der Zukunft (Ernst Jünger). Sie vereinen Nahsinn und Fernsinn, aber für die Wahrnehmung der Gegebenheiten der Austauschzonen des sozialen Miteinanders, des Aushandelns von Konflikten und der Balance der Kräfte sind sie aus Scharfsinn blind. Nun macht es einem die Weimarer Republik schwer, ihre *Mitte* zu bestimmen. Das Bürgertum driftete nach den Erfahrungen der Inflation nach rechts. Das Rechtswesen war keinesfalls Wahrer des fairen Austauschs der Interessen. Die politischen Lagerbildungen gaben der Mitte keine Chance. Die radikale Intelligenz interessiert sich nicht für die Mitte. Sie hätte sich schon ohne kulturkritische Scheuklappen analytisch in die Konsumsphäre der Republik und ihre Unterhaltungsindustrie versenken müssen, um dort neue zivile Verhaltensformen des Austauschs zu entdecken, die in der Politik selten waren. Vielleicht ist das Ideal der Mitte auch nur ein Wunschbild, das meine Generation erst in den 80er Jahre der BRD entwickelte, nachdem wir uns in den 70er Jahren die Finger in einer Organisation verbrannt hatten, die kommunistische Modelle der 1920er und 30er nachspielte. Die Trauer über den *Verlust der Mitte* (Sedlmayr) war in den 50er und 60er Jahren eine Domäne der Konservativen; dementsprechend abschätzig gingen wir damit um, egal, ob es um Kunst oder um Politik ging.

Sucht man in der Weimarer Republik nach einem intellektuellen Fürsprecher der demokratischen Mitte, so ist es schwer, einen zu finden. Gewiss, es war kühn, dass sich Thomas Mann gegen Ende der Republik für eine so ästhetisch reizlos graue Partei wie die SPD einsetzte und dafür Hohn und Spott der radikalen Künstler aller Couleur erntete. Greift man auf der Suche nach weiteren Garanten der Balance hoffnungsvoll zu Max Schelers Schrift „Der Mensch im Zeitalter des Ausgleichs" – dem Text einer Rede, die Scheler in Berlin bei der Jahresfeier der Deutschen Hochschule für Politik am 5. November 1927 hielt – so wird man in ihr schwerlich das Ideal einer Mitte finden, die erst im westlichen Nachkriegsdeutschland gepriesen wurde. Demokratie ist für Scheler ein Medium, in dem die extremen Gegensätze der Klassen, Rassen und Parteien in einer Nation zwar nicht produziert, aber schonungsloser *enthüllt* werden als in jeder anderen Gesellschaftsform. Der „Ausgleich", von dem er spricht, verwirklicht sich in Turbulenzen: „Die Weltalter nicht der zunehmenden Spannungsstauung und Partikularisierung der Kräfte, sondern die *Weltalter des Ausgleichs* sind die für die Menschheit *gefährlichsten*, die todes- und tränentrunkensten. Jeder Vorgang, den wir Explosion, Katastrophe in Natur und Geschichte nennen, ist ein vom Geist und Willen *nicht* sinnvoll geleiteter oder leitbarer Ausgleichsvorgang".[17] Mit dieser Zeitdiagnose will sich Scheler aber nicht stoisch beruhigen. Genießen kann er sie erst Recht nicht. Er plädiert vielmehr für die Herausbildung einer *Elite* im Sinne Paretos, die kraft ihres Vermögens, Geist und Macht zu versöhnen, den Kampf der Geschlechter, Rassen und Klassen unter Vermeidung von Katastrophen ausgleichen soll. Ein Kraftakt, der, wie er weiß, der Machtelite ein hohes Maß an „Selbstzucht", Triebverzicht und „Askese" abverlangt. Wer könnte ihr sozialer Träger sein? Ob die Deutsche Hochschule für Politik der richtige Ort für diese verzweifelte Suche war?

Die Weimarer Republik war eine Republik der politischen Extreme und der sozialen Polarisierung. Der *Gegenwart* der schwierigen Demokratie wurde wenig Kredit eingeräumt. Wenn Herfried Münkler 2011 als eines der der zentralen Merkmale sozialer und politischer Mitten hervorhebt, dass „sie die Gegenwart wertschätzen und nicht so ohne weiteres bereit sind, sie für ungewisse Zukunft dranzugeben"[18] wird klar, dass diese Rede von der Mitte von einer Erfahrung der Bundesrepublik nach 1945 genährt wird und man sie nicht als regulative Idee auf das Deutschland der 20er Jahre übertragen kann.

Es ist verständlich, dass die Künstler es in der damaligen Bürgerkriegsatmosphäre nicht als ihre Aufgabe ansahen, Hüter einer kaum existierenden demokratischen Austauschsphäre der Mitte zu sein. Man kann es auch nachempfinden, dass Künstlern, für die die Republik eine Fortsetzung des Kriegs war, Parlamentarismus und moderate Politik als betrügerisch und langweilig galten. Der Exzess ist ästhetisch immer interessanter; zumindest für eine Ästhetik, welche ihre Anziehungskraft aus der Verletzung der Moral bezieht. Dass Künstler Kulturen des Ausgleichs keinen ästhetischen Reiz abgewinnen, hat eine lange Tradition. Sie empfinden sich nicht als Mitspieler der eingebürgerten Wirklichkeit, sondern als ihre „Rivalen". Heiner Müller zitiert zustimmend einen Satz von André Malraux: „Der Künstler ist nicht jemand, der die Welt transkribiert – er ist ihr Rivale".

---

17 Max Scheler, „Der Mensch im Zeitalter des Ausgleichs", in: Max Scheler: *Philosophische Weltanschauung*, München 1954, S. 89–119, hier S. 98 f.

18 Herfried Münkler, „Spaltet sich die Mitte? Über soziale und politische Stabilität", in: *Recherche. Zeitung für Wissenschaft*, Nr. 1 (2011), S. 1.

3. Die Rede von der „Wahrnehmungschärfe"

Einer der Gemeinplätze der Avantgardisten lautet, dass man, will man einen Gegenstand „scharf" ins Auge fassen, ihn aus seinem „moralischen Kreditverhältnis"[19], in dem er mit seiner Umwelt verwoben ist, herausschneiden muss. Erst der Schnitt, mit dem der Gegenstand aus seiner moralischen, pragmatischen und atmosphärischen Einbettung gelöst wird, verleiht ihm randscharfe Kontur. Sind Menschen Gegenstand der Beobachtung, so bewährt sich der scharfe Blick an ihnen in *optima forma* erst, wenn sie zu physikalischen Objekten, die mechanischen Gesetzen unterliegen, verwandelt worden sind. Von diesen Verwandlungsakten versprechen sich die Avantgardisten den Effekt der emotionalen Kälte. „Die Kältetendenz", bemerkt Ossip Mandelstam 1933, „rührt vom Eindringen der Physik in eine moralische Idee her".[20] Bei hohen Kältegraden, bemerkt Jünger, „verlieren auch das Fleisch und die erotische Berührung ihre Lüster; ihr physikalisches Verhältnis tritt hervor".[21]

Zeigen sich hier Berührungsflächen mit wissenschaftlichen Denkstilen ihrer Zeit, so legen die kaltblickenden Avantgardisten großen Wert darauf, dass ihr Habitus in den *Kult des Bösen* verwoben ist, den sie vom Dandy des 19. Jahrhunderts übernommen haben. Dieser setzte die Genauigkeit der Wahrnehmung als „Desinfektions- und Isolierungsapparat"[22] gegen die moralischen Konventionen des Bürgertums ein. Den Nachfahren der Dandys kommt der Fortschritt der technischen Medien entgegen. Mit Kamera und Filmapparat bieten sich die technischen Geräte an, die die Eigenschaften der mechanischen Objektivität zu besitzen scheinen. Ernst Jünger: „Die Aufnahme steht außerhalb der Zone der Empfindsamkeit".[23]

Die Auslagerung des „grausamen Sehens" in die Welt der Geräte gibt ihm die wertneutrale Qualität einer technischen Norm; die Rückübertragung des Vermögens der Geräte auf die menschliche Wahrnehmung schützt diese vor den Einsprüchen der Moral.[24]

19 Robert Musil, „Triedere", in: Musil, *Nachlaß zu Lebzeiten*, Hamburg 1957, S. 82.

20 Ossip Mandelstam, „Gespräch über Dante", in: Mandelstam, *Gesammelte Essays II 1925–1935*, Zürich 1991, S. 160.

21 Ernst Jünger, *Strahlungen II. Das zweite Pariser Tagebuch*, Stuttgart 1980, S. 131.

22 Walter Benjamin, „Der Sürrealismus. Die letzte Momentaufnahme der europäischen Intelligenz", in: Benjamin, *Angelus Novus*, Frankfurt a. M. 2011, S. 210.

23 Ernst Jünger, „Über den Schmerz" (1934), in: ders., *Sämtliche Werke*, Stuttgart: Klett-Cotta 1978 ff., Bd. 7, S. 182.

24 Ausführlicher über die Komplexität der „Wahrnehmungsschärfe" in meinem Buch *Verhaltenslehren der Kälte*, Frankfurt a. M. 1994, S. 187–198.

4. Die Topologie des Untergrunds

Für die drei Schriftsteller ist die Welt nach einer bestimmten Topologie aufgebaut.[25] Auf der Oberfläche registrieren sie die Zirkulation der Zeichen und Symbole, des Geldes und der Waren, der parlamentarischen Aushandlungskultur und der eingebürgerten Konventionen. Schmutzige, komplexe, harmoniesüchtige, streitbare oder glamouröse Mischkulturen also. Das zu beobachten wäre schon eine beachtliche Leistung. Das Ziel der Radikalen ist es aber, die „glänzende Politur" der Oberfläche zu *durchstoßen,* um zu einem Kern *reineren,* das heißt für sie kriegerischeren, zumindest todesnäheren Daseins zu gelangen. Die Frontlinie des Schmerzes aufzusuchen, war ein Antrieb, der bei vielen zu finden ist. Dieser Kern konnte in archaischen Kulturen, in Anfechtungen des Todestriebs, denen man sich überlässt oder in Situationen der Lebensgefahr gesucht werden.

Alle Versionen des „Primitivismus" in der Avantgarde gehen von dieser Topologie von Oberfläche und Tiefe aus. Die Tiefe wird vergangenen archaischen Strukturen zugerechnet und die Oberfläche den modernen Zivilgesellschaften. Ein evolutionäres Schema beherrscht das Denken der Avantgardisten, auch wenn sie die Pole der Entwicklung in ihrem Kult des „Primitivismus" anders bewerten.

> Es gibt aber in der sozialen Organisation, in der Kunst, im Seelenleben, im Denken keine Entwicklungen, in denen das eine zum anderen führt, die Sippe zur Gesellschaft, das Einfache zum Komplexen, das Konkrete zum Abstrakten, der Mythos zum Logos, das Irrationale zum Rationalen, sondern das eine beruht auf dem anderen, mehr noch: die Beziehungen sind primär keine linearen, vielmehr ist mit zyklischen oder atemporal-topologischen Mustern zu rechnen. Nach dem Durchgang durch eine Epoche historischen Denkens erweist sich die Moderne gerade darin als modern, dass sie ungeachtet völlig anderer funktionaler Differenzierungen vielfache Affinitäten zu primitiven bzw. archaischen Kulturen aufweist.[26]

Die deutschen Avantgardisten umkreisen in ihren Imaginationen die Katastrophe als überwältigenden Einbruch eines Realen, das sich sowohl der willentlichen Erinnerung als auch der therapeutischen Bewältigung entzieht. Als sei das Trauma der Inbegriff der Intensität. Mit ihrer Obsession für trau-

---

25 Vgl. Martin Lindner, *Leben in der Krise,* Stuttgart/Weimar 1994.

26 Ich zitiere hier einen Gedankengang, den Teja Bach und Wolfram Pichler in der Vorbereitung der Konferenz *Rethinking Primitivism* niedergelegt haben, die 2009 am Internationalen Forschungszentrum Kulturwissenschaften (IFK) Wien stattfand.

matische Erfahrungen gehören sie zu einer Generation, welche die Erfahrungen mit dem Ersten Weltkrieg verarbeiten musste. Aber die Katastrophe war für sie kein Unfall, sondern ein unvermeidliches Desaster der bürgerlichen Repräsentation des Realen, das sie nicht nur aufdecken wollten. Sie wollten die Horizonte der Täuschung durchstoßen, mit denen für sie der bürgerliche Humanismus den Blick auf die Wirklichkeit versperrt. Sie wollten dem Schlamassel einer unverfügbaren Geschichte entkommen. *Durchbruch* ist ihr Schlüsselwort in einem doppelten Sinn: Durchbrechen der symbolischen Oberflächen der Zivilgesellschaft, um zu Elementarschichten zu gelangen, und Durchbrechen von Praktiken der Kontemplation, um zu eingreifendem Denken anzuleiten.

Gegenüber der ideologischen Entwirklichung, die sie dem Liberalismus vorwarfen, wollen diese Künstler die „Wirklichkeit des wahren Ernstes mit der von der Eventualität des Ernstfalls geforderten Todesbereitschaft zur Geltung" bringen und eine vom „Sekuritätsbedürfnis verdeckte *furchtbare* Realität" enthüllen. 1931 liest man in einer Rezension von Carl Schmitts *Begriff des Politischen*:

> Das *Böse* der menschlichen Natur, dem hier die praktische Entscheidung zugute kommen soll, ist nur die Außenseite des „existenziellen Ernstes", dem sie in Wahrheit zufällt. [...] Der *böse, gefährdete* Mensch ist zugleich und – wie uns scheint – wesentlich der Mensch, dem es ernst ist, der etwas hat, wofür er zu sterben und zu töten bereit ist. Dem steht gegenüber der Mensch, der mit der Aufhebung der Möglichkeit des echten Feindverhältnisses bei der *geistigen Neutralität* und damit zugleich bei dem *geistigen Nichts* angelangt ist.[27]

5. Um dem „Feind" zu trotzen, bringen sie sich erst einmal selbst in Form

Man(n) muss sich in Form bringen! ist die Parole, mit der selbst subtile Vertreter der Philosophischen Anthropologie wie Max Scheler und Helmuth Plessner, Künstler und Künstlerinnen der Neuen Sachlichkeit, Bauhausleute und Intellektuelle der Rechten die Nervosität des Menschen im Kaiserreich ausschalten wollen.[28] „Tatsachenmenschen" sind Menschen, die sich, wie Spengler sagt, in Form gebracht haben. Wer die Kraft und den Willen zu dieser Selbstmodellierung nicht aufbringt, kann auf Institutionen rechnen, die dafür sorgen. „Ein

27 Helmuth Kuhn, „Rezension von Carl Schmitt, Der Begriff des Politischen", in: *Kant-Studien* XXXVIII (1933), S. 190–196.

28 Vgl. Helmut Lethen: „Weltoffenheit als Habitus der heroischen Moderne", in: Thomas Keller und Wolfgang Eßbach (Hg.), *Leben und Geschichte,* München 2006, S. 113–127.

Staat ist das ‚In Form sein' einer durch ihn gebildeten und dargestellten völkischen Einheit für wirkliche und mögliche Kriege."[29] Und auch Benn, der sich bisher durch Wunschbilder des Amorphen und Verschwommenen ausgezeichnet hatte, will 1933 einen Staat, der den Menschen glatt schleift wie einen Kubus.

Das Motiv, sich mit einer Gewalttätigkeit zu panzern, die sich der Gewalttätigkeit der Umwelt assimiliert, hat in unterschiedlichen Versionen nicht nur die Politischen Anthropologien von Spengler, Plessner und Gehlen durchzogen, es hat auch verschiedene Künstler, Architekten, Maler und Schriftsteller geprägt und neue Physiognomien geschaffen:

> Verändert hat sich auch das Gesicht, das dem Menschen unter dem Stahlhelm oder der Sturzkappe entgegenblickt [...] Es ist metallischer geworden, auf seiner Oberfläche gleichsam galvanisiert, der Knochenbau tritt deutlich hervor, die Züge sind ausgespart und angespannt. Der Blick ist ruhig und fixiert, geschult an der Betrachtung von Gegenständen, die in Zuständen hoher Geschwindigkeit zu erfassen sind.[30]

Rührte der Wunsch nach Panzerung aus der Angst, von einer diffusen Massengesellschaft absorbiert zu werden, kam das Vorhaben der *Selbststählung* aus der Furcht, sich vor der technischen Umwelt zu blamieren, entstammte es dem Wunsch, dem „Feind" gegenüber klare Konturen zu zeigen? Am konsequentesten hat Arnold Gehlen die Notwendigkeit des Formzwangs in seine Anthropologie aufgenommen:

> Auch die Schichten im Menschen, wo seine vitalen Möglichkeiten liegen, seine Fülle oder Mattigkeit, das Tempo der Abläufe, die Wellen der Lahmheit oder Kraft, die Spannkraft oder Ermüdbarkeit, die plastische und ausheilende Kraft oder eine lautlose Verwundbarkeit – auch diese Schichten bedürfen noch einer *indirekten* Führung und Ökonomie. Gerade sie müssen durch das Skelett eines geordneten Leistungs- und Gewohnheitseinsatzes in Form gehalten werden, und unsere Verantwortung reicht bis in vegetative Tiefen hinein.[31]

---

29 Oswald Spengler, *Jahre der Entscheidung* (1933), München 1953, S. 25.

30 Jünger, *Der Arbeiter*, a. a. O., S. 104 ff.

31 Arnold Gehlen, *Der Mensch. Seine Natur und Stellung in der Welt.* Gesamtausgabe, Frankfurt a. M. 1978 ff., Bd. 3, S. 370.

Benns Fall

Ich beginne den konkreten Fall, dem wir uns nun zuwenden, mit einer Übersprungshandlung.[32] Der Anspruch auf Kunstautonomie, den Gottfried Benn bis 1928 kultiviert hatte, weicht zu Beginn der 30er Jahre dem Willen, Rädchen und Schräubchen einer politischen Aktion, Träger einer Entscheidung zu sein. Das konnte bei keinem mehr überraschen als bei diesem Poeten. Und wie es bei allen „Dezisionisten" der Fall war, so entscheidet sich auch Benn nicht mutig zu einer souveränen Tat, sondern hängt sich an eine Entscheidung an, die ohne ihn gefallen ist.

In der sozialen Isolation der 1920er Jahre hatte Benn zwar einen gewissen „intellektuellen Satanismus" (Theweleit) entwickelt, der aber so lange harmlos war, wie er in der isolierten Sphäre einer vermeintlichen Kunstautonomie eingebunkert blieb. Die Stimme von Benns Poesie verhallte ungehört von der Öffentlichkeit der Republik. Eine Republik besitzt eben nicht das Ohr eines einzigen Machthabers, in das man Verruchtheiten flüstern könnte, denen verruchte Taten folgen. Und auch nach 1933 ist der Dichter kein Souffleur im Ohr des Machthabers. Benn ist jedoch schon in den frühen Zeiten der neuen Medientechnik ein Radionarr. Von 1927 bis 1933 ging Benns Stimme außerordentlich oft über den Äther. Kein Dichter der Weimarer Republik ist so oft im Rundfunkstudio aufgetreten. Zwar hielt man seine Stimme nicht für besonders rundfunktauglich („Benn las seinen Essai apathisch und so rasch vor, daß es schwer war, ihm zu folgen; er trat wieder in der Pose des einsamen Rufers in der Wüste"[33] auf, schreibt im Januar 1931 ein Rezensent der *Vossischen Zeitung*), doch reizte den an physiologischen Reflexen interessierten Dichter offenbar der Rundfunk als eine „Cooperation von Lauterzeugungsapparat und Ohr".[34] Wenn Benn damals Verbindung mit politischen „Apparaten" suchte, dann nicht zu denen der Parteien, sondern denen des Rundfunks, den er vorerst als Verstärkeranlage auffasst. Dass er trotz aufkeimender Bedenken seine NS-Ansprachen „Der neue Staat und die Intellektuellen", „Züchtung und Zucht", „Antwort an die literarischen Emigranten" vom Rundfunk übertragen ließ, mag mit seinem Wunsch nach einer „magisch resonierenden Welt simultaner Verbindungen des akustischen und oralen Raums" zu tun haben. Marshall McLuhan, der kanadische Pionier der Medientheorie, hat das Dritte Reich als eine „auditive Stammeseinheit" bezeichnet, die der akustischen Dimension der Elektrizität deswegen so hilflos gegenübergestanden habe, weil

32 Ausführlicher in Helmut Lethen, *Der Sound der Väter*, Berlin 2006, S. 165–209.
33 Zit. n. Ludwig Greve (Hg.), Gottfried Benn 1986 – 1956, Marbach 1987, S. 130.
34 Roman Jakobson, zit. n. Reinhart Meyer-Kalkus, *Stimme und Sprechkünste im 20. Jahrhundert*, Berlin 2001, S. 131.

die germano-slawischen Kulturen den Buchdruck übersprungen und direkt von den Stammeskulturen des Mittelalters in die Gegenwart des Elektrischen übergegangen seien. McLuhan fürchtete, dass Gesellschaften wie die des Dritten Reiches, die einen geschlossenen Resonanzraum bildeten, sich „in der Nacht des sakralen oder auditiven Menschen verlieren" würden,[35] begrüßte aber trotzdem ein *global village* der weltweiten Vereinigung.

Solche Befürchtungen teilte Benn nicht. Er *wünschte* offenbar, sich „in der Nacht des sakralen oder auditiven Menschen" zu verlieren und benutzt den Rundfunk, wie Klaus Theweleit bemerkt, als „amplifier, der seinen Stößen ins Ungefähre mehr Macht verleihen soll".[36] Er liebt den Gedanken, dass seine Stimme, die Stimme eines gesellschaftlich Isolierten, auf dem Rücken von Rundfunkwellen eine Gemeinschaft zum Vibrieren bringen könnte. „Propaganda berührt die Keimzellen, das Wort streift die Geschlechtsdrüsen."[37] In der Republik hatte sich seine Stimme in der Zerstreuung der Unterhaltungsendungen verloren. 1933 hat sich die Situation grundlegend gewandelt. Es gibt einen Machthaber, dessen Ohr er zu erreichen hofft, und es gibt eine Hörerschaft, deren völkische Homogenität er als den Resonanzraum für seine Stimme sucht. Zeugnis davon ist Benns Radiorede vom 24. April 1933: *Der neue Staat und die Intellektuellen,* in der er fordert, dass man als Intellektueller positiv zum neuen Staat stehen müsse, der ein Ergebnis der Revolution der Jugend sei:

> Große innerlich geführte Jugend, der Gedanke, der notwendige Gedanke, die überirdische Macht der Welt, mächtiger als das Eisen, mächtiger als das Licht, gibt dir Recht: die Intelligenz, die dir schmähend nachsieht, war am Ende; was sollte sie dir denn vererben; sie lebte ja nur noch von Bruchstücken und Erbrechen über sich selbst. Ermüdete Substanzen, ausdifferenzierte Formen und darüber ein kläglicher, bürgerlich kapitalistischer Behang. Eine Villa, damit endete für sie das Visionäre, ein Mercedes, das stillte ihren wertesetzenden Drang. Halte dich nicht auf mit Widerlegungen und Worten, habe Mangel an Versöhnung, schließe die Tore, baue den Staat! […] Die Geschichte lässt nicht abstimmen, sondern sie schickt den neuen biologischen Typ vor […] Und dann handelt dieser neue biologische Typ, und natürlich werden dabei zunächst gewisse Gesellschaftsverhältnisse verschoben.[38]

---

35 Marshall Mc Luhan, *Gutenberg Galaxie – Das Ende des Buchzeitalters,* Bonn/Paris 1995, S. 34f.

36 Die nach wie vor beste Analyse von Benn Kollaborationszeit findet sich in Klaus Theweleit, *Buch der Könige. Orpheus am Machtpol,* Frankfurt a. M. 1994, S. 309–529.

37 Benn, SW Bd. 4, a.a.O., S. 89.

38 Ebd., S. 16.

Im Rahmen der notwendigen Säuberungsaktionen sei es natürlich, dass „gewisse erste Ränge leer gefegt" würden.[39]

Viele Freundinnen und Freunde von Gottfried Benn sind zu diesem Zeitpunkt schon emigriert. Es ist bereits leer um ihn geworden. Er schreibt einen Abschiedsgruß an seine alte Freundin Else Lasker-Schüler. Ein anderer Freund, Oskar Loerke, notiert unmittelbar nach Benns Bewerbungs-Rede für das Dritte Reich in sein Tagebuch: „Montag Vortrag Benn im Rundfunk. Stramm für heroische Unterdrückung der Intellektuellen". Gemeinsame Bekannte rufen Loerke unmittelbar nach der Sendung an. „Bis in die Nacht hätten sie geweint. Absolute Vereinsamung und Abgeschlossenheit".[40]

Warum hat sich Benn 16 Monate lang den Nazis zur Verfügung gestellt?

Die Antworten auf diese Frage bewegen sich seit 1945 zwischen Ideologiekritik, Mentalitätsgeschichte und Ratlosigkeit. Neben lakonischen Feststellungen der institutionellen Funktion, die Benn 1933/34 innehatte, stehen politische Verurteilungen, tiefenpsychologische Spekulationen, soziologische Untersuchungen und medientheoretische Aufschlüsselungen.

Ich greife einen Aspekt heraus, der vielleicht biographisch erklären kann, was hier passiert ist. In Benns Kindheit und Jugend fand man eine Erklärung für sein kurzfristiges nationalsozialistisches Engagement. Sein Leben wurde, so vermutet Jürgen Schröder, von einer permanenten „Umschlags-Disposition" geprägt.[41] Sein Selbstwertgefühl schwankt zwischen einer „Paria-Erfahrung", also dem Empfinden, von der Gesellschaft ausgeschlossen zu sein, und einem „aristokratischem Selbstwertgefühl"; zwischen der Gewissheit, wie der letzte Dreck behandelt zu werden, und dem poetischen Zwang, diesen Dreck auszustellen zu müssen, und der fixen Idee, als Mitglied einer geheimen Elite dieser Gesellschaft maßlos überlegen zu sein.

Die biographischen Daten, die Schröder zur Begründung angeführt hat, sind die folgenden: Benns Kindheit und Jugend waren dadurch geprägt, dass er als Sohn eines protestantischen Dorfpfarrers zwischen den Arbeiter- und Dorfjungen auf der einen und den Söhnen des ostelbischen Adels auf der anderen Seite stand und sich dennoch nicht mit der sozialen Mittelschicht identifizieren konnte. Die gesellschaftliche Distanz zwischen Gutsarbeiter und adligem Gutsherrn war extrem groß und umso unüberbrückbarer, als in der dörflichen Sozialstruktur neben der bürgerlichen auch die bäuerliche Mittelschicht so gut wie fehlte. Da Benn die bürgerliche Mitte als Kind nicht kennengelernt habe, bevorzugt er – so die Logik von Jürgen Schröder – stets

39 Ebd., S. 460.

40 Oskar Loerke, Tagebücher 1903–1939, Heidelberg/Darmstadt 1955, S. 272.

41 Jürgen Schröder, *Gottfried Benn. Poesie und Sozialisation*, Stuttgart 1978.

radikale Lösungen. Benn, der im Gegensatz zu vielen Zeitgenossen nie auf die Niederlage des Kriegs fixiert war, zieht sich nach 1918 inmitten des Chaos der Berliner Nachkriegsjahre in eine restlos privatisierte Sphäre zurück. Er widmet sich fortan seiner Praxis für Haut und Geschlechtskrankheiten und der Poesie. „Wende dich ab von deinen Nächsten"[42], lautet seine Lehre für Kriegsheimkehrer. Bis 1928 stilisiert er sich als einen *Diogenes im Fass,* kultiviert seine „individuelle Monomanie" und entwickelt aus dieser Außenseiterposition sein interessantes „Hassvokabular" gegen die Republik. In den Jahren 1928 bis 1932 durchläuft Benn dann eine Phase der Resozialisierung. Mit Zeitungsartikeln, Rundfunkvorträgen und Festreden betritt er die Plattform der Öffentlichkeit. Den Höhepunkt der Initiation ins öffentliche Leben bildet seine Aufnahme in die Preußische Akademie der Künste, Abteilung Dichtung, zu Beginn des Jahres 1932. 1933 ist er endgültig in der Wunschsphäre angekommen. Sein „Pariabewusstsein" schlägt um in aristokratische Selbstgewissheit. Der proletarisierte Dichter-Arzt kann sich in die Arme der alten Elite fallen lassen – sofern sie noch vorhanden ist. Er merkt bald, dass er ins Leere fällt.

Mit Aufnahme in die Akademie kehrt er heim in die Welt der Väter, der Ausgestoßene findet seine Gemeinschaft in einem Akt der Selbsterlösung. 1933 entwindet er sich abrupt der Ambivalenz von Pariagefühl und Herrschaftsbewusstsein, das seine Lyrik und Prosa in der Republik noch geprägt hatte.

Hat die hier skizzierte sozialgeschichtliche Genese wirklich die Weichen gestellt? Man mag dem Determinismus der biographischen, soziopsychologischen Erklärung skeptisch gegenüberstehen; doch liegt ein Erkenntnisgewinn darin, den Heroismus der „Dezision", den die Täter ihrem Verhalten in Entscheidungssituationen beizulegen lieben, beträchtlich zu relativieren. Nein – sie entscheiden nicht; es ist schon über sie entschieden. Sie hängen sich nur in den Lauf der Dinge ein. Benn 1933/34 – also auch nur ein schwimmendes Licht auf unheimlichem Strom.

Die Spartaner kommen

Wie nimmt sich Benns Bild des Neuen Menschen 1933 aus? Es hat nur geringe Ähnlichkeit mit den Typendarstellungen von Brecht oder Jünger. Gottfried Benn ist weder in der „Werkstättenlandschaft" zu Hause, die Jünger im *Arbeiter* entwirft, nicht in der Wärmesphäre völkischer Gemeinschaft, die Rosenbergs NS-Propaganda empfiehlt, und erst recht nicht in der „Kälte" der

42 Benn, SW 1, a.a.O., S. 15.

kommunistischen Organisationen. Mit den Resten der Reichswehr unterhält er in den 20er Jahren kaum Verbindung, die staatlichen Instanzen der Republik betrachtet er mit Ressentiment. Bisher zeichneten sich seine Wunschbilder durch eine Liebe zum Amorphen und Verschwimmenden aus. Wir kennen bis zu diesem Zeitpunkt kein metallisches Bild des Menschen von seiner Hand. In seiner Skepsis gegen Aktivismus jeglicher politischen Färbung hatte er mit Vorliebe Figuren der Trägheit gemalt, die zwar vor „psychotischen Ausfällen" nicht gefeit waren, sich im Übrigen der urbanen Zirkulation hingaben, träumten oder, nicht ohne durch Drogen nachzuhelfen, urzeitliche Situationen halluzinierten. Nichts hätte ihm ferner gelegen als Einverständnis mit einer Welt der totalen Mobilmachung. Gepanzerte Figuren wird man bei ihm vor 1933 vergeblich suchen. Er hatte immer Gestalten geliebt, die aus der Form gefallen waren. Also war Benn gezwungen, einen Mutationssprung in der Entwicklung seines Menschenbilds vorzunehmen, um der erstaunten Öffentlichkeit einen avantgardistischen Typus vorzustellen, der den „braunen Bataillonen" der NS-Bewegung eingegliedert werden konnte. Der Sprung sollte „in der eisernen Klammer" der Diktatur gelingen. Das Muster des Neuen Menschen entnimmt Benn der Welt der Spartaner.

Die Frage, die er sich stellt, heißt schlicht: Wie mache ich den modernen Menschen diktaturtauglich? Antwort: Durch Auslöschung aller seiner *femininen* Züge. Frage: Auf welche Tradition konnte er sich berufen, wenn er ausgerechnet den Spartaner als diktaturtauglichen Typen vorschlug? Antwort: Auf die klassische Altphilologie des 19. und 20. Jahrhunderts.

Der Essay „Dorische Welt", der im Juni 1934 in der *Europäischen Revue* und wenig später im Sammelband *Kunst und Macht* veröffentlich wird, besteht zu ca. 80 Prozent aus Exzerpten finsterer und heller Quellen. Unter anderen wird Jakob Burckhardts *Griechische Kulturgeschichte* geplündert, aber nur die faszinierend bösen Stellen exzerpiert. Außerdem Hippolyte Taines *Philosophie der Kunst*, Nietzsches *Der griechische Staat* und die *Historien* von Herodot. Aus dem Bretterwerk historischer Reminiszenzen bastelt Benn die Umrisse einer diktaturtauglichen „weißen Rasse". Das Ergebnis der Bastelarbeit, das Bild des dorischen Menschen sieht aus wie eine der Collagen, die Max Ernst im Stil des Surrealismus aus Illustrierten des 19. Jahrhunderts in den 1920er und 1930er Jahren herstellte. Im Gegensatz zum rheinischen Surrealisten ist es Benn mit seiner Collage des Spartaners als Präfaschisten todernst.

Das faszinierende Bild des bösen Sparta wird vor dem hellen Hintergrund einer eher femininen hellenischen Kultur gemalt, das mit Zügen westlicher Demokratien ausgemalt wird. Sie ist die Geburtsstätte des modernen Nihilismus. Hier setzen sich humane Grundsätze durch. Im hellen Griechenland ließ sich gut leben. Es herrschte das mittlere, das menschliche „Maß", die Glieder des menschlichen Körpers bildeten den Maßstab des Zusammenlebens, selbst in geistigen Tätigkeiten, beim Lesen, Zuhören und Reden war immer die Ganzheit der Person einbezogen. Benns Bild des Hellenentum ist sogar nach dem Geschmack einer modernen Medientheorie, wenn er bei der Schilderung des Umbruchs von der Mündlichkeits- zur Schriftkultur betont, dass die Entzifferung von Texten und das Schreiben keineswegs die kognitiven Fähigkeiten von der Ganzheit des Körpergeschehens trennte:

> Man liest laut, das wendet sich an die Funktion der Ohren und des Kehlkopfs [...] Lesen, das erarbeitete der ganze Organismus: die Rechte hält die geschlossene Rolle, die Linke zieht die Textspalten zu sich herüber, eine nach der anderen, langsam, zart, damit die Charta nicht zerfließt und die Fasern nicht zersplittern, der Schultergürtel und die Arme stehen immer in Spannung, und man schreibt auch auf der Hand.[43]

Sanfte feminine Züge würden in diesem Hellenismus kultiviert, mit Euripides beginne die Vorherrschaft von Humanitätsgedanken ... Das scheint der helle und transparente Fonds des Griechentums zu sein, vor dem sich das faszinierende Sparta in satanischem Licht abhebt. Aber das Griechenlandbild der humanistischen Tradition trügt. Denn im Hellenentum herrschten Benn zufolge Bestechung, Grausamkeit, Rache und „Stadtrassismus": „Eine Rasse von Täuschung und List im Kriegerischen wie im Rituellen".[44] Von diesem zwielichtigen Hintergrund hebt sich Sparta, „das Männerlager am rechten Ufer des Eurotas", sympathisch in seiner Eindeutigkeit ab. Hier werden schon die Kinder einer grausamen Pädagogik unterworfen. „Die Knaben schlafen nachts auf dem Schilf, das sie sich ohne Messer aus dem Eurotas reißen müssen, essen wenig und schnell." Spartanische Erziehung garantiert gestählte Körper, luftgewöhnt, glänzend von Öl, schön getönt. Eugenische Maßnahmen sorgen für die Züchtung des idealen Körpertyps. „Man ging wie in Gestüten vor, man vernichtete die schlechtgelungene Frucht." Statuen der Bildhauer auf den Plätzen Spartas, „wo der Kopf noch keine größere Bezeichnung hatte als der Rumpf", sind Leitbilder der Körperertüchtigung:

> Eine solche Bildsäule ist fest, ihre Glieder haben ein Gewicht, man kann um sie herumgehen, und der Beschauer wird sich ihrer stofflichen Anlage bewusst, sie sind nackt, dort kommt eine Schar von Badenden, sie sind nackt, man vergleicht: das bildet.[45]

---

43 Benn, SW Bd. 4, a.a.O., S. 126.
44 Ebd., S. 141.
45 Ebd., S. 142.

Nur unter den drakonischen Bedingungen Spartas konnte die „kalte Formenwelt" der Kriegerkaste entstehen, die im NS-Staat erneut angesagt ist. Nur „Macht reinigt das Individuum, filtert seine Reizbarkeit, macht es kubisch, schafft ihm Fläche, macht es kunstfähig".[46]

So fabriziert Gottfried Benn in tödlichem Ernst eine surrealistische Collage, in der Elemente von Carl Einsteins kubistischen Negerplastiken, die Erinnerung an die Reizbarkeiten der Neurastheniker des Wilheminismus ebenso nachklingen wie das Phantom der Reinigung des wilhelminischen Bürgers im „Stahlbad" des Krieges. In unmittelbarer Nachbarschaft zu seiner Kunstfigur eines NS-Menschen stehen die Statuen Arno Brekers. Leni Riefenstahl eröffnet ihren Olympiafilm mit einem Bild der dorischen Säule. Sie filmt die Athleten mit der metallischen Haut, von der Jünger vor der NS-Zeit im *Arbeiter* geschwärmt hatte.

Als surrealistische Collage hat Benn das Extrembild seiner „kalten Formenwelt" nicht in Umlauf gebracht. Schön wäre es, wenn man selbst aus diesem Kunststück rückblickend ein subversives Dokument der *entarteten Kunst* machen könnte. Entartet ist es zweifellos. Aber der NS-Staat bediente sich zu diesem Zeitpunkt jeder Form der „Entartung", solange sie der ethnischen Säuberung in der Diktatur diente. Die „Dorische Welt" ist ein groteskes Resultat von Benns „aristokratischem Rasseglauben" im Jahre 1934.

Die Anspielungen auf die politische Situation im NS-Regime sind dieser Zeichnung der Antike denn auch nicht fein, sondern grob beigemischt: die Grenzen von Spartas Reich werden scharf bewacht, die Emigration individualistischer Künstler, die der spartanischen Härte des neuen Staates zu entkommen suchen, werden als Nebenwirkung in Kauf genommen, das Verbot von Auslandsreisen legitimiert. *Vor* dem „Röhmputsch" konnte Benn selbst der „Knabenliebe" in Sparta einen hohen Stellenwert einräumen.

Mit einem gewissen Hunger nach Entsetzen berichtet Benn von exaltierten Grausamkeiten der spartanischen Welt. Kennt man Benns zarte oder drastische physiologische Bilder seit 1910, erschreckt die folgende im Wortlaut aus Hippolyth Taines *Philosophie der Kunst* exzerpierte Szene, die Benn mit Beifall bedenkt, besonders:

> Agesilaos, der große Spartaner, ließ eines Tages, um seine Mannschaft zu ermutigen, die gefangenen Perser entkleiden. Beim Anblick des blassen, schlaffen Fleisches fingen die Griechen an zu lachen und marschierten voller Verachtung für ihre Feinde vorwärts.[47]

---

46 Ebd., S. 150.
47 Ebd., S. 138.

Die „Lächerlichkeit" der Entblößung galt in den Augen der politischen Anthropologen dieser Zeit als größte Schmach, die dem aufgerüsteten Menschen widerfahren konnte. Benn entwirft mit seinem spartanischen Typus eine Gestalt, deren nackter Körper beschämungsimmun sein soll. Beschämbar sind hingegen, wie sein Beispiel zeigt, die Orientalen, deren entblößter Körper so zivil und feminin wie reizvoll (wie der Körper Benns) aussieht und die deshalb der öffentlichen Beschämung ausgesetzt werden können. Drei Jahre später ist Benn klüger, wenn er am 15. November 1937 in einem Brief an seinen Freund Oelze bemerkt, er habe sich wohl zu sehr von der „kalten Formenwelt" faszinieren lassen; ein „Orientale" hätte sich das nie ausdenken können.

Benn fasziniert die „Routine alles Bösen". In seinem Essay über die dorische Welt sucht er sich einen der großen Denker des ausgehenden 19. Jahrhunderts als Kombattanten aus. Zu Unrecht, wie man leicht feststellen kann. Aber bei Jacob Burckhardt hatte er die Sätze lesen können, die er brauchte: „Es ist thatsächlich noch gar nie Macht gegründet worden ohne Verbrechen. Und doch entwickeln sich die wichtigsten materiellen und geistigen Besitzthümer der Nationen nur an einem durch Macht gesicherten Dasein".[48] Die „Dorische Welt" ist Benns Beitrag zum *Kult des Bösen*, der gegen Ende der Republik so manchen Denker des Extrems fasziniert.[49]

Gottfried Benn hätte sich aber nicht die Mühe machen müssen, Fundstücke bei Burckhardt und anderen zu entstellen, um ein zeitgemäßes Pamphlet zu produzieren. Was auf den ersten Blick wie eine in ihrer schaurigen Kühnheit provozierende Collage aussieht, ist weder kühn noch neu. Es bettet sich bequem in die schwarze Tradition der Altertumswissenschaft ein. Schon Mitte des 19. Jahrhunderts war ein Bild Spartas entworfen worden, das die Dorer in Bezug auf „Rassenzucht und -hygiene" an der Spitze der Griechen sah. Als Vorbild zur „Vernichtung lebensunwerten Lebens" war Sparta schon vor Benn gefeiert worden. NS-Reichsbauernführer Richard Walter Darré hatte Sparta als Bauernstaat gepriesen. Hitler bewunderte in einer Rede vom 4. August 1929 die spartanische Herrschaftsordnung: In dem „klarsten Rassestaat der Geschichte unterdrückte eine rassisch hochwertige Minderheit von 6000 herrschenden Familien 340000 Heloten".[50] Die Auslesepraktik der NS-Geburtenpolitik orientierte sich an Sparta: „Die Aussetzung kranker, schwächlicher, mißgestalteter Kinder, d. h. deren Vernichtung war menschenwürdiger und in Wirklichkeit tausendmal humaner, als der erbärmliche Irrsinn unserer heutigen Zeit, die krankhaftesten Subjekt zu erhalten" schrieb Hitler.

---

48 Jacob Burckhardt, *Über das Studium der Geschichte*, München 1982, S. 401.

49 Vgl. Lethen, *Verhaltenslehren der Kälte*, a. a. O., S. 121 ff.

50 Adolf Hitler, *Reden, Schriften, Anordnungen*, zit. n. Volker Losemann, „Sparta", in: *Der neue Pauly*, Stuttgart/Weimar 2003, S. 153–171.

In dieser Suppe schwimmt Benns „kalte Formenwelt". Bis in die Kriegsjahre – wie der Appell des Reichsmarschalls Göring 1943 an die in Stalingrad eingeschlossenen Soldaten zeigt – wurde immer wieder die Thermopylenschlacht beschworen. Zu diesem Zeitpunkt hat sich Benn allerdings schon mit Ekel vom NS-Staat abgewandt. Nach dem Zweiten Weltkrieg gab selbst die Altertumswissenschaft der Bundesrepublik Deutschland Athen den Vorzug vor Sparta. Die Austauschsphären, wie sie die Polis bot, wurden attraktiv.

Dennoch prägte Benns Sparta-Bild noch die Wahrnehmung junger Soldaten im Zweiten Weltkrieg. Als 1941 deutsche Fallschirmjäger die Insel Kreta nach „verlustreichen Kämpfen" erobert haben, erkennt ein Soldat der nachrückenden Infanterie, dass die Phantome des Idols der Spartaner schiere Wirklichkeit geworden sind. Seine Truppe begegnet Fallschirmjägereinheiten: zwischen den Geschützen, die auf flachen Eisenbahnwagen fest vertäut sind, sieht er „die Helden des Kampfes" –

> [...] prachtvolle Gestalten. Sie trugen alle nur die kurze Hose, manche den Tropenhelm, und blinzelten durch ihre Sonnenbrillen in den hellen Morgen. Ihre Körper waren von der griechischen Sonne kupferbraun gebrannt, ihre Haare weißblond. Da waren sie, die „blonden Achaier" Homers, die Helden der Ilias. Wie jene stammten sie aus dem Norden, wie jene waren sie groß, hell, jung, ein Geschlecht, strahlend in der Pracht seiner Glieder.[51]

Als der Transport stockt, laufen Infanteristen und Fallschirmjäger zusammen über den weißen Strand ins Meer.

> Und als ob ein geheimes, der Landschaft innewohnendes Gesetz es so wolle, fiel es kaum einem ein, die Badehose, das Abzeichen christlich-neuzeitlicher Körperscham, zu tragen. Unversehens ergab sich ein völlig klassisches Bild. Sprühend im Licht dieses Morgens und im Glanz ihrer jungen Nacktheit tummelt sich die Schar dieser Eroberer am fremden Meer [...][52]

Das Ideal der Beschämungsimmunität ist verwirklicht. Der soldatische Berichterstatter ist Erhart Kästner. Er lernt und wird später dieses Kapitel seines Griechenlandbuchs streichen, das in der der jungen Bundesrepublik zu einem Bestseller wird.

51 Erhart Kästner, *Griechenland. Ein Buch aus dem Kriege,* Berlin 1942.
52 Ebd.

Epilog

„Geht einmal euren Phrasen nach bis zu dem Punkt wo sie verkörpert werden". Der Ausruf stammt von Mercier, Professor für Rhetorik, in Georg Büchners *Dantons Tod.* Er ruft es in dem Augenblick, als er bemerkt, wie entsetzt und entgeistert Danton ist, als er die entwürdigenden Zustände des Gefängnisses, in das er soeben eingeliefert wurde, am eigenen Körper zu spüren bekommt. Danton, einmal Stichwortgeber des Terrors, trifft endlich auf die Sphäre, in der seine Rhetorik des Extrems in ihren Auswirkungen auf die Körperwelt zu erfahren ist.

Die drei deutschen Avantgardisten, auf ich mein Augenmerk gerichtet habe, schrieben Sätze mit Wahrheitsanspruch, radikale „Phrasen" wie jene, auf die Mercier hinweist. In ihren Werken haben sie die Logik des Extrems bis zu dem Punkt verfolgt, an dem die dargestellten Figuren als Individuen ruiniert werden. Und sie betrachteten diesen Ruin keineswegs als Falsifizierung ihres heroischen Vorhabens, sondern als dessen pathetische Überhöhung. Darum sind in Brechts Lehrstücken „Sterbeszenen" zu besichtigen, in Benns „Dorischer Welt" Krieger, deren Antennen auf Befehlsempfang gerichtet sind, und in Jüngers *Arbeiter* elektrisch vernetzte Roboter.

Bojana Pejić

Frauen und Kunst in Osteuropa
Damals und heute

> We want to be a normal country, with a normal economy, a normal political system, with a normal lifestyle. Normal – one among many. Normal – that is something comprehensible, something in which you do not have to believe, but which you can live. No poetry, no sacrifice, no miracle. A normal country – that is a kind of place and a kind of time where not frantic and magnificient ideas, not absurdities nor utopias nor demigods, crazy monsters, wise leaders, rule any longer, but rather the one and indivisable world norm does. Because to be normal is good. Because to be normal is promising. Because the future belongs to the normals. S/he who is normal is accountable. S/he is taken into account. S/he can be counted upon. S/he counts. S/he can be part of the normal world order of the global financial economy; s/he can take part in it. Normals of the world unite! This is the latest – already postmodern – version of abnormality in Russia. *Fiat normalitas, pereat mundus*!
>
> Ákos Szilágyi, „The ‚Raw' and the ‚Cooked': Russia's Mediatization" (1997)[1]

Sowjetische Venus

Ákos Szilágyi, ein ungarischer Medientheoretiker und Kenner der russischen Avantgarde, lässt hier die „Neuen Russen" sprechen. Die klassische russische Frage „Was tun?" beantworten sie mit einer neuen Utopie. Die Devise lautet nun: Normal werden und Geld verdienen, viel Geld. Zehn Jahre nach Szilágyis Essay scheint auch die russische Kunstgeschichte in der neuen Welt der Normalität angekommen.

2007 zeigte das Russische Museum in Sankt Petersburg eine Ausstellung mit dem Titel *Sowjetische Venus*. Sie präsentierte 340 zwischen 1917 und 1990

1 Ákos Szilágyi, „The ‚Raw' and the ‚Cooked': Russia's Mediatization" (abstract of a lecture held at the 6th International Vilém Flusser Symposium, Budapest, 15–19 March 1997, www.c3.hu), in: Inke Arns (Hg.), *Junction Skopje: The 1997–1998 edition*, Syndicate Publication Series 002, Skopje 1998, S. 75.

entstandene Werke mit weiblichen Akten.[2] Gemeinhin wird angenommen, dass dieses Genre in der UdSSR verboten war, und so könnte man glauben, dass es sich hier um eine Retrospektive unterdrückter Kunst handelte. Der Katalogumschlag legt freilich nahe, dass es eher um Normalisierung geht.

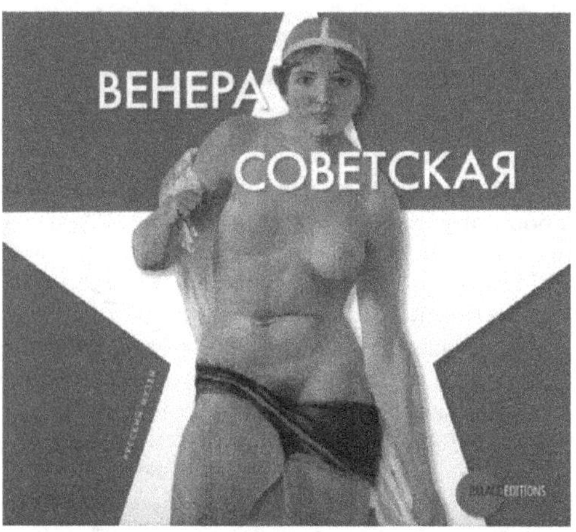

Der Anlass, zu dem die Ausstellung nackte weibliche Körper in all ihrer Pracht versammelte, war der 90. Jahrestag der Oktoberrevolution. Der Einleitungstext erklärt, dass das reiche Angebot an Gemälden, Zeichnungen, Skulpturen und Photographien die vielfältigen Ausformungen „unserer einheimischen Venus" zeigen solle. Die Kunsthistoriker, die für diese Ausstellung die Geschichte der sowjetischen Kunst neu geschrieben haben, seien nunmehr an der „sinnlichen Seite der Revolution" interessiert. Der neue sowjetische Mensch werde nicht mehr durch die ideologische Brille betrachtet, der Blick richte sich vielmehr auf den russischen Eros. Was die Avantgarde-Künstler jener Zeit betrifft, so seien sie, „ungeachtet all ihrer Tugenden praktisch geschlechtslos" gewesen.

> Der Suprematismus (wie andere Strömungen des ‚geometrischen' Projekts, etwa der Konstruktivismus) wurde von allem Körperlichen gesäubert und metaphysisch, antisinnlich. Es gab aber andere Kräfte in der revolutionären Kunst, die nicht darauf aus waren, einen neuen [...] Menschen zu konstruieren. In ihren Werken ist die körperliche Wirklichkeit der Revolution anders porträtiert: als elementar, gewalttätig, unvorhersehbar und wild. Und natürlich auch erotisch.

2 Yevgenia Petrova (Hg.), *Soviet Venus* (Ausstellungskatalog), St. Petersburg 2007.

Aber, so heißt es weiter in der Einleitung, auch einige bekannte Vertreter des Sozialistischen Realismus verdienten Kritik, etwa Alexander Deineka, dessen Akte an der Aufgabe scheitern, „im Betrachter den Eindruck ‚fleischlicher', körperlicher Liebe zu evozieren".[3] Amen.

Mit der Ausstellung *Sowjetische Venus* ist, so scheint mir, die Große Oktoberrevolution endgültig erledigt. Nachdem sie als politisches Projekt abgeschrieben wurde, wird sie nun erotisiert. Allerdings ist dies ein Prozess, der weiter zurück reicht. Viele Ausstellungen, die in den 1990er Jahren im Westen gezeigt wurden, und Publikationen aus dieser Zeit zeigen eine ähnliche Tendenz zur Entpolitisierung des sozialen Engagements der Künstler und ihrer Vorstellungen von einer „neuen Kunst für eine neue Gesellschaft". Der britische Kunsthistoriker Paul Wood hat diesen in der Ära von Reagan, Thatcher und Breschnew aufgekommenen Trend einer kritischen Betrachtung unterzogen und eine Reihe von westlichen und russischen Autoren untersucht (u. a. John Bowlt, Andrei Nakov, Vasily Rakitin, Boris Groys und Igor Golomstock), welche die politische Unschuld der Avantgarde zu belegen trachten.[4] Entweder die Künstler werden auf formale und technische Innovatoren reduziert und so dem Narrativ des politisch neutralen Modernismus einverleibt, oder ihr Werk wird, wie bei den Russen, in die Tradition der russischen „Spiritualität" und „wahrer", sprich orthodoxer Religiosität heimgeholt.

1992, also kurz nach dem Zusammenbruch des Sowjetimperiums, wurde in Frankfurt, Amsterdam und New York die Ausstellung *Die Große Utopie. Russische Avant-Garde 1915–1932* gezeigt, die ihren Gegenstand in einer vorher nie gesehenen Breite präsentieren konnte.[5] Im selben Jahr kam Martin Cruz Smiths Thriller *Red Square* heraus. Darin geht es um ein Gemälde von Malewitsch, das in den westlichen Kunstmarkt geschleust werden soll, der damals mit Fälschungen dieses Avantgardisten überschwemmt wurde.

---

3 Ebd., Einleitung.

4 Vgl. Paul Wood, „The Politics of the Avant-garde", in: *The Great Utopia* (Ausstellungskatalog), Stedelijk Museum, Amsterdam 1992, S. 353–382.

5 Damals schrieb *Die Zeit*: „‚Es schien, als ob der Himmel aufgerollt werden könne wie ein Pergament', schrieb einmal Viktor Schklowskij, und es scheint heute, als habe sich in der Schirn Kunsthalle dieser Himmel nach einem Dreivierteljahrhundert noch einmal aufgetan: Die großen Kunstinstitute und die kleinen Provinzmuseen in Rußland, die Archive und die Bibliotheken – alle haben sich für das Unternehmen ‚Utopie' geöffnet und treten an die Seite westlicher Leihgeber. Russische, deutsche und amerikanische Wissenschaftler arbeiteten gemeinsam; nach vielen Jahrzehnten der Abgeschlossenheit, so heißt es im Katalog, sei die Kunst der russischen Avantgarde nun verfügbar." Ursula Bode, „Die Revolution leuchtet", *Die Zeit* vom 13.3.1992.

> Think of all the paintings and manuscripts confiscated from artists and writers and poets for seventy years, hidden away by the Ministry of the Interior and the KGB. Nothing is thrown away. Poets may get a bullet in the back of the head, but the poem is stuffed in a box and buried in a cellar. Then, at a magical moment, when Russia joins the rest of the world, all that evidence becomes valuable assets.[6]

Ähnliches gilt für das sowjetische Aktbild. In der UdSSR schien es nicht zu existieren. Und Kunsthistoriker, die das Land in den 1980er Jahren besuchten, behaupteten in der Tat, die Abwesenheit dieses Genres im Russischen Museum in St. Petersburg belege, dass die Russen im Unterschied zum Westen keine Tradition des weiblichen Aktes besäßen.[7] Die Tatsache, dass so gut wie alle in der Ausstellung *Sowjetische Venus* gezeigten Akte der Sammlung ebendiesem Museum entstammen, kann nur bedeuten, dass die Darstellungen „sinnlicher" weiblicher Körper von staatlichen Institutionen systematisch gesammelt wurden, um sie sogleich in ihren Depots verschwinden zu lassen. Zugleich fehlen in der Ausstellung Werke von Künstlern aus oppositionellen Kreisen, welche angesichts der Prüderie des Systems das Aktgenre (oft Selbstbildnisse) gewählt haben mögen, um eine politische Aussagen zu machen. So sucht man vergeblich die Aktbilder, die der Photographen Boris Mikhailov von seiner Frau gemacht hat und dies mit einer Gefängnisstrafe bezahlen musste.[8]

Was ist dann der Zweck dieser im Namen des Großen Oktobers veranstalteten Schau? Für eine feministische Kunsthistorikerin ist sie schlicht ein „normales" Beispiel, das einmal mehr die Misogynie und den Sexismus der russischen Kultur demonstriert, wie sie von Lyudmila Bredekhina diagnostiziert wurden.[9] *Sowjetische Venus* sollte die russischen Feministinnen eigentlich zu einer Revision ihrer Kritik der kommunistischen Vergangenheit bringen, insbesondere ihrer These, dass die sowjetische Geschlechterpolitik einen „totalitären Androgynismus" verordnet habe, wie er in der offiziellen bildenden Kunst tatsächlich zu beobachten ist. Illustriert wird diese These gewöhnlich mit dem prosaischen Bild der „Frau auf dem Traktor". Optimistisch gesehen kann man vielleicht sagen, dass Weiblichkeit damals nicht auf die Darstellung

6 Martin Cruz Smith, *Red Square*, Pan Books 1992, S. 503.

7 Vgl. Jo Anna Isaak, *Feminism in Contemporary Art – The Revolutionary Power of Women's Laughter*, London/New York 1996, S. 84.

8 Katrin Kivimaa, „Private Bodies or Politicized Gestures? Female Nude Imagery in Soviet Art", in: Bojana Pejić (Hg.), *Gender Check – Femininity and Masculinity in the Art of Eastern Europe* (Ausstellungskatalog), Wien/Köln 2009, S. 114–119.

9 Vgl. Lyudmila Bredekhina, „Creatures of the Feminine: On Specifics of Feminine Identity in Russia" (2002), wiederabgedruckt in: Bojana Pejić (Hg.), *Gender Check*, a. a. O., S. 301–308.

von arbeitenden Frauen beschränkt war, sondern das Genre des weiblichen Akts diesen Darstellungen Bilder von passiven weiblichen Körpern zur Seite stellte. Hinzu kommt ein weiteres Modell der Weiblichkeit, nämlich die seit 1917 (und bis heute) so verbreitete Darstellung der Mutterschaft. Dem pessimistischen Blick (den ich teile) erscheint die *Sowjetische Venus* als ein deprimierendes Beispiel für die Sexualisierung – und damit einhergehend Depolitisierung – der Oktoberrevolution im Zuge der kurz nach der Perestroika einsetzenden rapiden Sexualisierung des öffentlichen Raums.

Abwesender Feminismus

Um den Feminismus in den Bildenden Künsten unter den Bedingungen des osteuropäischen Staatssozialismus nach 1945 zu verorten, müssen zwei Aspekte besonders berücksichtigt werden. Der eine betrifft die *Geschlechtergleichheit*, der andere unser Verständnis des *Modernismus*.

Die *Geschlechtergleichheit* wurde bald nach der Machtergreifung der Kommunisten in den osteuropäischen Ländern gesetzlich institutionalisiert. Frauen hatten fortan am Arbeitsplatz und in der höheren Bildung dieselben Rechte – also im öffentlichen Bereich. Zuhause aber lebte das „private Patriarchat" (Sylvia Walby) fort. Überdies hatten die Kommunisten kein besonders genaues Bild davon, wie die Neue Sozialistische Frau aussehen sollte: „Tatsächlich zeichneten sich die sozialistischen Regime oft durch widersprüchliche Ziele in ihrer Geschlechterpolitik aus: Frauen sollten Arbeiterinnen sein, aber auch Mütter, Führungskräfte, aber auch gefügige Schreibkräfte."[10]

Ungeachtet dessen galt die „Frauenfrage", mit der sich die sowjetischen Kommunisten seit 1917 beschäftigt hatten, als gelöst. Folglich sahen sie keinen Bedarf für eigene Frauenorganisationen und verwarfen die westlichen Frauenbewegungen als ein Produkt der „kapitalistischen Ideologie". Jeder Versuch, das sozialistische Patriarchat in Frage zu stellen, etwa mit dem Hinweis auf die Abwesenheit von Frauen in der politischen Führungsspitze oder darauf, dass die Frauen in Doppelschicht arbeiten, nämlich in ihrem Job und zu Hause, wurde als „bürgerlicher Import" zurückgewiesen.

Im Oktober 1978 organisierte das Studentische Kulturzentrum (SKC) in Belgrad die erste internationale feministische Konferenz im Ostblock unter dem Titel *Drug-ca Žena: Žensko pitanje novi pristup?* (Genosse Frau: Eine neue

10 Susan Gall und Gail Kligman, „Introduction", in: dies. (Hg.), *Reproducing Gender: Politics, Publics and Everyday Life After Socialism*, Princeton 2000, S. 5 f.

Perspektive für die Frauenfrage?).[11] Es waren zwei Tage einer intensiven Konfrontation zwischen Feministinnen aus dem Westen und dem Osten (Christine Delphy, Parveen Adams, Alice Schwarzer, Dacia Maraini, Ewa Morawska, um nur einige zu nennen). Die östlichen Teilnehmerinnen konnten kaum glauben, dass es in einem kommunistischen Staat möglich war, unabhängig von der Partei eine feministische Konferenz zu veranstalten, aber so war es. Die jugoslawischen Teilnehmerinnen hatten ein spezifisches Ziel, wie die Philosophin Rada Iveković festhielt: „Wir mussten uns gegenüber der dominanten, ‚weichen' marxistischen Ideologie der Selbstverwaltung positionieren und die Inklusion/Exklusion der Frauen im Hinblick auf dieses System theoretisch erfassen, einschließlich seiner Geschlechterblindheit."[12] Ein weiteres Thema war die Sphäre des Haushalts, die, wie bereits erwähnt, der sozialistischen Theorie entgeht. Ein Slogan auf der Konferenz war denn auch: „Proletarier aller Länder, wer wäscht eure Socken?" Diese Konferenz wurde von der offiziellen Frauenorganisation der Partei heftig angegriffen und des „Imports kapitalistischer Ideologie" bezichtigt.

In den kommunistischen Regimen wurden die Frauen als Heldinnen der Arbeit gepriesen und gerne als Maßstab für den Fortschritt des Sozialismus genommen. Wie wird dieser Anspruch in der Kunst reflektiert? Nehmen wir z. B. die Kunst der DDR, so erhalten wir ein überraschendes Ergebnis: „Wenn wir die zahlreichen Kunstbände und Ausstellungskataloge betrachten, fällt auf, dass die ‚Frau im Sozialismus' nicht vorkommt (wenn wir Aktdarstellungen ausnehmen)."[13]

Das sozialistische Recht garantierte den Frauen natürlich auch gleichberechtigten Zugang zum Studium der Bildenden Künste an den staatlichen Akademien. Allerdings waren die Professoren, die sie in Malerei und Bildhauerei unterrichteten, alle Männer. Die akademische Hierarchie der Genres korrespondierte perfekt mit der Geschlechterhierarchie: In Vilnius etwa waren männliche Studenten in der Klasse für Malerei willkommen, Frauen aber wurde nahegelegt, sich für Textiles Gestalten einzuschreiben. Ähnliches galt

11 Vgl. Žarana Papić, „Women's Movement in Former Yugoslavia: 1970s and 1980s", in: Marina Blagojević (Hg.), *What Can We Do for Ourselves? East European Feminist Conference*, Belgrade: Center for Women's Studies 1994, S. 19–22; mehr dazu bei Chiara Bonfiglioli, *Belgrade, 1978. Remembering the conference „Drugarica Zena. Zensko Pitanje – Novi Pristup?"/„Comrade Woman.The Women's Question: A New Approach?" thirty years after*, Master Thesis, Utrecht University 2008 (www.cunterview.net/index.php/Theory-Papers/Chiara-Bonfiglioli-Comrade-Women.html).

12 Rada Iveković, Interview in *Brüche. Geschlecht. Gesellschaft – Gender Studies zwischen Ost und West*, hg. von Alice Pechriggl und Marlen Bidwell-Steiner, Wien 2003, S. 31.

13 Angeli Sachs, „From Outstanding Workers to Sirens – Representations of Women in German Democratic Republic Painting" (1995), wiederabgedruckt in: Bojana Pejić (Hg.), *Gender Check – A Reader*, a. a. O., S. 79.

für das Studium der Bildhauerei, deren „weibliches" Äquivalent die Keramik war.[14] Auch in anderen sozialistischen Ländern mussten sich die Frauen auf als inferior geltende Gattungen verlegen, in der Tschechoslowakei war es die Keramik, in Ungarn das Textile.[15] Diese Zuordnung von Künstlerinnen zu Kunsthandwerk und angewandter Kunst ist nichts Neues, aber im Osteuropa der 1960er und 1970er Jahre konnte die Hierarchie der Künste durch das sozialistische Bildungssystem und die Kunstrezeption nicht zuletzt deshalb aufrechterhalten werden, weil es, im Gegensatz zum Westen, keine radikal feministischen Interventionen gab. Dennoch darf man nicht in Klischees verfallen. In Polen hatten Künstlerinnen im ganzen 20. Jahrhundert ihren Platz, allerdings nicht an der Spitze: Die führenden Positionen in Künstlergruppen wurden von Männern eingenommen. Die wenigen autonomen und profilierten Künstlerinnen der polnischen Nachkriegsmoderne sind Bildhauerinnen.

Solche Machtverhältnisse zeigen sich auch in anderen Aspekten des Künstlerinnenlebens, etwa in der Rezeption von Werken. Allgemein ging man davon aus, dass im sozialistischen Kontext die Präsenz weiblicher Kunstschaffender keiner eigenen Geschichtsschreibung bedürfe. Im Katalog einer 1985/86 in Bonn gezeigten Ausstellung von Künstlerinnen aus der DDR heißt es denn auch, dass keine Notwendigkeit für eine gesonderte Geschichte bestehe, da von Frauen geschaffene Kunst von Anbeginn ein integraler Teil der Kunstgeschichte des Landes gewesen sei.[16] Im Blick auf die Kunst in Lettland erklärt Mark Allen Svede die Ambivalenzen in der Behandlung von Künstlerinnen in der Sowjetzeit:

> Difficult as it is to argue convincingly that any nation's female artists have achieved full professional equality with their male peers, one risks accusations of sophistry to propose that gender parity existed in a society in which washing machines were luxury items and food shopping required standing in queues, yet women were expected to perform these domestic chores even after working all day as a gallery director, all-Union Legislator, or Artist Laureate of the Union of Soviet Socialist Republic. At best, a pyrrhic victory might be claimed. But perhaps preliminary to determining the extent to which gender

14 See Laima Kreivitė, „‚Post-Feminist' Pleasures in Contemporary Lithuanian Art" (2003), wiederabgedruckt in: Bojana Pejić (Hg.), *Gender Check – A Reader*, a. a. O., S. 324.

15 János Sturcz, „Symbols and Media of Identity in Hungarian Women's Art as Reflected in Changes in the Attitude to Nature", in: Katalin Keserű (Hg.), *The Second Sex: Women's Art in Hungary 1960–2000*, Budapest 2000, S. 64.

16 Birgit Walter zitiert in Gunhild Brandler, „Aber die Künstler sind weiblich", in: *Außerhalb von Mittendrin*, Berlin 1991, S. 70.

> shaped Latvian art – or, sexism, its history – the question might be asked whether discussing women artists separately from their male colleagues raises other issues, such as intellectual ghettoization. To this there is no easy answer. Near to the end of the Soviet era in a high-profile publication, two eminent young critics discussed whether a specifically ‚women's art' existed in Latvia, concurring that it didn't. They felt, furthermore, that there were no significant gender-based issues within local art life.[17]

Überflüssig, hier die Frage zu kommentieren, ob Künstlerinnen-Ausstellungen zu einer „intellektuellen Gettoisierung" führen, denn dieser Behauptung haben sich feministische Autorinnen schon vor langer Zeit erfolgreich widersetzt. Eine andere Frage scheint sich im sozialistischen Zusammenhang eher aufzudrängen: Reflektierte die Praxis, Künstlerinnen zusammen mit ihren männlichen Kollegen auszustellen, das hohe sozialistische Ideal der Geschlechtergleichheit, oder war sie nur der Ausdruck einer langen Tradition „universaler" Kunstgeschichte, die sich bruchlos in den kommunistischen Kontext (und nicht nur in ihn) einfügt, nämlich dass Kunst geschlechtslos ist?

Damit kommen wir zum zweiten Aspekt, der für das Verständnis von Frauen und Kunst im Sozialismus wesentlich ist. Er betrifft den Traum – oder eher den Mythos – vom *Modernismus* als autonomer menschlicher Aktivität, die über der jeweiligen sozialen (oder sozialistischen) Wirklichkeit schwebt. Nach 1945 wurde im Westen wie im Osten modernistische bzw. abstrakte Kunst als „Universalsprache" betrachtet. Der modernistische Kanon beruhte auf der Voraussetzung, dass Kunst „kein Geschlecht hat".

In den letzten Jahren haben verschiedene Publikationen und Ausstellungen untersucht, wie der Nachkriegs-Modernismus, mit seiner Betonung der Autonomie von Kunst, im sozialistischen Kontext aufgenommen und weiterentwickelt wurde.[18] Besonders zu erwähnen ist hier Piotr Piotrowskis Buch *In the Shadow of Yalta – Art and the Avant-garde in Eastern Europe, 1945–1989* – eine höchst instruktive Geschichte der osteuropäischen Kunst in der Zeit des Kalten Krieges.[19] In vielen sozialistischen Ländern, insbesondere in der Sowjetunion, Albanien und der DDR, wurde die abstrakte Kunst als „Import aus

17 Mark Allen Svede, „Many Easels, Some Abandoned – Latvian Art after Socialist Realism", in: Alla Rosenfeld und Norton T. Dodge (Hg.), *Art of the Baltics: The Struggle for Freedom of Artistic Expression Under the Soviets, 1945–1991*, Rutgers 2001, S. 241.

18 Vgl. u. a. Lóránd Hegyi (Hg.), *Aspects/Positions: 50 Years of Art in Central Europe* (Ausstellungskatalog), Wien: MUMOK 1999; IRWIN (Hg.), *East Art Map* (Ausstellungskatalog), Hagen 2005.

19 Vgl. Piotr Piotrowski, *In the Shadow of Yalta – Art and the Avant-garde in Eastern Europe, 1945–1989*, London 2009. Die Sowjetunion ist nicht Gegenstand dieses Buches.

dem kapitalistischen Westen" betrachtet und erregte bis in die 1980er Jahre den Argwohn der Kulturapparatschiks. Anderswo, etwa in Titos Jugoslawien, wurde abstrakte Kunst oder „sozialistischer Ästhetizismus" (Sveta Lukić) wiederum begrüßt und avancierte bereits in den frühen 1960er Jahren zur offiziellen Kunstideologie. Eine ähnliche Entwicklung setzte kurze Zeit darauf in Polen ein.

Nicht unterschätzen sollte man freilich den Kampf der unter dem „real existierenden Sozialismus" lebenden Künstler um die Freiheit des künstlerischen Ausdrucks. Widerstand gegen den Sozialistischen Realismus und seine Fabrikation von Realität ebenso wie gegen eine akademische Kunst, die sich als „progressiver Realismus" tarnte, hat es überall gegeben. Dass „autonome" modernistische Kunst sich weder auf unmittelbar gegebene Wirklichkeit („firsthand reality", Clement Greenberg)[20] bezog noch darauf aus war, irgendeinen Gegenstand „außerhalb" ihrer selbst zu setzen, hatte zur Zeit des Kalten Krieges im Westen eine besondere Bedeutung, insofern die Abstraktion als „universale Sprache" propagiert wurde. Die Künstler eigneten sich die modernistischen Mythen bereitwillig an – etwa die These vom Vorrang der visuellen Wahrnehmung, die Idee der künstlerischen Subjektivität und Originalität, die im Begriff der „reinen Kunst" enthaltene Genie-Vorstellung – und lösten sich so von ihren Lebens- und Arbeitsbedingungen. Im Westen trennte sich die „universale Kunst" von der Gesellschaft (Rosalyn Deutsche) und wurde zu einer politisch und sozial neutralen Praxis. Diese Trennung fand auch im Osten statt, mit dem Unterschied, dass hier der Kampf der Künstler (zumeist männlich) für eine selbstbezogene und autonome Kunst andere, und dann doch wieder politische Konnotationen hatte, insofern als eine solche Kunst die Verheißung enthielt, sich den Zwängen der kommunistischen Ideologen und der „Tyrannei der Repräsentation" (Gen Doy), wie sie von den Vertretern des Sozialistischen Realismus ausgeübt wurde, zu entziehen. Die Forderung nach Autonomie bedeutete gleichzeitig Widerstand gegen die Alleinherrschaft der Ideologie. So schreibt Piotrowski über die Rezeption und Interpretation der Pop Art in Ungarn:

> In order to stress the alternative character of Pop art, [Katalin] Keserű described it as „a negation of ideology," understood, of course, as a negation of a particular ideology: Communism. However, the „negative" manifestation of ideology is not synonymous with a complete lack of ideological investment. Under the conditions of totalitarianism, it is

(Vgl. auch ders., *Art and Democracy in Post-Communist Europe*, Chicago 2012; Anm. d. Hg.).

20 Vgl. Clement Greenberg, „Byzantine Parallels" (1958), in: Greenberg, *Art and Culture*, Boston 1961, S. 167–170.

> impossible to find a neutral location, to behave in a neutral manner or to adopt a neutral attitude. Within the system everything has an ideological character, which may be sometimes very arbitrarily defined, but nonetheless does not allow for the existence of anything outside the system.[21]

Kommen wir zurück zur Frage, ob es im Kommunismus eine feministische Kunst gegeben hat. Wenn wir Foucaults Auffassung folgen, dass Macht weniger eine oppressive als eine produktive Kraft ist, hätte dann der Kommunismus nicht die besten Bedingungen geboten, eine solche Kunst hervorzubringen? Die Antwort ist nein. Während seiner gesamten Geschichte hat der Staatssozialismus weder feministischen Aktivismus noch eine organisierte Frauenbewegung gekannt. Es wäre daher ungerechtfertigt, retrospektiv eine feministischen Kunst zu erfinden. Bis in die frühen 1990er Jahre gab es nur einige wenige Künstlerinnen, deren Werk feministisch inspiriert war. Viele Künstlerinnen der 1960er und 1970er Jahre würden bestreiten, dass ihr Geschlecht irgend etwas mit ihrer Kunst zu tun gehabt hätte. Frauen, die Kunst machten, wollten schlicht als „Künstler" anerkannt werden und verwahrten sich gegen das Idiom einer „Frauenkunst". Und in der Tat war „Frauenkunst" (ein nicht unproblematischer Begriff) einem Zugang zur „universalen Kunst" nicht gerade förderlich.

Latenter Feminismus

Trotz der Abwesenheit einer politischen Frauenbewegung lassen sich in vielen sozialistischen Ländern Künstlerinnen entdecken, die sich durch Kunstpraktiken auszeichnen, welche feministisch sind, jedoch nicht im Sinne eines Programms. Diese Unterscheidung geht auf Überlegungen Mary Kelly zurück, die sie zuerst 1977 vorgestellt hat.[22] In den letzten Jahren haben osteuropäische Kunsthistoriker damit begonnen, die Kunstpraxis von Frauen in den

21 Piotr Piotrowski, *In the Shadow of Yalta*, a. a. O., S. 164 f.

22 Mary Kelly, „On Sexual Politics and Art", in: Rozsika Parker und Griselda Pollock, *Framing Feminism: Art and the Women's Movement 1970–1985*, London 1987, S. 303–312. „Mary Kelly argued that the feminist critique of modernism also drew on many conceptual approaches to art in the 1970s, and that it offered a new means for women artists to contest the materiality, sociality, and sexuality of art and its values. Kelly used the term ‚the feminist problematic' to describe this field for challenging received ideas of femininity in feminist art practice." Cheris Kramarae und Dale Spender, *Routledge International Encyclopedia of Women: Global Women's Issues and Knowledge*, 2000, vol. 1, S. 93.

1960er und 1970er Jahren neu zu bewerten. So prägte Zora Rusinová in ihrer Untersuchung der Arbeiten von Jana Želibská, einer slowakischen Künstlerin, den Begriff „latenter Feminismus“.[23] Ljiljana Kolešnik aus Kroatien sieht in der Kunst von Vlasta Delimar einen „intuitiven Feminismus“ am Werk; Mark Allen Svede spricht mit Blick auf die lettische Künstlerin Felicita Pauļuka von einem „proto-feministischen Oeuvre“; in ihren Arbeiten über Sanja Iveković betonen Nataša Ilić und Dejan Kršić, dass sie keine Dissidentin gewesen sei, sondern sich für „die Beziehungen zwischen Geschlecht und Macht aus einer feministischen Perspektive“ interessiert habe.[24] In der Tat war Iveković die einzige politische Konzeptkünstlerin im sozialistischen Jugoslawien, doch waren in den 1970er Jahren die lokalen Kunstkritiker noch nicht in der Lage, die feministische Dimension ihrer Werke zu verstehen. Hinsichtlich der Künstlerinnen im Polen der 1970er Jahre konstatiert Izabela Kowalczyk ein ähnliches Defizit. Sie bezeichnet die Arbeiten jener Zeit als „feministische Interventionen in die polnische Kunst“. Aufgrund der Abwesenheit einer feministischen Kunsttheorie sei es damals nicht möglich gewesen, die den Werken dieser Künstlerinnen eingeschriebene Kritik zu entziffern. Einige von ihnen hätten sich auch vom Feminismus distanziert: So ordne z. B. Izabella Gustowska ihr Werk eher der „Frauenkunst“ zu, Natalia LL verurteile den Feminismus, während Maria Pinińska-Bereś von ihm enttäuscht worden sei.[25] Die folgenden Seiten präsentieren einige Werke der erwähnten Künstlerinnen, wie sie in der von der Autorin kuratierten Ausstellung *Gender Check – Femininity and Masculinity in the Art of Eastern Europe*, MUMOK, Wien 2009, und Nationale Kunstgalerie Zacheta, Warschau 2010, gezeigt wurden.[26]

Mit diesen wenigen Beispielen will ich keineswegs behaupten, dass die Kunst im sozialistischen Osteuropa einen feministischen Hintergrund (einschließlich seiner Verwerfung) gehabt hätte. Ich möchte nur darauf hinweisen, dass diese Region noch unzureichend von feministischen KunsthistorikerInnen erforscht ist, oder besser gesagt: Es ist an der Zeit, die bisherigen Theorien zu überdenken und sich neu mit ihrem Gegenstand auseinanderzusetzen.

23 Zora Rusinová, „The Totalitarian Period and Latent Feminism“ (2003), wiederabgedruckt in: Bojana Pejić (Hg.), *Gender Check – A Reader*, a. a. O., S. 145–149.

24 Nataša Ilić und Dejan Kršić, „Pictures of Women: Sanja Iveković“ (2007), wiederabgedruckt in: Bojana Pejić (Hg.), *Gender Check – A Reader*, a. a. O., S. 151–156.

25 Izabela Kowalczyk, „From Feminist Interventions to Post-Feminism“, in: Anda Rottenberg (Hg.), *Biały Mazur* (Ausstellungskatalog), Warschau/Berlin 2003.

26 Mehr Information unter: www.erstestiftung.org/gender-check/exhibition/

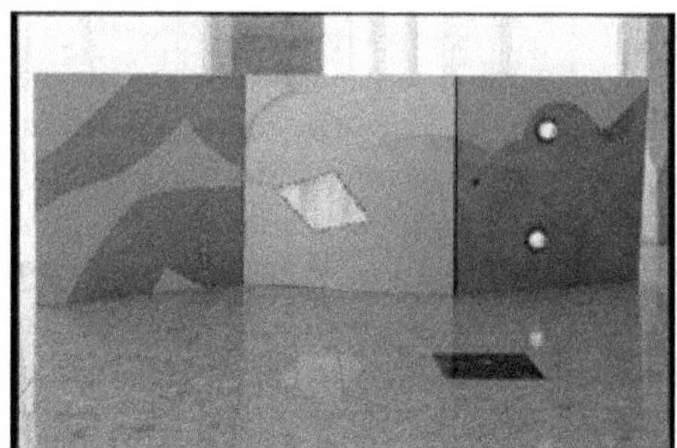

Abb. 1: Jana Želibská, *Possibility of Uncovering*, 1967, environment

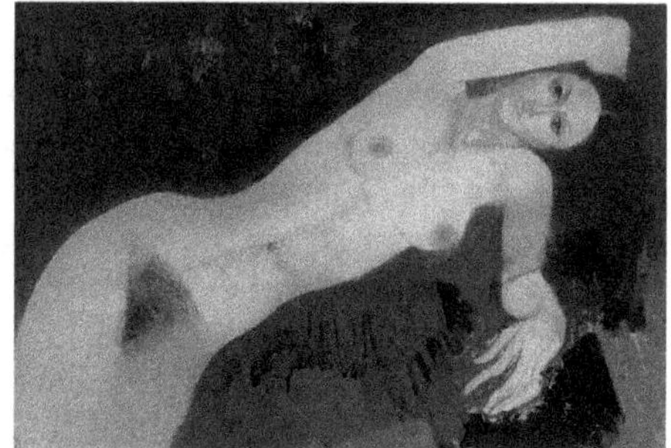

Abb. 2: Felicita Pauļuka, *Nude Žanna*, 1973, pastel on paper

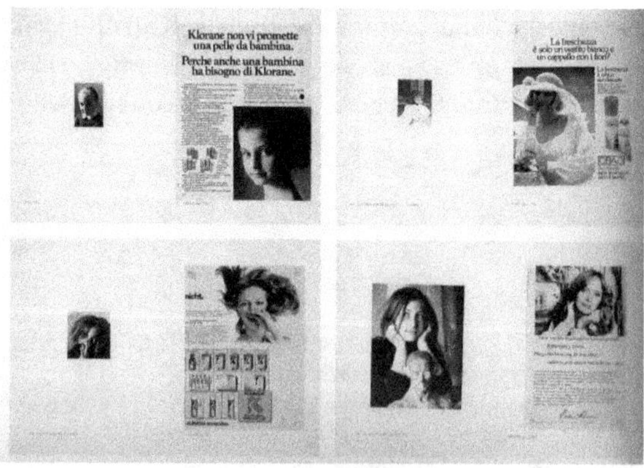

Abb. 3: Sanja Iveković, From the series *Double Life*, 1975, 64 photomontages

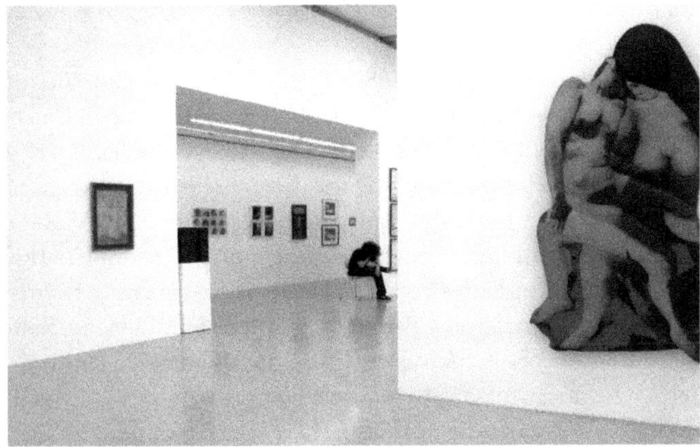

Abb. 4: Izabella Gustowska, *Relative Similarities – Sacrifice I*, 1989–90, installation view, *Gender Check*, MUMOK, Wien, 2009. Photo: Goranka Matić

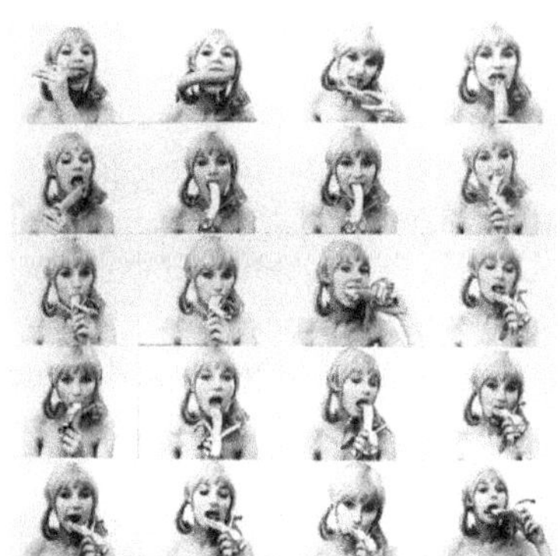

Abb. 5: Natalia LL, *Consumer Art*, 1972

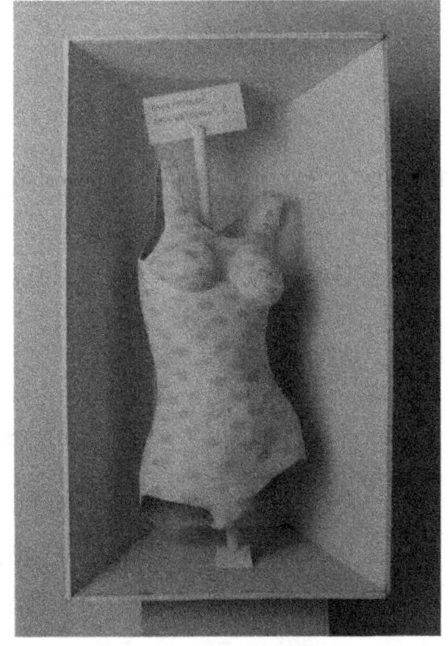

Abb. 6: Maria Pinińska-Bereś, *Is a Woman a Human Being*, 1972

Heimlicher Feminismus

Der Fall der Berliner Mauer im Herbst 1989 und seine Folgen – die Wiedervereinigung Deutschlands, die Auflösung der UdSSR und die Kriege im zerfallenden Jugoslawien, begleitet von einem Aufstieg des Nationalismus in ganz Osteuropa – werden gemeinhin als Ausdruck des Scheiterns des kommunistischen „Experiments" und Ende des Kalten Krieges betrachtet. Viele westliche Intellektuelle verkündeten umgehend (und mit einiger Befriedigung) den Tod des Marxismus. Russische Politiker machten eine abrupte Kehrtwende und priesen die ewige russische Seele, die Nation, Familie und Religion unter der Beteuerung, dass die Oktoberrevolution „das größte Unglück des 20. Jahrhunderts" gewesen sei. 1991 beklagte sich Boris Jelzin: „Unser Land hat Pech gehabt: Es wurde für das marxistische Experiment ausgewählt. [...] Warum gerade wir und nicht irgendein afrikanisches Land? Aber immerhin haben wir bewiesen, dass der Kommunismus nicht funktioniert."[27] Die neu gegründeten oder wiedererrichteten postkommunistischen Staaten traten in eine Zeit des wirtschaftlichen Übergangs und einer „Dialektik der Normalität" ein, wobei „Normalität" vom Begriff der „Normalisierung" unterschieden werden muss.[28] Letztere hatten die betroffenen Länder in verschiedener Form vorher erlebt: Die NEP in der Sowjetunion der 1920er Jahre war ein Versuch, die Wirtschaft zu „normalisieren"; die De-Stalinisierung Jugoslawiens unter Tito wurde ebenso wie die Unterdrückung des Prager Frühlings als „Normalisierung" bezeichnet. Und nicht zuletzt wurde die „Rückkehr" Osteuropas nach Europa (sprich: Aufnahme zuerst in die NATO, dann in die EU) mit demselben Begriff beschrieben. Heute, mehr als zwanzig Jahre nach dem Fall der Mauer, versteht sich das neue Europa als „normal", und gleichgültig, ob wir dies begrüßen oder kritisch sehen, kann man sagen, dass die meisten postkommunistischen Staaten heute demokratisiert, verwestlicht, neoliberalisiert und mediatisiert sind.

Was ist heute die Rolle des Feminismus im ehemals kommunistischen Teil dieses Europas? Ist er Teil der demokratischen Normalität geworden? Für die feministische Forschung beginnt die Wende zur „Normalität" in der Mitte der 1980er Jahre, als die Rolle der Frauen neu bewertet wurde. Michail Gorbatschow etwa forderte, den Bedingungen, unter denen die Frauen im Kommunismus leben, endlich gerecht zu werden:

---

27 Zitiert nach Fen Montaigne, „Yeltsin's Candidacy is Raising the Volume on Rhetoric of Reform", *The Philadelphia Inquirer*, 9. Juni 1991.

28 Vgl. Bojana Pejić, „The Dialectics of Normality," in: dies. und David Elliott (Hg.), *After the Wall – Art and Culture in post-Communist Europe* (Ausstellungskatalog), Stockholm 1999, S. 16–28.

> Doch in den Jahren unserer schwierigen und heroischen Geschichte haben wir es versäumt, den besonderen Rechten und Bedürfnissen der Frauen, die mit ihrer Rolle als Mutter und Hausfrau und ihrer unerlässlichen erzieherischen Funktion zusammenhängen, genügend Beachtung zu schenken. Heute engagieren sich die Frauen in der wissenschaftlichen Forschung, arbeiten auf Baustellen, in der Industrie und im Dienstleistungssektor und sind schöpferisch tätig und haben daher nicht mehr genügend Zeit, um ihren täglichen Pflichten zu Hause nachzukommen – dem Haushalt, der Erziehung der Kinder und der Schaffung einer familiären Atmosphäre.[29]

Gorbatschow reproduziert hier das Bild der sowjetischen Frau, die in zwei Schichten arbeitet, am Arbeitsplatz und zu Hause, fordert aber – im Gegensatz zur orthodoxen kommunistischen Ideologie, die davon ausging, dass die „Frauenfrage" erfolgreich gelöst sei – eine Rückkehr an den heimischen Herd.

Gorbatschows Respekt für die Frau als Mutter fand indes ein ironisches Pendant in visuellen Darstellungen, die im öffentlichen Raum der Glasnost und Perestroika-Jahre zirkulierten: Dem Bild der Mutterschaft, das eine neue Moralität und neue Werte repräsentierte, gesellte sich ein anderes Bild bei – das der Prostituierten. In einem 1989 erschienenen Buch über Poster aus jener Zeit finden sich unter den Darstellungen von Frauen nur solche von Prostituierten. Freilich geht es hier nicht nur um Bilder, sondern auch um einen Beruf, der von vielen Frauen in Osteuropa ergriffen wurde, die mit dem wirtschaftlichen „Übergang" zurechtkommen mussten. Kein Wunder, dass das in der Literatur und im Film der russischen post-Perestroika-Zeit gezeigte Bild der Hure „familienfeindliche Werte, sozialen Niedergang und die Bereitschaft beschwört, für Geld zu verkaufen, was (angeblich) frei, aber selektiv verschenkt werden sollte".[30] In ihren Analysen russischer Filme wie *Intergirl* (1990, auf der Basis eines Romans von 1989) behauptet Helena Goscilo sogar, dass aufgrund der Verschiebungen in der nationalen Mythologie das Bild der Prostituierten in gewisser Weise das der fürsorglichen Mutter Russland abgelöst habe, so dass das Mutterland nun als Hure imaginiert wurde. Aus den zahlreichen Darstellungen jener Zeit sei hier eine bezeichnende politische Karikatur erwähnt, welche das berühmte, Geschlechtergleichheit propagierende Monument *Arbeiter und Kolchosbäuerin* (1937) von Vera Muchina ironisiert: Der Arbeiter steht allein mit erhobenem Hammer auf dem Sockel; im

29 Michail Gorbatschow, *Perestroika. Die zweite russische Revolution*, Kapitel „Frauen und die Familie", München 1987, S. 147.

30 Helena Goscilo, „The Gendered Trinity of Russian Cultural Rhetoric Today – or the Glyph of the H(i)eroine", in: Nancy Condee (Hg.), *Soviet Hieroglyphics: Visual Culture in Late Twentieth-Century Russia*, Indiana 1995, S. 78.

Stich gelassen von seiner Partnerin kann er kaum das Gleichgewicht halten, während die Bäuerin herabgestiegen ist und sich, aufreizend gekleidet, gegen den Sockel lehnt.

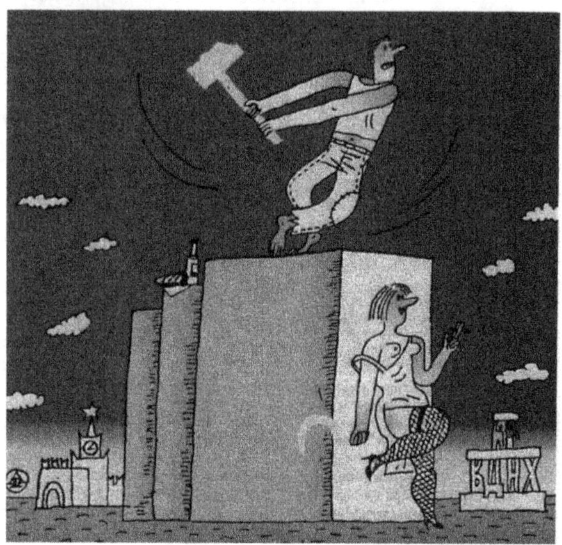

Abb. 7: Politische Karikatur in der *Iswestija* (1992)

Das Verhältnis zwischen Feminismus und den neuen Demokratien in Osteuropa – auch bekannt als „Demokratien mit männlichem Antlitz" – war und ist problematisch, weil unsere frisch demokratisierten Gesellschaften kritisches Denken (ganz zu schweigen von linkem) kaum akzeptieren, sei es Kritik des Nationalismus, sei es Feminismus oder Engagement für Schwulenrechte oder Globalisierungskritik. Es ist eine Ironie der Geschichte, dass solche Kritik einmal mehr als westlicher Import beargwöhnt wird. Feminismus wird entweder als vom Westen aufgenötigt betrachtet oder als Relikt des Kommunismus, als „linkes Gespenst". Ehemalige Dissidenten und Vorkämpfer der Demokratie machen da keine Ausnahme. So meinte Václav Havel 1991, damals Präsident der Tschechoslowakei, Feminismus sei ein Refugium für „gelangweilte Hausfrauen und frustrierte Mätressen".[31]

Es ist keine Übertreibung zu behaupten, dass es seit den frühen 1990er Jahren bis heute die zeitgenössische Kunst war, welche die radikalste Kritik der Macht- und Geschlechterverhältnisse in den „neuen" Demokratien Ost-

31 Zitiert nach Peggy Watson, „The Rise of Masculinism in Eastern Europe", in: Monica Threlfall (Hg.), *Mapping the Women's Movement*, London/New York 1996, S. 218.

europas (die inzwischen zwanzig Jahre alt sind) artikuliert und Probleme thematisiert hat, die der Sozialismus eskamotiert hatte, wie etwa häusliche Gewalt. Künstlerinnen setzen sich ironisch mit der „neuen Häuslichkeit" auseinander, indem sie diese „typisch weibliche" Domäne öffentlich machen; sie dekonstruieren sowohl das restaurierte Ideal der Mutterschaft als auch Sexarbeit und Frauenhandel; sie sprechen homosexuelle und lesbische Identitäten an – Themen, die vor 1989 tabu waren. In den letzten zwanzig Jahren machten zahllose Ausstellungsprojekte in Osteuropa – in Ungarn, Polen, der Tschechischen Republik und der Slowakei, in Estland, Mazedonien, Armenien und Russland – das Verhältnis von Kapital und Geschlecht zu ihrem Gegenstand, mit Arbeiten von Künstlerinnen wie von Künstlern.[32]

Obwohl feministische Orientierungen in der postkommunistischen Kunstszene präsent sind, konstatieren die Kunsthistoriker und -kritiker zugleich, dass sich die meisten Künstlerinnen dagegen wehren, ihre Kunst als feministisch oder gar politisch zu etikettieren – sie finden diese Zuschreibung zu restriktiv. Insbesondere machen sie sich nicht alle den feministischen Slogan „Das Persönliche ist politisch" zu eigen. Entsprechend, wenn auch bezogen auf einen anderen Kontext, meint Joan Kee: „Die Frage ist nicht, ob Künstlerinnen aus asiatischen Ländern sich als Feministinnen bezeichnen oder ob ihre Werke feministische Botschaften übermitteln. Vielmehr geht es um die Logik der Interpretation."[33] Hinzu kommt, dass im Vergleich zur Generation der 1970er Jahre die KünstlerInnen von heute weniger darauf aus sind, die Interpretation ihrer Werke zu kontrollieren. Dies wird durch mehrere große Ausstellungsprojekte belegt, die das Epitheton „feministisch" in ihrem Titel tragen. Sie zeigen eine Vielzahl von Künstlerinnen (darunter solche aus Osteuropa), die keinerlei Vorlieben für feministische Fragen hegen oder sogar Feminismus als kollektive Ideologie und damit Bedrohung für ihre künstlerische Individualität ablehnen.[34]

Im Blick auf Künstlerinnen aus Osteuropa betont Angela Dimitrakaki die Verantwortung der Kunstkritik: „Wenn junge Künstlerinnen aus Estland

32 Ich beziehe mich hier insbesondere auf *Capital and Gender*, ein internationales Projekt für Kunst im öffentlichen Raum, das 2001 in einem Einkaufszentrum in Skopje stattfand und von Suzana Milevska kuratiert wurde. Siehe dies. (Hg.), *Capital and Gender*, Skopje 2001.

33 Joan Kee, „What is Feminist About Contemporary Asian Women's Art", in: Maura Reilly und Linda Nochlin (Hg.), *Global Feminisms – New Directions in Contemporary Art*, London 2007, S. 107.

34 Vgl. Lisa Gabrielle Mark (Hg.), *WACK! Art and Feminist Revolution*, Los Angeles: MOCA 2007; Maura Reilly und Linda Nochlin *(Hg.)*, *Global Feminisms – New Directions in Contemporary Art*. S. auch Bojan Pejić, „Warum ist Feminismus plötzlich so sexy?", in: *Springerin*, Heft 1 (2008), S. 18–22.

oder Ungarn eine politische Interpretation ihrer Arbeiten zurückweisen, ist es Aufgabe der feministischen Kunstkritik, die historische Dimension dieser Einstellung zu untersuchen."[35] Die Absage an den Feminismus reflektiert ein allgemeineres Phänomen: die Verwerfung jeglicher Form politisierter Kunst, eine Haltung, welche die postpolitische Epoche insgesamt auszeichnet, und insbesondere den osteuropäischen Kontext. Gerade hier wird der Feminismus immer noch durch den männlichen Blick konstruiert (alle Feministinnen sind hässlich, Lesben, Hexen oder Vampirinnen) und auf diese Weise aus der öffentlichen Sphäre ausgeschlossen oder im besten Falle marginalisiert. Hinzu kommt die Wiederkehr der Familienideologie, die in der Homosexualität eine „demographische Gefahr" sieht (Vladimir Putin). Nicht zuletzt darf man aber die Codes für „High Art" oder besser „universale Kunst" nicht unterschätzen, die in der Kunsterziehung, Kunstgeschichte und Kunstkritik nach wie vor Geltung besitzen. Feministische Autoren bedauern, dass Künstlerinnen es in der Regel vorziehen, „reine" Kunst zu schaffen (Katrin Kivimaa) und – ob bewusst oder unbewusst – „modernistische Modelle" bevorzugen (Jana Geržová). In einem Interview, das 2005 im Rahmen eines tschechischen Projekts geführt wurde, meinte eine Befragte (vermutlich eine Künstlerin): „Das Wort ‚Feminismus' nutze ich nur vertraulich und wenn es dunkel ist." Es scheint, dass die feministische Auseinandersetzung mit dem Erbe des Modernismus beharrlicher Anstrengung bedarf und uns noch lange beschäftigen wird.

Dennoch gibt es keinen Grund zu klagen. In Osteuropa, wie auch anderswo, interessieren sich nicht wenige Kunsthistoriker und -kritiker für Kunstpraktiken, die sie als politisch betrachten. Es gibt keine Regel. 1985 stellte *Representations*, eine amerikanische Zeitschrift für Kunsttheorie, die Frage: „Art or Society: Must We Choose?" Müsste ich die Frage beantworten, so würde ich sagen: nein.

35 Angela Dimitrakaki, „‚Five o'clock on the sun' – Three Questions on Feminism and the Moving Image in the Visual Arts of Non-Western Europe", in: dies., Pam Skelton und Mare Tralla (Hg.), *Private Views – Spaces and gender in contemporary art from Britain and Estonia*, London 2000, S. 275.

Katharina Pewny

Das *Theatrum Precarium* als Vorahmung

Wurde „der Künstler zum Prototyp des modernen, selbstbestimmten und sich verwirklichenden Subjekts“ der Moderne, wie in der Einleitung zum vorliegenden Band zu lesen ist, so sind KünstlerInnen gegenwärtig die Avantgarde einer fortschreitenden Prekarität, die auch die weltweit vergleichsweise reichen Länder (Europas) mehr und mehr betrifft.[1] Die Zunahme von Kurz- oder Teilzeitverträgen und die damit verbundene Flexibilisierung und Mobilisierung aller Lebensbereiche nehmen auch für die vormalige Mittelschicht zu. Damit wird die prekäre Lebensweise, die KünstlerInnen traditionell hatten, zunehmend zur Norm. Aspekte von Selbstbestimmung und Selbstverwirklichung, die Künstler in der Moderne repräsentierten (siehe oben) und die den Beigeschmack von Freiheit hatten, werden angesichts der Prekarisierung von Arbeits- und Lebensmodellen zur ökonomischen und sozialen Notwendigkeit. TheatermacherInnen, SchauspielerInnen und PerformerInnen führen in ihrem öffentlichen Auftreten und in ihren Werken Praktiken eines ökonomisch nicht gesicherten Lebens vor.

Der Boom und Niedergang der *New Economies* seit den 1990er Jahren und der Rückbau der europäischen Sozialstaaten betrifft besonders das klassische Publikum des bürgerlichen Sprechtheaters, das als Institution der vormaligen Mittelschicht seine eigene „Zerstörung“ erfährt.[2] Angesichts der drastischen Verunsicherungen der eigenen Existenzweisen und der daraus resultierenden Veränderungen können Künstlerbiografien insbesondere für Männer Modellcharakter erhalten.

Im Folgenden stelle ich vier Beispiele von Performanzen des, oder der, Prekären in- und außerhalb des Sprechtheaters vor. Der prekäre Künstler als Erfolgsmodell wird von dem Dramatiker und Regisseur Réne Pollesch ver-

---

1 Dies und weitere soziale und diskursgeschichtliche Hintergründe zu dem Begriff des Prekären, zu dem sogenannten Prekariat und zu prekärer Arbeit führe ich ausführlich aus in: Katharina Pewny, *Das Drama des Prekären. Über die Wiederkehr der Ethik in Theater und Performance*, Bielefeld 2011, S. 23–121.

2 Vgl. Sergio Bologna, *Die Zerstörung der Mittelschichten. Thesen zur neuen Selbständigkeit*, Graz 2006.

körpert, seine Inszenierungen sind ein herausragendes Beispiel für die Darstellung von ungesicherten Lebensverhältnissen im deutschsprachigen Gegenwartstheater. Wurde Pollesch vom arbeitslosen Theaterabsolventen zum Starregisseur, so dient das Schauspielen nicht nur in der darstellenden Kunst, sondern auch in anderen medialen Repräsentationen als Sinnbild prekärer Lebensweisen. Dies zeigt das Video *Kamera läuft* (2004), das anschließend besprochen wird. Am Ende werden das Video *Precarias a la Deriva* (2004) und der Internetauftriff des fiktiven Heiligen *San Precario* analysiert.

Die genannten vier Darstellungen von Prekarität sind performative Taktiken, die entweder explizit (Pollesch, *Kamera läuft*) oder implizit (*Precarias a la Deriva* und *San Precario*) mit Funktionen im Theater (Regisseur, Schauspieler) oder mit Theatertechniken (Fiktionalisierung und Personalisierung) arbeiten. Dies ist bemerkenswert, weil im „postdramatische Theater"[3] selbst zunehmend kollektive Produktionsformen die traditionellen hierarchischen Funktionen wie SchauspielerInnen und RegisseurInnen ersetzen. Auch sind darin mehr Selbst-Performanzen und undeutliche, gleitende Sprechpositionen denn personalisierte und schauspielerisch dargestellte Bühnenfiguren zu finden. These ist daher, dass Mittel des Theaters, die zunehmend aus dem Sprechtheater ausgewandert sind, angesichts der Prekarisierungsprozesse in anderen Medien zurückkehren. Vor den vier oben genannten Analysen von Performanzen des/der Prekären ist ein Rückblick in die jüngere Geschichte der darstellenden Künste und ihrer Veränderungen im 20. Jahrhundert hilfreich.

Die Avantgarden und ihr Einfluss auf das Sprechtheater

Im europäischen bürgerlichen Sprechtheater verkörpern SchauspielerInnen fiktive Figuren und stellen Handlungen dar, die in schriftlich verfassten Dramentexten notiert sind. Die Aufführungen finden in ausgewiesenen Theaterräumen vor ZuschauerInnen statt. Dabei ist die Theateraufführung durch den institutionellen Rahmen eindeutig von anderen Realitäten abgegrenzt, der Theatertext von anderen Textsorten, die SchauspielerInnen von dem Publikum und die Theaterräume von anderen Räumen. Die künstlerischen Avantgarden des 20. Jahrhunderts haben grundlegende Änderungen dieser Konventionen des klassischen Sprechtheaters bewirkt. In den USA entstanden seit den 1950er Jahren vielfältige Formen der Performancekunst, die die europäischen Avantgarden inspirierte. In der Performance Art und in der Body Art demontieren PerformerInnen, oftmals mittels der schmerzvollen

3 Vgl. Hans-Thies Lehmann, *Postdramatisches Theater*, Frankfurt a. M. 1999.

Bearbeitung ihres eigenen Körpers, klare Unterscheidungen von Kunst und Alltag, von künstlerischer Rolle und eigener Identität, und von Theatertexten und anderen ästhetischen Grundlagen ihrer Performances. Damit wird die Repräsentation von Realität – in einem Tafelbild oder in einer Theateraufführung – zu einer Realität, die *hic et nunc* als künstlerische Aufführung stattfindet. Auch in Europa entstanden im 20. Jahrhundert avantgardistische Kunstpraktiken, die Ähnliches intendieren, so beispielsweise die *Wiener Gruppe* der 1960er und 1970er Jahre. Stefan Krammer fasst ihre Intention zusammen wie folgt: „Die Direktheit ihrer Aktionen besteht darin, dass sie nicht versuchen, Wirklichkeit abzubilden, sondern selbst zu vollziehen. Oder, mit den Worten von Otto Mühl und Günther Brus: ‚die alten kunstgattungen versuchen wirklichkeit zu rekonstruieren, totalaktion vollzieht sich in der wirklichkeit. / totalaktion ist direktes geschehen (direkte kunst), nicht wiedergabe von geschehen.'"[4] Die ästhetische Praktik der Vermischung von Kunst und anderen Realitäten, das bewusste Einreißen der Grenzen von Kunst, hält seit den 1980er Jahren in die großen Sprechtheater des deutschen Sprachraumes Einzug. Der theatrale Täuschungsvertrag des bürgerlichen Illusionstheaters, der besagt, dass Kunst Wirklichkeit abbildet, wird durch partizipatives Theater ersetzt, das angestammte Theaterräume verlässt oder in denselben den ZuschauerInnen die Wirklichkeit der Aufführung unmittelbar präsent macht. Somit werden die Konventionen des bürgerlichen Sprechtheaters – das Schauspiel, der dramatische Theatertext, die Differenz von ZuschauerInnen und SchauspielerInnen und der Theaterraum als Rahmen von Theateraufführungen – auf vielfältige Weise transformiert. In Österreich fällt der Beginn der Transformation des bürgerlichen Sprechtheaters mit der Faschismuskritik von TheatermacherInnen wie Elfriede Jelinek, Thomas Bernhard und Claus Peymann in den 1980er Jahren zusammen. Jelinek stellt beispielsweise in ihrem Theatertext *Burgtheater* die Frage nach der Kollaboration des Hörbiger-Wessely-Clans mit dem nationalsozialistischen Regime. Ende der 1990er Jahre macht Einar Schleef die Aufführung ihres *Ein Sportstück* zum sechsstündigen Massenevent, wenn an bestimmten Abenden die ZuschauerInnen, die in Sportkleidung ins Theater kommen, ein kostenloses Fresspaket erhalten. In Großbritannien, in den Niederlanden und in Belgien inszenieren Regiekollektive und einzelne RegisseurInnen Theateraufführungen, die als Stadtspaziergänge, *speed datings* oder *blind dates* stattfinden, beispielsweise Ant Hamptons *The Bench* (Gent 2011), in der paarweise angeordnete ZuschauerInnen auf Parkbänken miteinander nach einem festgelegten Skript in Kommunikation treten.

4 Stefan Krammer, „Schluss mit der Wirklichkeit. Kunst und/als Revolution in der Wiener Avantgarde", in: *Studia theodisca*, 2009, XVI, S. 1–19, hier S. 4.

Am Ende des 20. Jahrhunderts steht demnach ein Theater der Präsenz, das eine spezifische Wirklichkeit hervorbringt, die zwar mit dem Einsatz von Medien gestaltet und ebenso aufgezeichnet werden kann, jedoch als Ereignis einmalig und unwiederbringlich ist. RegisseurInnen, SchauspielerInnen, PerformerInnen und ZuschauerInnen haben darin oftmals keine getrennten, deutlich wahrnehmbaren Funktionen (mehr), ihre alltäglichen und ihre künstlerischen Performanzen werden zunehmend ununterscheidbar, sie wechseln die Funktionen im künstlerischen Produktions- und Aufführungsprozess – Funktionen, die gleitend ineinander übergehen können.

Angesichts der genannten Entwicklungen in der Kunst, aber auch angesichts einer zunehmenden Theatralisierung anderer Wirklichkeiten wie zum Beispiel von Politik und von Körperkulturen beschäftigen sich TheatermacherInnen und TheaterwissenschaftlerInnen in den vergangenen fünfzehn Jahren nachdrücklich mit Relationen von Theater und Realität. 1998 lautete der Titel der Tagung der Dramaturgischen Gesellschaft: *Wie bringt man die Realität ins Theater?*, zwei Jahre später findet in Leipzig eine Konferenz zum Thema *Der Alltag theatralisiert sich – was macht das Theater?* statt, die Zeitschrift *Theater heute* ruft im Jahr 1998 eine Reihe mit dem Titel *Theater als Real Life* ins Leben.[5] Unter den möglichen Topoi für die Wechselwirkung von Theater und Realität stehen Ökonomie(kritik) respektive Armut hoch im Kurs. Identitätskrisen und berufliche (Miss-)Erfolge, Arbeitslosigkeit, Globalisierungskritik und der Zwang zur Selbst-Performanz im Postfordismus waren bereits ein Jahrzehnt vor dem Einbruch der Wirtschaft im Jahr 2008 im deutschsprachigen Theater Thema.[6]

Umschriften und (Neu-)Inszenierungen von Klassikern der Literatur für Theateraufführungen haben Verarmungsprozesse zum Gegenstand. In Deutschland werden seit 2005 beispielsweise mehrere Inszenierungen von Arthur Millers *Tod eines Handlungsreisenden* gezeigt. Thomas Manns Roman *Die Buddenbrooks*, der den Zerfall des Handelsimperiums einer reichen norddeutschen Kaufmannsfamilie erzählt, wird von John von Düffel in ein Theaterstück umgeschrieben und in großen Theaterhäusern gezeigt. Soziale Phänomene sind Inhalte von Theatertexten junger AutorInnen wie Anja

---

5 Annemarie Matzke, *Testen, Spielen, Tricksen, Scheitern. Formen szenischer Selbstinszenierung im zeitgenössischen Theater*, Hildesheim/Zürich/New York 2005, S. 234.

6 Zusätzlich zu meiner Veröffentlichung *Das Drama des Prekären* (siehe Anm. 1) verweise ich auf einen Sammelband, der Theaterfestivals und Kongresse zum Thema „Maximierung Mensch" am Stadttheater Trier und an der Universität Trier dokumentiert: Franziska Schößler und Christine Bähr (Hg.), *Ökonomie im Theater der Gegenwart. Ästhetik, Produktion, Institution*, Bielefeld 2009. Darin findet sich ein ausgezeichneter Überblick über die Thematisierung von Ökonomie am deutschsprachigen Gegenwartstheater.

Hilling, Martin Heckmanns, Juliane Kann, Moritz Rinke und Steffi Hensel.[7] Dokumentarisches Sprachmaterial aus Schuldnerberatungen oder Managementetagen liefern Grundlagen für Theatertexte, beispielsweise von Kathrin Röggla oder Falk Richter. Das postdramatische Theater ahmt die sozialen Entwicklungen nicht nur nach, sondern es bringt die Wirklichkeit des Sozialen mit bestimmten ästhetischen Mitteln hervor.

René Pollesch – der prekäre Regisseur als Erfolgsmodell

Die Präsenz des Prekären im Theater nimmt die Prekarität – die Qualität des Ungesicherten, das Jederzeit-einbrechen-Können der Wirtschaftskrise aus dem Jahr 2008 vorweg. Der herausragende Erfolg des deutschen Autors und Regisseurs René Pollesch und die auffällige Inszenierung seiner Person vom prekären Kulturarbeiter zum Starregisseur sind in diesem Kontext paradigmatisch.[8] Pollesch publiziert regelmäßig in den prominenten Theaterzeitschriften und wird ebendort interviewt. Ein zentrales Thema dieser Gespräche sind immer wieder die ökonomischen Verhältnisse am Theater und in anderen künstlerischen und kulturellen Sektoren:

> Die New Economy spricht vor allem Individuen und Künstler an, die nur genügend kreativ sein sollen und dann schon Jobs finden werden. Im Moment wird ja von jedem erwartet, er solle Künstler sein und vierundzwanzig Stunden täglich selbstausbeuterisch an seiner Selbstverwirklichung arbeiten. Da der Markt aber kaum die entsprechende

7 Zum Oeuvre junger TheaterautorInnen im deutschsprachigen Raum vgl. Stefan Tigges, Katharina Pewny und Evelyn Deutsch-Schreiner (Hg.), *Zwischenspiele. Neue Texte, Wahrnehmungs- und Fiktionsräume in Theater, Tanz und Performance*, Bielefeld 2009, S. 51–174.

8 René Pollesch wird am Institut für Angewandte Theaterwissenschaft an der Justus-Liebig-Universität Gießen ausgebildet. Auf sein Studium folgen von 1994 bis 1998 Jahre der Arbeitslosigkeit und bzw. mit geringem Einkommen, bis er mit der Heidi Hoh-Trilogie (1999–2001) einen Durchbruch erzielt. In den Jahren 1999 und 2000 ist René Pollesch Hausautor am Luzerner Theater und am Deutschen Schauspielhaus Hamburg, seit 2001 ist er der künstlerische Leiter des Praters an der Volksbühne am Rosa Luxemburg-Platz in Berlin, wo er unter anderen seine Theatertexte *Stadt als Beute*, sowie *Insourcing des Zuhause. Menschen in Scheißhotels* und *Sex* produziert. Für einige seiner zahlreichen Texte und Inszenierungen erhält René Pollesch in den folgenden Jahren renommierte Theaterpreise. In den Jahren 2001 und 2006 werden seine Stücke *world wide web-slums* und *Cappucetto Rosso* mit dem Mülheimer Dramatikerpreis ausgezeichnet, im Jahr 2002 wird er in der Kritikerumfrage der Zeitschrift *Theater heute* zum besten deutschen Dramatiker gekürt, und er erhält im Jahr 2007 den Wiener Nestroy-Theaterpreis.

> Anzahl von Jobs bereithält, liegen alle mit ihrem Traum vom Künstlertum irgendwann in der Gosse, während die, die es geschafft haben, als Erfolgsrezepte herhalten.[9]

René Polleschs (Selbst-)Inszenierung ist eine Mischung aus seinen eigenen Äußerungen und medialen Zuschreibungen. Frauke Meyer-Gosau konstatiert im Jahr 2003, Pollesch sei „ein derart vielbelesener Autor, ein wahrer Theorie-*wizzard* und spielerischer Gesellschafts-Prognostiker".[10] Sie, andere Journalisten und letztendlich Pollesch selbst zeichnen eine hybride Figur, die vom „Regisseur Prekär" über den „theorie-*wizard*" zum „Erfolgsrezept" und schließlich im Jahr 2008 zum „Theatergenius" wird.[11] Pollesch ist ein Prototyp der prekären Arbeit in der Kunst und ein Protagonist der Verwandlung von prekärer Arbeit in eine Erfolgserzählung. Im Unterschied zu den Film- und Videomacherinnen von *Precarias a la deriva* und *Kamera läuft*, die sich entweder ausschließlich im Rahmen von Filmen oder bei Vorträgen und in ihren Texten über ihre eigenen Lebens- und Arbeitsbedingungen äußern, tut Pollesch dies in allen ihm zur Verfügung stehenden Formaten. Pollesch stellt beispielsweise seine Identifikation mit der Protagonistin seiner ersten Trilogie, *Heidi Hoh*, öffentlich dar. Nach möglichen Zusammenhängen zwischen seiner und ihrer Biografie gefragt, berichtet René Pollesch von Parallelen zwischen seiner Lebensweise und der seiner Protagonistin: „Ich bin Heidi Hoh."[12] Dieser Satz ist sowohl performativ als auch beschreibend, denn Pollesch formuliert Aspekte seiner Lebensumstände, die in der Trilogie und in den Aufführungen gezeigt werden. Wie aber ist Pollesch, wenn er *Heidi Hoh* „ist"? Die *Heidi Hoh*-Trilogie ist in dem Band *Reproduktionskonten fälschen* publiziert, der als Publikationskontext das Motiv des *shapeshifting* im Sinne des Geschlechterwechsels unterstreicht.[13] Mit dem Satz „Ich bin Heidi Hoh." stellt Pollesch erstens einen

---

9 René Pollesch, *www.slums*, Reinbek b. Hamburg 2003, S. 343.

10 Frauke Meyer-Gosau, „Ändere dich, Situation!", in: Pollesch, *www.slums*, a. a. O., S. 9–29, S. 25.

11 Vgl. Frank Raddatz, „Lebe im Selbstwiderspruch! Perspektivwechsel eines Theatergenius – der Autor und Regisseur René Pollesch im Gespräch mit Frank Raddatz", in: *Theater der Zeit November 2008*, S. 12–15.

12 So Pollesch in: „René Pollesch im Gespräch mit Jürgen Berger", in: Pollesch, *w.w.w.slums*, a. a. O., S. 345. (So übrigens schon Flaubert: „Mme Bovary, c'est moi.")

13 Darin sind Essays versammelt, die den Zusammenhang zwischen privaten Beziehungen und Ökonomie am Paradigma der Sexualität aufzeigen. Was Pauline Boudry, Brigitta Kuster und Renate Lorenz theoretisch entwickeln, zeigt René Pollesch exemplarisch an seiner Protagonistin „Heidi Hoh", in: Pauline Boudry, Brigitta Kuster, Renate Lorenz (Hg.), *Reproduktionskonten fälschen. Heterosexualität, Arbeit & Zuhause*, Berlin 1999, S. 88–97. Ders., „Heidi Hoh # 2", in ebd., S. 164–177. Ders., „Heidi Hoh arbeitet hier nicht mehr", in: Pollesch, *www.slums*, a. a. O., S. 29–103.

cultural entrepreneur und zweitens einen Geschlechterwechsel dar. Die Sprechpositionen (die von Polleschs Äußerungen, und die der Figuren in seinen Theatertexten) sind nicht an geschlechtlich eindeutig markierte Bühnenfiguren gebunden. Die Textausschnitte zirkulieren zwischen den anwesenden Schauspielerinnen und werden mehrmals gleich oder geringfügig verändert von unterschiedlichen Personen geäußert. Wenn Pollesch *Heidi Hoh* ist, dann ist er folglich keine klassische Bühnenfigur mit einer individuellen Rede, sondern er ist eine Sprechposition, die vorgefertigte Textabschnitte ineinander montiert und sich unterschiedlichen Formen und Geschlechtern anverwandeln kann: Größtmögliche Flexibilität zeichnet diese Sprechposition aus, die auch in ihren Körper eingeht.

Cultural entrepreneurs leben von gelungener Selbstvermarktung, zeitlicher und räumlicher Flexibilität und hoher intrinsischer Motivation. *Heidi Hoh* erscheint als Prototype des prekären Lebens in der *New Economy* der 1990er Jahre. Sie ist im Dienstleistungsbereich tätig, und sie arbeitet daheim. Ihre Wohnräume sind zugleich ihre Arbeitsräume, die sich im Laufe der Aufführung in eine Mercedes Benz-Filiale verwandeln. Sätze wie die folgenden sind exemplarisch für die *Heidi Hoh*-Trilogie: „Es sieht aus wie ein Terminal bei Daimler oder Chrysler" (HH 1, 89), „Wirtschaftliche Prozesse wirken sich auf Räume und Körper aus" (HH 1, 93), „Das hier ist eine Party bei mir zu Hause, und ich arbeite.", „Sie rotiert bei sich zu Hause." (HH 2, 168) Heidi Hoh ist, ebenso wie Pollesch selbst, ein *shapeshifter*, der seine Gestalt wandeln, Lebendiges und Unlebendiges verbinden kann.[14] Ihre transformative Kraft – die Polleschs Selbstperformanz innewohnt und ihr zugeschrieben wird – beinhaltet die Verwandlung von Menschen in Gegenstände, zum Beispiel *Heidi Hohs* Verwandlung in einen Mikrofonständer und in eine Vinylplatte. Diese Wandlungsfähigkeit ist weniger ein Zitat von rituellen Aspekten kollektiver Performances, sondern sie zeigt sich im Kontext von Polleschs Schriften und Produktionen als Flexibilitätsanforderung und damit als Effekt der gegenwärtigen Ökonomien. Die Wandlungsfähigkeit ist die Eigenschaft einer hybriden

Renate Lorenz und die beiden anderen Herausgeberinnen veröffentlichen, zeigen und diskutieren seit 1999 Thesen, Bücher und Filme zu queerer Kritik von Arbeitsverhältnissen. Vgl. weiter: Renate Lorenz, Brigitta Kuster, (Hg.), *sexuell arbeiten: eine queere perspektive auf arbeit und prekäres leben*, Berlin 2007. Mehr hierzu ist zu finden unter: http://home.snafu.de/renate/index.html.

14 *Shapeshifting*, die Gestaltveränderung, ist mit rituellen und übersinnlichen Phänomenen wie zum Beispiel dem Schamanismus verbunden. Schamanen werden als Personen mit wandelbarem Geschlecht angesehen, die übersinnliche Fähigkeiten und eine fragwürdige Sexualität besitzen können. Vgl. Stefanie von Schnurbein, „Queer Theory Gone Astray. Shamanism and the Search for a Queer Religion", in: Elahe Hashemi Yekani und Beatrice Michaelis (Hg.), *Quer durch die Geisteswissenschaften. Perspektiven der Queer Theory*, Berlin 2005, S. 99–115.

Cyborg-Figur, die aus den Flexibilitätsanforderungen an *cultural entrepreneurs* entsteht, denn, so Theresia Birkenhauer über Polleschs Figuren:

> Ihre Rede thematisiert die gesellschaftliche Produktion der Schimäre von Subjektivität, die Ausbeutung des immateriellen Kapitals von Selbstbildern, Affekten, Beziehungen. Die Texte reflektieren die Veränderung gesellschaftlicher Arbeit, mit der emotionale und kreative Potenziale zu den entscheidenen Produktionsfaktoren geworden sind, als ein soziales Verhältnis, das für die SchauspielerInnen immer schon galt.[15]

Im Verlauf der *Heidi Hoh*-Trilogie findet ein Wandel statt von der Beschreibung der prekären Subjektivität, die aus immaterieller Arbeit entsteht, zu einer offensiven Verneinung und einem Leiden an den Verhältnissen. *Heidi Hoh* prangert zunehmend ihre Arbeitssituation und den gegenwärtigen weltweiten Kapitalismus an. Wie in anderen Pollesch-Aufführungen tragen die Schauspielerinnen (Christine Groß, Nina Kronjäger und Claudia Splitt) die Textabschnitte oft schreiend vor. Pollesch verwandelt den Pathos-Diskurs der Prekären in einen aggressiv-hysterischen Verneinungsgestus.

Spiegelt René Polleschs *Heidi Hoh*-Trilogie die Prekariats-Debatten, die seit der Jahrtausendwende zunehmend stattfinden? *Heidi Hoh* – der erste Teil der Trilogie, der bereits im Jahr 1998 uraufgeführt wurde – ist über eine Spiegelung hinaus ein wesentlicher Motor der Debatten über die prekäre Arbeit im Kunst- und Kulturbereich, die (im deutschsprachigen Raum) erst nach der Jahrtausendwende in einer größeren Öffentlichkeit einsetzen. Das Theater fungiert hier nicht als Nachahmung im Sinne der Mimesis, sondern als „Vorahmung". Die *Heidi Hoh*-Trilogie ist eine besonders wirksame Performanz des Prekären, weil sich der Autor selbst als Protagonist und Modell dafür anbietet. Dadurch verknüpft er den Prekariats-Diskurs mit der Ökonomie des Theaters, das sich selbst traditionell aus unabgesicherter Arbeit speist, und er zeigt an seiner eigenen Person, dass und wie Arbeit und Leben untrennbar miteinander verbunden sind. Doris Eikhof und Axel Haunschild beschreiben im Jahr 2004 aus soziologischer Sicht, wie das jeweilige (Kunst-) Projekt zum Maßstab und ordnenden Prinzip für den gesamten Lebenszusammenhang der Prekären wird.[16] Zwar gilt dies für viele freie Berufe, Eikhof und Haunschild sehen jedoch insbesondere Schauspieler als Prototypen des sogenannten Arbeitskraftunternehmers: „Dessen stark individualisierte und marktbezogene Form des Angebots von Arbeitskraft wird als typisch für

15 Theresia Birkenhauer, *Theater/Theorie. Zwischen Szene und Sprache*, Berlin 2008, S. 124.

16 Doris Eikhof und Axel Haunschild, „Report Arbeitswelt Theater", in: *Theater heute 03/04*, 2004, S. 5–17.

zukünftige Arbeitsmärkte gesehen."[17] Nicht die prekäre Arbeitssituation ist neu für SchauspielerInnen (und andere KünstlerInnen), sondern ihr Modellcharakter für andere Berufe und ökonomische Felder ist ein Phänomen des Postfordismus. Deshalb ist Polleschs Theater, und deshalb ist besonders *Heidi Hoh* nicht bloß eine selbstreflexive Aufführung des „eigenen" Lebens, die einige wenige *cultural entrepreneurs* betrifft, sondern es hat weit darüber hinaus Gültigkeit, weil es die prekäre Arbeit als neue Arbeits- und Lebensnorm im Postfordismus zeigt.

Das prekäre Selbst als Rolle – Kamera läuft!

Das Video mit dem Titel *Kamera läuft!* wurde im Jahr 2004 von Brigitta Kuster, Isabell Lorey, Marion von Osten und Katja Reichard unter dem Label *kleines postfordistisches Drama* produziert. Alle vier waren damals prekär lebende oder befristet angestellte Kultur- und Wissensarbeiterinnen, mittlerweile ist eine von ihnen Professorin und eine zweite Dozentin.

Die Gruppe *kleines postfordistisches Drama* wendet in der Produktion das Konzept der radikalen Selbstuntersuchung aus der italienischen Arbeiterbewegung an, um herauszufinden, welche Arbeitsrealitäten, aber auch welche Vorstellungen von einem „guten Leben" Personen haben, die unter prekären Bedingungen arbeiten und leben.[18] Die Figuren, die in dem Video auftreten, sind ebenso wie die Texte, die sie sprechen, aus fünfzehn amalgamierten Interviews mit den Filmemacherinnen und mit Personen, mit denen sie arbeiten, zusammengesetzt.[19] Werden in dem spanischen Video die Filmemacherinnen und Migrantinnen interviewt, die von deutlich diversen Lebensrealitäten und Arbeitskontexten erzählen (siehe unten), so wirken die Personen, die in *Kamera läuft!* auftreten, deutlich homogener, was ihre Herkunft und ihre Tätigkeitsfelder betrifft. Sie erzählen von ihrer prekären Arbeit in den Bereichen Kunst, Wissenschaft und Eventmanagement.

Das Video *Kamera läuft!* hat eine dramaturgische Entwicklung von der (scheinbaren) Authentizität der Interviewten hin zu dem Betonen des Schauspielens. Zu Beginn sprechen die DarstellerInnen Texte, als würden sie von ihrem eigenen Leben erzählen, dann häufen sich Zeichen, die das Schauspie-

17 Ebd., S. 14.

18 Vgl.: kpD: Brigitta Kuster, Isabell Lorey, Katja Reichard und Marion von Osten, „Prekarisierung von KulturproduzentInnen und das ausbleibende gute Leben", in: *Neue Gesellschaft für Bildende Kunst* (Hg.), *Prekäre Perspektiven … in der neuen Gesellschaft. Informationen aus der Tiefe des unsicheren Raumes*, Berlin 2006, S. 12–18.

19 Interviewt werden Personen, die die Filmemacherinnen als „KulturproduzentInnen" bezeichnen. Ebd., S. 13.

len in den Vordergrund stellen: So ist ein Schauspieler mit dem Skript in der Hand gefilmt, und auch eine Castingsituation wird eingeblendet, in der eine Schauspielerin eine der Rollen vorspricht, die in dem Video vorkommen. Die Inszenierung von SchauspielerInnen, die dramatische Figuren darstellen, findet ihren Höhepunkt in der Figur des Schauspielers, der erzählt, dass dies seine erste Rolle sei, und wie glücklich er darüber sei, endlich als Schauspieler tätig sein zu können. Diese Figur preist als einzige die prekäre Arbeit und verteidigt die Lebenshaltung, eine brotlose Kunst auszuüben (das Schauspielen nämlich) und mit einem anderen Beruf den Lebensunterhalt zu verdienen. Sie spricht als einzige enthusiastisch über ihr prekäres Dasein, indem sie die Freuden der künstlerischen Arbeit (des Schauspielens) preist. Die Arbeit des Schauspielens wird als erfüllend und wenig (bis gar nicht) bezahlt präsentiert. Die Wiederkehr des Schauspielers, der in den Avantgarden explizit durch den Performer, der *nicht* zwischen Authentizität und Fiktion trennt, abgelöst wurde, lässt an Erving Goffmans Theorie denken, dass jedes „Selbst" erst durch die sozialen Rollen entstehe, die Menschen verkörpern (müssen).[20] Goffman weist nach, dass kein „ursprüngliches Selbst" den sozialen Rollen vorangeht, sondern dass jedes „Selbst" erst ein Produkt derselben ist (diesen Gedanken greift Judith Butler in ihrer Theorie des performativen Aktes der Konstruktion von Geschlecht auf).[21] Das Video *Kamera läuft!* konstruiert hingegen durch das Schauspielen eine vage Präsenz von Subjekten, die „hinter" den Rollen zu stehen scheinen. Das sind die ungenannten InterviewpartnerInnen, aus deren Rede die Texte zusammengestellt werden, ebenso wie die SchauspielerInnen und zusätzlich die Videomacherinnen, die nicht vor der Kamera erscheinen. So baut *Kamera läuft!* eine diffuse Präsenz von Personen auf, deren Erfahrungen die Texte konstituieren, die als Regisseurinnen das Video produzieren und die als Auftraggeberinnen die SchauspielerInnen buchen, die schlussendlich vor der Kamera stehen.

Während in dem Video der *Precarias a la deriva* die Videomacherinnen nicht namentlich genannt sind (siehe unten), ist die Nennung der Gruppe *kleines postfordistisches Drama* immer durch die Namen ihrer Mitglieder, als kollektiver Auftraggeber, Produzent und Regisseur von *Kamera läuft!* ergänzt. Zwar wird angedeutet, dass die Mitglieder der Gruppe auch unter den Interviewten sind, doch werden sie als solche nicht sichtbar. Die Gruppe *kleines postfordistisches Drama* ist das kollektive Subjekt, das sich in diesem Video erzählt. Sie vergibt einen Auftrag an andere Prekäre und katapultiert sich somit aus der Position der Auftragsannahme in die des Auftraggebers. In Relation

20 Vgl. Erving Goffman, *Wir alle spielen Theater. Die Selbstdarstellung im Alltag*, München 1969, S. 230–235.

21 Vgl. Judith Butler, *Das Unbehagen der Geschlechter*, Frankfurt a. M. 1991.

zu den SchauspielerInnen nimmt die Gruppe während der Produktion des Videos eine symbolisch (und real) machtvollere Position ein. Der theatrale Referenzrahmen der Zusammenarbeit ist demnach die traditionelle Hierarchie zwischen einer unsichtbaren Regieposition und einem idealistischen Schauspieler, der gerne prekär arbeitet.

Visuelle „Selbsterzählung" anstelle von Streik – Precarias a la deriva

Die spanische Gruppe *Precarias a la deriva* bestand aus politischen Aktivistinnen, die sich seit dem Jahr 1999 mit gegenwärtigen Transformationen der Arbeitswelt beschäftigen.[22] Anlässlich eines Aufrufes der spanischen Gewerkschaften zu einem Generalstreik am Ersten Mai 2002 führten sie am 20. Juni desselben Jahres eine Befragung mit Passantinnen zu deren Arbeit und Arbeitsbedingungen durch. Diese Vorgangsweise ergab sich aus dem Dilemma, einerseits im Streik aktiv sein zu wollen, gleichzeitig jedoch dieses politische Mittel als unzulänglich für prekäre Arbeit zu erachten:

> Was heißt ein Streik, bei dem für 24 Stunden mit der Produktion ausgesetzt wird, für unsere Arbeit, zum Beispiel für eine Übersetzerin, die zu Hause arbeitet? Es bedeutet, dass wir die Arbeit, die wir in den 24 Stunden liegen lassen, am nächsten Tag nachholen müssen.[23]

Anstelle eines Streiks führen die *Precarias* Streik-Befragungen durch, diese sind der Ausgangspunkt für die Rundgänge durch Madrid, aus denen im Jahr 2002 das Video, das ich im Folgenden bespreche, entsteht. Seit 2005 betreiben die *Precarias* in Madrid eine *Agency of Precarious Affairs* mit dem Namen *Todas a Cien*.[24] Sie greifen mit den *dérives* auf die situationistische Internationale zurück und formulieren:

> In our particular version, we opt to exchange the arbitrary wandering of the flaneur, so particular to the bourgeois male subject with nothing pressing to do, for a situated drift which would move through the daily spaces of each one of us, while maintaining the tactic's multi-

22 Hier und im Folgenden, wenn nicht anders angegeben, vgl. die Selbstdarstellung der Gruppe *Precarias a la deriva*: www.sindominio.net/karakola/precarias/precarias-fertig.htm. Vgl. auch meine persönliche Mitschrift eines Vortrags der *Precarias* im Wiener Depot am 25.02.2005.

23 Vgl.: „Provokation der Vorstellungskraft. Interview mit den *Precarias a la deriva"*, in: *arranca! Für eine linke Strömung*, Nr. 31, *„age of precarious – prekär und permanent aktiv"*, Berlin 2005, S. 1–3, hier S. 1.

24 Vgl. www.sindominio.net/karakola/antigua_casa/precarias/todasacien/todasacien_eng.htm.

> sensorial and open character. Thus the drift is converted into a moving interview, crossed through by the collective perception of the environment.[25]

Die *dérivés* verbinden die Orte, an denen die *Precarias* arbeiten, führen also bisweilen auch im Morgengrauen mit Bussen zu Produktionsstätten außerhalb der Stadt. Sie machen die unsichtbare Architektur von Madrid sichtbar und ziehen damit die Spuren der unsichtbaren prekären Arbeit nach. Das Video ist entlang von Themen wie Mobilität und Grenzen, Körper, Wirtschaftslogik, Einkommen und Zeit in Szenen geordnet und baut offensichtlich auf einem elaborierten theoretischen Hintergrund auf. Die *Precarias* zeichnen Ausschnitte filmischer Porträts, die interviewten Frauen sind frontal aufgenommen, ihre Oberkörper sind zu sehen, und sie sprechen direkt in die Kamera. Ihre Lebensbedingungen, ihre Wünsche, ihr Ärger und ihre Frustrationen stehen im Zentrum ihrer Erzählungen. Das Prekäre zeigt sich nicht als Cyborg, hybride Gestalt oder Struktur, sondern es wird personalisiert.

Die Interview-Ästhetik des Videos der *Precarias a la deriva* ist nicht zufällig, nicht mangelndem künstlerischen Können oder fehlenden materiellen Ressourcen geschuldet. Vielmehr ist sie eine visuelle „Selbst-Erzählung" im Sinne Richard Sennetts, die den Erzähler durch die Narration zum Subjekt (des Erzählens) und damit zum Autor seiner eigenen Geschichte macht. Die Protagonistinnen in dem Video der *Precarias a la deriva* scheinen, ebenso wie Richard Sennetts arbeitslose Interviewpartner, ihre eigenen Erfahrungen zu formulieren.[26] Alle Interviewpartnerinnen sprechen über einen *Mangel* an Zeit, an Schlaf, an Motivation zur Arbeit und an Erfüllung durch Arbeit, an Geld, an Wohnraum, an materieller Absicherung, der durchaus als Mangel an „Eigenem" interpretiert werden kann, der das Prekäre kennzeichnet. Die visuellen Selbst-Erzählungen der *Precarias a la deriva* transformieren diesen Mangel in die Präsenz des *Eigenen,* indem sie die Sprecherinnen der „Ich-Erzählungen" frontal mit der Kamera abbilden: Sie erwecken auch den Eindruck von Authentizität, der durch eine lebhafte Mimik und Gestik und durch Momente der Peinlichkeit (der Erzählung persönlicher Erlebnisse vor der Kamera) entsteht. Das Video bringt identitär erscheinende *Subjekte* hervor und konzipiert Vielfalt und Uneindeutigkeit theoretisch.

Beide Videos sind Selbst-Erzählungen von Frauen (und Männern) mit

---

25 Vgl. „Precarias a la deriva: A Very Careful Strike. Four hypothesis", in: *Common,* Nr. 11 (2006), S. 33–45, hier S. 34.

26 Ich gehe davon aus, dass das, was als „eigene" Erfahrung präsentiert wird, von den Erzählenden erlebt wurde. Eine ausführliche Debatte der Authentizität in der zeitgenössischen Performance ist zu finden in: Matzke, *Testen, Spielen, Tricksen, Scheitern,* a. a. O.

prekärer Arbeit, vorrangig in den Bereichen von Kunst, Kultur und Wissenschaft, und von arbeitslosen Frauen *sans papiers*. Beide Videos setzen Personalisierung als ästhetisches Mittel ein. Bereits die Form des Interviews oder der Selbsterzählung, die beide Videos dominiert, setzt Personalisierung voraus. Wie erfahren die Geschichte und einen zentralen Konflikt im Leben jeder Figur. Die dramatischen Figuren, die aus dem sogenannten postdramatischen Theater tendenziell auswandern, kehren in visuellen Repräsentationen der Prekären in anderen Medien wieder. Beispielsweise existiert eine eindeutig fiktive Figur, das ist der Heilige *San Precario*. Er wird im Folgenden vorgestellt.

Der fiktive Heilige San Precario

Der Begriff des Prekären bezeichnet nicht nur eine soziale Realität, sondern er fungiert auch als Selbstbezeichnung und Schlagwort, unter dem sich Individuen und Gruppen weltweit vernetzen, die unter ungesicherten Bedingungen arbeiten und leben. Am *EuroMayDay*, der im Jahr 2001 ausgehend von Italien und in Spanien startete und seitdem in einer zunehmenden Zahl an Ländern am Ersten Mai, dem Tag der Arbeit, mit großen Demonstrationen begangen wird, finden internationale Vernetzungen statt. Zentral sind die Aufrufe zu den EuroMayDay-Paraden am Ersten Mai jedes Jahres. Die Losung „MayDay" spielt an auf den Monat Mai, auf die Tradition des Ersten Mai, vor allem aber auf „MayDay", das internationale Notsignal in der See- und Luftfahrt. Dem Hilferuf in einer lebensbedrohlichen Lage korrespondiert eine fiktive symbolische Figur, die an das katholische Imaginäre anknüpft und für Rettung steht: Die Gestalt des *San Precario*, der fiktive Schutzheilige von Menschen mit befristeter Arbeit.

2004 in Mailand erfunden, wird *San Precario* beschrieben wie folgt:

> San Precario functions as a rhetorical device to move into the public arena a critical awareness of the changes in conditions and forms of work, of the shift from permanent positions to casual (in Italian precario/a) modes of employment. This shift, common to other European countries, particularly France and Spain, acquires a traumatic quality in Italy, where *il posto fisso*, a permanent position, was one of the tenets of post-war imaginary.[27]

27 Vgl. Marcello Tarí und Ilaria Vanni: *On the Life and Deeds of San Precario, Patron Saint of Precarious Workers and Lives*. http://journal.fibreculture.org/issue5/vanni_ tari.html. Vgl. auch www.arte.tv/de/kunst-musik/tracks/a-z/954774.html .

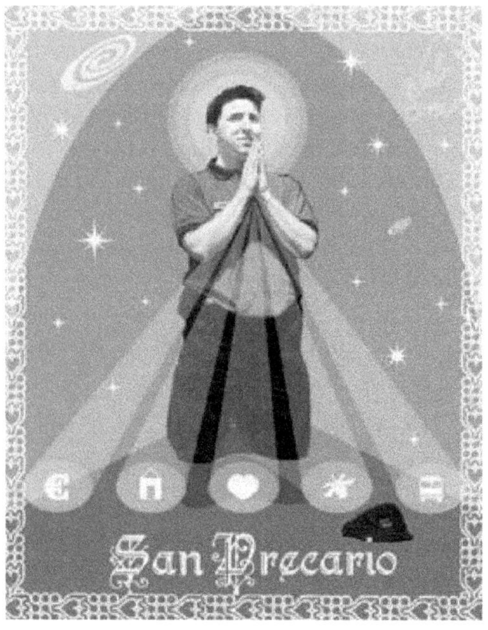

Als Figur auf Demonstrationen mitgetragen und im Internet abgebildet, ist *San Precario* auf seiner gleichnamigen Homepage zu finden.[28] Die Erfindung des Schutzheiligen richtet sich an verstreut agierende prekäre Personen und Gruppen. Sie können auf seine Figur zurückgreifen und ihn bei Paraden, Demonstrationen und anderen Gelegenheiten erscheinen lassen.[29] Als fiktiver Bezugspunkt verbindet *San Precario* die Prekären. Auch sind auf seiner Homepage Gebete nachzulesen, die in der Form von Fürbitten für die Prekären – um bezahlten Mutterschaftsurlaub, Rente, um eine feste Stelle – flehen. Bei manchen Demonstrationen wird *San Precario* durch konkrete, prekär lebende Personen verkörpert.

Das ironische Zitat des Diskurses der katholischen Kirche ist auch als performativer Gestus der Selbst-Ermächtigung zu verstehen: Mit der Erfindung des Schutzheiligen führt der kollektive Autor *MayDay* (der die Vita und die Gebete unterzeichnet) eine Selbst-Autorisierung durch, die Phantasie, technisches Können und globale Vernetzung ausweist und einsetzt. Das Ungesicherte, welches das Prekäre auszeichnet, wird durch den Rückgriff auf den katholischen Diskurs performativ und fiktiv abgesichert. Der kollektive Autor

28 Vgl. www.sanprecario.info.

29 Einige solche Gelegenheiten sind beschrieben in: Tari, Vanni, *San Precario*, a. a. O.

MayDay transformiert die Bedingungen des prekären Lebens, die er vorfindet, indem er einen Bezugspunkt für die Prekären kreiert und dadurch ebendiese performativ als eine unter dem Schutz eines Heiligen stehende Gemeinschaft hervorbringt.

Schluss

Das Theater ist auf mehreren Ebenen ein Sinnbild von prekären Existenzen. Die fiktiven Figuren, die als Bühnenfiguren aus dem sogenannten postdramatischen Theater tendenziell auswandern, kehren als personalisierte Gestalten in anderen Medien wieder. Dabei existiert ein Spannungsfeld von Fiktion und Authentizität, das jeweils unterschiedlich vorgeführt wird. Die Thematisierung der *eigenen* prekären Existenz, beispielsweise auf dem Theater, ist jedoch nicht nur Betroffenheitsdiskurs, sondern kann auch ein erfolgreicher Karriereweg sein, beispielsweise für Theatermacher und Performer. Auch visuelle (Selbst-)Repräsentationen von Prekären in anderen Medien funktionieren über Personalisierung: die Inszenierung von Schauspiel (*Kamera läuft!*) und damit eines „Selbst hinter der Rolle", die Selbst-Erzählung (*Precarias a la deriva*) und die fiktive Gestalt, die als Bezugspunkt für transnationale Vernetzung fungiert (*San Precario*). Die Wiederkehr personalisierter Gestalten (realer Personen und fiktiver Figuren) angesichts des Prekariats mag Symptom des Vereinzelungsprozesses sein, der oft mit prekärem Leben einhergeht. Die Indifferenz von realer Person, fiktiver Figur und einer vagen künstlerischen Präsenz als Zwischengestalt ist eine selbstverständliche Anforderung an Selbstvermarktung in der New Economy – nicht mehr nur für KünstlerInnen. Das Erscheinen eindeutig identifizierbarer Gestalten in Repräsentationen der Prekären könnte auch die Wiederkehr eines Subjekts sein, das alle Anforderungen an Flexibilität und Selbst-Erfindung verinnerlicht hat. Im Unterschied zum Künstler als „Prototyp des modernen, selbstbestimmten und sich verwirklichenden Subjekts" (siehe oben) ist dieses Subjekt jedoch untrennbar mit seinen eigenen Repräsentationen verschmolzen, ja mehr noch, es vollzieht einen performativen Prozess nicht der „Selbstverwirklichung", sondern der Selbsterfindung. Das bedeutet, dass die Avantgarden in dem Sinn erfolgreich waren, dass Kunst und andere Realitäten im *Theatrum Precarium* ununterscheidbar werden. Kunst fungiert daher weniger als „Kritik oder ein Gegenentwurf zur realen Welt", wie es in der Einleitung zu diesem Band heißt, vielmehr als Vorahmung derselben.

Juliane Rebentisch

Realismus heute

Kunst, Politik und die Kritik der Repräsentation

In den letzten Jahren wurde in Deutschland – vor allem durch die 6. Berlin Biennale – die Diskussion um die Möglichkeiten eines künstlerischen Realismus neu belebt; außer- und innerakademische Debatten schlossen sich an. Dabei ist einerseits eine Attraktion durch den Begriff „Realismus" zu beobachten, andererseits aber ein gewisses Zögern, ihn für die eigene Praxis in Anspruch zu nehmen oder die Gegenwartskunst tatsächlich unter diesen stark vorbelasteten Begriff zu bringen – stattdessen werden die Diskussionen schnell sehr grundsätzlich; es geht um Ethik und Politik von Kunst heute insgesamt.[1] Es scheint mir indes kein Zufall zu sein, dass sich die allgemeine Frage nach dem Verhältnis von Kunst und Wirklichkeit sowie die damit zusammenhängende Frage, ob und, wenn ja, wie das Erbe der Realismen des 20. Jahrhunderts angetreten werden soll, nachdrücklich in einem Moment stellen, da der Gegenwartskunst große institutionelle und kritische Aufmerksamkeit zuteil wird. Denn der normative Sinn des Begriffs „Gegenwartskunst" besteht darin, dass sie ihre historische Gegenwart gegenwärtig machen soll. Sie soll Kunst ihrer Zeit sein – und zwar sowohl im Verhältnis zum Stand künstlerischen Bewusstseins (in technischer wie kritischer Hinsicht) als auch hinsichtlich ihres Verhältnisses zur sozialen und kulturellen Realität, in der sie entsteht. Ob die Kunst ihrer Gegenwart angemessen ist, ob sie ihr gerecht zu werden vermag, entscheidet sich an diesen beiden Fragen. Dies bedeutet zugleich, dass es aktuelle künstlerische Produktionen geben kann, die hinter diesem doppelten Anspruch zurückbleiben, weil sie in einer oder in beiden der genannten Dimensionen unzeitgemäß, obsolet oder regressiv sind.

In der Realismus-Diskussion nun hingen die Fragen nach der künstlerischen Avanciertheit und nach dem Bezug der künstlerischen Produktion auf ihr soziales und kulturelles Außen immer schon aufs Engste zusammen. Wer die Auseinandersetzung mit der künstlerischen Formbildung vom Bezug der Kunst auf ihr soziales und kulturelles Außen isoliert, verabschiedet sich vorab

1 Das demonstrieren die Realismus-Diskussionsrunden in der Begleitpublikation zur 6. Berlin Biennale für zeitgenössische Kunst, die sich unter den Titel „was draußen wartet" gestellt hat; Kathrin Rhomberg (Hg.), *was draußen wartet*, Köln 2010.

vom realistischen Projekt. Anders als der so verstandene Formalismus ist der Realismus per definitionem unrein. Denn er ist immer schon geöffnet auf eine ethische, politische und epistemische Forderung: Realismus – als Haltung, als Projekt, als Produktion – verlangt Treue; Treue nämlich gegenüber der Wirklichkeit, der es in ethischer, politischer und epistemischer Hinsicht gerecht zu werden gilt. Realismus bezeugt Wirklichkeit; er erzeugt sie nicht. Das impliziert die Zeitgenossenschaft derjenigen, die sich auf das realistische Projekt und damit auf Wirklichkeitstreue verpflichten. Allerdings geht das realistische Projekt auch nicht im positivistischen oder automatischen Registrieren von Gegebenem auf. Realismus steht daher im Gegensatz zum Formalismus, nicht aber notwendigerweise in einem zur Abstraktion.

Der Bezug der realistischen Kunst auf ihr soziales Außen lässt sich von Fragen der Darstellung nicht ablösen. Denn realistische Kunst gibt ein *Bild* der Wirklichkeit. Damit ist das Verhältnis des Realismus zur Wirklichkeit ein dialektisches: Das Bild der Wirklichkeit entsteht erst durch die realistische Darstellung; aber das, was dargestellt wird, gilt als ein wie auch immer latent Gegebenes, sonst handelte es sich nicht um eine realistische Darstellung. Das realistische Projekt bringt heraus, macht sichtbar – realisiert –, was als Wirklichkeit gegeben ist. Nun wurde der Realismus in den großen ästhetischen Debatten der Moderne als ein dezidiert kritisches Projekt verstanden, das vom Naturalismus darin zu unterscheiden ist, dass die eben gegebene generelle Bestimmung auf die soziale Wirklichkeit zu beziehen ist. Die kritische Perspektive beinhaltet dabei aber noch mehr. Denn das realistische Bild soll selbst einen potentiell interventionistischen Charakter haben. Es zielt nicht allein darauf, die soziale Welt zu vergegenwärtigen, sondern zugleich darauf, sie zu verändern. Die realistische Wirklichkeitstreue erhält dadurch einen Doppelcharakter: sie ist auf das Gegebene verpflichtet, aber nicht um des Gegebenen selbst, sondern um der Möglichkeit seiner praktischen Transformation willen.

Was es nun aber zu denken gilt, ist, wie dieser Zusammenhang heute näher verstanden werden soll. Denn die Rückbesinnung auf das Problem des Realismus geschieht vor dem Hintergrund einer in den letzten 40 bis 50 Jahren zu beobachtenden Veränderung der Kunst und ihrer Theorie – einer zweifelsohne tiefgreifenden Veränderung, die nicht zuletzt mit einer Krise der geschichtsphilosophischen Konstruktionen einhergeht, die die moderne Realismus-Diskussion bestimmten. Die Schlagwörter, mit denen sich die in dieser Hinsicht entscheidenden Entwicklungen charakterisieren lassen, lauten „Entgrenzung" und „Erfahrung". Der Begriff der Entgrenzung hat sich in den letzten Jahren als Titel für eine die Impulse der modernen Kunst zu offenen Werkformen radikalisierende künstlerische Entwicklung durchgesetzt, die nicht nur das System der Künste, sondern auch die Geschlossenheit des einzelnen Werks radikal in Frage stellt. Damit wird aber die Voraussetzung jeder, und also auch der geschichtsphilosophischen Wahrheitsästhetik unterlaufen. Denn diese basiert auf der Idee einer objektiven Gegebenheit des Werks. Der Begriff der Erfahrung auf der anderen Seite ist zum Schlüsselbegriff einer auch in Reaktion auf die Entgrenzungstendenzen in der Kunst herausgebildeten ästhetischen Theorie geworden, für die der Wahrheitsgehalt der Kunstwerke überhaupt nicht mehr auf den Begriff eines philosophischen Systems und also auch keiner geschichtsphilosophischen Konstruktion mehr zu bringen ist.

Dass sich die Frage nach einem zeitgenössischen Realismus gerade im Bereich der Bildenden Kunst, in der sich die genannten Entwicklungen zur Entgrenzung der Kunst und der Künste am radikalsten vollzogen haben,[2] mit einer gewissen Dringlichkeit stellt, verweist indes darauf, dass die Frage, wie das Verhältnis der Kunst zur sozialen Wirklichkeit zu denken sei, so grundlegend ist, dass sie auch noch das aktuelle Verständnis der Kunst in ihrem Kern betrifft. Denn diese Frage beinhaltet die nach einer Ethik, einer Politik und einer Epistemologie der Kunst – und dies sind für den Begriff von Kunst keine bloßen Zusatzfragen. Sie betreffen vielmehr das Existenzrecht von Kunst überhaupt, ihr Wozu. Zum Problem ist das Wozu der Kunst indes erst unter den Bedingungen der Moderne geworden. Denn mit dem Autonomwerden von Kunst, ihrer Freisetzung aus dem Dienst an Kirche und Staat, tritt der beunruhigende Gedanke auf, dass die Kunst mit ihrer Emanzipation aus diesen

2 So hat sich die Bildende Kunst am deutlichsten von allen Künsten zur Metakunst entwickelt. Nach Duchamps radikaler Inklusion nichtkünstlerischer Elemente in die Kunst orientiert sie sich nicht mehr allein oder primär an den Fragen „Was ist Malerei?“ oder „Was ist Skulptur?“. Vielmehr werden diese Fragen nun der grundsätzlichen Frage „Was ist Kunst?“ nachgeordnet. Wo es aber um den Begriff von Kunst überhaupt geht, kann es nicht mehr sinnvoll sein, die Auseinandersetzung nur auf dem zuvor gattungstheoretisch abgesteckten Terrain zu führen. Die Institutionen der Bildenden Kunst halten sich deshalb heute mit großer Selbstverständlichkeit für intermediale Experimente offen, die ursprünglich aus anderen Künsten hervorgegangen sind. Man kann an die Nachfolger von John Cage – von Yoko Ono bis Tony Conrad – ebenso denken wie an Figuren aus dem Experimentalfilm – von Harun Farocki bis Michael Snow –, für die sich gleichermaßen feststellen lässt, dass sie ihr Publikum heute vor allem in den Institutionen der Bildenden Kunst finden. Auch das Theater geht dort, wo es postdramatisch geworden ist, in installative und performative Praktiken über, die ebenso gut der Bildenden Kunst zugerechnet werden können. Entsprechend ist auch der kunstkritische und -wissenschaftliche Diskurs, der diese Entwicklungen begleitet, lange schon nicht mehr allein der Kunstgeschichte vorbehalten; er hat sich interdisziplinär geöffnet. Diese Entwicklungen erklären, warum Auseinandersetzungen um den allgemeinen Begriff von Kunst heute zwar natürlich nicht ausschließlich, aber doch auffällig oft im institutionellen Rahmen der Bildenden Kunst stattfinden.

Funktionen ebenso gut ihre Existenzberechtigung eingebüßt haben könnte, um unter dem Schleier der Freiheit lediglich einem neuen Herrn zu dienen: dem Markt. Die Realismus-Diskussion stellt die Frage „Wozu Kunst?" mit allem Nachdruck in den Mittelpunkt, und ebendies erklärt die zentrale Rolle, die diese Diskussion in den Debatten um die ästhetische Moderne eingenommen hat. Auch in der Wiederaufnahme des Realismus-Problems in Kunst und Kunsttheorie heute geht es um diese Grundsatzfrage und nicht bloß um einen „Ismus", der sich in einer Stilgeschichte der Kunst gleichberechtigt neben anderen „Ismen" einordnen lässt. Schon ein sehr kurzer Blick zurück auf die großen Realismus-Diskussionen im 20. Jahrhundert mag den systematischen Einsatz weiter verdeutlichen, um den es hier geht, und zugleich als Folie dienen, vor der sich die Situation abheben kann, in der das Problem des Realismus heute wieder aufgenommen wird.

I

Für Georg Lukács hatte die Kunst bekanntermaßen primär eine politische Erkenntnisfunktion. So soll der realistische Roman dem Leser an einem Ausschnitt das Ganze seiner sozialen Wirklichkeit – ihre Gesetzmäßigkeiten, ihre Entwicklungstendenzen sowie die Rolle des Menschen in ihr, kurz: ihre objektive Wahrheit – gegenwärtig machen.[3] Die Möglichkeit, diese überhaupt zu erkennen, soll dabei natürlich der Sozialismus eröffnen. Nun ist an dieser Bestimmung der Kunst bereits die idealistische Voraussetzung einer Philosophie problematisch, die nicht nur der Einsicht in die Totalität der Wirklichkeit mächtig sein, sondern auch noch die Logik angeben können soll, nach der diese sich historisch entfaltet.[4] In unserem Zusammenhang mindestens ebenso problematisch ist aber, dass die Kunst nach diesem Modell bloß noch zur Anschaulichkeit bringen soll, was vorweg erkannt worden ist. Das Primat der außerästhetischen Gesellschaftsdiagnose war indes nicht nur für Lukács' Realismustheorie bestimmend, sondern ebenso für die seiner Gegner. So kreiste bereits die sogenannte Expressionismusdebatte im Exil der 1930er Jahre, bei der vor allem Ernst Bloch die Gegenposition zu Lukács einnahm, um die Frage, ob die expressionistisch dargestellte Zerrissenheit der Welt und der Sub-

3 Vgl. etwa Georg Lukács, *Wider den missverstandenen Realismus*, Hamburg 1958, S. 105.

4 Zur Kritik an Lukács in diesem Punkt vgl. Albrecht Wellmer, „Kommunikation und Emanzipation. Überlegungen zur ‚sprachanalytischen Wende' der kritischen Theorie", in: Urs Jaeggi und Axel Honneth (Hg.), *Theorien des Historischen Materialismus*, Frankfurt a. M. 1977, S. 477 f.; Jürgen Habermas, *Theorie des kommunikativen Handelns*. Zwei Bände, Frankfurt a. M. 1995 [1981], Bd. I, S. 486.

jekte das eigentliche Wesen spätkapitalistischer Gesellschaften zum Ausdruck bringe oder bloß Symptom eines falschen Bewusstseins sei, das eine entsprechende Einsicht gerade versperrt. Ob nun aber die eine oder die andere Seite recht hat, ob der Realismus der Totalität oder im Gegenteil der Realismus der Entzweiung, ob der Roman des 19. Jahrhunderts oder der Expressionismus des 20. Jahrhunderts jeweils als realistisch ausgezeichnet oder als antirealistisch zu verwerfen sind, entscheidet sich nicht im Blick auf die Kunst, sondern auf dem Terrain der Geschichtsphilosophie.[5]

Als Theodor W. Adorno Ende der 1950er Jahre die Auseinandersetzung mit Lukács' Realismusverständnis suchte, geschah dies ebenfalls unter Rückgriff auf eine außerästhetische Geschichtsphilosophie, deren vernunftkritischer Pessimismus dem sozialistischen Optimismus bei Lukács freilich diametral entgegengesetzt war. Wie der Lukácssche Optimismus hat auch der Adornosche Pessimismus Widerspruch provoziert. Nach der Kritik, die Jürgen Habermas[6] an den totalisierenden Zügen der von Adorno und Horkheimer zunächst in der *Dialektik der Aufklärung* formulierten Vernunftkritik geübt hat, musste nicht zuletzt auch die dialektische Konstruktion an Überzeugungskraft einbüßen, mit der Adorno in seiner ästhetischen Theorie versucht hatte, den Anspruch des kritischen Realismus auf seine Weise einzuholen. Bemerkenswert an Adornos Antwort auf die Herausforderung des Realismus ist in unserem Zusammenhang allerdings zunächst, dass sie mit einer Verteidigung der ästhetischen Differenz einhergeht. Anders als Lukács versteht Adorno nämlich das Verhältnis von Kunst und Wissenschaft nicht als eines der Verwandtschaft. Kunst, schreibt Adorno,[7] sagt „nie, wie Erkenntnis sonst: das ist so, sondern: so ist es". Objektivität entsteht in der Kunst mithin nicht dadurch, dass ein äußerlich vorgegebener Sinn in die Kunst hineingezogen wird, als bliebe er hier, was er war. Denn die Kunst mag ihr Material zwar von der Realität empfangen, aber dieses bleibt in der Kunst nicht unverwandelt; es transformiert sich ins Bild. Der Scheincharakter, der die Kunst von der Realität unterscheidet, ist von ihr nicht abzuziehen. Ihn auf ein bloß äußerliches Moment zu reduzieren, als „wiederholte die Kunst bloß die Welt, nur ohne den Anspruch selber unmittelbar wirklich zu sein", verkennt das Wesen der Kunst.[8] Ästhetische Objektivität entsteht Adorno zufolge deshalb

5 Zur Kritik der Expressionismusdebatte aus der Perspektive der Ästhetik vgl. auch Rüdiger Bubner: „Über einige Bedingungen gegenwärtiger Ästhetik", in: ders., *Ästhetische Erfahrung*, Frankfurt a. M. 1989, S. 24–26.

6 Jürgen Habermas, *Theorie des kommunikativen Handelns*, a. a. O., Bd. I, S. 489 ff.

7 Theodor W. Adorno, „Erpreßte Versöhnung", in: ders., *Gesammelte Schriften* XI, Frankfurt a. M. 1997 [1958], S. 270.

8 Ebd., S. 260.

ganz anders, nämlich allein in der und durch die interne Organisation des Kunstwerks – als Stimmigkeit.

Zugleich aber hat Adorno die so verstandene ästhetische Differenz selbst mit geschichtsphilosophischem Gehalt aufgeladen. Zum einen war für ihn die Stimmigkeit künstlerischer Zusammenhangbildungen als solche Ausdruck eines versöhnten Zusammentretens von Rationalität und Mimesis, das er einer im Ganzen durch instrumentelle Vernunft bestimmten geschichtlichen Wirklichkeit negativ gegenüberstellte. Nachdem die Kunst aber durch diese versöhnungstheoretische Definition grundsätzlich von einer unversöhnten Wirklichkeit abgehoben worden war, konnte sie der realistischen Verpflichtung auf das Zur-Erscheinung-Bringen einer unversöhnten Wirklichkeit einzig noch durch den Ausdruck einer Paradoxie gerecht werden: Sie musste sich gegen das Moment der Unwahrheit an der Wahrheit des ästhetischen Scheins von Versöhnung selbst kehren, die Negation des ästhetisch Stimmigen stimmig gestalten.[9] Auf diese Weise fielen bei Adorno Formalismus und Realismus in eins. Denn es ist bei ihm das Prinzip der formalen Zusammenhangbildung selbst – nicht deren jeweiliges Material –, das mit geschichtsphilosophischem Gehalt aufgeladen wird. Letztlich wird somit aber der konkrete Gehalt der einzelnen Werke mit einem geschichtsphilosophischen Begriff von Kunst überhaupt identifiziert.[10] Dieser Kurzschluss des allgemeinen Begriffs von Kunst mit dem konkreten Gehalt der Werke konnte durch die Virtuosität, mit der Adorno es verstand, seinen geschichtsphilosophisch fundierten Kunstbegriff mit der Analyse und Beurteilung konkreter Werke zu vernähen,

---

9 Entsprechend ist das So-ist-es der Kunst von einer Ambivalenz, die den doppelten Anspruch des realistischen Projekts auf Wirklichkeitstreue – hier verstanden als Einsicht ins schlechte Bestehende und als Perspektive auf Versöhnung – dialektisch in sich austrägt. Das So-ist-es ästhetischer Stimmigkeit muss mithin *im Werk selbst* auf das So-ist-es einer real unversöhnten Welt bezogen bleiben. Dabei fällt auch diese zweite Bedeutung des So-ist-es nicht einfach mit der feststellenden Aussage „Das ist so" zusammen. Die unversöhnte Wirklichkeit wird von der Kunst nicht ausgesagt, sondern ausgedrückt. Entsprechend geht es nicht um die stimmige Darstellung einer unversöhnten Welt – als wäre die Kunst nur ein weiteres Erkenntnismedium. Vielmehr kann dem Anspruch, eine unversöhnte Welt zum Erscheinen zu bringen, nur durch die Anerkennung des Abstands entsprochen werden, der die Kunst von der Realität trennt; er kann sich nur auf die Ebene des ästhetischen Scheins selbst beziehen. Zur Ambivalenz von Adornos „So-ist-es" generell: Alexander García Düttmann, *So ist es. Ein philosophischer Kommentar zu Adornos „Minima Moralia"*, Frankfurt a. M. 2004.

10 Vgl. zur Kritik an Adorno in diesem Punkt ausführlicher auch Albrecht Wellmer, „Wahrheit, Schein, Versöhnung. Adornos ästhetische Rettung der Modernität", in: ders.: *Zur Dialektik von Moderne und Postmoderne. Vernunftkritik nach Adorno*, Frankfurt a. M. 1985, S. 31 f.

nicht recht verdeckt werden. Vielmehr ist er an Adornos Kunstkritik, an ihrer Dogmatik und wohl auch Esoterik, besonders anschaulich geworden.

II

Ein großer Abstand trennt uns heute von diesen Ansätzen. So unterläuft die auf Elemente außerkünstlerischer Wirklichkeit entgrenzte Kunst der Gegenwart eine Voraussetzung der für den sozialistischen Realismus so zentralen Vorstellung einer modellhaften Repräsentation von Welt. Denn diese Vorstellung hängt nicht zuletzt an der Abgrenzbarkeit des Modells von dem, wovon es Modell zu sein beansprucht: der empirischen Wirklichkeit. Die entgrenzte Kunst der Gegenwart hingegen destabilisiert die Grenze zwischen Kunst und Nichtkunst, künstlerischer Repräsentation und empirischer Realität. Dadurch widerspricht sie aber offenkundig auch noch Adornos formalistischem Metarealismus. Denn auch die Idee einer in der Kunst – wie auch immer dialektisch gebrochen – erfahrbaren Versöhnung ist geknüpft an die Voraussetzung einer von aller übrigen Realität abgehobenen „zweiten Wirklichkeit" des Werks,[11] dessen Stimmigkeit von Adorno denn auch nicht zufällig als objektive Stimmigkeit des Werk*zusammenhangs* gedacht wird.

Allerdings wird die Grenze zwischen Kunst und Nichtkunst, künstlerischer Repräsentation und empirischer Realität durch die Kunst der Gegenwart nicht einfach aufgehoben. Diese Differenz wird nun grundsätzlich anders verstanden: Die Differenz von Kunst und Nichtkunst kann nicht mehr als die Grenze zwischen einem in sich geschlossenen Werk und seinem Außen objektiviert werden, vielmehr macht sie sich an der spezifisch reflexiven Struktur der Erfahrung fest, die den Bezug auf Kunstwerke von unserer sonstigen theoretischen und praktischen Welthabe unterscheidet. Die ästhetische Qualität des Objekts macht sich nicht an bestimmten vorab definierten Objekteigenschaften fest, sondern muss als Produkt eines am Objekt entbundenen Erfahrungsprozesses verstanden werden. Das heißt, dass das ästhetische Objekt als ästhetisches nur im Wechselbezug zu einem erfahrenden Subjekt in Erscheinung tritt, das sich im Objektbezug ebenfalls verwandelt und ästhetisches Subjekt wird. Subjekt und Objekt der ästhetischen Erfahrung sind mithin ästhetisch nur durch und als ihr Ästhetisch*werden*. Wenn das Ästhetische unter den Bedingungen der Entgrenzung nicht länger als das objektivierbar Andere des Nichtästhetischen verstanden werden kann, so drückt sich darin also keine Abkehr vom, sondern eine Verschiebung im Denken des Ästheti-

11 Rüdiger Bubner: „Über einige Bedingungen gegenwärtiger Ästhetik", a. a. O., S. 33.

schen aus.[12] Das Ästhetische steht dem Nichtästhetischen nicht äußerlich gegenüber, sondern besteht einzig in dessen reflexiver Transformation.

Das lässt sich vielleicht besonders gut an den spektakulären Fällen der Integration von Elementen einer außerkünstlerischen Realität in die Kunst erläutern. So stellte Santiago Sierra 2000 in den Berliner Kunst-Werken Illegale in Kartonboxen aus; bei anderen Aktionen ließen sich Vertreter des internationalen Prekariats von ihm gegen Geld eine Linie auf den Rücken tätowieren oder die Haare färben.[13] Mit solchen *Reality Bites* verschwindet die Kunst nicht einfach im Leben, denn die Akteure werden ja zugleich zu Darstellern und damit zum Bestandteil einer Ausstellung oder Performance. Die Möglichkeit, die Arbeiten nicht in erster Linie moralisch und/oder politisch mit Bezug auf die Lebensbedingungen der in ihnen auftretenden Statisten, sondern als letztlich inszenierte – und also im weitesten Sinne fiktive – Werke zu sehen, ist von ihnen ebenso wenig abzulösen wie ihr Zusammenhang mit der körperlichen und sozialen Realität der Darsteller. Ebendieser Umstand hat bei Sierras Publikum ein gewisses moralisches Unbehagen ausgelöst. Man warf ihm die Ausbeutung der Darsteller zugunsten eines medienwirksamen Spektakels vor, dessen vermeintlich aufklärerischer Aspekt de facto auf dem Niveau jener heute fürs Privatfernsehen massenweise produzierten Schadenfreudepornographie anzusiedeln sei, in der *Reality* und *Liveness* der Elenden nurmehr als Schauwert fetischisiert werden.[14] Nun könnte man sich natürlich fragen, ob eine Kunst, die sich selbst so offensichtlich den Zynismus-Stempel aufdrückt, faktisch auch zynisch ist. Der Künstler meint denn auch, dem Zynismus der Gesellschaft lediglich „den Spiegel vorzuhalten" – und also selber gerade nicht zynisch zu sein. Das allein spräche Sierras Kunst jedoch nicht frei von dem Vorwurf, dass dies auf eine Weise geschieht, die eine Logik des Spektakels fortsetzt, die eher Teil des Problems der Ausbeutung denn Teil seiner Lösung ist. Doch übersieht dieser Vorwurf einen entscheidenden Faktor, der die Arbeiten von Sierra am Ende doch komplexer funktionieren lässt, als er sie selbst zu denken scheint. Nämlich den, dass seine Arbeiten gerade

12 Vgl. hierzu ausführlicher Juliane Rebentisch, *Ästhetik der Installation*, Frankfurt a. M. 2003.

13 Die entsprechenden Arbeiten hießen denn auch schlicht: *Arbeiter, die nicht bezahlt werden können, vergütet dafür, in Pappkartons zu sitzen* (Kunst-Werke, Berlin 2000); *250-cm-Linie, auf 6 bezahlte Leute tätowiert* (Espacio Aglutinador, Havana 1999); *133 Leute, bezahlt, um die Haare blond zu färben* (Arsenale, Venedig 2001).

14 Vgl. zu der Nähe, die ein „sensationalistische[r] neue[r] Realismus in der Bildenden Kunst" zumindest auf den ersten Blick zu „neuen Formaten in den Massenmedien" unterhält, auch Diedrich Diederichsen, „Realitätsbezüge in der Bildenden Kunst. Subjektkritik, Repräsentationskritik und Statistenkunst", in: Dirck Linck, Michael Lüthy, Brigitte Obermayr und Martin Vöhler (Hg.), *Realismus in den Künsten der Gegenwart*, Berlin 2010, S. 14 f.

durch die Verunsicherung der Grenze zwischen Fiktion und Realität, Kunst und Nichtkunst – anders als die Realityshows im Fernsehen – die Position des Zuschauens oder Betrachtens selbst zum Problem werden lassen. Der Betrachter oder Zuschauer ist hier Teil des Geschehens; ihm kommt mithin eine gewisse Mitverantwortung für die Situation zu. Die moralische Handlung der Befreiung der Illegalen aus ihrer unwürdigen Position unter den Pappkartons wäre allerdings kein geringerer Kategorienfehler als der von Stanley Cavell beschriebene Fall eines hinterwäldlerischen Zuschauers, der im Theater die Bühne stürmt, um Desdemona vorm schwarzen Mann zu retten.[15] Aber der Hinweis darauf, dass es sich hier ja nur um Kunst handele, ist offenkundig ebenso wenig instruktiv. Die Pointe dieser Arbeiten, so es überhaupt eine gibt, ergibt sich vielmehr gerade aus der Unbehaglichkeit einer Situation, welche die unhinterfragte Sicherheit der Betrachter- oder Zuschauerposition in dem Maße in Frage stellt, wie die Grenze zwischen Ästhetischem und Nichtästhetischem, Kunst und Nichtkunst, Realität und Fiktion zum Gegenstand eines zweifelsohne ernsten ästhetischen Spiels wird.[16] Der Effekt dieses Spiels ist indes nicht, dass sich aus ihm eine bestimmte politische Haltung herauskristallisiert. Der Effekt dieses Spiels mit der Grenze ist vielmehr allein, dass die Zuschauerposition samt dem moralischen Problem des Voyeurismus, das sich in außerästhetischen Zusammenhängen mit ihr verbinden kann, reflexiv thematisch wird.

Selbst die drastischste Aufnahme kunstfremder Elemente in die Kunst ist damit aber keineswegs schlicht Ausdruck einer größeren Wirklichkeitsnähe der Kunst. „Wirklichkeit" ist in der Kunst, wie sich gerade an den entgrenzten Produktionen der Gegenwart zeigt, stets eine höchst ambivalente Größe. Die aus außerästhetischen Zusammenhängen in die Kunst gebrachten Elemente sind zwar offenkundig nicht mehr bloß Zeichen für Wirklichkeit, aber sie „sind" auch nicht einfach Wirklichkeit, wie Peter Bürger in seiner *Theorie der Avantgarde* konstatiert hat.[17] Vielmehr halten sie sich in einem eigentümlichen Zwischen: Aus ihren ursprünglichen Kontexten herausgelöst und in einen Darstellungszusammenhang gebracht, werden sie sich selbst unähnlich, ohne doch je eindeutig den Status eines Zeichens für etwas anderes anzunehmen. Wie, und das heißt immer auch: als was sie uns jeweils erscheinen, ist mithin

---

15 Vgl. Stanley Cavell, „The Avoidance of Love. A Reading of King Lear", in: ders., *Must We Mean What We Say? A Book of Essays*, Cambridge 1976, S. 329.

16 Nicht zufällig wird der Begriff der Situation in diesem Sinne auch für das zeitgenössische, das postdramatische Theater relevant. Vgl. Hans-Thies Lehmann, *Postdramatisches Theater*, Frankfurt a. M. 1999, S. 221–224.

17 Peter Bürger, *Theorie der Avantgarde*, Frankfurt a. M. 1974, S. 105.

keine objektive Gegebenheit, sondern von uns, von den imaginativen Anteilen unserer Erfahrung, nicht zu trennen.

Ästhetischer Schein kann dann aber nicht mehr verstanden werden als der Schein von Versöhnung in der objektiv gegebenen Stimmigkeit des durchkomponierten Werks; vielmehr manifestiert er sich als das Korrelat ästhetischer Erfahrung am Objekt.[18] Weil die Prozesse ästhetischer Erfahrung nie in einer objektiven Bedeutung terminieren, wird der Betrachter zugleich mit sich selbst konfrontiert: mit seiner ihm im Modus des ästhetischen Scheins begegnenden Bedeutungsprojektion sowie mit den in ihr wirksamen kulturellen und sozialen Prägungen. Eben darin liegt aus erfahrungstheoretischer Perspektive das ethisch-politische Potential des Ästhetischen: Es entsteht gerade in der und durch die Aussetzung des unmittelbaren Verstehens zugunsten einer reflexiven Vergegenwärtigung seiner kulturellen und sozialen Horizonte. Ob eine solche Erfahrung tatsächlich zu einer Bewusstseinsänderung führt, die in politische Aktion übergeht, ist eine Frage, die nicht von der Kunst selbst entschieden wird.

III

Sofern aber dennoch an der vorsichtigen Rede von einem ethisch-politischen Potential der ästhetischen Erfahrung festgehalten werden kann, ist dieses gerade aus der Eigenlogik des Ästhetischen, der ästhetischen Differenz zu bestimmen. In ihrem erfahrungstheoretischen Verständnis fällt die ästhetische Differenz jedoch nicht mehr mit der Differenz von scheinhafter Versöhnung und realer Unversöhntheit zusammen. Tatsächlich wendet sich gerade die avancierte Kunst heute dezidiert gegen den Versuch, sie auf eine gegenüber der Realität ebenso utopische wie unüberbrückbar jenseitige Position festzulegen. Dies geschieht nicht in einer Wendung gegen die Utopie überhaupt, sondern im Namen eines anderen Verständnisses von Utopie. Kunst bietet sich deshalb nicht mehr als deren Statthalter an, weil sie sich auf den ursprünglich *politischen* Ort der Utopie besonnen hat.

Man mag darin durchaus auch eine gewisse Korrespondenz zu Entwicklungen in der Kritischen Theorie sehen: Denn die Kunst wurde bei Adorno

18 „In keinem Bild", erläutert Rüdiger Bubner („Über einige Bedingungen gegenwärtiger Ästhetik", a. a. O., S. 43) das genannte Phänomen, „ist das schlicht zu sehen, was der Betrachter darin sieht, in keinem Gedicht definitiv zu lesen, was man darin liest, und bei keinem Musikstück genügt genaues Zuhören, um das zu hören, was in der ästhetischen Erfahrung sich gibt. [...] Die ästhetische Erfahrung sieht etwas, das sich nicht festmachen läßt und das *deshalb* immer wieder da ist."

zum Residuum des utopisch Anderen ja nicht zuletzt auf der Basis seiner problematischen Diagnose, nach der die Sphäre des begrifflichen Denkens gewissermaßen in toto durch instrumentelle Vernunft korrumpiert ist. Mit Habermas' Kritik an dieser Diagnose ändert sich diese Konstellation von Wirklichkeit, Kunst und Utopie grundlegend. Denn mit Habermas' überzeugendem Argument,[19] dass zum begrifflichen Denken nicht nur die Objektivierung der Wirklichkeit in Zusammenhängen des instrumentellen Handelns gehört, sondern auch die Intersubjektivität der Verständigung, das mimetisch offene Verhältnis zwischen Subjekten, „wandert die utopische Perspektive in die Sphäre der diskursiven Vernunft selbst ein".[20]

Die zu dieser Perspektive gehörige Utopie trägt den Titel der „herrschaftsfreien Kommunikation". Sofern diese Utopie nun aber als praktisch-politische verstanden werden muss, käme die Idee, dass sie sich nur als Vorschein und als solcher darüber hinaus auch nur in der Kunst erfahren ließe, einem Verrat an ihrem praktisch-politischen Gehalt gleich. Gerade im Namen der politischen Utopie sollte das utopische Pathos von der Kunst abgezogen werden.[21] Kunst weiterhin zur scheinhaften Erfüllung des guten, wahren und richtigen Lebens zu stilisieren, heißt unter diesen Bedingungen nichts anderes, als sie ideologisch zum affirmativ schönen Schein zu degradieren, der das schlechte Bestehende bloß kompensiert und so zu dessen Weiterbestehen beiträgt.

Des Problems der kompensatorischen Funktionalisierung von Kunst entledigt sich aber auch nicht, wer die ästhetische Differenz – und das heißt: das Moment von Schein an Kunst überhaupt – negiert und die Kunst gleich zum Medium der praktisch-politischen Realisierung der Utopie machen will. Das ist heute das Problem vor allem der Partizipationsästhetik.[22] Denn dadurch, dass man die Kunst zum privilegierten Medium sozialer Integration erklärt, wird eine paradoxe Aufhebung von Kunst und Leben vollzogen, die die Differenz zwischen versöhnter Kunstpraxis und unversöhnter Realität gerade zementiert. Dies allerdings nicht mehr als ästhetische Differenz, sondern als

---

19 Jürgen Habermas, *Theorie des kommunikativen Handelns*, insb. Bd. I, S. 522 f.

20 Albrecht Wellmer, „Wahrheit, Schein, Versöhnung", a.a.O., S. 21.

21 Zur „Kritik der ästhetischen Utopie" vgl. auch Martin Seel, *Die Kunst der Entzweiung. Zum Begriff der ästhetischen Rationalität*, Frankfurt a. M. 1985, S. 325 ff.

22 Gemeint ist hier nur die Programmatik der Partizipationsästhetik (insbes. Nicolas Bourriaud, *Relational Aesthetics*, Paris 2002), nicht notwendigerweise auch die Kunst, die ihr zugerechnet wird. Denn deren Leistung lässt sich bei genauerer Betrachtung in den meisten Fällen kaum mit sozialer Integration verwechseln, besteht sie doch darin, „Partizipation" zum Gegenstand einer ästhetischen Reflexion zu machen, und das heißt: ihr die unmittelbar praktische Bedeutung gerade zu nehmen. Vgl. hierzu auch Juliane Rebentisch, „Partizipation und Reflexion. Angela Bullochs *The Disenchanted Forest x 1001*", in: Angela Bulloch, *Prime Numbers*, Ausstellungskatalog, Köln 2006, S. 88–108.

soziale: Im geschützten Raum der Kunstinstitution feiert sich dann eine kommunikative Praxis, die auf ihr Anderes, die unversöhnten Verhältnisse, nur noch im Abstand der Privilegierten bezogen ist.

Wenn es einen Anknüpfungspunkt kritischer zeitgenössischer Kunst an Adorno gibt, so ist es sein Gedanke, dass die Utopie der Versöhnung in „authentischer", das heißt unkorrumpierter Kunst nur negativ, nämlich in und durch den Bezug auf eine unversöhnte Realität aufscheinen kann. Allerdings hat sich mit dem Verständnis der Utopie auch das der unversöhnten Realität verschoben. Unversöhnt kann die Realität nun nicht mehr deshalb heißen, weil sie im Ganzen durch instrumentelle Vernunft beherrscht ist, sondern deshalb, weil die kommunikativen Beziehungen zwischen Subjekten faktisch verzerrt werden. Diese Verzerrungen entstehen indes nicht erst dadurch, dass zweckrationale Organisationsprinzipien durch Prozesse der Ökonomisierung und Bürokratisierung von außen eine ansonsten weitgehend kommunikativ integrierte Lebenswelt „kolonisieren", wie dies Habermas in der *Theorie des kommunikativen Handelns* nahegelegt hat,[23] sondern auch aufgrund von ungleichen sozialen Machtverteilungen, die dem Prozess des kommunikativen Handelns selbst schon innewohnen.[24] Eben deshalb gibt es Kämpfe, wie Habermas in *Erkenntnis und Interesse* selber noch betont hatte,[25] die sich zunächst auf die sozialen Bedingungen vernünftiger Verständigung richten müssen, damit kommunikatives Handeln als kommunikatives überhaupt freigesetzt werden kann. Derartige Kämpfe haben aber, und dies ist in jüngerer Zeit vor allem von Jacques Rancière herausgestellt worden, immer auch die kommunikativen Parameter und sozialen Wahrnehmungsmuster, die Vokabulare und Bilder zum Gegenstand, in denen eine Gesellschaft ihr Selbstverständnis artikuliert.[26]

Die Frage der Repräsentation, so hat sich an den Anerkennungskämpfen der sozialen Bewegungen gezeigt, ist dabei nicht bloß eine Sache der Symbole. Denn die soziale Wahrnehmung, die durch Repräsentationen erzeugt und aufrechterhalten wird, ist Bestandteil der *Materialität* sozialer Wirklichkeit: Sie konstituiert eine Differenzierung im Feld des sinnlich Wahrnehmbaren, die einige ins Zentrum, andere an den Rand verweist, einigen mehr Rechte und politisches Gewicht gibt als anderen. Das Problem von Frauen, Schwarzen oder Schwulen, schrieb der US-amerikanische Kunstkritiker und -theoretiker

---

23 Jürgen Habermas, *Theorie des kommunikativen Handelns*, insb. Bd. II, S. 522.

24 Für eine Kritik an Habermas in diesem Punkt vgl. Axel Honneth, *Kritik der Macht. Reflexionsstufen einer kritischen Gesellschaftstheorie*, Frankfurt a. M. 1989, insbes. S. 296 ff.

25 Jürgen Habermas, *Erkenntnis und Interesse*, Frankfurt a. M. 1973 [1968], S. 71 ff.

26 Vgl. Jacques Rancière, *Das Unvernehmen. Politik und Philosophie*, Frankfurt a. M. 2002 [1995], S. 55 ff.

Craig Owens in den 1980er Jahren, sei dabei allerdings nicht etwa ein Mangel an Repräsentation. Vielmehr seien die hegemonialen Repräsentationen dieser Gruppen von solcher Art, dass die Sichtbarkeit, die ihnen hier gewährt wird, ihre politische Unsichtbarkeit verstärkt.[27]

Während die sozialen Bewegungen aber daran arbeiten, den hegemonialen Repräsentationen andere entgegenzuhalten, die Marginalisierten sich selbst repräsentieren und sprechen zu lassen, kurz: sie als politische Subjekte zur Erscheinung zu bringen, artikuliert sich die Kritik der Repräsentation in der Kunst auf eine grundsätzlich andere Weise. Denn der Umbruch im ästhetischen Denken schlägt sich auch dort nieder, wo sich die Kunst dem Problem der Repräsentation von Welt zuwendet und damit vorderhand noch im Paradigma des alten Realismus operiert: Kunst heute enthält sich der Suche nach dem wahren Bild. Es geht nicht mehr darum, die opaken Oberflächen der Welt zu durchstoßen, um eine hinter ihnen liegende Bedeutung, Gesetzmäßigkeit oder Wahrheit freizulegen; vielmehr setzt sie bei einer bereits durch Repräsentationen erschlossenen Welt an. Die Wirklichkeit, auf die sich die Gegenwartskunst in diesen Zusammenhängen bezieht und die sie ins Bewusstsein hebt, ist die Wirklichkeit der Repräsentation. Deren Vergegenwärtigung wird durch künstlerische Operationen initiiert, die den referentiellen Schluss von der Repräsentation auf das Repräsentierte gezielt unterlaufen. Das heißt auch, dass sich die Kritik der Repräsentation hier gerade nicht oder jedenfalls nicht primär als ein Beitrag zur politischen Sichtbarmachung marginalisierter Gruppen verstehen kann.

IV

Darin unterscheidet sich Kunst heute ausdrücklich von solchen realistischen Projekten, die Repräsentationskritik vornehmlich als Kritik am Ausschluss der Armen und Unterdrückten aus dem Weltbild der Herrschenden verstehen. Man kann dabei an das historische Beispiel von Jacob Riis denken, dessen Fotoreportage *How the Other Half Lives* die amerikanischen Ober- und Mittelschichten Ende des 19. Jahrhunderts mit den Verhältnissen in den Slums von New York konfrontierte.[28] Jacob Holdt folgte in den 70er Jahren des 20. Jahrhunderts noch demselben Impuls mit seiner Dokumentation afroameri-

27 Craig Owens, „'The Indignity of Speaking for Others'. An Imaginary Interview", in: ders., *Beyond Recognition. Representation, Power, and Culture*, Berkeley, Los Angeles/London 1992 [1982/83], S. 262.

28 Jacob Riis, *How the Other Half Lives*, New York 2009 [1890].

kanischer Ghettos.[29] Diese Realismen hatten neben ihrem aufklärerischen Potential schon immer die doppelte Kehrseite der Ausbeutung der Abgebildeten einerseits, der voyeuristischen Konsumierbarkeit der so entstandenen Bilder andererseits. Die Probleme eines solchen Realismusverständnisses sind auch in der AIDS-Krise noch einmal evident geworden. So hat Douglas Crimp Nicholas Nixons *People with AIDS*[30] für die Rückkehr zu einem allenfalls wohlmeinenden, de facto aber reaktionären, weil seine Sujets ausbeutenden und fetischisierenden Realismusverständnis scharf kritisiert.[31]

Die Diskussionen um einen aktivistischen Gebrauch von Fotografien während der AIDS-Krise haben dabei aber nachdrücklich auch auf ein Problem aufmerksam gemacht, an dem sich demonstrieren lässt, dass sich die Kunst nicht nur aus einer Laune heraus der Aufgabe politischer Repräsentation entzieht, sondern dass diese Enthaltsamkeit mit der Einsicht in die ihr eigene und grundsätzlich andere Logik des Ästhetischen begründet werden muss. In den Diskussionen um den aktivistisch-politischen Bildergebrauch während der AIDS-Krise hat sich nämlich gezeigt, dass sich kontextunabhängig gar nicht entscheiden ließ, welches Bild der Aufgabe der Repräsentation der Krise angemessen war. Je nach Kontext konnte es sinnvoll sein, das tödliche Leiden der Kranken zu zeigen oder von ihm im Gegenteil nicht alles ans Licht zu zerren.[32] Der Kontext bestimmte darüber, ob und in welcher Form es politisch sinnvoll oder moralisch angemessen war, Bilder des Leidens zu zeigen. Nicht zufällig wurde daher häufig die Verbindung mit dem Text gesucht, um die Bilder auf ihren politischen Kontext hin zu erweitern.[33] Es bestätigte sich damit die Einsicht Walter Benjamins,[34] dass ohne „Beschriftung" „alle photographische Konstruktion im Ungefähren stecken bleiben" muss. Für sich genommen hat sie offenbar geradezu zwangsläufig die ideologische oder, wie Roland Barthes gesagt hätte, „mythische" Tendenz, das durch sie Repräsentierte von der Komplexität der es betreffenden politischen Zusammenhänge zu reinigen.[35] Denn das unkommentierte Bild, so hat auch Susan Sontag immer wieder betont, vermag das Elend lediglich festzustellen; es zeigt, *dass* es

29 Jacob Holdt, *Bilder aus Amerika. Eine Reise durch das schwarze Amerika*, Frankfurt a. M. 1979 [1977].

30 Nicholas Nixon und Bebe Nixon, *People with AIDS*, Boston 1991.

31 Vgl. Douglas Crimp, „Portraits of People with AIDS", in: ders., *Melancholia and Moralism. Essays on AIDS and Queer Politics*, Cambridge/London 2002 [1992], S. 83–107.

32 Vgl. Dirck Linck, Michael Lüthy, Brigitte Obermayr und Martin Vöhler (Hg.), „‚Mourning and Militancy'. Künstlerische Reaktionen auf die Aids-Krise", in: dies. (Hg.), *Realismus in den Künsten der Gegenwart*, Berlin 2010, S. 44.

33 Ebd., S. 46.

34 Walter Benjamin, „Kleine Geschichte der Photographie", in: ders., *Gesammelte Schriften* II.1, Frankfurt a. M. 1991 [1931], S. 385.

35 Roland Barthes, *Mythen des Alltags*, Frankfurt a. M. 1964 [1957], S. 131.

Elend gibt – aber es erklärt nichts.[36] Es kann so allenfalls an ein politisch leeres Mitgefühl appellieren, das sich gemeinhin schnell wieder verflüchtigt, weil es als allgemein menschliches zu ungerichtet ist, um sich praktisch-politisch wenden und damit weiter erhalten zu können. An die flüchtige Wirkung solcher Bilder gewöhnt man sich schnell – ebenso schnell wie an die bloße Faktizität des durch sie dokumentierten Elends. Entsprechend wenig überzeugend sind künstlerische Produktionen, die von der bloßen Abbildung schlimmer Verhältnisse auf ihre eigene Politizität schließen. Der einzige politische Effekt, den solche Produktionen unmittelbar zu haben scheinen, ist der der Ausbeutung der Abgebildeten durch die Künstler, unter deren Namen die Bilder gezeigt werden. Um solchen politisch und moralisch kontraproduktiven Wirkungen zu entgehen, bedarf das Bild der weiteren Erklärung – etwa in Form eines politischen Kommentars, der meine Welt mit der gezeigten in Verbindung setzt und mir so einen impliziten Platz im Bild zuweist. Der Zusammenhang, auf den es mir an dieser Stelle ankommt, ist eigentlich bekannt: Je bestimmter der Kontext, desto besser lässt sich die Bedeutung eines Bildes kontrollieren. Die Kontrolle des Kontexts – wiewohl sie nie total sein kann –, ist mithin das, worauf jeder Dokumentarismus mit aufklärerischem Anspruch zielen muss. Das heißt auch: Das dokumentarische Bild entsteht nicht schon im Moment seiner Aufnahme, sondern in der Nachträglichkeit seiner kontextuierenden Bearbeitung. Insofern ist die kontrollierende Rücksicht auf den Kontext der wesentlichste Bestandteil nicht jeder Aufnahme, wie Benjamin am Ende seiner *Kleinen Geschichte der Photographie* vermutet hatte, wohl aber der jedes dokumentarischen Bildergebrauchs.[37]

V

Nun wirft die Diskussion um den politischen Bildergebrauch nur umso nachdrücklicher noch einmal die Frage nach der Politik der Kunst auf. Denn die Kunst, so meine These, funktioniert als *Ironie* des Dokumentarischen. Sie funktioniert im Verhältnis zur Logik des aufklärerischen Dokumentars geradezu umgekehrt so, dass sie ihre Elemente aus den Kontexten, in die sie lebensweltlich eingelassen sind, herauslöst. Und zwar mit dem Effekt, dass sich die Form der Darstellung gegenüber dem Dargestellten potentiell verselbständigt, dass sie an Eigengewicht gewinnt, in ihrer eigenen materiellen

36 Susan Sontag, *Das Leiden anderer betrachten*, München/Wien 2003, S. 51, S. 136.

37 Vgl. auch Juliane Rebentisch, „Das dokumentarische und das ästhetische Bild“, in: Andreas Fanizadeh und Eva-Christina Meier (Hg.), *Chile International. Kunst – Existenz – Multitude*, Berlin 2005, S. 45–58.

Wirklichkeit hervortritt. Das Ergebnis ist jedoch kein Formalismus, sondern eine Spannung zwischen Darstellung und Dargestelltem, durch die sich alle Evidenz der Bedeutung zersetzt und der referentielle Schluss von der Repräsentation auf das Repräsentierte fraglich wird.

Aus der Perspektive des an Erkenntnis orientierten Dokumentarismus ist dies sicher eine überaus problematische Dynamik. Man könnte sogar mit einigem Recht sagen, dass sich damit der uralte, nämlich platonische Vorbehalt gegen die Kunst bestätigt, dass sie eine Spezialisierung in Fragen der Darstellung verlangt, dass sie aber nicht die richtige Adresse ist, wenn es um die Wahrheit des Dargestellten selbst geht. Was aber Platon nur als Schwäche hat sehen können, zeigt sich hier als die spezifische Stärke der Kunst. Denn sie nutzt diese Dynamik für eine Kritik der Repräsentation, die sich, anders als die aufklärerische des Dokumentarischen, strikt negativ vollzieht.

Ein Beispiel: *The Bowery in Two Inadequate Descriptive Systems* heißt eine recht bekannte Arbeit der US-amerikanischen Künstlerin Martha Rosler aus den Jahren 1974/75. Es handelt sich um eine Serie von Blättern, die jeweils ein Schwarz-Weiß-Foto mit einer Texttafel kombinieren, auf der ein paar Wörter im Stil konkreter Poesie angeordnet sind. Die konventionellen Fotos von heruntergekommenen Geschäften in der New Yorker Bowery zeigen nichts Spektakuläres; sie zitieren einfach nur höchst vertraute Ansichten der Gegend. Die auf den Texttafeln versammelten Wörter auf der anderen Seite entstammen ebenfalls sattsam bekannten Beschreibungen des damaligen sogenannten sozialen Brennpunkts, in denen es um den desolaten Zustand seiner daueralkoholisierten Bewohner geht. Es handelt sich offenkundig um eine Form von Montage, nicht nur von Bild und Text, sondern auch von Bruchstücken der Wirklichkeit in die Kunst. Aber die aus der Realität aufgelesenen Bruchstücke sind selbst Repräsentationen von Realität. Ihr Anspruch auf Genauigkeit, so kommentierte Rosler später ihre eigene Arbeit, richtete sich nicht „auf die Repräsentation der Wahrheit, sondern auf die Repräsentation von Repräsentationen".[38] Wollte man hier von einem dokumentarischen Projekt über die Realität des Bezirks Bowery sprechen, so handelte es sich allenfalls um einen Dokumentarismus zweiter Ordnung. Doch auch diese Bezeichnung wäre meines Erachtens irreführend. Denn ihr kritisches Potential entfaltet diese Arbeit dezidiert nicht in der aufklärerischen Logik des Dokumentarischen, sondern in der des Ästhetischen. Sie erklärt nämlich gar nichts; Text und Bild kommen gerade nicht in einer Bedeutung zur Deckung. Vielmehr können wir, die Betrachterinnen und Betrachter, die Verbindung von Bild und Text nur

38 Martha Rosler, „Drinnen, Drumherum und nachträgliche Gedanken (zur Dokumentarfotografie)", in: Sabine Breitwieser (Hg.), *Martha Rosler. Positionen in der Lebenswelt*, Wien/Köln 1999 [1981], S. 131.

experimentell selbst herstellen. Wir können die Kontexte, in denen es Sinn machte, die Bilder mit den ihnen gegenübergestellten Begriffen zu besetzen, nur zitieren, ohne doch je dafür einen objektiven Anhalt im Werk zu finden. Ästhetisch erfahren wir den Sinn der durch die Kunst präsentierten Gegenwart nur als gebrochenen, so dass die Weise, wie die jeweilige Darstellung erscheint, und das heißt: was sie erscheinen lässt, uns zugleich an uns und die in unseren Verstehensvollzügen wirksamen kulturellen und sozialen Weltbilder zurückverweist. Ein über den Zustand der Welt aufklärender Zugang wird hier gerade unterbrochen, und zwar zugunsten einer reflexiven Konfrontation nicht nur mit den politischen Implikationen kulturell und sozial fabrizierter Weltbilder, sondern auch mit unseren eigenen kulturellen und sozialen Vorurteilen, mit denen wir der Welt und ihren Bildern entgegentreten.

Nun kann man fragen, ob die harte Entgegensetzung von Dokumentarismus auf der einen und seiner Ironie in der Kunst auf der anderen Seite tatsächlich plausibel ist. Ich meine aber, dass Kunst dort, wo sie diesen Namen verdient, einen negativistisch-ironischen Bezug auf die Logik der Repräsentation auch dort noch hat, wo sie vorderhand dem Genre der Dokumentation zugeordnet werden mag. Allan Sekulas eigenwilliger Fotoessay *Fish Story* (2002)[39] wäre ein gutes Beispiel; ebenso Sharon Lockharts formal strenger Film *Lunch Break* (2008). Beide greifen ein geradezu klassisches Genre der kritischen Dokumentarfotografie auf: Arbeit. Aber beide tun dies auf eine Weise, die jedes Repäsentativwerden der erzeugten Bilder durch eine Mitausstellung der Strategien der Repräsentation reflexiv blockiert.

Die den direkten Zugriff auf die Welt aussetzende Kunst und der an Aufklärung interessierte Dokumentarismus konkurrieren jedoch nicht um ein und dasselbe Projekt – es kann offenkundig nicht darum gehen, das eine gegen das andere auszuspielen. Die Eigenlogik der Kunst ernst zu nehmen heißt aber, die zur Logik des Dokumentarischen komplementäre Weise anzuerkennen, mit der die Kunst dem doppelten Anspruch des alten Realismus – der Verpflichtung auf das Gegebene um der Möglichkeit seiner praktischen Transformation willen – die Treue hält: dadurch nämlich, dass sie die Implikationen unserer bestehenden Weltbilder – samt unseres Investments in dieselben – durch ihre Negativität einer distanzierenden Vergegenwärtigung zugänglich macht und so auf mögliche Veränderungen öffnet.

Auf die Utopie herrschaftsfreier Kommunikation ist eine solche, genuin ästhetische Erfahrung, noch einmal, nicht als deren scheinhafte Erfüllung bezogen. Vielmehr erfolgt die ästhetische Aussetzung der Logik kulturell und sozial wirksamer Repräsentation im vollen Bewusstsein darum, dass dies politisch nicht das letzte Wort sein kann. Denn politisch kann die Logik

39 Allan Sekula, *Fish Story*, Düsseldorf 2002.

der Repräsentation schlechterdings nicht aufgehoben werden. Es kann keine Gerechtigkeit und keine Freiheit ohne Bestimmung politischer Subjektivität und das heißt: ohne deren politische und rechtliche Repräsentation geben. So haben die neuen sozialen Bewegungen eine jeweils *andere* Repräsentation gefordert, in der die politische Unsichtbarkeit der Marginalisierten zu einer politischen Sichtbarkeit transformiert wäre. Die erzielten politischen Teilerfolge haben dabei die Logik der Repräsentation nicht ausgesetzt, sondern in der Formulierung einer neuen politischen Subjektivität – *der* Arbeiter, *der* Frauen, *der* Homosexuellen, *der* Schwarzen – erneut eingesetzt. Jeder politischen Repräsentation aber ist ein Moment von Setzung eigen, das in dem Maße verdeckt wird, wie sie ihre eigene Rhetorizität verschleiert. Denn als rhetorische verweist jede Repräsentation indirekt immer auch auf die Unbestimmtheit dessen, was durch sie erst eine Bestimmung erhält – und mithin auf eine Potentialität, durch die sie prinzipiell auch wieder in Frage gestellt werden kann. Wenn sich nun die Kunst einer positiven Repräsentation sozialer Wirklichkeit enthält, so geschieht dies nicht zuletzt, um Repräsentationen sozialer Wirklichkeit als Repräsentationen und also in ihrer Rhetorizität auszustellen und damit den naturalisierenden Schluss von der Repräsentation auf die Repräsentierten aufzuheben. Ihre (meta)politische Bedeutung gewinnt Kunst nicht zuletzt dadurch, dass sie mit der Rhetorik auch die Setzung am Grunde unserer politischen Weltbilder freilegt und damit auf die potentielle Unbeendbarkeit des Streits um die Bedingungen verweist, unter denen herrschaftsfreie Kommunikation möglich wäre.

Der Beitrag erschien zuerst in: *WestEnd*, 2/2010.

Viktoria Schmidt-Linsenhoff

Der Hof in Dakar

Politische Ästhetik in der Postkolonie

> Mes oeuvres ne sont rien, elles ne sont pas que des voies de connaissance, elles ne sont pas faites pour être vendues ou pour un quelconque marché.[1]

In der Diskussion um das problematische Verhältnis von Kunst und Politik nach den Ernüchterungen der Postmoderne werden politische Themen, mit denen sich KünstlerInnen seit einem guten Jahrzehnt verstärkt auseinandersetzen, oft stichwortartig benannt: Globalisierung, Migration und Rassismus, Kritik des neoliberalen Kapitalismus unter ökologischen, queer-feministischen und postkolonialen Aspekten.[2] Der Aufmerksamkeit für KünstlerInnen, die seit 1989 auf neokoloniale Tendenzen der Globalisierung reagieren, steht ein bemerkenswertes Desinteresse an politischer Kunst in der Postkolonie selbst gegenüber. In der Reflexion der Dilemmata von KünstlerInnen, die in einem intellektuell post-utopischen Milieu dem *interesselosem Wohlgefallen* wieder eine *interessierte* Kunst entgegensetzen wollen, ohne auf die plakative Ästhetik des Widerstandes der ersten Hälfte des 20. Jahrhunderts zurückzugreifen, kommt die Postkolonie nicht vor. Selbst differenzierte Untersuchungen, die die restlose Indienstnahme kritischer Kunst durch den Markt beklagen, gehen davon aus, dass es jenseits des eigenen, neoliberal ökonomisierten Systems kein Außerhalb mehr gibt, in dem sich das Verhältnis zwischen Kunst – Politik – Gesellschaft vielleicht anders darstellt.[3] Tatsächlich liegen für die ehemaligen europäischen Kolonien keine systematisch vergleichenden Kunstgeschichten der Moderne vor, wohl aber zahlreiche Untersuchun-

1 Issa Samb, zitiert in: *Revue Noire*, Nr. 7 (1992/93), S. 9.

2 Z. B. Juliane Rebentisch, *Ästhetik der Installation*, Frankfurt a. M. 2003, S. 275. Verena Krieger, „Ambiguität und Engagement. Zur Problematik politischer Kunst in der Moderne“, in: *Transit. Europäische Revue*, Nr. 41 (2011) S. 8.

3 Dieser Tenor zieht sich durch die Beiträge von zwei repräsentativen Publikationen zum Thema: Ursula Frohne und Jutta Held (Hg.), *Kunst und Politik heute*, Jahrbuch der Guernica Gesellschaft, Bd. 9, Osnabrück 2007. *Texte zur Kunst*, Themenheft: *Politische Kunst?*, Nr. 80 (2010).

gen zu Funktionen und Formen moderner Kunst in Prozessen der Dekolonisierung von Gesellschaften des süd-asiatischen und afrikanischen Kontinents, die deren stillschweigenden Ausschluss aus dem hegemonialen Diskurs über eine neue, politische Kunst zumindest merkwürdig erscheinen lassen.[4] Die Nicht-Erwähnung unterstellt zweierlei: zum einen, dass in der Postkolonie keine nennenswerte politische Kunst entstanden sei, zum anderen, dass sich die grundlegenden Probleme einer politischen Ästhetik überall auf der Welt in der gleichen Art und Weise darstellen – nämlich als Konflikt zwischen ästhetischer Autonomie und politischem Engagement. Ich möchte diesen impliziten Unterstellungen eine Fallstudie aus dem Senegal entgegensetzen, dessen Kunstgeschichte seit der Unabhängigkeit unter dem ersten Präsidenten der Republik, Léopold Sédar Senghor (1960–1980), bestens aufgearbeitet ist.[5] Senghors Kunstbegriff der Négritude, den er mit einem effizienten Apparat akademischer Institutionen zur Staatskunst machte, hat ungeachtet der prinzipiellen Kritik an seinen rassenbiologischen Grundlagen seit Jean-Paul Sartre vor allem in den neueren Publikationen eine positive, wissenschaftliche Würdigung und durch den letzten Präsidenten Abdoulai Wade (2000–2012) ein populistisches Revival erfahren. Am genauesten beschreibt Elizabeth Harney nicht nur Senghors Kunstpolitik, sondern auch die Spielräume, die sie für oppositionelle Bewegungen bot. Die zweifellos interessanteste Opposition formulierte die 1974 gegründete Gruppe *Laboratoire Agit-Art*, deren wichtigster Theoretiker und Organisator Issa Samb/Joe Ouakam ist.

Wie die meisten Untersuchungen zur Kunstgeschichte der Postkolonie argumentiert leider auch Harney hauptsächlich auf der institutionellen und ideologischen Ebene, so dass der politische Antagonismus zwischen Senghors École de Dakar und *Laboratoire Agit-Art* ästhetisch nicht nachvollziehbar wird. Dies ist aber umso wichtiger, als *Laboratoire Agit-Art* die Autonomie der Kunst nicht im Sinne einer apolitischen *l'art pour l'art* forderte, wie Courteille behauptet, sondern mit einer *anderen* Ästhetik eine *andere* Politik machen

4 Als Beispiele seien folgende Überblicks-Darstellungen genannt: Partha Mitter, *The Triumph of Modernism: India's Artists and the Avant-Garde 1922–1947*, London 2007; Sidney Littlefield Kasfir, *Contemporary African Art*, London 1999; Okwui Enwezor, *The Short Century. Independance and Liberation Movements in Africa 1945–1994*, München 2001.

5 Ausstellungskatalog *Bildende Kunst der Gegenwart in Senegal*, Museum für Völkerkunde Frankfurt a. M. 1989; Abdou Sylla, *Arts plastiques et état: trente-cinq ans de mécénat au Sénégal*, Dakar 1998; Elizabeth Harney, *In Senghor's Shadow: art, politics, and the avant-garde in Senegal, 1960–1995*, Durham 2004. Ausstellungskatalog *Sénégal contemporain*, Musée Dapper, Paris 2006; Sophie Corteille, *Léopold Sédar Senghor et l'art vivant au Sénégal*, Paris 2006.

wollte.[6] Für deren Analyse scheinen mir die von Jacques Rancière geprägten Begriffe der *Ästhetik der Politik* und der *politischen Ästhetik* sinnvoll zu sein, auf die ich zurückkommen werde. Zunächst möchte ich jedoch den Hof in Dakar beschreiben, der 1974 zum Treffpunkt der Schriftsteller, Filmemacher, Journalisten und Künstler wurde, die ihren aktionistischen und experimentellen Kunstbegriff als *Laboratoire Agit-Art* bezeichneten.[7] Der Hof diente ihnen als Atelier, Galerie, Requisitenkammer und Theater und wurde irgendwann zum Wohnatelier von Issa Samb/Joe Ouakam, der hier die Archivalien und ästhetischen Prinzipien von *Laboratoire Agit-Art* in einer Installation von atemberaubender Schönheit und Komplexität der Öffentlichkeit zur Verfügung stellt.[8]

Der Hof

Das Gittertor zu dem Hof in der rue Jules Ferry, einer ruhigen Nebenstraße des Boulevard Pompidou im Zentrum von Dakar, steht von morgens bis abends einladend offen: Eintritt frei in einen *hortus conclusus*, dem Lärm der Großstadt wundersam entrückt, ein *locus amoenus* im Schatten von Kapokierbäumen, in denen großformatige Tempera-Gemälde hängen. Die trockenen, braunen Blätter eines riesigen Gummibaums, in dessen Luftwurzeln *objets trouvés* nisten, säumen die gewundenen Wege des Labyrinths. Sie werden – wie in ländlichen Haushalten – täglich zusammengekehrt und von Zeit zu Zeit verbrannt. Die hellgraue Asche mischt sich mit dem roten Staub der Erde und wird zu konischen Pyramiden und kleinen Grabhügeln geformt. Sitzgruppen laden zum Plaudern und eine Unmenge von Bildern und Texten zur Lektüre ein. Die Bar, der Pizzaofen, die Brunnen-Grotte und Nebenräume des ehemaligen Restaurants beherbergen in sich abgeschlossene, thematische Einheiten der Installationen und fassen das weite, offene Geviert in der Mitte

6 Courteille, *Léopold Sédar Senghor*, a.a.O., S. 122: „Apolitiques, ils délaissent le style décoratif et les concepts de la Négritude pour se consacrer à des formes d'expressions libres ."

7 Die Gruppe ist eine freie Assoziation ohne formelle Mitgliedschaft. Gründungsmitglieder waren u. a.: Youssouf Diom, Issa Samb, Djibril Diop Mambety, Mamadou Traoré, Seydou Barry, El Hadji Sy.

8 Die Beschreibung der ephemeren Installation gibt ihre Zustände im Mai 2009 wieder. Meine Interpretation stützt sich auf Besuche 2006 und 2008, sowie auf Beobachtungen und Gespräche im Hof während der Dreharbeiten für den Dokumentarfilm *la cour* (2012, Regie: Dieter Reifarth und Viktoria Schmidt-Linsenhoff, 85 Min). Issa Samb war auf der dOCUMENTA (13) vertreten, wo er während der Eröffnungswoche mehrere Performances in seiner Installation in der Karlsaue durchführte. Vgl. auch *Issa Samb*, Reihe: dOCUMENTA (13): 100 Notizen – 100 Gedanken Nr. 095, Einführung von Koyo Kouoh, Text von Issa Samb, Stuttgart 2012.

ein. Die historischen Relikte von *Laboratoire Agit-Art* und aktuelle Arbeiten sind unbezeichnet, sie bilden archäologische Schichten, die ebenso wie die Liebes- und Kondolenzbriefe der Künstlerfreunde und die ihnen gewidmeten Hommages jede lineare Geschichtserzählung konterkarieren. Die Präsentation behandelt Handzeichnung und Schrift, Malerei und Skulptur nicht anders als die Werkzeuge und Materialien ihrer Herstellung, importierte Singer-Nähmaschinen und Kartoffelsäcke aus Holland nicht anders als lokale Tageszeitungen und Autokennzeichen. Die bearbeiteten und die unbearbeiteten Steine sind ästhetisch ebenso gleichwertig, wie vom Rattenfraß kunstvoll ornamentierte Archivalien und figurative Gemälde, deren Konturen grob gestickte Abnäher verstärken. In der Mitte des Hofs hängt das große, egalitäre Durcheinander an den geraden Linien einer dicken, grünen Wäscheleine, die mehrfach verknotet und gekreuzt den Hof überspannt: Moskitonetze, weiße Holzkreuze, Drucksachen zum lokalen und internationalen Kunstbetrieb, Visitenkarten, anthropomorphe T-Shirts und Oberhemden mit Krawatten auf Kleiderbügeln, ein bestickter, japanischer Kimono, schmutzige Socken in den senegalesischen Nationalfarben, Schlagstöcke und Prophetenstäbe, kleine Voodoo-Püppchen und zu Girlanden verknüpfte Grigris, Buchstaben und ganze Worte aus Karton, quadratische Stoffmuster in den Primärfarben, die aus der Ferne wie abstrakte Malerei aussehen. Das Pendeln der Dinge, die sich sacht im Wind bewegen oder aufgeregt schaukeln, ist entscheidend für die ästhetischen Prinzipien der Mehransichtigkeit und der taktilen Berührung. Die BesucherInnen, die sich zwischen ihnen – sie streifend – wie durch Unterholz hindurch bewegen, versetzen sie in Bewegung und werden von ihnen bewegt. Auf quadratischen Baumwollstoffen mit einem stilisierten Maskenmuster, das mich an Sigmar Polke erinnert und mir als Tischdecke im Restaurant neben dem Goethe-Institut wieder begegnet, sind Variationen auf das rote Quadrat von Malewitsch gemalt. Der Wechsel der Ansichten der Vorder- und Rückseiten des Gemälde-Mobiles widerlegen die afrikanische Maske als kulturindustrielles Emblem der Négritude mit der Malerei der russischen Revolution am Nullpunkt. Die Transparenz und Opazität des Raumes sowie das Sehen selbst werden thematisiert durch zahllose Brillen, Diaprojektoren, Spiegel und Spiegelscherben, durch die Röntgenaufnahme eines Lungenflügels und die Kugelschreiber-Zeichnung eines Auges mit dem Kommentar:

ce qui caractérise le regard
ce n'est past la direction
mais l'expérience du pas
qui y mène

Eine zarte, mit ausgebreiteten Armen glücklich frei schwebende Figur aus dünnem Draht, die auf jeden Windhauch reagiert, erweitert das Spektrum

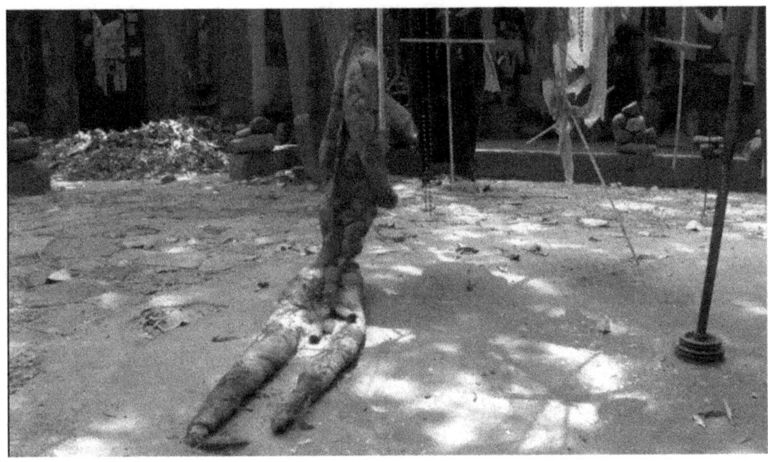

skulpturaler Körperbilder: eine klassizistisch stilisierte Marmorstatue, eine sitzende Keramik-Figur, eine riesige, aus Eisen konstruierte Giraffe und primitivistische Holzskulpturen sind die Reste eines Bildhauer-Workshops, der 1991 mit KünstlerInnen aus Berlin in Dakar stattfand;[9] daneben Reliefs in einem afrikanischen Airportstil und – unauffällig, fast versteckt – eine traditionelle Maske der Dogon und ein Kébé-Maskenstab aus Gabun. Schließlich Issa Sambs Figurinen aus Lumpen, deren haltlos schlenkernde Gliedmaßen schmerzhaft verschnürt sind, gebeutelt von Affekten in sadistischen Herr- und Knecht-Spielen, die an die unzerstörbare Vitalität versklavter Körper im passiven Leiden der Tortur erinnern.

Die hellgrauen, flusenartigen Blüten der Kapokier-Bäume verdichten sich in einem meterhohen Gerüst aus Hühnerdraht zu einem Golem, dessen Füße in Springerstiefeln auf dem Boden stehen und dessen Haupt in der Baumkrone mit seiner Umgebung verschmilzt – ein Gegenbild zu dem Kriegsherrn mit steifem Rückgrat, Stahlhelm und finsteren Gesichtszügen, der gestern drohend am Eingang zum Hof stand und heute flach gelegt unter braunen Blättern besiegt zu sein scheint.

Eine schwarze Tüllgardine, deren Löcher pfeilartige Sonnenstrahlen durchbohren, enthüllt in einem dämmrigen Nebengebäude eine Bühne, auf der ein von dickleibigen, verstaubten Bildbänden zur Geschichte der afrikanischen und europäischen Skulptur überladener Tisch steht. Der Staub verwandelt

9 Der Workshop wurde von dem senegalesischen Künstler Bassirou Sarr (Berlin) organisiert. Vgl. Ausstellungskatalog *Brücke-Europa-Afrika. Reflexionen der Künstlergruppe* Rundeck, Dakar/Berlin 1994.

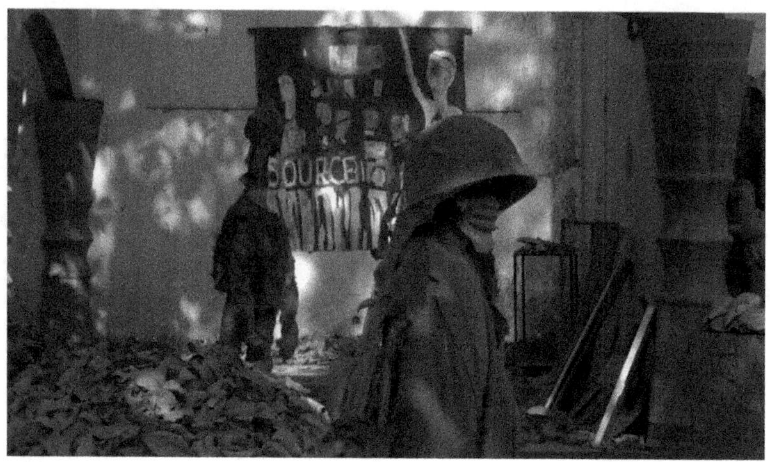

eine Ansammlung bauchiger Cognacgläser auf einem kleinen, runden Bistrotisch in opake, abstrakt-geometrische Skulpturen. Der im Hof allgegenwärtige Staub signalisiert nicht Verwahrlosung oder die Überalterung des ästhetischen Widerstands gegen die Staatskunst der Négritude; er ist das Medium, das den Zusammenhang zwischen den Formen der Dinge im Raum und dem Vergehen der Zeit, d. h. den prozessualen Kunstbegriff von *Laboratoire Agit-Art* sichtbar macht. Entscheidend ist die Synästhesie der Installation: das Vogelgezwitscher, entferntes Autohupen und der Ruf des Muezzin, die Licht- und Schattenspiele auf den Oberflächen, die Temperaturen, Gerüche und Substanzen, die lastende Schwüle und der auffrischende Wind, der die Dynamik und Akustik der Bewegungen steuert, der Wechsel der Tageszeiten und schließlich das Drama der Regenzeit ... Der Hof bietet ein Inventar der Dinge und Bilder, Töne und Gerüche, der Atmosphären und Erinnerungen, aus denen die Stadt besteht. Er zieht die BesucherInnen in den Bann ihrer poetischen Verzauberung, ohne dass die Verbindung zum wirklichen Leben abreißt. Leute kommen und gehen, essen, plaudern, blättern in der Tageszeitung *Le Soleil* und in Ausstellungskatalogen, die sich auf einem niedrigen Couchtisch in der Mitte des Hofs neben überfüllten Aschenbechern, Pfeifen, Brillen, CDs und Kassetten, Garnrollen, Kugelschreibern, erschöpften Batterien usw. stapeln. Zerstreut studieren sie die Einladungen zu einer Vernissage, die 1988 stattfand oder für übermorgen anberaumt ist und hinterlassen Botschaften, die sie auf Papierzettel kritzeln oder in Kreide auf den Betonboden des Eingangs hinter dem Gittertor schreiben.

Was macht das Politische dieser ephemeren Ästhetik aus? Gewiss nicht nur die offensichtlich politischen Motive: ein *Solidarnosc*-Schild, die Porträts von

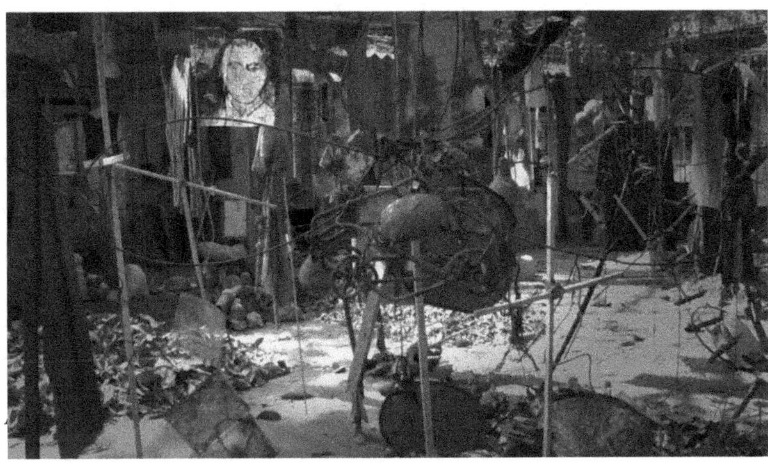

Martin Luther King und Nelson Mandela, die Collage *La vie sous l'oppression* mit dem übermalten Zeitungsbild eines britischen Bergarbeiters oder das Gemälde des islamischen Widerstands-Heiligen Amadou Bamba, dem Gründer der Mouriden-Bruderschaft, mit dessen Wundertaten um 1900 der antikoloniale Kampf begann und dessen grafisches Kürzel heute die Taxis und Häuser der Ärmsten beschützt. Die explizit politischen Verweise sind eher unauffällig und manchmal kaum als solche identifizierbar, wie z. B. das verwaschene Blechbild der *porte du non retour*, der touristischen Ikone der Sklaveninsel Goré. Das widerständige Potential des Hofes ist nicht in der Darstellung politischer Themen begründet, sondern in der Herstellung einer Situation im öffentlichen Raum, die eine *Aufteilung des Sinnlichen* realisiert, deren Bedeutung Jacques Rancière mit den Worten beschreibt:

> *Aufteilung des Sinnlichen* nenne ich jenes System sinnlicher Evidenzen, das zugleich die Existenz eines Gemeinsamen aufzeigt wie auch die Unterteilung, durch die innerhalb dieses Gemeinsamen die jeweiligen Orte und Anteile bestimmt werden. Eine Aufteilung des Sinnlichen legt sowohl ein Gemeinsames, das geteilt wird, fest, als auch Teile, die exklusiv bleiben. Diese Verteilung der Anteile und Orte beruht auf einer Aufteilung der Räume, Zeiten und Tätigkeiten, die die Art und Weise bestimmen, wie ein Gemeinsames sich der Teilhabe öffnet, wie die einen und die anderen daran teilhaben [...] Die Unterteilung der Zeiten und Räume, des Sichtbaren und des Unsichtbaren, der Rede und des Lärms geben zugleich den Ort und Gegenstand der Politik als Form der Erfahrung vor. Die Politik bestimmt, was man sieht, was

> man darüber sagen kann, sie legt fest, wer fähig ist, etwas zu sehen und wer qualifiziert ist, etwas zu sagen, sie wirkt sich auf die Eigenschaften der Räume und die der Zeit innewohnenden Möglichkeiten aus. Erst auf der Basis dieser primären Ästhetik lässt sich die Frage nach ästhetischen Praktiken im üblichen Sinn stellen, d. h. nach den Formen der Sichtbarkeit künstlerischer Praktiken, nach dem Ort, den sie einnehmen und danach was sie in Hinblick auf das Gemeinsame *tun.*[10]

Die ästhetische Ordnung des Hofes proklamiert nicht die politische Forderung des *Anteils der Anteilslosen*, sondern löst sie als sinnliche Wahrnehmung ein. Sie verleiht denjenigen, die vom politischen Leben und vom Kunstgenuss ausgeschlossen sind oder – wie die Natur – von den politischen Repräsentanten nicht repräsentiert werden, Sichtbarkeit und Stimme. Entscheidend für Rancières Überlegungen ist die Aufhebung der Hierarchien, die das ästhetische und politische Feld strukturieren: die der Sinne und Sujets, Materialien und Medien, der Gattungen und Kompetenzen. Die Gleichgültigkeit der Installation gegenüber den geltenden Rangordnungen setzt die Herrschaft der Form über die Materie, des Subjekts über das Objekt, der Menschen über die Tiere, der Experten über die Unwissenden, der Vernunft über die Affekte etc. außer Kraft.[11] Rancière sieht die „kommunitarische Funktion" einer post-utopischen, widerständigen Kunst darin begründet, dass sie „einen spezifischen Raum, eine noch nicht dagewesene Teilhabe an der gemeinsamen Welt zu konstruieren" vermag.[12] Seine Definition des Verhältnisses zwischen Politik und Ästhetik trifft wesentliche Aspekte der Ästhetik des Hofes und erschließt deren emanzipatorische Dimension jenseits der politischen Ikonographie. Er argumentiert allerdings auf einer anthropologischen Ebene, auf der die Unterschiede zwischen den Gesellschaften der ehemaligen Kolonisatoren und der ehemaligen Kolonien keine Rolle spielen. Um diese nicht aus dem Auge zu verlieren, möchte ich zunächst Issa Samb/Joe Ouakam als Künstlerpersönlichkeit einführen und die historischen Kontexte von *Laboratoire Agit-Art* er-

10 Jacques Rancière, *Die Aufteilung des Sinnlichen. Die Politik der Kunst und ihre Paradoxien*, Berlin 2008, S. 25 f. Zur Rezeption von Rancière in der zeitgenössischen Kunst vgl. Maria Muhle, „Politische Kunst als ästhetischer Realismus oder Leidenschaft des Realen?", in: *Texte zur Kunst* 2010, a. a. O., S. 66.

11 Die Hierarchie der Geschlechter wird im Hof mit der weitgehenden Ausblendung von Bildern der Weiblichkeit und Heterosexualität nicht thematisiert. Die Installation demokratisiert allerdings hegemoniale und subalterne Männlichkeit und inszeniert männliche Sexualität in einer Art und Weise, die für die homophobe Politik im Senegal provokant ist.

12 Jacques Rancière, *Das Unbehagen in der Ästhetik*, Wien 2000, S. 32.

läutern, um vor diesem Hintergrund auf die Frage der Tauglichkeit von Rancières allgemeiner Bestimmung politischer Kunst in diesem konkreten Fall zurückzukommen.

Issa Samb/Joe Ouakam

Die scheinbar selbsttätigen, kreativen Prozesse im Hof sind keineswegs so anonym, wie es auf den ersten Blick scheint. Issa Ramangelissa Samb, der Autor der Installation und Hausherr der Nummer 17 rue Jules Ferry, ist eine prominente Person des öffentlichen Lebens in Dakar. Sein Künstlername Joe Ouakam bezieht sich auf den Stadtteil Ouakam, in dem er 1945 geboren wurde und in einer Familie aufwuchs, die den spirituellen Führern der Gruppe der Lebous angehört, deren Weltanschauung und Heilkünste eine vom Islam verdrängte Naturreligion bewahrt. Im Jahr der Unabhängigkeit war Issa Samb 15 Jahre alt. Nach dem Abitur studierte er Jura und Philosophie an der Universität Cheik Anta Diop und Kunst am Institut Nationale des Beaux Arts. Geprägt vom Mai 68 in Dakar wurde er zum organisatorischen und theoretischen Führer von *Laboratoire Agit-Art*. Issa Samb ist Maler und Installationskünstler, Performer und Dichter, Kurator, Philosoph und Kunstkritiker und hat Nebenrollen in den Filmen von Djibril Diop Mambety gespielt. Er hat wenig publiziert und ausgestellt, ist jedoch mit den legendären Ausstellungen *Africa Explores* (New York 1991) und *Seven Stories About Modern Art in Africa* (London 1995) in die internationale Gegenwartskunst eingegangen.[13] Im Herbst 2008 partizipierte er mit einer Abbreviatur des Hofs an der Gruppen-Ausstellung *Der Hof* im Haus der Kulturen der Welt in Berlin unter dem Motto *Haben die Kolonialisten dekolonisiert?* Hier entstand das Poem *L'an prochain à Berlin*, aus dem er im Hof von Dakar lesen wird.[14] Ein schmaler Sammelband mit Gedichten, Essays und der Erzählung *Poto-Poto Blues* aus den 80er Jahren wurde ohne sein Wissen von dem Schriftsteller Amadou Lamine Sall 2004 herausgegeben. Die meisten Dichtungen, aus denen er gelegentlich im Hof liest, liegen nur in Manuskripten oder in Fotokopien von

13 Ausstellungskatalog *Africa Explores: 20th century African Art*, Center for African Art New York, hg. von Suzanne Vogel, München 1991. Ausstellungskatalog *Seven Stories About Modern Art in Africa*, Whitechapel Gallery London, hg. von Clementine Delisse, Paris/New York 1995.

14 *Der Hof. Eine Montage aus Skulpturen, Bildern, Situationen, Aktionen, Interventionen*, September bis Oktober 2008, Haus der Kulturen der Welt, Berlin. Issa Sambs Beitrag war Teil der Performances und Installationen der Künstlergruppe um Jean Michel Bruyère (Marseille).

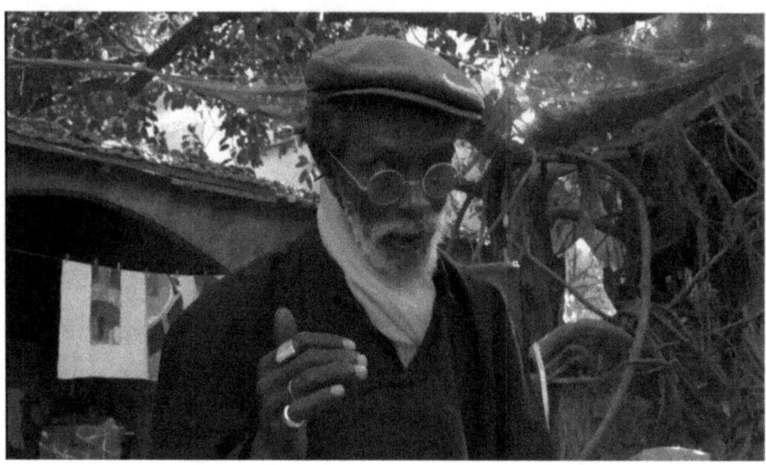

Druckversionen vor, die er selbst nicht besitzt.[15] In Dakar ist Issa Samb heute weniger wegen seiner Arbeiten denn als eine in künstlerischen und sozialen Fragen unbestechliche Instanz berühmt. Kulturfunktionäre und KünstlerInnen schätzen Issa Samb ebenso hoch wie Hotelangestellte, Kellnerinnen und Handwerker, die sich nicht für Kunst interessieren und die seine gar nicht kennen. Viyé Diba und Soly Cissé, die heute international bekanntesten Künstler des Senegal, bekennen sich ebenso emphatisch zu Joe Ouakam als Vorbild und Autorität wie der jugendliche Kassierer in einer der beiden Buchhandlungen der Stadt, in denen es weder Issa Sambs *Poto-Poto Blues*, noch einen Bildband über die École de Dakar oder *Laboratoire Agit-Art*, aber zwei neue Jubel-Monographien zu Senghor zu kaufen gibt. Ich frage ihn, ob er den Künstler kennt. „Oh ja!" antwortet der Junge mit einem strahlenden Lächeln. „Er ist ein toller Typ, ich habe gesehen, wie er im Fernsehen ganz lange nichts gesagt und dann geredet hat, er lässt sich nichts gefallen, er macht mir Mut, weiterzuleben. Nein, den Hof in der Rue Jules Ferry kenne ich nicht, den werde ich mir mal anschauen."

Issa Sambs Habitus des rebellischen Künstlers entspricht dem europäischen Rollenschema des Bohémien. Auch die Rolle des Heilers, des Propheten und Lehrers, die zu seiner Etikettierung als „afrikanischer Beuys" geführt hat, oder die des Künstlers als Kurator und Organisator ästhetisch-sozialer Prozesse gehört zum Standardrepertoire europäischer Künstlermythen der Moderne und Postmoderne. Entscheidend ist der Unterschied ihrer sozialen Funktion. Hat sich in der westlichen Kunstwelt die Besonderheit des

15 Issa Ramangelissa Samb, *Poto-Poto Blues*, Préface de Amadou Lamine Sall, Dakar 2004.

Künstlers – ungeachtet aller Kritik am Geniekult und seiner Trivialisierung zum *celebrity*-Kult – als unverzichtbar für den Markt erwiesen, so adressiert Issa Samb mit seinem rebellischen Habitus nicht Galeristen, Sammler oder Museumsdirektoren. Seine provokative Geste funktioniert nicht als Markenzeichen in einem selbst-referentiellen Kunstsystem, sondern reicht tatsächlich in den Alltag hinein. Sie überzeugt auch jene Besucher des Hofs von der Kontingenz sozialer Normen, die nur kommen, um seinen Rat in schwierigen Lebenslagen zu suchen – und zugleich die ästhetische Erfahrung radikaldemokratischer Gleichheit machen.

Staatskunst und Avantgarde

In einem Interview am 1. Mai 2009 sagte Issa Samb, das *Laboratoire Agit-Art* sei gegründet worden, um die Kreativität des Einzelnen, des Zufalls und der Natur zu verteidigen, die von der staatlichen Kunstpolitik der Négritude erstickt wurde. Die Gruppe protestierte mit Straßentheater und Performances, Installations- und Objektkunst gegen die akademische Hierarchie der Gattungen, die Senghors Kunstsystem strukturierte. Ebenso heftig lehnte sie die Verpflichtung der Künstler ab, ihr „Negertum“ auszudrücken. Keiner hat die Idee der Négritude so deutlich verworfen wie Issa Samb in dem Essay *Critique de la Représentativité*, der mit dem Appell beginnt: „Une idée de race à detruire.“ Der Artikel fordert eine formalästhetisch kompetente Kunstkritik im Senegal, die über die ideologische Messlatte der Négritude und Platitüden wie *génie, beauté, chef d'oeuvre, original* hinausgeht.[16] Ein Vers in dem Gedicht *Les morts n'ont pas de mémoire* bestreitet die Existenz der Rasse:

Car au fond des âges
Une lumière noire a éclairé les signes
La race n'éclaire pas l'origine
Elle n'existe pas.[17]

Senghors Kunstpolitik der Négritude soll hier nur so weit skizziert werden, als sie die Negativfolie für die Forderung nach einer vom Staat unabhängigen Avantgardekunst abgab.

Der Dichterpräsident, der mit seiner *Anthologie de la nouvelle poésie nègre et malgache* (1948) das literarische Monument der Négritude geschaffen hatte,

---

16 Issa Samb, „Critique de la Représentativité“, in: *Bildende Kunst der Gegenwart im Senegal*, a.a.O., S. 125.

17 Issa Ramengelissa Samb, *Les morts n'ont pas de mémoire*, Dakar 2000, S. 2.

reservierte 28 % des Staatshaushaltes für Kultur und Kunst. Bereits im Herbst 1960 gründete er die *École des Beaux Arts*, zu der später Abteilungen für Kunstgewerbe, Architektur und Städtebau, Medien und Kommunikation hinzukamen. Bis hin zu der staatlichen Gobelinmanufaktur in Thiès, den jährlichen Salon-Ausstellungen, Staatspreisen und Reisestipendien für Künstler war das Organisationsmodell der absolutistischen französischen Académie Royale nachgebildet, die 1648 gegründet und 1789 aufgelöst wurde. Die École des Beaux Arts war in die Abteilungen Musik, Tanz, dramatische und bildende Künste gegliedert und wurde ergänzt durch die Sektionen *Recherches Musicales Nègres* und *Recherches Plastiques des Nègres*. Das Studium der traditionellen afrikanischen Skulptur – von der sich im Senegal nach fast 1000 Jahren Islamisierung keinerlei Spuren fanden – sollte die senegalesische Gegenwartskunst panafrikanisch verwurzeln und den diffusen Begriff der Négritude konkretisieren, dessen strategischer Wert nach der Staatsgründung neu definiert wurde. Senghor hatte zusammen mit Aimé Césaire aus Martinique und Leon Gontras-Damas aus Französisch-Guyana in Paris in den 30er Jahren den Begriff geprägt, um sich dem Zwang zur Assimilierung an die Kultur ihrer Kolonialherren zu widersetzen. So unterschiedlich die Bedeutung des Begriffs bereits in den ersten Texten von Aimé Césaire und Senghor war, so erfolgreich sollte seine politische Karriere gerade wegen seiner Unbestimmtheit in den Postkolonien werden.[18] War es den Studenten aus den französischen Kolonien darum gegangen, mit ihrer literarischen Kreativität die vernichtenden Zuschreibungen des weißen Rassismus zu widerlegen und ihre Selbstentfremdung zu überwinden, so machte Senghor sein Konzept der Négritude nach der Unabhängigkeit zu einer Staatsideologie. Poesie und bildende Kunst waren für ihn der sichtbare Beweis eines schwarzafrikanischen Rassencharakters, den er im Anschluss an Gobineau und Frobenius als das Gegenteil des abendländischen definierte: „l'emotion est nègre, comme la raison hellène".[19] Die Malerei der École de Dakar sollte ebenso spontaner Selbstausdruck der Affektivität, des Rhythmus und der *force vitale* des afrikanischen „Negers" sein wie die traditionelle afrikanische Skulptur, die Senghor mit den Augen Picassos und der primitivistischen Avantgarde des frühen 20. Jahrhunderts in Paris sah. Die essentialistisch-ästhetische Auslegung des Négritude-Begriffs machte seinen strategischen Wert für eine ethno-nationalistische Identitätspolitik in einem autoritären Ein-Parteien-Staat aus. Die visuelle Evidenz der Gemeinsamkeit der Hautfarbe schien die Einheit der Nation zu beweisen, die

18 Vgl. Aimé Césaire, „Cahier d'un retour au pays natale", in: *Volontés*, Paris 1939; Léopold Sédar Senghor, „Ce que l'homme noir apporte" (1939), in: ders., *Liberté I, Négritude et Humanisme*, Paris 1964.

19 Senghor, ebd., S. 24.

tatsächlich nicht gegeben war. Die rassisierende Kulturpolitik der Négritude verdeckte den sich verschärfenden Klassengegensatz zwischen den neuen Eliten, die sich mit den ehemaligen Kolonialherren identifizierten, und der Landbevölkerung, die am Aufbau der postkolonialen Gesellschaftsordnung und Ökonomie nicht beteiligt wurde und deren materielle Nöte der Staat ignorierte.[20] Im Anschluss an den haitianischen Schriftsteller René Despestre und Jean-Paul Sartre hat die Literatur der 70er und 80er Jahre Senghors Konzept der Négritude als einen aus marxistischer Sicht „antirassistischen Rassismus" scharf verurteilt.[21] In der neueren Literatur, vor allem in jener, die anlässlich von Senghors hundertjährigem Geburtstag 2004 erschien, werden die realpolitischen Kontexte der Négritude als Staatsideologie nicht erwähnt. Die idealisierenden Darstellungen ordnen Senghors Schriften zur Kunstphilosophie ideengeschichtlich in einen neo-humanistischen Diskurs ein und würdigen seine in der Tat bedeutende Leistung des Aufbaus einer künstlerischen Infrastruktur in Dakar, die ungeachtet der ästhetisch dürftigen Resultate der École de Dakar bis heute positiv nachwirke.[22] Die Unterdrückung jeglicher Opposition im Senegal, deren Opfern Issa Samb mit einer öffentlichen Performance vor Hunderten von Zuschauern 1983 gedachte,[23] wird wie ein Kavaliersdelikt des schöngeistigen Dichter-Präsidenten verschwiegen – so als gäbe es keinen Zusammenhang zwischen den polizeistaatlichen und ästhetischen Praktiken der Négritude. Die in den neueren Publikationen vorherrschende Tendenz zur Idealisierung blendet die Parallelen aus, die Senghor mit Diktatoren wie Mobutu und Jean François Duvalier verbinden, die in ähnlicher Weise ihre Herrschaft mit einer ethno-nationalistischen Identitätspolitik sicherten. So sehr sich Senghor von ihnen auch durch seine klassische,

20 Ousman Sembène kritisiert in dem Roman *Xala* (1973, verfilmt 1974) die Ausbeuter-Mentalität der schwarzen Eliten in Dakar. Frantz Fanon, *Die Verdammten dieser Erde* (1961), Frankfurt a. M. 1981, S. 134, führt den senegalesischen Chauvinismus auf das Unvermögen der postkolonialen Bourgeoisie zurück, eine Perspektive für das ganze Volk zu entwickeln.

21 Vgl. die Zusammenstellung der Kritik afrikanischer Autoren wie Stanislas Adotevi, Marcien Towa u. a. bei Didier Houénoudé, *Entre stéréotype et affirmation identitaire: quatre artistes contemporains d'Afrique occidentale*, Diss. Universität Trier 2007, S. 261. Der Autor stellt fest, dass im Rahmen der Dak'Art 2006, die mit dem hundertjährigen Jubiläum Senghors zusammenfiel, jede Kritik an der Négritude unterdrückt und ein Wiederaufleben afrozentristischer Konzepte zu beobachten war.

22 Zur ideengeschichtlichen Würdigung von Senghors Kunstphilosophie und Kunstkritik vgl. Souleymane Bachir Diagne, *Léopold Sédar Senghor. L'art africain comme philosophie*, Paris 2007, und Manthia Diawara, „The African public intellectual: The négritude of Léopold Sédar Senghor", Ausstellungskatalog *Dak'Art*, Dakar 2008, S. 200.

23 Mündliche Mitteilung von Mansour Ciss, Berlin, April 2011. Interview im Film *la cour* (2012).

frankophone Bildung unterschied, die ihn zum ersten schwarzen Mitglied der Académie française qualifizierte, so wenig hinderte ihn diese, *Papa Doc* und seinen kulturpolitischen Berater Jean Price Mars mit einer haitianischen Folklore-Gruppe zum *Festival mondial des arts nègres* 1966 einzuladen. Jean Price Mars hatte mit dem Essayband *Ainsi parla l'oncle* bereits 1928 die ethnographischen Grundlagen für einen haitianischen *noirisme* gelegt und stellte sich in den 50er Jahren in den Dienst von Duvalier. [24] Es geht nicht um das Abwägen von mehr oder weniger Gewalt, die afrikanische Diktatoren im Zuge der Nationsbildung gegen das eigene Volk einsetzten, sondern um die politische Funktion der Kultur der Négritude, die Intellektuelle und Künstler in diesem Kontext praktizierten. Das *Festival mondial des arts nègres* 1966 war das Haupt- und Staatsereignis von Senghors Präsidentschaft. Es inszenierte die Kultur der Négritude mit Ausstellungen traditioneller und zeitgenössischer Kunst, einem wissenschaftlichen Kolloquium zur *art nègre* mit hochkarätiger Besetzung, Musik-, Tanz- und Theater-Aufführungen, die zwischen regionaler Folklore, Frankophonie und der Diaspora mit Protagonisten wie Duke Ellington changierten.[25]

Die repräsentativen Neubauten des Staatstheaters und des Musée Dynamique verwandelten Dakar auch architektonisch in ein „afrikanisches Athen", von dessen Straßen freilich die Bettler von der Polizei verjagt werden mussten. Die Brüchigkeit der ästhetisch inszenierten Einheit der Négritude wurde jedoch spätestens mit den studentischen und gewerkschaftlichen Protesten des Mai 68 offensichtlich, aus denen andere Kunst- und Kulturbegriffe entstanden, die von *Laboratoire Agit-Art* und in der urbanen Künstlerkolonie *Village des Arts* praktiziert wurden.[26] 1977 besetzte der Maler El Hadji Sy zusammen mit Künstlern der École des Beaux Arts und des *Laboratoire Agit-Art* leerstehende Räume im Zentrum der Stadt. In dem unabhängigen Verbund von Wohnateliers, Theater-, Konzert- und Ausstellungsbetrieb ging die Pluralisierung der Stile und Kunstbegriffe Hand in Hand mit einer gemeinschaft-

---

24 Jean Price Mars, *Ainsi parla l'oncle*, Paris 1928. Andrew Stafford, „Négritude", in: Encyclopedia of the African Diaspora, 2008, Bd. 3, S. 708, bezieht sich auf die ältere Literatur mit der Bemerkung: „Indeed, critics have rightly pointed out, that many African and Caribbean rulers since independance have benefited politically from the concept of Négritude by twisting it to justify their autocratic régimes. Senghor could certainly be accused of this in Senegal not to mention Colonol Mobutu, whose projects of ‚bantuization' of Zaire drew heavily on negritude. Haiti's François ‚Papa Doc' Duvalier would use similarly a form of noirisme."

25 Einen guten Eindruck von dem Festival vermittelt das Fotobuch: *Premier festival mondial des arts nègres*, Paris 1967, und der Tagungsband *Colloque sur l'Art Nègre* (Dakar 1966), Paris, 1968.

26 Vgl. Abdoulaye Bathily, *Mai 68 à Dakar ou la révolte universitaire et la démocratie*, Paris 1992.

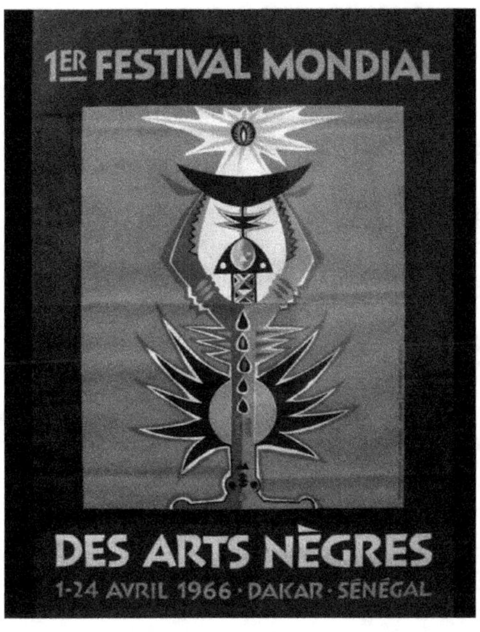

lichen Lebenspraxis der Künstler, die sich an eine breite Öffentlichkeit jenseits der bourgeoisen Eliten wandte. Senghors Nachfolger Abdoulai Diouf (1981–2000) beendete dieses Experiment mit einem Polizeieinsatz gegen das *Village des Arts* 1983. Diouf hatte bei seinem Amtsantritt – nicht zuletzt unter dem Druck der Weltbank – den absoluten Vorrang der Ökonomie proklamiert und das staatliche Mäzenatentum eingestellt. Bei der Schließung des Musée Dynamique gingen dessen Sammlungen ebenso verloren wie die bei der Räumung des *Village des Arts* konfiszierten Arbeiten. Die Künstler der École de Dakar, die ihre Privilegien verloren, waren kaum auf eine selbständige Existenzsicherung vorbereitet, zumal es so gut wie keinen Kunstmarkt gab.[27] Issa Samb beklagt in seiner Analyse der sozialen Situation der Künstler nach dem Regierungswechsel nicht das Fehlen des Marktes, sondern die vorausgegangene Entfremdung der quasi verbeamteten Künstler vom Volk.[28] Issa Samb sah das Problem der Künstler nicht in dem Verlust ihrer staatspolitischen Rolle (den er begrüßte), sondern in ihrer Entsolidarisierung vom Volk

27 Issa Samb, „Analyse de la situation sociale et matérielle des peintres de l'*École de Dakar*", in: Ausstellungskatalog *Bildende Kunst der Gegenwart in Senegal*, a.a.O.S. 113.
28 Ebd., S. 114.

durch die Kunstideologie der Négritude. Die Künstler der École de Dakar, deren Arbeiten zur Dekoration von Amtsstuben und als diplomatische Geschenke verwendet wurden, hätten keine Ahnung von den Problemen des Volkes, das sich seinerseits nicht für eine Eliten-Kunst interessierte, die es nichts anging. Die Alternative zur gescheiterten Staatskunst der Négritude war für Issa Samb nicht der Markt, sondern eine künstlerische Arbeit, die er als ästhetisch-soziale Praxis definierte. Im Hof in der rue Jules Ferry erinnern Dokumente und Erzählungen an die militante Räumung des *Village des Arts,* die bis heute von vielen Künstlern, vor allem aber von Issa Samb selbst als katastrophaler Bruch in der Entwicklung einer unabhängigen Avantgarde-Kunst beklagt wird.

Transkulturalität

Issa Sambs Kunstbegriff bezieht sich auf die europäischen Avantgarden von Malewitsch bis Artauds *Theater der Grausamkeit,* von Dada und Surrealismus bis zur situationistischen Internationale und Fluxus. Eine Schultafel belehrt die BesucherInnen über die Moral des Hofs mit einem Slogan der situationistischen Internationale: *Il est interdit d'interdire.* Diese Verweise thematisieren jedoch nicht die notorischen Fragen nach afrikanischer Authentizität und europäischem Einfluss. Ich möchte ihnen trotzdem nachgehen, weil der Vergleich mit verwandten, europäischen Arbeiten erlaubt, die besondere, individuelle Ästhetik des Ortes genauer zu fassen. Im Unterschied zu den sozialkritischen, theatralischen Installationen von Künstlern wie Ed Kienholz und Ilja Kabakov ist der Hof keine durch eine ästhetische Grenze vom Realraum des Publikums getrennte Illusionsbühne. Von den Installationen Thomas Hirschhorns, Jonathan Meeses und John Bocks, die die Grenze zwischen theatralischer Inszenierung und dem Raum des Publikums unterlaufen, unterscheidet sich der Hof vor allem durch den Status der Dinge – durch die Würde, die ihnen zugesprochen wird, und durch die fürsorgliche Art und Weise des Umgangs mit ihnen. Weit entfernt von den pittoresken Effekten des Abjekten, die Schmutz, Müll und Schrott in der westlichen Konsumästhetik entfalten, wertet Issa Samb den Abfall der Straße und dysfunktional gewordene Gebrauchsgegenstände durch eine liebevolle Zuwendung in der Aneignung auf. In einer Performance fordert er von seinem Assistenten Babacar mehr Respekt für einen winzigen Puppenarm aus Plastik. Während er das unter einem Blätterhaufen verborgene Fragment mit ausgreifenden Bewegungen freilegt, doziert er erregt über das Recht der kleinen Dinge auf Sichtbarkeit.[29] Eine

29 Dokumentiert in dem Film *la cour* (2012).

vergleichbare Wertschätzung minoritärer Materialien ist in den Installationen des westafrikanischen Künstlers Georges Adéagbo zu beobachten, der es versteht, ein Plattencover, einen Aschenbecher oder eine Gummisandale ebenso *schön* wie eine traditionelle afrikanische Skulptur oder Museumsobjekte der europäischen Renaissance erscheinen zu lassen, in deren Arrangement er in Florenz oder Wien seine Assemblagen integriert.[30] Im Unterschied zu Georges Adéagbos Installationen, die in Cotonou (Benin) konzipiert, aber für Auftraggeber des westlichen Museumsbetriebs realisiert werden, ist der Hof in Dakar keine Galeriekunst. Die Installation ist weniger aus technischen als aus ästhetischen Gründen an ihren Ort in der Rue Jules Ferry in Dakar gebunden. Ihre Prozessualität, Synästhesie und soziale Funktion sind nicht musealisierbar. Dies wird besonders deutlich im Vergleich mit Dieter Roths *Gartenskulptur*, die von 1968 bis 1996 in ähnlich gelagerten archäologischen Schichten wie der Hof in Dakar rhizomatisch wuchernd und mit organischen Materialien und Verfallsprozessen zu einem begehbaren Raum-Kunstwerk wurde und über den Tod des Künstlers hinaus von seinem Sohn fortgeführt wird, der sie auch nach dem Ankauf durch die Sammlung Flick und der Präsentation im Museum Hamburger Bahnhof in Berlin 2011 regelmäßig gewissen Transformationen unterzieht.[31] Dennoch erstarrte das Langzeit-Lebensprojekt, das an unterschiedlichen Orten in immer wieder anderer Gestalt auf- und umgebaut wurde, mit der Musealisierung zu einem statischen Denkmal seiner selbst. Die Paradoxie einer verewigten Verfallskunst macht die Faszination der *Gartenskulptur* im Hamburger Bahnhof aus. Während Dieter Roths Installation die begrenzte Lebenszeit des Künstlers letztendlich überdauert und als musealisiertes Werk verewigt, ist Issa Sambs Installation nicht nur mit der Endlichkeit des Künstlerlebens, sondern vor allem mit seiner ästhetischen Intervention ins Soziale vorbehaltlos einverstanden. Im Vergleich zu den sensiblen Stimmungsschwankungen, der lichten, heiteren Transparenz und der unberechenbaren Mehransichtigkeit der Dinge im Hof von Dakar wirkt Dieter Roths Installation im Museum Hamburger Bahnhof wie eine abgeschaltete, tote Riesenmaschine. Die museale Präsentation im bleichen Neonlicht des geruch- und geräuschlosen *white cube* re-hierarchisiert die Sinne mit

30 Vgl. Kerstin Schankweiler, *Le théatre du monde ...! Ortsspezifik und Kulturtransfer in den Installationen Georges Adéagbos*, Diss. Universität Trier 2008 (im Erscheinen) und Viktoria Schmidt-Linsenhoff, „Georges Adéagbos postkoloniale Kunstkammer", in: dies., *Ästhetik der Differenz. Postkoloniale Perspektiven vom 16. bis 21. Jh.*, Marburg 2010, S. 338.

31 Ausstellungskatalog *Roth Zeit. Eine Dieter Roth Retrospektive*, Schaulager Basel, Basel 2003, S. 242. Die kuratorische Betreuung impliziert soziale Nutzung durch Besuchergruppen wie Schulklassen etc., die jedoch eher museumspädagogisches Programm als sozialer Alltag sind.

der Reduktion aufs Visuelle. Obwohl es gewiss zutrifft, dass der europäische Okularzentrismus in der Frühen Neuzeit in Abgrenzung von der gemischten, unreinen Ästhetik des Rituals in den kolonisierten Gesellschaften entstand, möchte ich die Synästhesie des Hofs in Dakar nicht als *afrikanisch* identifizieren, sondern als eine bestimmte *Aufteilung des Sinnlichen* im öffentlichen Raum. Die aktuelle Forschung hat die Eigenart der westafrikanischen *recup'art* (*art de la récuperation*) von der Tradition des *ready made* und des *objet trouvé* in den europäisch-nordamerikanischen Überflussgesellschaften abgegrenzt.[32] Diesen Ansatz bestätigen Berichte über die Einführung der Objekt- und Installationskunst im Senegal durch den Kunstkritiker Abdou Sylla und den Künstler Viyé Diba.[33] Da die Materialien der von Senghor privilegierten Malerei für den akademischen Unterricht in den 80er Jahren nicht mehr erschwinglich waren, wandten sich Professoren und Studierende der Materialästhetik der Straße zu. Die neuen Genres der Objekt- und Installationskunst – das legen diese Darstellungen nahe – vollzogen nicht etwa nur die Innovationen der westlichen Avantgarde nach, sondern die Künstler orientierten sich an der lokalen Alltagspraxis der Wieder- und Weiterverwendung verbrauchter Konsumgüter westlicher Herkunft. Vorbild war nicht mehr die elitäre, französisch konnotierte Malerei, sondern die Bricolage als Überlebenskunst der Ärmsten. Es liegt auf der Hand, dass der künstlerische Umgang mit Wegwerf-Objekten von der je spezifischen Ökonomie und Warenästhetik abhängt, in denen sie vor ihrem Transfer in den Kunstkontext zirkulierten, und dass deren Bedeutungsspuren mit transferiert werden. Dies kann jedoch kein Grund sein, die unendliche Variabilität lokaler Ökonomien und miteinander verflochtener Warenkulturen auf die binäre Opposition *europäisch/afrikanisch* zu reduzieren.

Die Aufteilung des Sinnlichen im Hof

Ich möchte an dieser Stelle auf Jacques Rancières Definition einer politischen Ästhetik als *Aufteilung des Sinnlichen* zurückkommen, weil sie eine Bestimmung von ästhetischen und politischen Qualitäten des Hofs in Dakar ohne ethnisierende Zuschreibungen erlaubt. Tatsächlich frappiert die Installation auf den ersten Blick mit jener Gleichheit der Sujets, Themen, Materialien, Medien, Dinge, Gesten, Sprachen, in der Rancière das emanzipatorisches Potential des ästhetischen Regimes sieht. Im Hof herrscht die Ordnung einer radikaldemokratischen Gleichheit, die den *Anteil der Anteilslosen* nicht als soziale

32 Schankweiler, *Le théatre du monde ...!*, a. a. O., S. 120.

33 Abdou Sylla, „Les arts plastiques sénégalais contemporains", in: *Ethiopiques*, nr. 80 (2008). Interview mit Viyé Diba, Mai 2009, dokumentiert in dem Film *la cour* (2012).

Utopie fordert, sondern als sinnlich-affektive Erfahrung, als eine egalitäre *Aufteilung des Sinnlichen* verwirklicht. Diese ästhetisch autonome Erfahrung setzt eine Politik außer Kraft, die Rancière als Polizei-Regime bezeichnet und öffnet den Raum für das eigentlich Politische, in dem es um die Aufteilung des Gemeinsamen geht. Sprechen und Gehört-Werden, Sehen und Gesehen-Werden sind im Hof nicht mehr das Privileg der einen, das den anderen vorenthalten bleibt, unter dem Vorwand, dass sie nichts zu sagen hätten und die Arbeit ihnen keine Zeit lasse, die Kompetenz zum Kunstgenuss und zur Teilhabe am politischen Leben zu erwerben. Rancières Grundannahme einer vorgängigen Gemeinschaftlichkeit, die erst nachträglich ungleich aufgeteilt worden sei und deshalb in der Kunst wieder hergestellt werden könne, wurde als anthropologische Verallgemeinerung und naiver Optimismus kritisiert.[34] Und natürlich wird der Rekurs auf Gedankensplitter eines französischen Philosophen zur Interpretation eines ortsspezifischen Kunstwerks in Dakar den Vorwurf des eurozentristischen Universalismus provozieren, der von *allen Menschen* spricht, wenn nur weiße Männer der Mittel- und Oberschicht gemeint sind. So berechtigt diese Kritik auf der theoretischen Ebene auch sein mag, so wenig beeinträchtigt sie den strategischen Wert einer Denkfigur, die es erlaubt, afrikanische Gegenwartskunst jenseits von neo-primitivistischen Zuschreibungen und Authentizitäts-Forderungen zu interpretieren. Das Konzept eines Gemeinsamen, dessen Orte und Tätigkeiten durch Politik und Ästhetik (auf-)geteilt werden, kann einen Ausweg bieten aus der idiotischen Kontroverse, wie *afrikanisch* oder wie *autonom* moderne Kunst in Afrika und der Diaspora sein muss, um neben der vorgeblich nicht-ethnischen, westlichen bestehen zu können.[35] Meine These ist, dass die anthropologische Ebene, auf der Rancière argumentiert, mit einer in der Ästhetik der Installation angelegten, anthropologischen Dimension korrespondiert. Es ist diese Ebene, die einen durchgängigen Zusammenhang zwischen den heterogenen Materialien und Referenzen stiftet und die Issa Samb auf seiner philosophischen Schultafel im Hof als *Zivilisation des Universellen* reflektiert.[36] Im Hof werden

34 Jens Kastner und Jacques Rancière, in: *Graswurzelrevolution*, Münster, Nr. 332 (2008), S. 15 f. Krieger, *Ambiguität und Engagement*, a. a. O., S. 27, äußert Skepsis gegenüber Rancières „ästhetischem Optimismus". Robin Celikates, Rezension zu Rancière, in: Frohne und Held, *Kunst und Politik heute*, a. a. O., S. 185, bezweifelt, dass das Potential einer Neufiguration des Sinnlichen tatsächlich zu verwirklichen sei.

35 Monica Juneja, „Global Art History and the ‚Burden of representation'", in: Hans Belting u. a. (Hg.), *Global Studies. Mapping Contemporary Art and Culture*, Karlsruhe 2011, S. 274, diskutiert die Problematik ethnischer Identitätspolitiken in der zeitgenössischen Kunst.

36 Issa Samb unterscheidet in einer Schreib-Performance im Mai 2009 zwischen einer „universellen Zivilisation", die er ablehnt, und einer „Zivilisation des Universellen", die er begrüßt. Dokumentation in dem Film *la cour*, 2012.

nicht nur einzelne Stereotype und Rangordnungen dekonstruiert, sondern die Polizeipolitik der Identifizierung und Hierarchisierung als ganze außer Kraft gesetzt. Die Gleichwertigkeit von afrikanischen und nicht-afrikanischen Avantgarden, von islamischen, christlichen und animistischen Traditionen, von Außenseiter- und Elitenkunst, Populärkultur und hermetischer Poesie macht die Frage, ob die Ästhetik der Installation afrikanisch oder europäisch ist, sinnlos.

Ich möchte abschließend die Frage nach der Bedeutung des Hofs im Kontext der aktuellen Kunstszene in Dakar stellen, die sich seit 1992 durch die Biennale *Dak'Art* dynamisch entwickelt und mit kommerziellen Galerien, privaten Sammlermuseen und subventionierten, halböffentlichen *Kunsträumen* den Anschluss an den globalen Markt gefunden hat bzw. von ihm angeschlossen wurde. Dieser Anschluss wird von einigen Experten begrüßt,[37] von anderen als neokoloniale Expansion der nordatlantischen Kunstkartelle kritisiert, die das zynische Bonmot pointiert: *An artist who cannot speak English is no artist.*[38] Kuratoren und Künstler in Dakar stehen heute vor der absurden Alternative, entweder das enge Marktsegment für afrikanische Ethno-Kunst mit europäischen Klischees von Afrikanität zu beliefern oder aber sich restlos an die ästhetischen Standards der globalen Kunstkartelle zu assimilieren. In beiden Fällen entsteht eine Kunstmarkt-Kunst, für deren ökonomischen Erfolg politische Themen wie Kolonialismus und Rassismus, Sklaverei und Migration keineswegs hinderlich, sondern geradezu verpflichtend sind. Eine ganze Reihe von AutorInnen, die die Funktionalisierung kritischer Kunst durch Wirtschaftskonzerne und die Transformation der Avantgarde in Staatskunst beklagen, erkennen zugleich resignierend die Macht der neoliberalen Ökonomie an.[39] Isabelle Graw z. B. will zwar einerseits „ein künstlerisches Wertesystem verteidigen, das die Wertschöpfungsprozesse des Marktes überhaupt noch in Frage stellen kann", sieht jedoch gleichzeitig den traditionellen Kunstbegriff in einer neuen Kulturindustrie der Visualität und der visuellen Bedeutungs-

37 Thomas Filitz, „Worldmaking: The Cosmopolization of Dak'Art, the Biennale of Dakar", in: Belting, *Globalstudies*, a. a. O., S. 382.

38 Anthony Gardener, „Whither the Postcolonial?", in: Belting, *Globalstudies*, a. a. O., S. 142, beschreibt einen „shift from the postcolonial to the global" und stellt fest: „Under the guise of the global we are witnessing a resurgeant focus on North Atlantic relations, that in art as in politics – or even military – appears little changed from forty years ago." Zur Kritik an den neokolonialen Rahmenbedingungen der Dak'Art vgl. Yacouba Konaté, „7 past 12", Ausstellungskatalog *DAK'Art*, Dakar 2006, S. 26.

39 So etwa Frohne und Held, *Kunst und Politik heute*, a. a. O.; Krieger, „Ambiguität und Engagement", a. a. O.; Eduard Beaucamp und Mike Kelley, „Avantgarde macht Staat. Wie zeitgenössisch sind noch die Zeitgenossen?", in: *Frankfurter Allgemeine Zeitung*, 3. Februar 2012.

produktion aufgehen.[40] Der gemeinsame Nenner dieser AutorInnen, die im Übrigen ganz unterschiedliche Positionen vertreten, ist die Behauptung, dass es kein Außerhalb des globalisierten Marktsystems mehr gebe. Die Installationen, Performances und Lesungen von Issa Samb im Hof von Dakar beweisen das Gegenteil. Der Hof unterbricht als Heterotopie nicht nur die Ästhetik des politischen Polizeiregimes, sondern auch den Anschluss an die Kunstkartelle der neoliberalen Ökonomie. Weder dem nationalistischen Staat, noch dem kapitalistischen Markt verpflichtet, realisiert das ästhetische Regime des Hofs eine politische Kunst, von der behauptet wird, dass es sie nicht mehr gibt.

40 Isabelle Graw, „Kunstfeld/Praxisformen", in: Beatrice von Bismarck, Therese Kaufmann und Ulf Wuggenig (Hg.), *Nach Bourdieu: Visualität, Kunst, Politik*, Wien 2008, S. 313 und 315.

Ruth Sonderegger

Neue Formen der Organisierung[1]

Kunst und Politik nach Jacques Rancière

1. *Was bisher geschah*

Das Verhältnis der Kunst zu Gesellschaft und Politik ist ein Thema, seit dieses Verhältnis nicht mehr selbstverständlich ist, d. h. seit dem – zumindest teilweisen – Autonomwerden der Kunst in der Mitte des 18. Jahrhunderts.[2] Seither haben sich die gesellschaftlichen Projektionen auf die Kunst zwischen utopischer Heilserwartung, Verdammung und funktionalistischer bis zynischer Indienstnahme hin- und herbewegt. Das heißt nicht, dass seit 1750 alles Wesentliche gleich geblieben ist. Nach der Ästhetisierung der Politik im Faschismus und im Stalinismus konnte es in puncto Kunst kein *business as usual* mehr geben, auch wenn nicht alle so weit gingen wie Theodor W. Adorno, der bekanntlich (eine Zeitlang) gemeint hat, es dürften nach Auschwitz keine Gedichte mehr geschrieben werden.

Adorno hat aus seiner Erfahrung des Faschismus allerdings nicht den Schluss gezogen, dass man die Kunst sich selbst und die Politik den Politikern und Bürgerinnen überlassen sollte, im Gegenteil. Wie kaum ein zweiter im deutschen Sprachraum hat er in den zugeknöpften 1950er Jahren an das gesellschaftskritische Potential gerade solcher Literatur erinnert, die von den Nazis missbraucht worden war oder ihnen zumindest gut in den Kram gepasst hat; man denke etwa an Adornos entwendende Wieder-Aneignung von Hölderlin und Eichendorff. Daneben hat Adorno den instrumentellen Gebrauch von Kunst und Kultur zu Zwecken einer autoritären Politik in den Wieder-

1 Ich übernehme hier eine Formulierung von Lorena Betta, die schreibt: „Das alles hat mit einer neuen Form der Organisierung zu tun, innerhalb derer das Spiel genau darin besteht, [...] zwischen Kunst und Politik hin und her zu pendeln. Politische Aktivistinnen, die sich ästhetisieren und Künstlerinnen, die sich politisieren [...].", in: „... der Gestus des alltäglichen Ungehorsams", in: *nicht alles tun. Bildpunkt. Zeitschrift der IG Bildende Kunst*, Sommer 2008, S. 10.

2 Zur Komplexität, Langwierigkeit und Unabgeschlossenheit dieses Prozesses des Autonomwerdens der Kunst vgl. Peter Bürger, *Theorie der Avantgarde*, Frankfurt a. M. 1974, insbes. S. 63 ff.

aufbau- und Konsumgesellschaften der 1950er und 60er Jahre untersucht und als eine Fortsetzung des Faschismus mit anderen Mitteln thematisiert.

Nach dem Tod Adornos (1969) wurde es insbesondere in der deutschsprachigen Kunsttheorie eher still in Bezug auf das Verhältnis zwischen Kunst und Politik;[3] und am Ende der 1970er Jahre auch in der Kunst, die um 1970 herum von einer beispiellosen Politisierung gekennzeichnet gewesen war. In den darauffolgenden Jahren hat die deutschsprachige Kunstphilosophie das Thema Kunst und Politik zugunsten endloser Debatten über die Logik der ästhetischen Erfahrung verabschiedet. Wo dieser Erfahrung überhaupt noch Auswirkungen jenseits des Kunstfelds zugeschrieben wurden, waren es (individual-)ethische, jedoch keine politischen.

Trotz unleugbarer Unterschiede hatten postmoderne Ästhetiken, die in der Kunst ein absolut Anderes – meistens im negativen Modus des Entzugs – am Werk sahen, oft ähnlich de-politisierende Konsequenzen wie die im deutschsprachigen Raum vorherrschenden Theorien der ästhetischen Erfahrung. Ich denke hier etwa an Lyotards Bestimmung der Kunst als Erfahrung eines undarstellbar Erhabenen oder an Derridas Theorie eines Spiels der Zeichen, das endliche Wesen weder begreifen noch kontrollieren können. Nicht nur werden alle Kunstwerke von solchen Theorien gleichgemacht, sofern sie auf immer dasselbe Erhabene, Undarstellbare, Sich-Entziehende verweisen, egal ob es sich um einen Filmessay, die Malerei von Francis Bacon oder die Gedichte Mallarmés handelt. Unter den Vorgaben des Poststrukturalismus verweisen Kunstwerke überdies auf Ereignisse, die so anders sind als alles, was wir kennen, dass Unterschiede im Reich der Endlichkeit kaum mehr eine Rolle spielen. Nur das Gefälle zwischen dem Absoluten, das im Kunstwerk kurz hallo sagt, und dem profanen Rest ist von Belang. Im Vergleich mit diesem Anderen, das angeblich in der Kunst zur Erscheinung kommt, sind die Unterschiede zwischen beispielsweise einer westlichen und einer asiatischen Gesellschaft, zwischen reich und arm oder zwischen den Filmen ein und derselben Regisseurin geradezu pervers unbedeutend. Allenfalls zu Appellen an die individuelle Verantwortung gegenüber dem (schlechthin) Anderen kann eine so verstandene Kunst benutzt werden.[4]

---

3 In England beispielsweise war die Situation der ästhetischen Theorie durchaus anders, weil sich dort in den 1960er Jahren die *cultural studies* entwickelten. Der Hintergrund ihrer VertreterInnen war kein akademischer, sondern das Arbeitermilieu.

4 Vgl. zur Verwandlung des Verhältnissen zwischen Kunst und Politik in eines zwischen Kunst und Ethik auch: Cornelia Klinger, „Die Utopie der Versöhnung von Kunst und Leben. Die Transformation einer Idee im 20. Jahrhundert: vom Staat als Kunstwerk zum life-style des Individuums", in: dies. und Wolfgang Müller-Funk, *Das Jahrhundert der Avantgarden*, München 2004. Die „ethische Wende in der Ästhetik und der Politik" wird auch von Rancière – insbesondere mit Bezug auf

Das heißt nicht, dass der Faden zwischen Kunst und Politik damit endgültig gerissen war. Ästhetische Repräsentationsstrategien sind in der Politik allgegenwärtig – und waren es auch in den 1980ern und 90ern. Man denke nur an die künstlerische Ausstattung des Deutschen Bundestags und die damit zusammenhängenden Debatten; aber auch an Diskussionen um Künstlersozialkassen und die Förderung oder Privatisierung von Museen, Theatern und Opern, welche im genannten Zeitraum erst so richtig losgegangen ist. Aber diese Dinge meinen gerade KunstphilosophInnen selten, wenn sie über das Verhältnis von Kunst und Politik sprechen. Dann soll es für gewöhnlich um die gute, die utopische, revolutionär oder zumindest reformerisch das Subjekt der ästhetischen Erfahrung sensibilisierende Rolle der Kunst gehen.

In der Kunst selbst spielt das Verhältnis zur Politik seit den 1990er Jahren wieder verstärkt eine Rolle. Das kann man an der Documenta 10 (1997) festmachen, deren Kuratorin Catherine David bewusst auf politisch-utopische Entwürfe der 1970er Jahre zurückgegriffen hat, oder erst recht an der Documenta 11 von Okwui Enwezor. Er hat seine Schau explizit als Reflexion auf das weltpolitische Geschehen verstanden und dem Ausstellungskatalog mehrere Bücher mit den Resultaten von vier Konferenzen an die Seite gestellt, und zwar zu Themen wie „Demokratie als unvollendeter Prozess" oder „Experimente mit der Wahrheit: Rechtssysteme im Wandel und die Prozesse der Wahrheitsfindung und Versöhnung". Der Katalog der Documenta 11 selbst wurde gerahmt von Pressebildern der politischen Geschehnisse der vorausliegenden Jahre, was Enwezor seitens des deutschen Feuilletons auch sofort den Vorwurf einbrachte, auf seiner Documenta würde das Elend der Welt nur verdoppelt.

Ich muss diesen völlig unberechtigten Vorwurf hier auf sich beruhen lassen, geht es mir doch nur um die Skizze einiger rezenter Bewegungen im Verhältnis zwischen Kunst, Gesellschaft und Politik und um den Hinweis darauf, dass die Politik in der Kunst seit Mitte der 1990er Jahre zurück war, die (philosophische) Kunsttheorie dazu aber tendenziell schwieg bzw. die neuen Phänomene mit den Theorien der Postmoderne zu fassen versuchte und damit verpasste.[5] Dieses theoretische Vakuum, das mittlerweile mit Forderungen nach Politizität und *criticality* im Kunstfeld jedoch geradezu zuge-

---

Lyotard – immer wieder kritisiert, vgl. die gleichlautende Zwischenüberschrift in: Jacques Rancière, *Das Unbehagen in der Ästhetik*, Wien 2007, S. 125 ff. In *Ist die Kunst widerständig?* (Berlin 2008) erhebt Rancière einen ähnlichen Vorwurf auch gegenüber Deleuze.

5 Natürlich gab es Ausnahmen. Vgl. etwa: Gerald Raunig, *Wien Feber Null. Eine Ästhetik des Widerstands*, Wien 2000; ders., *Kunst und Revolution*, Wien 2005; Marius Babias, *Kunstvermittlung und Vermittlungskunst in den 90er Jahren*, Dresden/Basel 1995; Holger Kube Ventura, *Politische Kunst Begriffe*, Wien 2002; Christian Kravagna,

schüttet worden ist, dürfte einer der Gründe sein, warum Jacques Rancières Kunsttheorie am Beginn des neuen Jahrtausends sowohl von Teilen der philosophischen Kunsttheorie, vor allem aber von der Welt der Museen, Galerien und Kunstzeitschriften mit offenen Armen empfangen wurden – bis hin zu Umarmungen, die einen mehr als skeptisch machen.[6] Rancières Schriften werden seit dem Erscheinen seines ästhetischen Hauptwerks *Le partage du sensible* (2000) in immer mehr Sprachen übersetzt, und internationale Kunstmagazine wie *Frieze* oder *Artforum*[7] widmen ihm Artikel und Interviews. Man begegnet Rancière mit einer geschichtsvergessenen Begeisterung für das Verhältnis zwischen Kunst und Politik, fragt allenfalls, ob er mehr als eine Neuauflage von Adorno sei oder ob Rancière nicht doch eine etwas zu romantische Kunstauffassung vertrete.

2. *Was sagt eigentlich Jacques Rancière?*

Rancière spricht nicht über Kunst schlechthin, sondern über „drei große Regime der Identifizierung dessen, was wir *Kunst* nennen".[8] Die ersten beiden, nämlich das ethische und das repräsentative Regime der Kunst, haben ihren Ursprung in der Antike. Das dritte, Rancière nennt es mit Bezug auf den Begriff *aisthesis* das ästhetische, bildet sich um 1750 heraus. Für alle drei gilt, dass sie nicht so sehr Objekte definieren als Praktiken des Herstellens, Erkennens und Umgehens mit dem, was jeweils als Kunst gilt. Während Kunst im ethischen Regime, welches Rancière mit Bezug auf Plato erläutert, durch eine staatstragend didaktische Rolle definiert ist,[9] stehen im später einsetzenden mimetisch-repräsentativen System all jene Regeln im Zentrum, die das Verfertigen von Kunstobjekten definieren. Sie bringen Realismus-Konventionen ebenso hervor wie Einteilungen von Sujets der Kunst in hohe, niedrige und kunstunwürdige oder Ordnungen der Künste in verschiedene Gattungen, Genres etc. Dieses Regime beginnt Rancière zufolge bei Aristoteles, bleibt in den unterschiedlichsten Rhetorik-Auffassungen und Regelpoetiken allerdings bis ins 18. Jahrhundert wirkungsmächtig.

Agenda. Perspektiven Kritischer Kunst, Wien 2000; Wolfgang Zinggl, *Spielregeln der Kunst*, Wien 2001.

6 Vgl. z. B. David Riff, „Jenseits der internalisierten Multitude. Reflektionen über die Arbeitsgruppe Chto delat", in: *Kunst und Politik*, hg. von Hedwig Saxenhuber für die Kulturabteilung der Stadt Wien, Wien/New York 2008, S. 232.

7 Aber auch deutschsprachige Kunstzeitschriften wie *Texte zur Kunst* und *springerin*.

8 Jacques Rancière, *Die Aufteilung des Sinnlichen*, Berlin 2006 (frz. 2000), S. 36.

9 Ebd., S. 36 f.

Gegenüber den eher autoritären Regimen des Ethischen und des Repräsentativen verhält sich das dritte, ästhetische Regime befreiend und demokratisierend. Es entzieht sich allen vorab festgelegten Regeln und den damit verbundenen Hierarchien: seien es die ethischen zwischen wahren und falschen Gemeinschaften, seien es die repräsentativen Hierarchien zwischen dem Darstellungswürdigen und -unwürdigen oder dem, was als Wirklichkeit bzw. Fiktion gilt. Um 1750 hält eine Wahrnehmung Einzug in die Kunst, für die alle vormals hierarchisierten Inhalte und Formen gleich (kunstwürdig) sind. Rancières Liebling ist in dieser Hinsicht Flaubert, der die Subjekte und Sujets unterschiedlichster sozialer Klassen – von den Pariser Salons bis zu den Bauernmärkten in der Provinz – mit derselben Technik einer so wissenschaftlichen wie egalisierenden Distanz behandelt; sie also alle auf eine Ebene stellt.

Der etwas irreführenden Bezeichnung „ästhetisches Regime" zum Trotz sollte man aus dem Siegeszug der um 1750 entstehenden neuen und egalisierenden Wahrnehmung allerdings nicht schließen, dass die Kunst dieses Regimes auf ein sinnliches Ereignis reduziert werden kann. Der antihierarchische, entregelnde Effekt der Sinnlichkeit entzündet sich nur *an* identifizierbaren, und d. h. schon eingeteilten, hierarchisierten Gegenständen, Bedeutungen, Geschichten. Oder anders gesagt: Die Kunst des ästhetischen Regimes ereignet sich dort, wo geordneter Sinn mit chaotischer Sinnlichkeit in Kontakt tritt. Jedes Kunstwerk ist im ästhetischen Regime eine Montage aus Verständlichem und Entzug des Verstehens durch eine überwältigende Sinnlichkeit; eine Montage aus „Schizophrenie" und „Konsens".[10]

Von den drei Weisen, einen bestimmten Ausschnitt des Wahrnehmbaren als Kunst zu definieren, unterscheidet Rancière eine „erste"[11] oder „ursprüngliche"[12] Ästhetik (*esthétique première*). Damit weist er darauf hin, dass der Kunst ein sinnliches Terrain vorausliegt, dessen Strukturierung – Rancière spricht hier von Auf- bzw. Zuteilung (*partage*) – verschiedene Wahrnehmungsweisen, Tätigkeitsbereiche und ihre Subjekte voneinander trennt. Kunst ist einer dieser Bereiche. Politik, Recht und Ökonomie sind drei weitere, die sich in der Moderne scheinbar von selbst ausdifferenziert haben. Rancière hebt mit Bezug auf die erste Ästhetik vor allem die Hegemonialität der faktischen Aufteilungen des Sinnlichen heraus. Aufteilungen wie beispielsweise die in Kunst, Politik, Recht und Ökonomie sind nicht einfach da, son-

10 „Der Satz, das Bild, die Geschichte", in: Jacques Rancière, *Politik der Bilder*, Berlin/ Zürich 2005, S. 43–82, hier S. 57.

11 Jacques Rancière, *Ist Kunst widerständig?*, hg., übersetzt, um ein Gespräch mit Jacques Rancière und ein Nachwort erweitert von Frank Ruda und Jan Völker, Berlin 2008, S. 37 ff.

12 Rancière, *Die Aufteilung des Sinnlichen*, a.a.O., S. 27.

dern verdanken sich Akten der meist passivierenden Zuteilung, aber auch der aktiven Beanspruchung sowie den Kämpfen, in denen die Handlungen des Zuteilens und Nehmens stehen. Doch eben diese Umkämpftheit ist es, welche jede Aufteilung des Sinnlichen vergessen macht, ist sie doch nichts anderes als die zur zweiten Natur gewordenen Regeln bzw. Grenzen des Denkbaren und Machbaren.[13]

Deshalb ist auch die um 1750 entstandene Autonomie der Kunst des ästhetischen Regimes, d. h. ihre Loslösung von der Vermittlung ethischer oder religiöser Ideen und ihre Befreiung von Regeln der Repräsentation, nicht das Ende jeder Heteronomie und Vermischung mit anderen gesellschaftlichen Sphären. Was die Kunst mit beispielsweise der Politik oder der Wissenschaft teilt und worum sie gemeinsam konkurrieren, ist die nie unumstrittene Aufteilung der ursprünglichen Ästhetik. In ihrer Totalität bringt diese erste Ästhetik zum Ausdruck, was zu einem bestimmten Zeitpunkt überhaupt wahrgenommen, gefühlt, gemacht und gedacht werden kann: z. B. Kunstwerke, Verfassungen, Möbel, Flugzeuge und e-mails, aber keine Elfen oder das Ende des Kapitalismus. Anstatt also wie Kant und seine Nachfolger die Autonomie der Kunst an den Anfang zu stellen und dann nicht mehr zu wissen, wie man mit den Überschneidungen zwischen Kunst und Nicht-Kunst umgehen soll, betont Rancière, dass die jeweils eigenlogischen Bereiche von z. B. Kunst, Wissenschaft und Politik differentiell miteinander verbunden sind, weil sie an ein und derselben Aufteilung des Sinnlichen mitwirken – oder vielmehr mitkämpfen. So ist er in der Lage zu erklären, wie Autonomie und Heteronomie der Kunst von Anfang an miteinander zusammenhängen.[14]

Die Kunst des dritten Regimes ist allerdings in einer paradoxen Situation: Einerseits zieht sie im Raum des Wahrnehmbaren eine Grenze zwischen der Kunst und all jenen Bereichen, die keine Kunst sind. Auf der anderen Seite ist diese Kunst bei Rancière jene – seit immerhin 1750 relativ stabile – Institution, die das Übertreten von Grenzen und Unterlaufen von Einteilungen der ersten Ästhetik zur Regel erklärt hat. Wo diese Kunst gelingt, ist sie ein unentscheidbarer Streit zwischen einer chaotischen Sinnlichkeit, die für eine neue und noch nicht identifizierbare Aufteilung des Sinnlichen steht, und einem hierarchisierenden Sinn, der eine bestimmte Aufteilung des Sinnlichen bestätigt.

Diese Bestimmung der Kunst des dritten Regimes, in der Rancière mit vielen Kunstphilosophen von Schlegel bis zu Heidegger und Adorno übereinstimmt, erklärt auch die drei möglichen Reaktionen auf das Paradox dieser

---

13 Vgl. dazu Ruth Sonderegger, „Ästhetische Regime", in: *Bildpunkt. Zeitschrift der IG Bildende Kunst*, Wien, Frühling 2010, S. 8 f.

14 Jacques Rancière, „The aesthetic revolution and its outcomes. Emplotments of autonomy and heteronomy", in: *New Left Review* 14, March/April 2002, S. 133–151.

Kunst, die eine Subversion inszeniert, ohne den Umsturz an ein siegreiches Ende führen zu können. Da gibt es – und damit komme ich zu Rancières Version eines historischen Überblicks hinsichtlich des Verhältnisses von Kunst und Politik – erstens „von der Zeit der Französischen Revolution bis zu der der russischen Revolution"[15] den Traum von einer Kunst, die ihre Erfüllung und ihr Ende in der Politik findet; im realen Etablieren einer neuen Aufteilung des Sinnlichen. Dieses Projekt einer Überführung ästhetischer Neuaufteilungen ins politische Leben hat sich bekanntlich häufig in barbarische Richtungen verwirklicht. Nicht zuletzt als Reaktion darauf wurde zweitens im 20. Jahrhundert immer wieder das Gegenteil einer Auflösung der Kunst im Leben gefordert: nämlich eine Kunst, die sich vom Leben vollkommen fernhält. Diese Kunst soll (im Namen der Opfer der gescheiterten radikalen Neuanfänge) auf etwas verweisen, was sich im Leben per definitionem nicht realisieren lässt, sondern immer Versprechen bleibt. Dieses ganz Andere liegt Rancière zufolge Deleuzes und Lyotards Kunsttheorie ebenso zugrunde wie der These Adornos, wonach die gesellschaftliche Funktion der Kunst darin besteht, keine zu haben.[16]

Rancière nimmt diese „hartnäckige Spannung von zwei großen Politiken der Ästhetik [...]: der Politik des Leben-Werdens der Kunst und der Politik der widerständigen Formen"[17] durchaus ernst, wenn er eine dritte Alternative formuliert. Diese Alternative speist sich aus der Einsicht, dass sowohl die Auslöschung der Kunst im Leben als auch die Kunst des per se uneinlösbaren Versprechens eines vollkommen anderen Lebens unhaltbare Reinheitsphantasien sind. Dagegen setzt Rancière die Vermischung und „die Konfusion". „Ästhetik" ist Rancière zufolge nichts anderes als der Name für ein „Durcheinander".[18]

Das Bekenntnis zu diesem Durcheinander bedeutet einerseits zuzugeben, dass einzelne Kunstwerke, Genres und Traditionen das Terrain der ersten Ästhetik neu eingeteilt haben, manchmal durchaus auch mit emanzipatorischen Effekten; und dass wir aufhören sollten, derartige Folgen der Kunst für das Leben als Verunreinigung oder, wie Adorno, gar als Sündenfall zu bezeichnen. Auf der anderen Seite plädiert Rancière mit seinem dritten Weg dafür, solche Effekte und Folgen nicht zum normativen Markenzeichen guter Kunst zu machen. Das (normative) Charakteristikum der Kunst ist vielmehr das

15 Rancière, *st Kunst widerständig?*, a.a.O., S. 24.

16 Ebd., S. 25.

17 Rancière, *Das Unbehagen in der Ästhetik*, a.a.O., S. 55.

18 Ebd., S. 14.

bekannte Als-ob,[19] das spielerische Experimentieren mit neuen Einteilungen des Sinnlichen, die unendlich aufgeschobene werden und bleiben, wenn sie nicht zufällig, d. h. auf von der Kunst nicht kontrollierbare Weise von RezipientInnen oder AktivistInnen aufgegriffen werden. In den Worten Rancières:

> Das Problem ist folglich nicht, beide (= Politik und Kunst) an sich zurück zu verweisen, sondern die Spannung selbst aufrecht zu erhalten, die eines mit dem anderen verspannt, eine Politik der Kunst und eine Poetik der Politik, die nicht zusammenkommen können, ohne sich gegenseitig zu unterdrücken.[20]

Somit gesteht Rancière zwar auch der Politik eine gewisse Ästhetik und Poetik zu, aber sie bleibt eine vollkommen andere als die Politik der Kunst, welch letztere eine Politik des Vermischens im Modus des Als-ob ist. Emphatische, und d. h. für Rancière emanzipatorische Politik hingegen führt zu tatsächlich neuen Einteilungen und überschreitet das Als-ob, wenn auch meist nur kurzfristig und für wenige. So bleibt Rancière in seinem Plädoyer für spezifisch ästhetische Vermischungen von Kunst und Politik ein Einteilungswissenschaftler.[21]

3. *Grenzen der Rancièreschen Ästhetik*

Wenn man Rancière politisch-ästhetischen Romantizismus vorwerfen will, reicht es also nicht aus, auf seine Theorie einer Kunst zu verweisen, die an der Aufteilung des Sinnlichen zwar beteiligt ist, dafür aber kein Monopol beansprucht; die emphatische Politik tut das auch. Entscheidender für den Vorwurf, Rancière sei ein politischer Romantiker,[22] ist wohl, und darauf gehen seine Kritiker viel zu wenig ein, dass er sich ausschließlich als Sammler *emanzipatorischer* Gebräuche und Effekte von Kunst versteht. Paradigmatisch dafür sind seine umfangreichen Archivstudien über Saint-Simonistische Ar-

---

19 In Rancière, *Ist die Kunst widerständig*, a.a.O., S. 29, spricht Rancière vom Kantischen Als-ob, der Proustschen Metapher und Adornos Widerspruch als Verweisen auf die Logik einer Kunst der Vermischung.

20 Ebd., S. 34.

21 Vgl. dazu ausführlicher: Ruth Sonderegger, „Affirmative Kritik. Wie und warum Jacques Rancière Streit sammelt", in: Drehli Robnik, Thomas Hübel und Siegfried Mattl (Hg.), *Das Streit-Bild. Film, Geschichte und Politik bei Jacques Rancière*, Wien 2010, S. 29–59.

22 Josef Früchtl, „Auf ein Neues: Ästhetik und Politik. Und dazwischen das Spiel. Angestoßen durch Jacques Rancière", in: *Deutsche Zeitschrift für Philosophie* 55/2 (2007), S. 209–219.

beiter und Handwerker im Paris der 1830er und 40er Jahre, denen Rancière seine ersten Bücher gewidmet hat.[23] Diese Handwerker haben in der Auseinandersetzung mit romantisch-symbolistischer Literatur nicht nur herausgefunden, welche Leben ihnen vorenthalten wurden, sondern auch, wozu sie durchaus in der Lage waren, obwohl man es ihnen – von bürgerlicher wie von orthodox marxistischer Seite – abgesprochen hatte: nämlich Literatur zu produzieren und philosophische Journale herauszugeben. In diesem Fall hat Literatur offensichtlich eine emanzipatorische Funktion für einige ganz reale Leben gehabt.

Es ist ohne Zweifel legitim, solche Archiv-Geschichten zu sammeln, in denen im emanzipatorischen Sinn einmal etwas gut gegangen ist; insbesondere dann, wenn sich diese Strategie gegen die Tendenz richtet, bestimmte Subjekte auf ihre Opferrolle festzulegen. Problematisch wird Rancières Einseitigkeit allerdings dort, wo seine emanzipatorische Geschichtsschreibung der Kunst sich sträubt, weniger erfolgreiche Lebensläufe als jene, die er selbst aus den Archiven befreit, zum Gegenstand der Forschung zu machen. Am problematischsten scheint in dieser Hinsicht die Polemik, mit der Rancière Bourdieus soziologischen Studien über die Normalisierungseffekte der Diskurse und Institutionen der Kunst begegnet,[24] statt Bourdieus Analyse des Kunstfelds als komplementäres Unternehmen zu sehen.

Beide sind nämlich gleichermaßen an der Frage interessiert, was Kunst zur Einteilung des Sozialraums als eines praktisch-sinnlich-körperlichen beiträgt. Damit kritisieren sie *gemeinsam* Kunsttheorien, die die im Sinn der ersten Ästhetik naturalisierten und habitualisierten Effekte der Kunst nicht berücksichtigten, sondern die Kunst auf ein steriles Ungetüm im Jenseits sozialer Gebräuche reduzieren – mit dem einzigen Unterschied, dass der eine den Schwerpunkt auf die emanzipatorischen Effekte legt und der andere auf die normalisierenden. Rancières archivalischen Belege für die (kollektive) Selbstemanzipation literaturbegeisterter Schreiner, Bodenleger und Schlosser scheinen mir dabei ebenso überzeugend wie Bourdieus Nachweis, dass der von unterschiedlichen Institutionen getragene Diskurs über die Autonomie der Kunst alles andere als interessenlos war, sondern auch ein strategisches Mittel

23 Vgl. insbes. Jacques Ranciere, *La nuit des prolétaires. Archives du rêve ouvrier*, Paris 1981.

24 Rancières geht so weit zu behaupten, dass Bourdieu seine wissenschaftlichen Opfer-Objekte nur noch mehr auf die Gefängnisse festlegt, in denen sie sich ohnehin schon befinden. Vgl. Rancière, *Der Philosoph und seine Armen*, Wien 2010 (frz. 1983), insbes. S. 225–272. Dazu kritisch: Ruth Sonderegger, „Wie emanzipatorisch ist Habitus-Forschung? Zu Rancières Kritik an Bourdieus Theorie des Habitus", in: *LiThes. Zeitschrift für Literatur- und Theatersoziologie*, Nr. 3, Juli 2010: http://lithes.uni-graz.at/lithes/beitraege10_03/sonderegger.pdf.

zur Etablierung und Festschreibung von Klassengrenzen entlang einer neuen Sorte von Kapital: nämlich dem kulturellen.[25]

Aber nicht nur als Ergänzung in Bezug auf das Spektrum der konstitutiven Effekte der Kunst, von den emanzipatorischen bis zu den repressiven, und damit als Korrektur von Rancières emanzipatorisch-romantischer Einseitigkeit ist Bourdieus Kunstsoziologie hilfreich. Auch sein Interesse an der Kunst als Institution in ihrem den einzelnen Subjekten entzogenen Austausch mit anderen Institutionen[26] müsste für Rancière und alle jene von Bedeutung sein, die sich für politische statt nur individual-ethische Effekte der Kunst interessieren.[27] Dass Rancière hier skeptisch (und polemisch) bleibt, hat vor allem mit seinem Konzept des Politischen zu tun.

Emphatische Politik, die Rancière „das Politische" nennt, ist keine Angelegenheit von Institutionen und Parteien – hier spricht er vielmehr von Polizei oder von Konsens-Politik. In den Augen Rancières verwalten solche Institutionen eine bestimmte sinnliche Einteilung des sozialen Raums, indem sie Subjekpositionen, Funktionen und Rechte zuteilen. Emphatische Politik dagegen ereignet sich nicht im paternalistischen Zuteilen oder Gewähren, sondern in Akten des Nehmens und Beanspruchens, in denen ein Konsens zumindest so erfolgreich herausgefordert wird, dass das Gegenüber, das bislang kein Problem in einer bestimmten Aufteilung und damit Begrenzung des sozialen Raums gesehen hat, zuhört und bereit ist, die bisher konsensuelle Aufteilung zu überdenken. Das ereignet sich, wenn sogenanntes „Unvernehmen", d. h. ein innerhalb einer bestimmten Aufteilung des Sinnlichen nicht Wahrnehmbares, erfahrbar und der Verhandlung zugänglich gemacht wird. Dieses „Unvernehmen betrifft weniger die Argumentation als das Argumentierbare [...]. Die Extremsituation des Unvernehmens ist jene, bei der X nicht den gemeinsamen Gegenstand sieht, den ihm Y präsentiert [...]."[28] Unvernehmen spielt sich also auf der meist unbemerkt bleibenden Ebene der ersten Ästhetik ab. Das erklärt auch, warum künstlerische Experimente mit sinnlichen Einteilun-

25 Pierre Bourdieu, *Die Regeln der Kunst. Genese und Struktur des literarischen Feldes*, Frankfurt a. M. 2001.

26 Vgl. Pierre Bourdieu und Alain Darabel, *Die Liebe Zur Kunst*, Konstanz 2006; zu einer späteren Untersuchung, die allerdings zu mehr oder weniger demselben Ergebnis kommt vgl. die von Tom Waibel 2010 über vier Wiener Museen durchgeführte Studie: http://sites.google.com/site/theoriekunstschule/Home/die-liebe-zur-kunst/museumsbesucher_innen.

27 Zu einem kritischen Vergleich zwischen Bourdieu und Rancière vgl. Charlotte Nordmann, *Bourdieu/Rancière. La politique entre sociologie et philosophie*, Paris 2006.

28 Jacques Rancière, *Das Unvernehmen. Politik und Philosophie*, Frankfurt a. M. 2002, S. 10 f.

gen im Modus des Als-ob für emanzipatorische Bestrebungen in bestimmten Momenten durchaus attraktiv sein können.

Fragwürdig bleibt aber, ob man die verwaltende – mehr oder weniger normalisierende – Politik so einfach aus einem an Emanzipation interessierten Politikverständnis ausschließen kann, wie das bei Rancière meist der Fall ist. Diese Frage stellt sich umso mehr, als Rancière in einigen neueren Texten über Tendenzen der Gegenwartskunst auch jene „Politik" diskutiert, die emanzipatorische Bestrebungen verhindert. So findet sich am Ende seines Aufsatzes „Probleme und Transformationen der kritischen Kunst" folgende Bemerkung: „Aber das Paradox unserer Gegenwart ist vielleicht, dass diese ihrer Politik unsichere (= heutige, R. S.) Kunst gerade durch das Defizit der eigentlichen Politik zu mehr Engagement aufgefordert wird. Alles spielt sich nämlich so ab, als ob die Schrumpfung des öffentlichen Raums und die Auslöschung des politischen Erfindungsreichtums zur Zeit des Konsenses den Mini-Demonstrationen der Künstler [...] die Funktion einer Ersatzpolitik verleihen würde."[29] An anderer Stelle schreibt er: „Als Ersatz aber läuft die Kunst Gefahr, sich in den Kategorien des Konsens' insofern zu verwirklichen, als dieser die politischen Anwandlungen einer ihr Gebiet verlassenden Kunst auf die Aufgaben von Nachbarschaftspolitik und eines sozialen Heilmittels beschränkt. [...] Die Politik der Kunst reduziert sich auf Wohlfahrt und ethische Ungenauigkeit."[30]

Damit wendet Rancière sich mit Grund gegen die bekannten gegenwärtigen Trends, dass Kunstinstitutionen ebenso wie z. B. öffentliche Stipendienstellen und Preisauslobungen von der Kunst Kritik, Dissens, das Herstellen von politischer Öffentlichkeit oder auch Sozialarbeit fordern. Dass sie von der Kunst also fordern, das zu ersetzen, wofür die Sozialausgaben nicht mehr ausgegeben werden. Mein Problem mit der berechtigten Kritik an dieser Tendenz besteht darin, dass Rancière die Kunst selbst für diese Perversion verantwortlich macht, genauer gesagt eine bestimmte, „ihr Gebiet verlassenden Kunst". Dabei hat er insbesondere partizipative und sogenannte relationale Kunstprojekte vor Augen,[31] bei denen KünstlerInnen keine Werke oder Objekte herstellen, sondern Workshops oder Diskussionen organisieren oder Nicht-KünstlerInnen in Tanz, Fotografie oder Film unterrichten. Rancière scheint aber auch Wendungen zur Forschung, zum Dokumentarischen oder zum politischen Aktivismus für eine Politik verantwortlich zu

29 Jacques Rancière, „Probleme und Transformationen der kritischen Kunst", in: ders., *Das Unbehagen in der Ästhetik*, a.a.O., S. 57–73, hier S. 73. Vgl. auch Christian Höller, „Überlegungen zum Politisch-Werden der Kunst", in: *Kunst + Politik*, hg. von Hedwig Saxenhuber, a.a.O., der seine Überlegungen mit diesem Rancière-Zitat beginnt.

30 Rancière, „Die Poitik der Kunst und ihre Paradoxien", in: ders., *Die Aufteilung des Sinnlichen*, a.a.O., S. 75–100, hier S. 96.

31 Vgl. Nicolas Bourriaud, *Relational Aesthetics*, Dijon 2002.

machen, die Sozial- und Öffentlichkeitsarbeit in die Kunst auslagert. In allen genannten Tendenzen gegenwärtiger Kunstproduktion sieht Rancière nur einen Autonomieverfall und eine Anbiederung an die verwaltende Politik, anstatt genauer zu untersuchen, in welchen Fällen und Ausmaßen tatsächlich Ersatzpolitik betrieben wird. Rancières zwar nicht ausgesprochene, aber doch implizite Forderung scheint zu sein: Zurück zu einer Kunst, die sich als dezidiert von der Politik unterschieden begreift bzw. ihre irreduzibel eigenständige Politik betreibt, sofern sie der emanzipatorischen Politik Strategien zur Neuaufteilung der Sinnlichkeit nur im Register des Als-ob bereitstellt.

Was Rancière dabei nicht beachtet, ist Folgendes: Die Gegenwart ist nicht nur von der Tendenz gezeichnet, politische und soziale Aktivitäten in die Kunst outzusourcen. Es gibt auch die diametral entgegengesetzte Tendenz. Ich meine die Tendenz, künstlerisches Handeln, wie es in der Blütezeit der Autonomiebestrebungen der Kunst entwickelt wurde, nämlich als selbstbezogenes Experimentieren um des Experimentierens und um des immer Neuen willen der Sphäre der Kunst zu entwenden und zum Job- und Subjektprofil der Gegenwart aufzuwerten. Vor diesem Hintergrund müssen auch die erwähnten Entwicklungen in der Gegenwartskunst hin zur Partizipation, zur Dokumentation, zum Aktivismus oder zur Forschung anders – oder zumindest ambivalenter – beurteilt werden, als Rancière das tut. Wenn künstlerische Fähigkeiten, Tugenden und Praxisformen – wie z. B. projektbasiertes Arbeiten, das immer wieder von vorne anfängt und lebenslang lernen will; das permanente Neuerfinden des Selbst; die Fetische der Innovation und der Flexibilität etc. – wenn also das alles heute zur Pflicht oder zumindest zum Ideal der Subjektivierung geworden ist, dann kann man den nicht zu leugnenden Erwartungen an die Kunst als Sozialkitt nicht einfach mit einer aufgewärmten Variante der Unterscheidung zwischen der Politik in der Kunst und der Politik außerhalb der Kunst antworten.[32]

Ich glaube, dass die soeben angesprochenen Tendenzen der Gegenwartskunst, sich Praktiken zuzuwenden, die wenig mit bisheriger Kunst zu tun haben, eine durchaus kritische und gegenwartsgenaue Erweiterung der künstlerischen Praxis darstellen, wie sie sich in Europa ab 1750 entwickelt hat. Anders gesagt: Es könnte sein, dass manche Formen einer kunstfern sozialarbeiterisch, wissenschaftlich, dokumentarisch oder aktivistisch gewordenen Kunst zu einer Neu-Aufteilung der ersten Ästhetik beitragen, indem sie sich gegen die eigene Festschreibung als Experiment um des Experimentierens willen wenden, und zwar ohne in Ersatzpolitik aufzugehen. Als Künstlerin

---

32 Zu einem ähnlichen Ergebnis kommt Gerald Raunig in: ders., „Partizipation und Polizei", in: *31. Das Magazin des Instituts für Theorie. Paradoxien der Partizipation*, Nr. 10/11, Dezember 2007, S. 65–70.

keine Kunst zu machen, ist dann durchaus eine emanzipatorische Option und keine Anbiederung. Am überzeugendsten scheinen mir in dieser Hinsicht künstlerische Praktiken, die sich nicht deshalb gegen die Unterscheidung zwischen Kunst und Politik richten, weil es hier keine Grenzen gäbe oder man sie einfach ignorieren könnte,[33] sondern weil die Grenzen zu vielfältig und in perverser Weise gleichzeitig zu unnachgiebig und zu porös sind, um sie mit der Formel Kunst und/oder Politik und/oder Gesellschaft fassen zu können.

4. *Formen der Organisierung als Organisierung der Formen*

Ich will das an zwei künstlerischen Praktiken erläutern, mit denen Rancière vermutlich große Probleme hätte. Von der ersten habe ich nur gelesen, und zwar in einem Artikel der Zeitschrift *Malmoe*,[34] in dem von den Vorbereitungen zum Linzer Kulturhauptstadtjahr berichtet wird. Zu diesen Vorbereitungen gehörten offenbar auch Aufrufe zur Auseinandersetzung mit der Linzer NS-Zeit; Aufrufe, welche der Berichterstatterin Katharina Morawek zufolge in einem eher gespannten Verhältnis zu einer Arbeit von Studierenden der Linzer Kunstuniversität standen. Diese Arbeit macht deutlich, dass Umsetzungen gutgemeinter Aufrufe zu kritischer oder politischer Kunst nicht immer so verlaufen, wie die Auftraggeber es sich (im Sinn einer Ersatzpolitik) vorstellen.

Nach gemeinsamen Recherchen hängten die TeilnehmerInnen des Projekts „Hohlräume der Geschichte" einer Aphrodite in einem öffentlichen Park ein Schild folgenden Inhalts um: „Linz, 18. April 1942. Die Plastik auf der Gugl soll formlos enthüllt werden. Der Führer übergibt sie der Stadt Linz als Geschenk. Linz, 13. Mai 2008. Die Plastik auf der Gugl wird formlos sichtbar gemacht." Der Hinweis darauf, dass die offenbar unauffällige Plastik ein von der Stadt Linz seit 1942 akzeptiertes Geschenk des Führers ist, führte kurz darauf zur Entfernung der Statue sowie des Hinweises auf ihre Herkunft. Diese Arbeit hat eine Menge mit historischer Forschung zu tun, besteht letztlich aber aus der ästhetisch pointiert platzierten Veröffentlichung einer Informa-

33 Ein solches einfaches Ignorieren, und zwar gepaart mit einem gewissen Reinheitspathos in Bezug auf das Außen der Kunst, sehe ich beispielsweise im Vortrag „Exit Strategies" von Stephen Wright im Rahmen des *3rd Former West Research Congress* vom 29. September 2012 in Utrecht am Werk: www.formerwest.org/ResearchCongresses/3rdFORMERWESTResearchCongressPartTwo/StephenWrightExitStrategies

34 Katharina Morawek, „Linz in Kisten. Kulturprojekte der Vergangenheit", in: *Malmoe*, Nr. 43 (2008), S. 22. Vgl. auch www.insitu-linz09.at/de/orte/29-orte-aphrodite-tempel-bauernbergpark.html und www.liqua.net/stadt-im-glueck/text/32.

tion, die sich prinzipiell alle BürgerInnen selbst hätten verschaffen können; einer Information, die man auch in einer Zeitung veröffentlichen oder der Stadtverwaltung hätte mitteilen können. Die KünstlerInnen der Gruppe haben sich allerdings für eine andere, genuin ästhetische Form der Informationsvermittlung entschieden, indem sie eine bestehende Skulptur erweitern und damit auch die bloße Informationsvermittlung transzendieren. Es geht also um genuin ästhetische Entscheidungen, und dennoch wird die entscheidende Information nicht als Spiel oder Experiment im Als-ob-Modus mitgeteilt, sondern wirklich. Somit ist diese Aktion weit entfernt von Rancières Vorstellung politischer Kunst, die eine konsensuelle Aufteilung des Sinnlichen nur im spielerischen Modus des Als-ob durchbricht.

Das gilt auch für die meisten Arbeiten der „Plattform Geschichtspolitik", einer Gruppe von Studierenden, Lehrenden und der Akademie der bildenden Künste Wien verbundenen Aktivistinnen, die sich im Zug der Bildungsproteste im Herbst 2009 formiert hat.[35] Das Ziel der Plattform ist die wissenschaftliche, ästhetische und künstlerische Auseinandersetzung mit der Geschichte der Wiener Akademie, insbesondere was ihre Teilhabe an Kolonialismus, (Austro-)Faschismus und Nazismus betrifft. Die Plattform hat sich die Aufarbeitung des Archivs der Akademie ebenso zur Aufgabe gemacht wie eine bislang ausgebliebene Restitutionsforschung und die Intervention in die Räumlichkeiten der Akademie. Denn hier sind die imperialistischen und antisemitischen Vergangenheiten Österreichs, in die sich Akademieangehörige bereitwillig eingereiht haben, allgegenwärtig und (darum) unsichtbar.

Im Rahmen eines Workshops am 29. Mai 2010 benannte die Plattform den Schillerplatz um in „Platz der auf Betreiben der Akademie 1938/39 vom Platz vertriebenen Jüd_innen" und las aus dem Schreiben vor, mit dem die Akademie damals die Stadt Wien aufforderte, den Schillerplatz Juden und Jüdinnen zu verbieten. Die Aktion setzte sich fort in einer Bearbeitung der Büste Weinhebers auf dem Schillerplatz mit Kleister, Papier und Text. Sie wurde mit Informationen wie etwa derjenigen beklebt, wonach Weinheber auf Hitlers „Gottbegnadeten-Liste" stand und somit vom Wehrdienst befreit war; oder auch der Information, dass die Büste 1940 angefertigt wurde und sich seit 1975 auf dem Schillerplatz befindet, und zwar auf einem Sockel und einem

35 Vgl. www.plattform-geschichtspolitik.org/html/intervention-tisch.php sowie Eduard Freudmann „‚Hakenkreuze? Ornamente!' als Verdrängungskontinuität. Geschichtspolitische Zustände einer öffentlichen Kunst- und Bildungsinstitution", auf: *transversal*, 10, 2010: http://eipcp.net/transversal/1210/freudmann/de. Informationen und Pressereaktionen zu einer rezenten Intervention der Plattform finden sich auf http://taubiturtl.tumblr.com.Als an der Akademie Lehrende sollte ich hinzufügen, dass ich nicht Teil der Plattform bin, ihre Arbeit aber mit großem Interesse verfolge.

betonierten Fundament. Die Vorderseite des Sockels wurde mit der schriftlichen Aufforderung tapeziert, die Statue auf den Kopf zu stellen; und zwar mit den Worten „THIS SIDE DOWN" und einem Pfeil, der unzweideutig die Kopfseite der Skulptur als jene bestimmt, die nach unten gedreht werden soll.

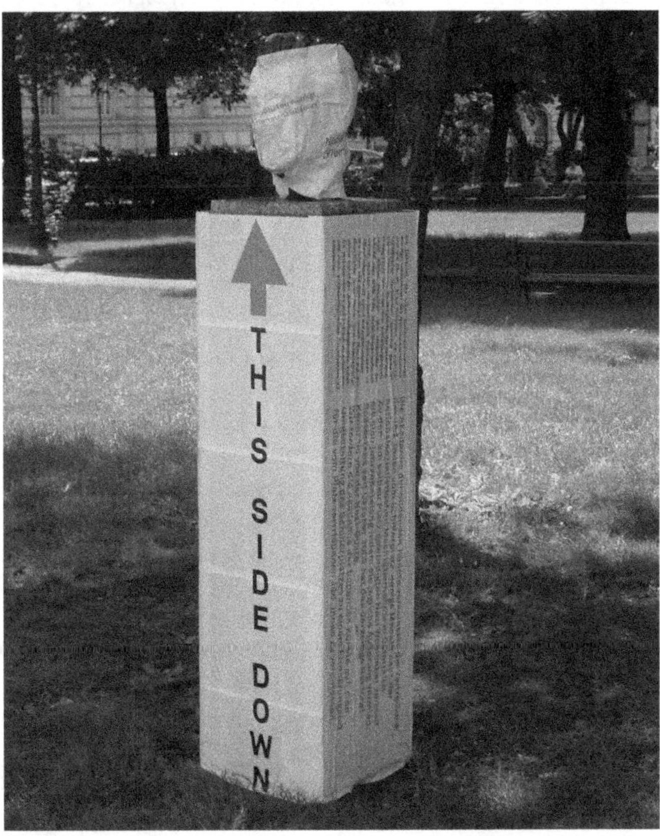

Diese „antifaschistische Umgestaltung"[36] von Straßenschildern und einer Skulptur beruht ebenso auf genau kalkulierten ästhetischen Eingriffen wie die zuerst besprochene Linzer Aktion von Studierenden. Die Umgestaltung des Schillerplatzes geht aber deutlich weiter über das Anbringen von Informationen hinaus als die zuerst besprochene Intervention. Denn es wird eine neue Skulptur hergestellt, welche auch aus der alten eine andere macht. Was vorher ein unausgesprochener sinnlicher Konsens war: dass nämlich in einem städ-

36 Das ist die Bezeichnung der Aktion in der Presse-Erklärung: http://at.indymedia.org/node/18334.

tischen Park zu Recht Skulpturen von erinnerungswürdigen Persönlichkeiten stehen, zerbröckelt aufgrund der Beklebung der Skulptur mit Informationen bzw. Handlungsanweisungen und wird damit auch als unausgesprochener Konsens thematisierbar. Von der Aufforderung zum Umlegen oder Auf-den-Kopf-Stellen der Statue könnte in einem bestimmten Sinn vielleicht durchaus gesagt werden, dass sie einen paradoxen Als-ob-Status im Sinne Rancières hat, sofern sie dieses Umlegen fordert, aber nicht selbst vollzieht. Andererseits verändert sich die Statue vor den Augen von ZuschauerInnen tatsächlich, und es werden Informationen veröffentlicht, die alles andere als als-ob sind, selbst wenn sie, wie das auf dem Schillerplatz der Fall war, nach kurzer Zeit entfernt werden.

5. *Zu groß um wahr zu sein*

Man könnte natürlich viele andere künstlerische Praktiken nennen, die sich ähnlich gegen die ästhetische Forderung des Als-ob wenden, und zwar im Wissen, dass man sie nicht einfach abschaffen kann, wenn man sich auf dem Kunstfeld oder auf einem seiner Vorplätze, etwa dem Wiener Schillerplatz, bewegt. Und es gibt eine Vielzahl anderer Politiken der Kunst: man denke nur an institutionskritische, partizipative oder dokumentarische Ansätze. Ich wollte hier auf nur eine Form etwas genauer eingehen, die man vielleicht als ästhetische Informationsintervention bezeichnen könnte. Damit sollte Rancières Verdacht entkräftet werden, dass solche Kunst immer Gefahr läuft, zum willigen Gehilfen jener äußerst problematischen Politik zu werden, die heikle Themen und unangenehme oder teure Sozialarbeit in die Kunst auslagert. Und dieser Verdacht ist ja der Grund, warum Rancière fordert, dass das spezifisch künstlerische Übertreten von Einteilungen des Sinnlichen im Modus des spielerischen Als-ob vonstatten zu gehen hat und von nicht-künstlerischen Grenzverschiebungen der Politik-Politik kategorial zu unterscheiden ist. Die beiden diskutierten Informationsinterventionen haben dagegen deutlich gemacht, dass sie die verwaltende Politik nicht nur nicht entlasten, sondern im Gegenteil bislang unsichtbares Handeln zum Schutz bestimmter skulpturaler Manifeste provozieren und öffentlich in Erscheinung treten lassen.[37] Sie sind genau kalkulierte Antworten auf gegenwärtige Indienstnahmen der Kunst

---

37 Vgl. „Die Bausubstanz angreifen. Ein Gespräch der ‚Plattform Geschichtspolitik' über Geschichtspolitiken im öffentlichen Raum, die Funktion des Denkmalschutzes sowie einige Prinzipien zur Umgestaltung problematischer Manifestationen", in: *Open Call: Handbuch zur Umgestaltung des Lueger-Denkmals*, Wien 2011, S. 158–172.

seitens des Marktes, der Politik aber auch seitens des Kunstfelds selbst. Denn sie widersetzen sich der Ersatzpolitik ebenso wie einer Kunst des Als-ob.

Die beiden besprochenen künstlerischen Eingriffe sind in unterschiedlichen Hinsichten politisch: Sie betreiben politische Aufklärung, greifen ästhetisch in ein skulpturales, politisches Manifest und dessen (Denkmal-)Schutz ein, arbeiten an der Formierung einer Gruppe Gleichgesinnter, verhalten sich zu Funktionszuweisungen an die Kunst etc. Und sie sind ihrerseits anders politisch als etwa institutionskritische Kunst oder Rancières paradigmatische Als-ob-Kunst, welcher ich nicht ihre Berechtigung, sondern nur ihre normative Zentralstellung absprechen will. Die Vielfältigkeit ästhetischer Politiken legt nahe, dass Fragen wie die, ob *die* Kunst politisch sei oder in welchem Verhältnis *die* Kunst zu *der* Politik steht, auf eine eklatante Weise zu groß gestellt sind.[38] Denn sie produzieren so falsche Antworten wie die, wonach alle gelungene Kunst politisch ist, was etwa Rancière behauptet, wenn er meint, *die* Kunst habe ihre eigene Politik. Oder auch die gegenteilige Antwort (wonach Kunst grundsätzlich nicht politisch sei), die sich schlaumeierhaft auf logische Erwägungen beruft: Solange man sie als Kunst adressiere, sei Kunst etwas anderes als Nichtkunst, also auch anders als Politik, sonst würde man ja gleich Politik sagen statt Kunst.

Das heißt nicht, dass man politische künstlerische Praktiken nur als je singuläre, unvergleichliche Einzelfälle beschreiben darf, wenn man der Vielfältigkeit der Politiken der Kunst Rechnung tragen will. Dafür ist es vielmehr unerlässlich zu untersuchen, welche politischen und ästhetischen Allianzen und Solidarisierungen Kunstpraktiken eingehen bzw. ablehnen und von wo aus offensiv gegen sie interveniert wird. Nicht zuletzt ermöglicht die Erforschung solcher politisch-ästhetischer Interaktionsfelder es auch, künstlerische Ersatzpolitiken von überzeugenderen Formen der politischen Kunst zu unterscheiden.

38 Vgl. Tom Holerts ähnlich lautende Antwort im Rahmen der „Umfrage zum Thema politische Kunst": „Kritik oder Geste: ist das eine Alternative?", in: *Texte zur Kunst*, Heft 80, Dezember 2010, S. 87–90.

Julian Stallabrass

The Branding of the Museum

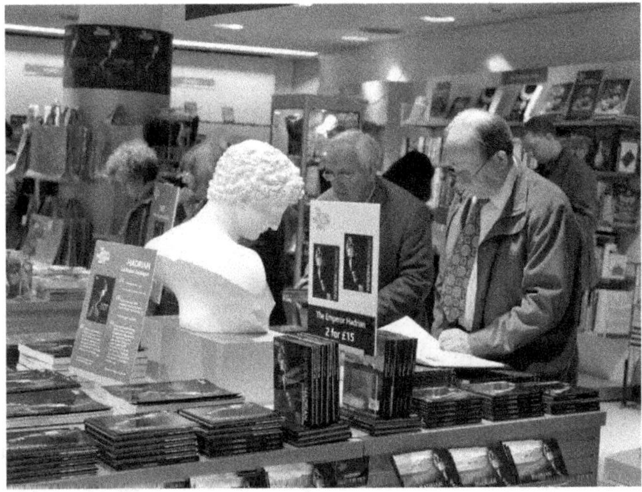

The British Museum shop

While museums have long had names, identities and even logos, their explicit branding by specialist companies devoted to such tasks is relatively new. The brand is an attempt to stamp all the products of an organisation with the same swiftly recognisable identity to act as an assurance of reliable quality. Yet what does the branding of the museum mean, how far does branding spread into its general operations, and what does branding do to the way art works act on viewers, and to viewers' thinking about them? Since the vehicle by which the brand is transmitted in museums is largely visual, the form of analysis here is as much visual as verbal, my research involved a good deal of photographing in museums. The photographs reproduced here develop an argument parallel to that found in words.

The branding of the museum is associated with neoliberal economies, such as the UK and the US, and is less developed in those nations where the state takes a more interventionist role in the direction of culture. Branding, as we shall see, is one response to attracting the transient, insecure and protean populations that the neoliberal attack on the state, welfare and the trades unions brings about, and indeed celebrates as the virtuous, adaptable avatars of the reign of fleet-footed, ever-mutating finance capital.

I will take Tate as the main example here, especially Tate Modern, simply because it is the most successful, innovative and professional branded museum. Its fortunes, following rebranding by the consultancy Wolff Olins in 1998, have been remarkable. Tate as a whole has become a highly recognisable global brand.[1] Tate Modern is by far the most popular museum of modern and contemporary art in the world – the viewer figures oscillate depending on the popularity of individual shows but now hover close to 5 million a year.[2] By comparison, in 2009, the Pompidou Centre attracted about 3.5m visitors, the Museum of Modern Art about 2.6m, and the Guggenheim New York about 1.2m.[3]

1 Brand league tables may be taken with a dose of scepticism, but it is perhaps telling that on some charts, Tate features as a contender among the most celebrated and valuable brands in the world. For instance The Centre for Brand Analysis rates Tate at 72 in its 2010 chart, between Hewlett Packard and Stella Artois. See www.rankingthebrands.com/The-Brand-Rankings.aspx?rankingID=68&year=80.

2 Figures from the Association of Leading Visitor Attractions, gives the figure of 4.8m for 2008 and 4.7m in 2009. See www.alva.org.uk/details.cfm?p=423&year=2009. There has been a steady increase in recent years, since the figure used to be nearer 4m. See *Tate Modern: The First Five Years*, Tate Publishing, London 2005, p. 42.

3 „Exhibition and Museum Attendance Figures 2009", in: *The Art Newspaper*, nr. 212, April 2010, p. 24.

While Tate Modern will be the focus of this piece, no particular criticism of that institution is implied: it is rather that the museum offers a symptomatic vision of a possible future, and a logical response to the neoliberal climate. As museum-goers, we may look to Tate just as Europeans used to look to the US to glimpse their future as consumers.

Branding is a shorthand assurance of quality in an environment where the old forms of local reputation no longer function.[4] Mobile populations in large cities cannot readily avail themselves of gossip about the reputation of the shops and services around them. So tourists head to Starbucks for a standard and consistent experience. Brands are also useful for inculcating trust, since, under the sign of the logo, a certain form of service and behaviour is supposed to be guaranteed. Would you trust your credit card details to a company in Seattle? If it's called ‚Amazon', probably yes. Increasingly, brands sell life styles (or at least images of them) as well as products.[5] The branded environment of Starbucks is sold as much as its coffee.

In the process of rebranding, Wolff Olins put Tate through a thorough rethinking of all its operations. Its scale is suggested in the layout of the Wolff Olins' website pages devoted to Tate, a grid of images that magnify individually as the cursor is run over them, and take in shopping, merchandise, logos, colours, banners, explanatory boards, fonts, quotes from the press, and above all images of how viewers act in the museum environment.[6] As Wolff Olins put it in their own account of the rebranding exercise:

With help from Wolff Olins, Tate reinvented the idea of a gallery – from a single, institutional museum, with a single, institutional view, to a branded collection of experiences, sharing an attitude but offering many different ways of seeing.[7]

The Tate's previously staid status as a solid national institution, a single building with a well-known permanent collection, should be remembered – hard though it is to recover when faced with the current vision of a slick, opportunistic and publicity-hungry cultural behemoth.

Wolff Olins also stated that their aim was to project ‚an open, modern, forward-looking experience which is as much about entertainment and enjoyment as it is about culture and art'.[8] The implied opposition here is telling.

4 Editorial, „The Case for Brands", *The Economist*, 8 September 2001.

5 Ibid.

6 See www.wolffolins.com/work/tate.

7 Ibid.

8 Wolf Olins, press release, „Wolf Olins Brands Tate", 16 June 2000; cited in Christiane Charlotte Hille, *The Art Museum as a Brand*, MA Dissertation, Courtauld Institute of Art 2002, p. 16.

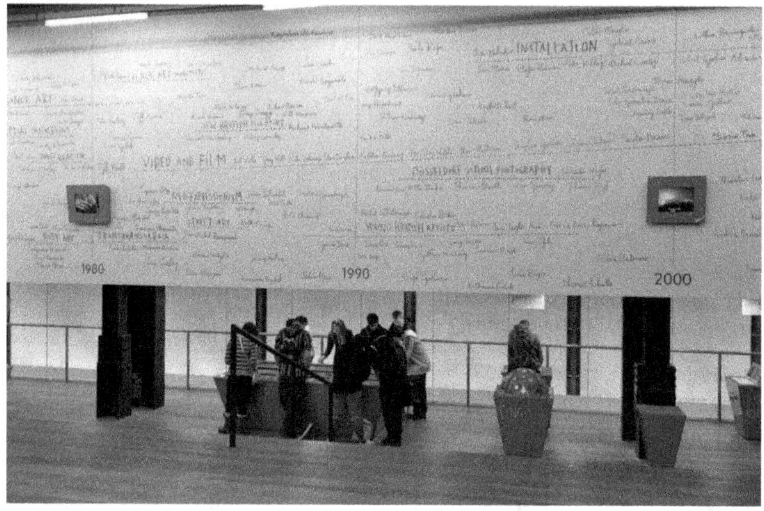

Tate sees itself as competing directly with other commercial attractions: in a publication celebrating five years of Tate Modern, one author notes that on the 21st March 2004, the last day of Olaf Eliasson's very popular Turbine Hall piece, *The Weather Project* there were more people crowded into the museum than at Europe's largest retail complex, Bluewater.[9]

Among the many components of Tate's brand are:

- The name: what had been known as ‚The Tate Gallery‘ became ‚Tate‘ (and in London, ‚Tate Britain‘ and ‚Tate Modern‘). I was working at ‚Tate‘ when the change was implemented, and all staff received a memo strictly banning the definite article from proximity with the new names.
- Slogans: at the launch of Tate Modern, it was ‚Look Again, Think Again‘, and there have been many others since.
- Logos: immediately recognisable, of course, as logos have to be, but variable in colour, blurriness, positive or negative lettering).
- Packaging: the architecture of Tate Modern has itself become a logo, and Tate is hardly alone in this, with signature buildings widely recognised as brand identifiers.
- The interior environment, which has a uniformity of design that extends to colours, font, and even the Paul Smith uniforms for the front-of-house staff, the result being that the Tate interior is as recognisable and standard as Starbucks‘.

9 John Holden, „The Cultural Value of Tate Modern“, in: *Tate Modern: The First Five Years*, Tate Publishing, London 2005, p. 33.

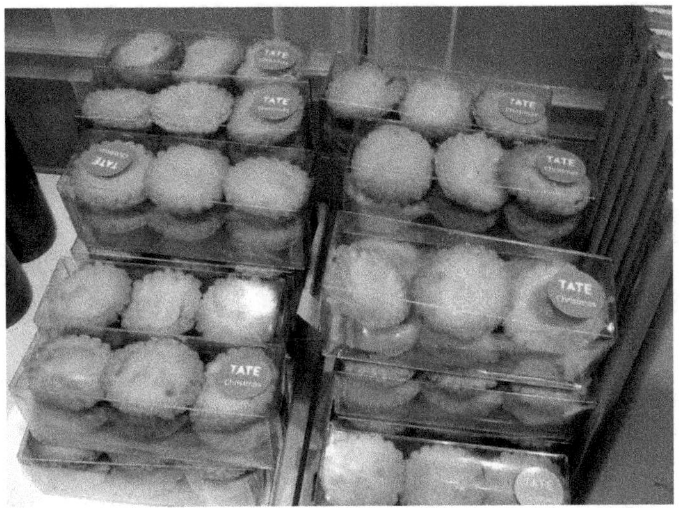

- Tate's own advertising and marketing of a range of branded products from those that are somewhat art-related (sketchpads and pencils) to those that would appear to have little connection to the museum's supposed purpose (mince pies at Christmas).

Beyond these manifest elements, branding also casts an influence over what may be thought of as the museum's product design. Under Nicholas Serota's directorship, the Tate adopted a sparse curatorial hanging style, quite distinct from the old crowding, and long predating the rebranding. Yet, given that it remains a consistent feature of Tate display, and that it now takes place within a branded environment, the style is experienced as a component of the brand. Other curatorial features did change with the rebranding: curatorial statements are far from the scholarly and careful notices of the past, being far more publicity-friendly – punchy and positive, and seeking controversy. While it had long been suspected that the curation of the Turner Prize was made with an eye on courting media attention, and the more fervid the better, this now seems to be a more regular feature of Tate exhibitions, which often feature overt sexual content. Many exhibition titles have become as vacuous and copy-friendly as advertising slogans – ‚Cruel and Tender', ‚From Cinema to a Hard Place', ‚Pin Up', ‚Street and Studio', ‚Pop Life' and ‚Exposed'.

Still less visible is brand promotion and protection through proxies. Wally Olins, a Wolff Olins partner, has written a book-length statement on branding, which stresses that the brand is a communications device for promoting the same consistent message about corporate identity to all concerned parties –

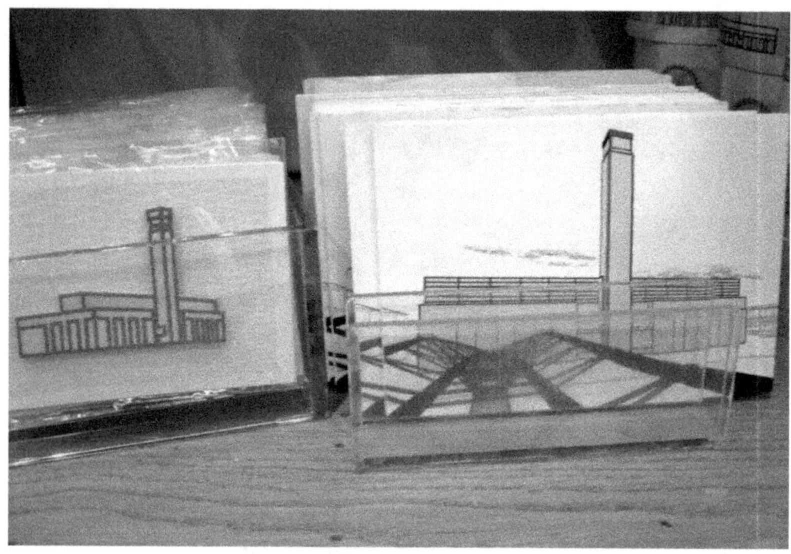

consumers, suppliers, workers and, of course, the press.[10] Tate runs a very effective publicity machine, which places regular positive stories in the press, and also has the ability to kill hostile stories. The British newspapers are full of PR ‚stories' placed by powerful branded art institutions, particularly Tate and the British Museum. They are indeed the regular victims of PR agencies which pass publicity off as news, since they increasingly lack the time, resources or will to check facts or offer opposing views.[11]

The branding of the museum opens up opportunities for cross marketing, in which an alliance of brands (McDonalds and Disney is one common combination) is supposed to elevate all involved. At the launch of Tate Modern, six million disposable coffee cups were made for Coffee Republic cafes bearing the doubtful pun, ‚Latate'. Others have followed, including cups advertising the 2008 Rothko show at Nero's, while the Tate shop showcases products designed by Orla Kieley and Ally Capellino for the museum. More striking was the Tate initiative in collaboration with the D-I-Y chain, B&Q, to launch its own domestic paint range:

The Tate brand is occasionally licensed to appropriate partners on a royalty basis. In 2001 Tate licensed its brand on a royalty basis to B&Q in order to launch a range of paint. Between 2002 and 2004 the successful B&Q paints

10 Wally Olins, *The Brand Handbook*, London: Thames & Hudson 2008, p. 25.

11 For an eloquent account, see Nick Davies, *Flat Earth News*, London: Chatto & Windus 2008.

licence was extended to include wallpaper and frames, with Tate posters also sold directly to B&Q. This licence has brought income to Tate and helps raise awareness of the gallery among a wider public.[12]

Another form of cross-branding takes the form of ‚sponsorship' or ‚partnership', where the aim is not directly the marketing of products (unless one counts exhibitions) but rather the mutual elevation of brands, although this may be more or less one-sided. In the partnership with British Telecom over the Tate's website, BT attempted to acquire a reputation as being the kind of forward-looking and creative company that would appreciate contemporary art, while the Tate borrowed the mantle of BT's tech-savvy character.[13] In the alliance with BP, to which we will return, it is hard to see what the Tate brand gained (other than, of course, money to fulfil its vision), while it is plain that BP, like any oil company, is anxious to be thought of as culturally concerned – anything to distract attention from the filth, corruption and oppression that inevitably accompanies its core activity.

In these alliances, curation is once again affected. In a board explicating Carsten Höller's *Test Site* (2006–7), in which multi-storey slides took thrilled and scared visitors down the height of the Turbine Hall, curatorial and sponsors' statements appeared side by side in the same font, without clear separation. A passage from the latter read:

> Creativity and vitality are important parts of Unilever's corporate mission and lie at the heart of everything we do and everything we produce: from Dove and Flora to Wall's ice cream.

While sponsor's statements used to be separated from those of the museum, usually by being printed on a different board, here the corporation and the art institution seem to speak with the same affirmative voice.

Within the branded museum environment, a solo show may be seen merely as another cross-branding opportunity. Until the financial crisis of 2008, and in the contemporary art market bubble that preceded it, there was great pressure on artists (often willingly embraced) to produce decorative conversation pieces for the living room walls of billionaires, and to stick to their hard-won ‚signature styles', surely a variant on the logo. Artists once renowned for consumer critique played out their styles in other cross-branding exercises – as Barbara Kruger did by repurposing her slogans to decorate the

---

12 Tate Modern; *Five Years*, p. 58.

13 For the appeal to companies of entering such arrangements with galleries and museums, see Chin-tao Wu, *Privatising Culture: Corporate Art Intervention Since the 1980s*, London: Verso 2001; and Mark W. Rectanus, *Culture Incorporated: Museums, Artists and Corporate Sponsorships*, University of Minnesota Press, Minneapolis 2002.

Selfridges' sale. So exhibitions may be seen as cross-branding exercises, in which artist-brand or movement-brand and museum-brand are brought together for a marketing event.

In a climate in which art is becoming more business-like, as business becomes more art-like, the artist is the paragon of the self-fashioning expected in the ‚new spirit of capitalism'.[14] Endless adaptability is expected in rapidly changing economic, social and technological conditions. The essential ‚property' is the self, and everyone should be a producer of themselves, responsible for their body, image and destiny.[15] The artist, whose works are (ideally at least) physical and conceptual manifestations of a carefully honed subjectivity is in this sense a ready-made brand.

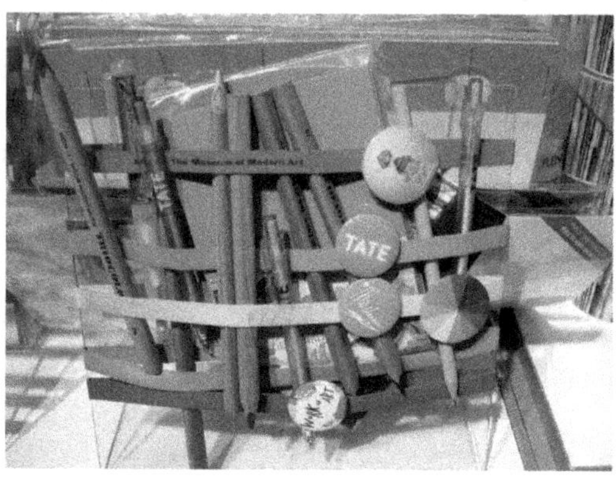

Branding is a fundamentally affirmative device. It may be dark or edgy, or ‚alternative' or ‚cutting edge' but it must be simple, unitary and positive. The brand's maintenance requires professionalism, judged by business standards, at all levels of the organisation, which must radiate the positive. The brand is an assurance to the customer of consistent quality, and must itself be consistent. Olins puts the matter with clarity: branding is a ‚co-ordinating resource' that makes an organisation's activities ‚coherent', and its strategy ‚visible and palpable'.[16] This affirmative and consistent character sits oddly with much of the Tate's contents. It may be remembered that at least some modern and avant-garde art is (or was) negatory, anti-aesthetic, contentious, contradictory,

14 Luc Boltanski and Eve Chiapello, *The New Spirit of Capitalism*, London: Verso 2006. See also Isabelle Graw, *High Price: Art Between the Market and Celebrity Culture*, Berlin: Sternberg Press 2009, which draws on Boltanski and Chiapello's arguments, applying them specifically to the contemporary art world.

15 Boltanski and Chiapello, *The New Spirit of Capitalism*, p. 154.

16 Olins, *The Brand Handbook*, p. 21.

made in critique of other works of art, radical, anti-instrumental and uncomfortable. Its display in the branded museum environment may serve to downplay these qualities, and to misrepresent them historically.

The same effect is apparent with contemporary artists. Even when an artist is renowned for serious works commemorating the concerted extermination of political opponents and indigenous groups, and for exploring political trauma and the suppression of memory, and even when the title refers to massacre, what is displayed in the fairground that is the Turbine Hall still gets treated as entertainment. Doris Salcedo's *Shibboleth* (2007–8) was a crack in the Turbine Hall floor, running the length of the building, which on one reading may be seen as an assault on the museum and the Western art world, a threatening structural weakness that suggests the instability of the current balance of exchange in culture and barbarism on which the neoliberal museum rests. It was used as a place to stick one's toes, drop small items into, jump over, pretend to trip over, and giggle at. Soon it was decorated by Tate health and safety notices. Similarly, what might have been the deep and unsettling darkness of Miroslaw Balka's *How It Is* (2009–10) was continually illuminated by camera flashes and phone screens. In the branded atmosphere of the lightly intellectual mall, darkness, actual or metaphorical, is hard to achieve.

There is in branding an outright conflict with the museum's educative role, which should involve critique of its contents, critique of the museum, discrimination, complication, and the acknowledgement of historical and contemporary contradictions. Branding is good for none of these things, nor can it be, since they are anathema to it.

In business as a whole through the 1990s and beyond, there has been a marked growth in the use of branding. Wally Olins' book identifies two main reasons for this: first, that the shift from advertising to branding is about speaking to not just the consumer of a product but, as we have seen, to all those involved in its manufacture, distribution and progandising; second, that in the many markets where there are few differences between products on rational grounds of pricing, quality or service, branding becomes all.[17]

In her book *No Logo*, Naomi Klein offers another explanation: the move into branding was the result of the sundering of producers and consumers in a locale due to out-sourcing.[18] Where under a Fordist regime, the workers in Detroit could afford to buy the cars that they made, and trust in a company was brought about in part by that connection between producers and consumers, it is broken when those jobs are exported to places where wages are

17 Olins, *The Brand Handbook*, pp. 13–15.

18 Naomi Klein, *No Logo: Taking Aim at the Brand Bullies*, Flamingo, London 2000, pp. 196–98.

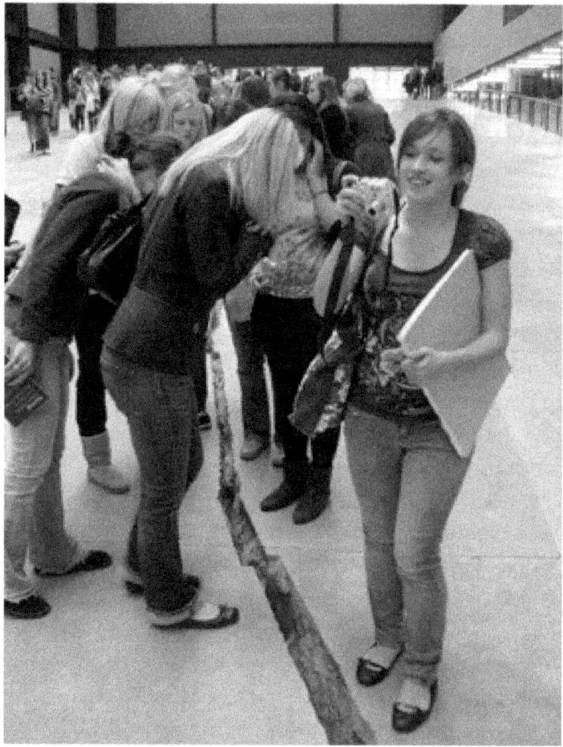

very low.[19] Branding has been developed as the fundamental role of business in the attempt to artificially repair the bond.

It is worth asking whether there is a similar divide between producers and consumers in the contemporary museum. The old model was founded on the powerful ideology of a coherent national culture, and on a class of cultured types, including artists and opinion makers, who shared enough common ground to conduct a rational conversation about that culture. In postmodern times, this model has been eroded by transnational mass culture and consumerism, the micro identities formed by that consumerism (which may be put on and cast off like cheap clothing), mass tourism, immigration and emigration, and the ideologies of identity politics and multiculturalism. The museum has had to deal with the consequences of a combination of neoliberal economics

19 Olins does say that branding has become more important because of the complexity of corporate communications due to outsourcing, which is a connected point. (Olins, *The Brand Handbook*, pp. 16–17.)

and globalisation, the two being linked especially through outsourcing: the flows of people driven into exile by increasing inequality and environmental catastrophe, conflict and failed states at one end of the scale of inequality, and the rootless hyper-rich art fair hoppers at the other. All of these factors have produced an erosion of identifiable and stable national cultures, especially in the art world, which both exemplifies and progandises for globalisation. In the UK, an indication of all this has been the transformation of Turner Prize in 2000 and the British Art Show in 2005, both of which switched from taking as their pool of artists those born in the UK to those living here – a very different matter.

This is not, of course, to argue for a return to the former condition (which would be a Canute-like gesture), or to say that there are not salutary features of the new. Yet the ideal of an integral connection with a like-minded audience, founded on privilege and national identity, has been lost. The loyalty even of middle-class audiences for contemporary art is not guaranteed, despite the apparent popularity of contemporary art. The widespread media mockery over Tracey Emin's *My Bed* display at the Turner Prize in 1999 is one indication of the fragility of the attachment. Furthermore, when a large number of works by ‚young British artists' were destroyed in a warehouse fire, the press and public response was largely one of glee.[20] The appeal to this divided, mobile audience, the capture of which is demanded by government and corporate ‚partners', is left to the status of the brand and its marketed products.

There is, though, a serious contradiction in this promotion of the museum brand. As with brand marketing, the identification produced among the museum audience is shallow, precarious and ambivalent, contains little deep trust, is easily damaged, and contains a large dose of hostility, which is due to the justified feeling of being manipulated. The danger is that the cynicism that surrounds all commercial culture is extended to art.

Olins notes that corporate messages can get confused as suppliers and workers are ‚pushed hard' (in other words, exploited) in a competitive environment, since this may conflict with the public ethos of the brand.[21] This is just the nerve that many subvertisers push on, in ‚advertising' Nike sweatshops, for example. In Tate, there are signs of minor vandalism of the branded environment, an expression perhaps of disaffection with the homogenised environment, and the attempt to introduce some grit into the gears. More seriously, the alliance with BP has presented Tate (and other prominent British

20 For an account of the response, see See James Meek, „Art Into Ashes", *The Guardian*, 23 September 2004, pp. 6–7.

21 Olins, *The Brand Handbook*, p. 64.

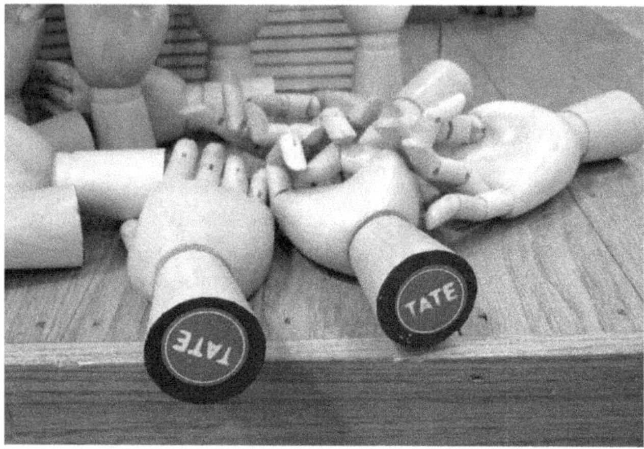

cultural institutions) with the problem that its brand is brought into oily proximity with the devastated ecology of the Gulf of Mexico. At Tate Modern's tenth birthday celebrations, a group called ‚Liberate Tate' brought into the Turbine Hall black helium balloons attached to oil-smeared bird corpses and rotting fish. The danger of a unified and consistent brand image is that, when something goes awry, the entire enterprise may be sullied.

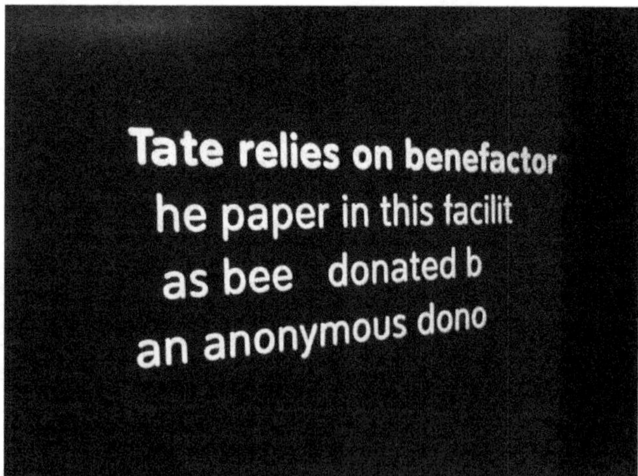

The broader point is that the conditions of the brand are impossible to control, even within the Tate buildings, and certainly not outside them. The neoliberal state, outside of certain ghettos for tourists and the very rich, lacks the will or the money to make the public space which the brand must inhabit coherent, clean and free of vandalism – let alone beautiful. The ,assured quality' of the brand constantly runs up against the degraded environment that the system in which it inheres produces, to comic and critical effect.

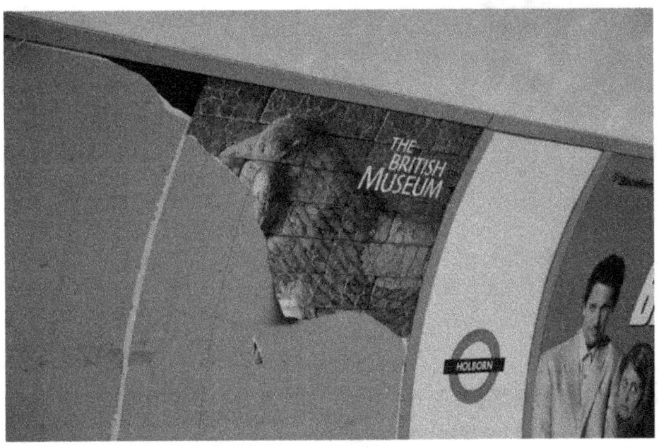

There are steps that museums could take, particularly collectively, to mark out a space for themselves which would be attractive precisely because it would be distinct from the branded environments that increasingly dominate everyday urban experience. One would be to engage in more open criticality and self-critique, and to open dialogue with the public. If there was more of a distance between the institution and its ,product', that would make both seem less like products. The default curatorial stance within the branded museum is one of celebration. There are many more interesting alternatives. This is not to argue for ,institutional critique' on the part of artists, for it still takes place within the mutual elevation of museum and artist's brand. It is rather that the museum, unlike the branded enterprise, must be a place for the clamour of competing and contradictory voices.

A comparison may be made with the BBC. Both Tate and the BBC are powerful, publicly owned ,brands', and both, under pressure from the neoliberal state, have become thoroughly penetrated by business values, models and out-sourcing. Both as a consequence fail to see that they have the opportunity to create an alternative to branded culture. The BBC adopts the deeply unpopular apparatus of advertising (mostly itself), in displaying logos over programmes, trailing, interrupting programmes with banners and split screens, an apparatus that is forced on commercial channels by competitors but from which the BBC should be free. The chance to make a better and more popular mode of television viewing is lost. Similarly, in the museum, it may be that

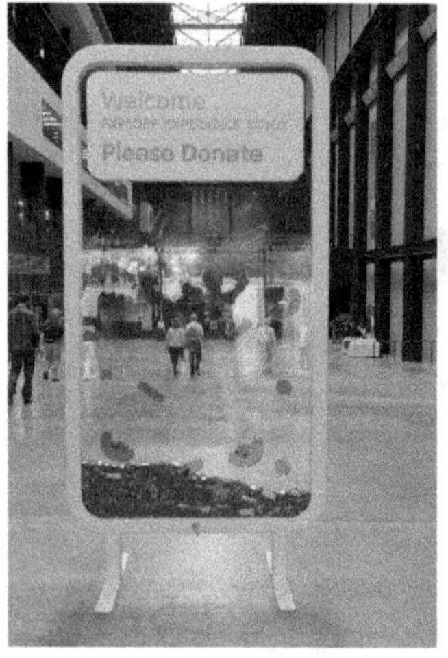

to behave professionally is not always about behaving like the most efficient corporation, but may mean carving out a space against business practices.

Branding is also, of course, fundamentally to do with money, and the political decision taken by the neoliberal state to force museums into the arms of private ‚partners'. There is a contradiction in this strategy, based on the state's wish to see art salve the social divisions opened up by unrestrained market forces. If the state is serious about the benefits of art as a true counter to business culture, it should provide museums with funds sufficient to free them from having to act like businesses. It may well be that the assumption that high culture will civilise the lumpen masses, and will summon up the grounds for social cohesion amongst divided and alienated populaces is an illusion. Yet so long as the state believes it, there is leverage to demand a different museum and with it a different art. In this rethinking, the faint hope may be held that various over-familiar features of the neoliberal art world may weaken: the branded celebrity-artist, the vacuous and decorative work of art, the reflex lauding of the virtues of neoliberalism and globalisation that are in any case forced upon us, and lastly the quality-assured casing for such phenomena, the branded art museum itself.

Zu den Autorinnen und Autoren

Walter Fähnders lehrt Germanistik und Neuere deutsche Literatur an der Universität Osnabrück. Arbeitsschwerpunkte: Literatur und Kultur sozialer Bewegungen, europäische Avantgarde, Literatur der Moderne. Neuere Publikationen: *Avantgarde und Moderne 1890–1933* (2. erw. Auflage 2010); Hg. bzw. Mit-Hg. u. a. von: *‚Laboratorium Vielseitigkeit'. Zur Literatur der Weimarer Republik* (2005); *Europa. Stadt. Reisende. Blicke auf Reisetexte 1918–1945* (2006); *Wilhelm Speyer (1887–1952)* (2009); *Die Epoche der Vagabunden. Texte und Bilder 1900–1945* (2009); *Metzler Lexikon Avantgarde* (2009); *Annemarie Schwarzenbach: Afrikanische Schriften* (2012). Vgl. auch: *Unruhe und Engagement. Blicköffnungen für das Andere.* Festschrift für Walter Fähnders zum 60. Geburtstag, hg. von Wolfgang Asholt u. a. (2004).

Susanne von Falkenhausen ist Professorin für Kunstgeschichte mit Schwerpunkt Moderne am Institut für Kunst- und Bildgeschichte der Humboldt-Universität zu Berlin. Letzte Buchveröffentlichungen: *Kugelbauvisionen* (2008); *Praktiken des Sehens im Felde der Macht* (2011).

Éva Forgács ist Professor of Art History am Art Center College of Design in Pasadena. Sie war Ko-Kuratorin (mit Nancy Perloff) von *Monuments of the Future: Designs by El Lissitzky* am Getty Research Institute (1998). 2012–13 EURIAS Fellow am Institut für die Wissenschaften vom Menschen (IWM) in Wien. Zu ihren Publikationen zählen *The Bauhaus Idea and Bauhaus Politics* (1991, Neuaufl. 1995); *László Fehér* (1998); Mitherausgeberin (mit Timothy O. Benson) von *Between Worlds: A Sourcebook of Central European Avant-Gardes* (2002).

Uwe Hebekus lehrt Neuere Deutsche Literatur und Allgemeine Literaturwissenschaft an der Universität Konstanz, wo er 2007–12 auch Wissenschaftlicher Mitarbeiter im Exzellenzcluster *Kulturelle Grundlagen von Integration* war. Forschungsschwerpunkte: deutsche Literaturgeschichte des 18. bis 20. Jahrhunderts, ästhetische Fundamente und Implikationen des Politischen, Theoriegeschichte der Säkularisierung. Zu seinen neueren Buchpublikationen zählen *Neue Philosophien des Politischen* (gemeinsam mit Jan Völker, 2012); *Massenfassungen. Beiträge zur Diskurs- und Mediengeschichte der Menschenmenge* (Hg. mit Susanne Lüdemann, 2010); *Ästhetische Ermächtigung. Zum politischen Ort der Literatur im Zeitraum der Klassischen Moderne* (2009).

Daniel Hornuff ist seit 2010 Akademischer Mitarbeiter an der HfG Karlsruhe und Forschungsstipendiat der Gerda Henkel Stiftung. Zuletzt erschien *Bildwissenschaft im Widerstreit. Belting, Boehm, Bredekamp, Burda* (2012).

Andreas Huyssen ist Villard Professor für Germanistik und Vergleichende Literaturwissenschaft an der Columbia University. Neuere Buchpublikationen: *William Kentridge and Nalini Malani: The Shadowplay as Medium of Memory* (2013); *Other Cities, Other Worlds. Urban Imaginaries in a Globalizing Age* (2009); *After the Great Divide: Modernism, Mass Culture, Postmodernism* (2008); *Present Pasts. Urban Palimpsests and the Politics of Memory* (2003).

Cornelia Klinger lehrt Philosophie an der Eberhard Karls-Universität Tübingen und ist Permanent Fellow am IWM, Wien. Themengebiete: politische Philosophie, philosophische Ästhetik und Subjekttheorie. Neuere Publikationen: *Perspektiven des Todes in der modernen Gesellschaft* (Hg. 2009); *Über-Kreuzungen. Fremdheit, Ungleichheit, Differenz* (Hg. mit Gudrun-Axeli Knapp, 2008); *Achsen der Ungleichheit. Zum Verhältnis von Klasse, Geschlecht und Ethnizität* (Hg. mit Gudrun-Axeli Knapp und Birgit Sauer, 2007); *Das Jahrhundert der Avantgarden* (Hg. mit Wolfgang Müller-Funk, 2004).

Christian Kravagna ist Kunsthistoriker, Kritiker und Kurator. Er ist Professor für Postcolonial Studies an der Akademie der bildenden Künste Wien. Hg. der Bücher *Privileg Blick: Kritik der visuellen Kultur* (1997); *Agenda: Perspektiven kritischer Kunst* (2000); *Das Museum als Arena: Institutionskritische Texte von KünstlerInnen* (2001); Mit-Hg. von *Transcultural Modernisms* (2013). Kurator der Ausstellungen *Routes: Imaging travel and migration*, Grazer Kunstverein 2002; *Migration: Globalisation of Cultural Space and Time*, Max Mueller Bhavan, New Delhi 2003 (mit Amit Mukhopadhyay); *Planetary Consciousness*, Kunstraum der Leuphana Universität Lüneburg 2008 und *Living Across: Spaces of Migration*, Akademie der bildenden Künste Wien 2010. Seit 2005 leitet Christian Kravagna mit Hedwig Saxenhuber den Kunstraum *Lakeside* in Klagenfurt.

Verena Krieger hält den Lehrstuhl für Kunstgeschichte an der Friedrich-Schiller-Universität Jena. Neuere Publikationen: *BrandSchutz // Mentalitäten der*

Intoleranz, Begleitbuch zur Kunstausstellung (Hg., 2013); *Die Wiederkehr des Künstlers. Themen und Positionen der aktuellenKünstler/innenforschung* (Hg. mit Sabine Fastert und Alexis Joachimides, 2011); *Ambiguität in der Kunst. Typen und Funktionen eines ästhetischen Paradigmas* (Hg. mit Rachel Mader, 2010); *Kunstgeschichte und Gegenwartskunst. Vom Nutzen und Nachteil der Zeitgenossenschaft* (Hg., 2008).

Helmut Lethen ist seit 2007 Direktor des Internationalen Forschungszentrums für Kulturwissenschaften IFK in Wien. Ausgewählte Publikationen: *Suche nach dem Handorakel* (2012); *Unheimliche Nachbarschaften* (2009); *Der Sound der Väter* (2006); *Verhaltenslehren der Kälte* (1994).

Bojana Pejic, geboren in Belgrad, ist Kunsthistorikerin und Kuratorin. Seit 1991 lebt sie in Berlin. 2013 Gastprofessorin für Gender Studies an der Central European University (CEU), Budapest. Kuratorin u. a. von *After the Wall – Art and Culture in post-Communist Europe*, Moderna Museet, Stockholm (1999), Museum of Contemporary Art/Ludwig Stiftung, Budapest (2000) und Hamburger Bahnhof, Berlin (2000–2001); *Gender Check*, MUMOK Wien (2009–2010), Nationale Kunstgalerie Zacheta Warschau (2011); Hg. von *Gender Check: Art and Theory in Eastern Europe – A Reader* (2010). Zuletzt kuratierte sie die internationale Ausstellung *Good Girls_Memory, Desire, Power* im Museum of Contemporary Art (MNAC), Bukarest (2013).

Katharina Pewny ist Professorin für Performance Studies an der Universität für Musik und darstellende Künste Graz. Sie leitet das Forschungszentrum *S:PAM (Studies in Performing Arts and Media)* an der Universität Gent, die Arbeitsgruppe *Dramaturgie* der Gesellschaft für Theaterwissenschaft und die interuniversitäre Forschungsgruppe *THALIA. Interplay of Theatre, Literature and Media in Performance*. Forschungen zur Ethik und Ästhetik in den performativen Künsten, aktuell zu den Themen „Antigone in/as Transition. On the Status of the Performing Arts in Europe“, „Texttheatralität“, „Capturing Dance Movements, Intensities and Embodied Spaces“ und „Elfriede Jelinek: Annotierte Bibliografie“. 2011 erschien *Das Drama des Prekären. Über die Wiederkehr der Ethik in Theater und Performance.*

Juliane Rebentisch ist Professorin für Philosophie und Ästhetik an der Hochschule für Gestaltung in Offenbach am Main und assoziiertes Mitglied des Frankfurter Instituts für Sozialforschung. Arbeitsschwerpunkte: Ästhetik, Ethik, politische Philosophie. Zu ihren Büchern zählen *Ästhetik der Installation* (Berlin 2003)/*Aesthetics of Installation Art* (Sternberg 2012); *Die Kunst der Freiheit. Zur Dialektik demokratischer Existenz*, Berlin 2012; *Kreation und Depres-*

sion. Freiheit im gegenwärtigen Kapitalismus (Hg. mit Christoph Menke, 2010); in Vorbereitung: *Theorien der Gegenwartskunst zur Einführung*.

Viktoria Schmidt-Linsenhoff (1944–2013) war von 1992 bis 2008 Professorin für Kunstgeschichte mit dem Schwerpunkt Frauen- und Geschlechterforschung an der Universität Trier, wo sie den fächerübergreifenden Schwerpunkt *Gender und Postcolonial Studies* etablierte. Zuletzt erschien *Ästhetik der Differenz. Postkoloniale Perspektiven vom 16. bis 21. Jahrhundert. 15 Fallstudien* (2010).

Ruth Sonderegger ist Professorin für Philosophie und ästhetische Theorie an der Akademie der bildenden Künste Wien. Forschungsschwerpunkte: Ästhetik, politische Philosophie sowie Kritische Theorien und *resistance studies*. Neuere Veröffentlichungen: *Conceptions of Critique in Modern and Contemporary Philosophy* (Hg. mit Karin de Boer, 2011); *Golden Years: Materialien und Dokumente zur queeren Subkultur und Avantgarde zwischen 1959 und 1974* (Hg. mit Diedrich Diederichsen, Christine Frisinghelli, Matthias Haase, Christoph Gurk, Juliane Rebentisch und Martin Saar, 2006); *Für eine Ästhetik des Spiels. Hermeneutik, Dekonstruktion und der Eigensinn der Kunst* (2000).

Julian Stallabrass ist Professor für Kunstgeschichte am Courtauld Institute of Art, London, und Photograph und Kurator. Neuere Publikationen: *Memory of Fire: Images of War and the War of Images* (2013); *Documentary* (MIT/Whitechapel Documents of Contemporary Art, 2013); *Art Incorporated* (2004).

Bildnachweise

Beitrag Susanne von Falkenhausen

Abb. 1: Leigh Ledare, „Mother and Catch 22", 2002, entnommen: Collier Schorr (Hg.), *Freeway Balconies*, Ausstellungskatalog (Deutsche Guggenheim), Berlin 2008, S. 100.

Abb. 2: Urs Lüthi, „I'll be your mirror", 1972, entnommen: Helmut Friedel (Hg.), *Urs Lüthi. Run for your life. Aus der Serie Placebos and Surrogates*, Ausstellungskatalog (Lenbachhaus Kunstbau München), Ostfildern 2000, S. 29.

Abb. 3: Cover Ausstellungskatalog *Das Achte Feld* (unter Verwendung von Wolfgang Tillmans, Dunst I), 2006, entnommen: Frank Wagner, Kasper König, Julia Friedrich (Hg.), *Das achte Feld. Geschlechter, Leben und Begehren in der Kunst seit 1960*, Ausstellungskatalog (Museum Ludwig, Köln), Ostfildern 2006.

Abb. 4: Vito Acconci, „Centers", Videostill, 1971, entnommen: Anja Osswald, *„Sexy Lies in Videotapes". Künstlerische Selbstinszenierung im Video um 1970 bei Bruce Nauman, Vito Acconci, Joan Jonas*, Berlin 2003, S. 64.

Abb. 5: Andy Warhol, Portrait of Ethel Scull, 1963, entnommen: Erika Billetter, *Andy Warhol. Ein Buch zur Ausstellung im Kunsthaus Zürich*, Bern 1978, S. 99.

Abb. 6: Adrian Piper, „Catalysis IV", 1970, entnommen: Sabine Breitwieser (Hg.), *Adrian Piper seit 1965. Metakunst und Kunstkritik*, Ausstellungskatalog (Generali Foundation Wien), Köln 2002, S. 138.

Abb 7: Adrian Piper, „Mythic Being: Getting Back nr. 1", 1975, entnommen: ebd., S. 195.

Abb. 8: Ana Mendieta, Untitled (Glass on Body Imprints), 1972, entnommen: Inka Graeve Ingelmann (Hg.), *female trouble – Die Kamera als Spiegel und Bühne weiblicher Inszenierungen*, Ausstellungskatalog (Pinakothek der Moderne), München 2008, S. 144–146.

Abb. 9–11: Hannah Wilke, „So help me Hannah: Snatch Shots with Ray Guns", 1978, entnommen: Armin Zweite, Doris Krystof, Reinhard Spieler (Hg.), *Ich ist etwas Anderes. Kunst am Ende des 20. Jahrhunderts*, Ausstellungskatalog (Kunstsammlung Nordrhein-Westfalen Düsseldorf), Köln 2000, S.130–133.

Abb. 12: Jürgen Klauke, „Das menschliche Antlitz im Spiegel soziologisch-nervöser Prozesse", 1976–77, entnommen: Armin Zweite, Doris Krystof, Reinhard Spieler (Hg.), ebd., S. 123.

Abb. 13: Lynda Benglis, Anzeige für ihre Ausstellung in der Paula Cooper Gallery, Artforum, 1974, entnommen: Lisa Phillips (Hg.), *The American Century. Art & Culture 1950–2000*, New York 1999, S. 233.

Abb. 14: Robert Morris, Anzeige für seine Ausstellung, Artforum 1974, entnommen: Tracey Warr (Hg.), *The Artist's Body*, London 2000, S. 143.

Abb. 15: Barbara Kruger, Untitled („Your Body is a Battleground"), 1989, entnommen: Kate Linker, *Love for Sale. The Words and Pictures of Barbara Kruger*, New York 1990, S. 58.

Abb. 16: Nan Goldin, „The Ballad of Sexual Dependency", Detail, 1976–1992, entnommen: Lisa Phillips (Hg.), *The American Century*, a.a.O., S. 296.
Abb. 17: Mark Morrisroe, „Self-Portrait Standing in the Shower", 1981, entnommen: ebd., S. 297.
Abb. 18: Robert Mapplethorpe, Selbstporträt, 1988, entnommen: ebd., S. 325.
Abb. 19: Carrie Mae Weems, „Black Man with a Watermelon", aus der Serie *Ain't Jokin'*, 1987–88, entnommen: Kathryn E. Delmez, *Carrie Mae Weems. Three Decades of Photography and Video*, Nashville 2012, S. 65.
Abb. 20: Carrie Mae Weems, „Mirror Mirror on the Wall…", aus der Serie *Ain't Jokin'*, 1987–88, entnommen: Erika Doss, *Feminist Art and Black Art, Twentieth-Century American Art*, Oxford 2002, S. 218.
Abb. 21: Carrie Mae Weems, „From Here I saw What Happened / and I Cried", 1995–96, entnommen: Caroline A. Brown, *The Black Female Body in American Literature and Art. Performing Identity*, London / New York 2011, S. 49.
Abb. 22: Carrie Mae Weems, „A Negroid Type / You Became a Scientific Profile / An Anthropological Debate / & A Photographic Subject", 1995–1996, entnommen: Kathryn E. Delmez, *Carrie Mae Weems*, a.a.O., S. 134–137.
Abb. 23: Lorna Simpson, „Gestures / Reenactments", 1985, entnommen: Deborah Willis, *Lorna Simpson*, New York 1992, S. 16f.
Abb. 24: Lorna Simpson, „Stereo Styles", 1988, entnommen: Kellie Jones, Thelma Golden, Chrissie Iles, *Lorna Simpson*, New York 2002, S. 129.
Abb. 25: Del LaGrace Volcano, „Jax Back", 1991, entnommen: Frank Wagner, Kasper König, Julia Friedrich (Hg.), *Das achte Feld*, a.a.O., S. 84.
Abb. 26: Del LaGrace Volcano, „Jax Revealed", 1991, entnommen: ebd., S. 85.
Abb. 27: Catherine Opie, „John and Scott", 1993, entnommen: ebd., S. 91.
Abb. 28: Catherine Opie, „Angela Hans Scheirl", 1993, entnommen: Donald M. Hobart (Hg.), *Catherine Opie: American Photographer 2008–2009*, Ausstellungskatalog (Salomon Guggenheim Museum), New York 2009, S. 60.
Abb. 29: Catherine Opie, Selbstporträt, 1993, entnommen: Lisa Phillips (Hg.), *The American Century*, a. a. O., S. 360.
Abb. 30: Lyle Ashton Harris, Iké Udé, „Sisterhood", 1994, entnommen: Jennifer Blessing, *Rrose is a rrose is a rrose. Gender performance in photography*, New York 1997, S. 109.
Abb. 31: Adam Pendleton, „Black Liberation Front", 2007, entnommen: Collier Schorr (Hg.), *Freeway Balconies*, Ausstellungskatalog (Deutsche Guggenheim), Berlin 2008, S. 98.
Abb. 32: Elaine Stocki, „Fur", 2007, entnommen: ebd., S. 88.
Abb. 33: Elaine Stocki, „Billy", 2008, entnommen: ebd., S. 89.

Beitrag Uwe Hebekus

Abb. 1 und 2: Einstellungen aus Leni Riefenstahls Propagandafilm *Triumph des Willens* (1935) über den Reichsparteitag 1934.
Abb 3: Arno Breker, *Bereitschaft* (1939).

Beitrag Andreas Huyssen

Die Auswahl zeigt 8 Bilder aus Pipo Nguyen-duy's Serie *The Garden* (2004–2011). Der Photograph lehrt Kunst am Oberlin College, Ohio. www.piponguyen-duy.com/#!the-garden/c1lq2.

Beitrag Christian Kravagna

Die Abb. sind zeitgenössischen Quellen entnommen.

Beitrag Verena Krieger

Abb. 1: Maja Bajevic, „Women at work 3: Washing up", Performance, Istanbul 2001, Standbild aus der Videodokumentation, Ausstellungskatalog *Gender Check: Rollenbilder in der Kunst Osteuropas*, MUMOK Wien/Nationale Kunstgalerie Zacheta Warschau, Wien 2009.

Abb. 2: John Heartfield, „Adolf der Übermensch: Schluckt Gold und redet Blech", Plakat, 1932, entnommen: Freya Mühlhaupt (Hg.), *John Heartfield, Zeitausschnitte. Fotomontagen 1918–1938*, Ostfildern 2009.

Abb. 3: Martha Rosler, Fotomontage aus der Serie „Bringing the War Home: House Beautiful", 1967 – 72, entnommen: Sabine Breitwieser (Hg.), *Martha Rosler. Positionen in der Lebenswelt*, Ausstellungskatalog, Generali Foundation, Wien 1999.

Abb. 4: Barbara Kruger, "Your gaze hits the side of my face", Plakat 1981, entnommen: Thomas Geri (Hg.), *Barbara Kruger*, New Zealand 1988.

Abb. 5: Šejla Kamerić, „Bosnian girl", Plakat 2003, entnommen: Ausstellungskatalog *Gender Check*, a. a. O.

Abb. 6 und 7: Christoph Schlingensief, „Ausländer raus – bitte liebt Österreich", Wiener Festwochen 2000, Standbilder aus dem Film *Ausländer raus! Schlingensiefs Container* von Paul Poet, Österreich 2001.

Abb. 8: Josephine Meckseper, „Blow Up (Michelli)", Installation, 2006, entnommen: Marion Ackermann, *Josephine Meckseper*, Ausstellungskatalog Kunstmuseum Stuttgart, Ostfildern-Ruit 2007.

Abb. 9: Louise Lawler, „Pink", Cibachrome, 1994/95, entnommen: Philipp Kaiser (Hg.), *Louise Lawler and others*, Basel, 2004.

Abb. 10: Rachel Whiteread, Holocaustmahnmal, Wien, Judenplatz, 2000, Photographie von Hans Peter Schaefer (Wikimedia Commons).

Beitrag Bojana Pejic

Alle abgebildeten Werke wurden in der von der Autorin kuratierten Ausstellung *Gender Check – Femininity and Masculinity in the Art of Eastern Europe*, MUMOK, Wien 2009, und Nationale Kunstgalerie Zacheta, Warschau 2010, gezeigt. S. auch den von der Kuratorin hg. Katalog *Gender Check – A Reader: Art and Theory*, Wien und Köln 2010.

Beitrag Viktoria Schmidt-Linsenhoff

Alle Photographien von der Autorin.

Beitrag Ruth M. Sonderegger

Abb. S. 299: Plattform Geschichtspolitik, www.plattform-geschichtspolitik.org/html/weinheber-ausgehoben.php.

Beitrag Julian Stallabrass

Alle Photographien vom Autor.

Personenregister